A HISTÓRIA DA FAMÍLIA DE
# ANNE FRANK

# MIRJAM PRESSLER
## COM A COLABORAÇÃO DE GERTI ELIAS

## A HISTÓRIA DA FAMÍLIA DE
# ANNE FRANK

Tradução de:
André Delmonte
Herta Elbern
Marlene Holzhausen

1ª edição

EDITORA RECORD
RIO DE JANEIRO • SÃO PAULO
2016

CIP-BRASIL. CATALOGAÇÃO NA PUBLICAÇÃO
SINDICATO NACIONAL DOS EDITORES DE LIVROS, RJ

Pressler, Mirjam

P938h    A história da família de Anne Frank / Mirjam Pressler;
tradução de André Delmonte, Herta Elbern e Marlene
Holzhausen. – 1ª ed. – Rio de Janeiro: Record, 2016.
il.

Tradução de: Grüße und küsse an alle: die geschichte der
familie von Anne Frank
Inclui bibliografia
ISBN 978-85-01-09738-5

1. Segunda Guerra Mundial, 1939-1945 – Narrativas pessoais.
2. Holocausto judeu (1939-1945) – Narrativas pessoais. I. Título.

                                          CDD: 940.531
16-34135                                  CDU: 94(100)'1939/1945'

Copyright © Mirjam Pressler, 2009

Título original em alemão: Grüße und küsse an alle

Texto revisado segundo o novo Acordo Ortográfico da Língua Portuguesa.

Direitos exclusivos de publicação em língua portuguesa para o Brasil
adquiridos pela
EDITORA RECORD LTDA.
Rua Argentina, 171 – 20921-380 – Rio de Janeiro, RJ – Tel.: (21) 2585-2000,
que se reserva a propriedade literária desta tradução.

Impresso no Brasil

ISBN  978-85-01-09738-5

Seja um leitor preferencial Record.
Cadastre-se e receba informações sobre nossos
lançamentos e nossas promoções.

Atendimento e venda direta ao leitor:
mdireto@record.com.br ou (21) 2585-2002.

# Sumário

## III.

### Buddy Elias (1925–2015)
### Primo de Anne

# Nota editorial

No sótão da casa de Buddy Elias, primo de Anne Frank, em Basileia, foi encontrado um maço de mais de mil cartas, documentos
e fotos, que tem grande significado para a história da família
Frank e, ao mesmo tempo, coloca mais claramente em evidência
a própria Anne. Esses documentos, organizados e editados por
Gerti Elias, esposa de Buddy, são a base para a história familiar
aqui apresentada. Trata-se de cartas e documentos que já foram
parcialmente publicados e de outros que permanecem inéditos.
As cartas aqui citadas foram reproduzidas na forma original.
Portanto, ainda contêm, em parte, erros de grafia e abreviaturas
do original. Em algumas poucas partes foram inseridas vírgulas
a fim de tornar as frases mais compreensíveis. Erros evidentes de
datilografia nas cartas escritas à máquina não foram reproduzidos.

# Prólogo

Um dia de verão em Sils Maria, na região suíça de Oberengadin, em 1935. Um homem esguio, elegantemente vestido, deixa o Hotel Waldhaus depois de se encontrar com um diretor da firma Pomosin e informá-lo sobre os progressos da filial em Amsterdã. O homem segue pela trilha que cruza o bosque e, após poucos minutos de caminhada acelerada, chega à Villa Laret.

Quando sai por entre as árvores, lá está ela à sua frente, parecendo mais um castelinho do que uma casa de campo, em meio a um jardim imenso com muitas árvores. As janelas tão limpas que resplandecem ao sol.

O homem segue pelo caminho de cascalho, largo e bem cuidado. Sorri ao vislumbrar o balanço pendurado entre duas árvores altas, tão largo que poderia acomodar confortavelmente uma mesa e algumas cadeiras. Duas crianças saltam de um lado para o outro sobre a plataforma, fazendo-a oscilar. Elas riem e gritam e, sob o balanço, dois cãezinhos pulam, latindo ruidosamente, mas, por mais que se esforcem, não conseguem subir no balanço. Às vezes um dos cães, em uma dessas tentativas frustradas, cai de costas e se contorce com suas patas curtas até conseguir se virar novamente e recomeçar a saltar. As crianças rolam de tanto rir. O menino deve ter 10 anos e a menina, 6.

"Não façam tanto barulho!", diz o homem às crianças.

Ambas silenciam.

"Pai, sabe o que a Tia O. disse hoje de manhã?", pergunta a menina.

Ele se aproxima e nega com a cabeça.

"Ontem ela perguntou à criada onde estaria sua toalhinha de higiene, claro que em francês, e quis saber da tia Leni como se diz essa palavra em alemão. '*Waschlappen*', disse tia Leni. E hoje de manhã ela disse à sua criada: 'Onde está meu *Wasch-lapin*?'" As crianças dão gargalhadas. "Entendeu, papai? Ela perguntou onde estava sua toalhinha-coelho. Não é engraçado?"

Ele assente. "Sim, muito engraçado. Mas vocês não deveriam fazer tanto barulho para não incomodar os convidados."

Os dois concordam. Em seguida, voltam a dar as mãos e, sem diminuir a algazarra, prosseguem com a brincadeira. As crianças são Buddy Elias e sua prima Anne Frank, e o homem é Otto Frank, que está passando férias com sua filha mais nova na Villa Laret.

No terraço, há cerca de uma dúzia de damas e cavalheiros sentados em várias mesas cobertas com louça de porcelana, as damas com largos chapéus drapeados e sombrinhas. Os cavalheiros, que, apesar do tempo quente, não ousaram tirar seus paletós, usam chapéus de palha. Aqui no meio do bosque, entretanto, o calor é mais suportável do que nas encostas sem árvores.

Ao lado da porta de entrada para o salão estão duas serviçais com pequenos aventais e toucas de renda brancos juntas ao carrinho com os bules de chá e café, travessas repletas de *petit-fours* e tortas, prontas para atender ao mínimo aceno de um hóspede e apressar-se em servi-lo.

Otto Frank se aproxima. Quando a dona da casa o enxerga e acena, ele tira o chapéu e se inclina.

A dona da casa é Olga Spitzer, nascida Wolfsohn, uma prima francesa de Leni Elias e Otto Frank, que todo verão passa várias semanas em sua casa de campo em Sils Maria, um casarão com dezenove quartos, e frequentemente recebe hóspedes. Quase sempre Leni e sua mãe, Alice Frank, estão incluídas, pois as relações familiares são bem estreitas. Neste ano, Otto também veio de Amsterdã com sua filha Anne, mas sem sua esposa Edith, que foi ver a mãe em Aachen com a filha mais velha, Margot.

Olga Spitzer estende a mão para seu primo Otto, e este se inclina para saudá-la. A seguir, cumprimenta a mãe e a irmã com carinhosos beijos antes de sentar-se à mesa com elas.

"A conversa foi boa?", pergunta Leni. Naturalmente em francês, pois seria descortês falar alemão, uma língua da qual Olga Spitzer entende apenas algumas palavras.

Otto Frank assente: "Sim, muito boa. Quando as pessoas estão em férias fica bem mais fácil negociar. Ele concordou com todas as minhas sugestões."

As crianças se aproximam, curiosas, mas a conversa dos adultos não lhes parece interessante. Cada uma pega uma tortinha.

"O que vamos fazer agora?", pergunta Buddy, mastigando.

"Já sei", diz Anne, arrastando seu primo para dentro da casa, cruzando a sala e o saguão, pela larga escada até o quarto de sua avó Alice. "Você prometeu", diz ela, mostrando o roupeiro, e, quando Buddy sacode energicamente a cabeça, ela repete: "Você disse que teria coragem."

Buddy dá de ombros. Sabe que não adianta dizer não. Quando Anne mete algo na cabeça, não há quem a faça desistir facilmente. E, além disso, ele perdeu a aposta, a prima realmente teve coragem de subir na árvore e tirar um ovo do ninho do passarinho, tomando cuidado para que não quebrasse no seu bolso. Em seguida, apesar da advertência, subiu novamente e recolocou o ovo no ninho.

"Vamos", diz Anne, sentando-se na poltrona e puxando as pernas para cima.

Buddy limpa as mãos grudentas na calça, abre relutantemente a porta do armário e pega um vestido preto. Sua avó Alice usa somente vestidos escuros; este tem um adereço de renda branca. O garoto o veste sobre sua camisa e calça, pega um xale que enrola firmemente ao redor da cintura e enfia duas pequenas almofadas no decote de renda. Anne ri, aprovando. Ele se contempla no grande espelho ao lado do armário. A brincadeira começa a diverti-lo.

Tira de uma caixa um chapéu adornado com um buquê, coloca-o na cabeça, repuxa o véu na frente do espelho até tapar um olho. Os sapatos de salto são muito grandes; ele enfia lenços no bico e então desfila diante de uma Anne exultante que, de tanto rir, acaba atraindo uma camareira. A jovem, ela mesma ainda muito moça, aplaude. Entusiasmado com o efeito que causou, Buddy se deixa levar por outros gestos, faz um bico com os lábios, ergue o dedo mindinho e leva uma xícara imaginária à boca, secando-a depois com um guardanapo igualmente imaginário. Então estende a mão para Anne, tão elegantemente como Olga Spitzer a estendera havia pouco para Otto Frank, e Anne lhe dá um beijo estalado.

"Vamos, desce e vai mostrar aos outros", ela pede, mas isso já é demais para Buddy, isso ele não arrisca, não em um lugar tão distinto. Em casa, em Basileia, o teria feito imediatamente. O garoto se despe e a camareira recoloca tudo no armário. Os lenços que ele enfiara nos sapatos são recolhidos por ela para serem lavados e passados.

"E o que faremos agora?", pergunta Buddy.

"Brincar de esconde-esconde", sugere Anne, embora isso seja um pouco monótono a dois. Mas eles estipularam outras regras: quem procura tem de esperar mais tempo; se não encontrar o escondido, perde e tem de pagar uma multa, por exemplo, dar ao vencedor a sua sobremesa.

Eles cruzam o jardim e correm para o bosque. "Agora é sua vez", diz Anne. "Ontem fui eu quem procurou."

Buddy concorda. Ele se agacha debaixo de uma árvore e esconde a cabeça entre os braços.

Anne não vai muito longe, ela já sabe onde se esconder. Durante a brincadeira da véspera, descobrira em uma encosta uma espécie de caverna, talvez a toca abandonada de uma raposa. Ela arranca alguns galhos, engatinhando para dentro da toca e colocando-os em seguida na entrada. Logo escuta Buddy chamando. Ele passa várias vezes pela toca, mas, claro, não a vê. Ela sabia que esse esconderijo seria fantástico. Tomara que seja realmente uma toca abandonada e que não apareça nenhuma raposa para morder-lhe o traseiro. Ou talvez nem seja a toca de uma raposa, e sim de um coelho. De um *lapin*. Ela segura o riso ao lembrar o que Tia O. dissera. Coelhos não mordem, ou pelo menos ela nunca ouviu que alguém tivesse sido mordido por um coelho, mas raposas têm focinhos e dentes pontiagudos.

Nesse meio-tempo, Buddy já está bem nervoso. Naturalmente, não encontra Anne — ela tem um talento para se esconder. Mas agora bem que ela podia aparecer. "Desisto", ele grita bem alto. "Anne, aparece!" Ela não aparece. Ele grita cada vez mais alto, corre cada vez mais rápido. E se ela se perdeu? Se um homem estranho a levou? Como ele irá explicar à sua mãe, à sua avó e ao tio Otto que a culpa não é dele? Ele já escuta sua mãe dizendo: "Mas, Buddy, você é bem mais velho que ela, deveria ser mais ajuizado."

Ele está desesperado e quase aos prantos quando, de repente, ela aparece atrás dele. "Eu quero a sobremesa, se for sorvete", diz ela.

Bem que Buddy gostaria de lhe dar umas palmadas. Ou beijá-la, de tão aliviado que está. Mas se limita a dizer: "Olha só, você está toda suja."

É verdade. O vestido claro de verão de Anne está manchado de terra. Ela tenta sacudir a sujeira, mas a terra está úmida e as manchas só aumentam. "Não se preocupe", diz Buddy, tirando pedaços de galho de seus cabelos. "Alice está tão feliz por você estar aqui que certamente não vai se irritar tanto."

"O vestido é novo", diz Anne.

Um pouco abatidos, eles iniciam o caminho de volta. "Eu poderia dizer que caí", sugere Anne.

"Uma vez de costas e uma vez de barriga?", pergunta Buddy. Sua prima lhe dá dó.

Mas até que nem tudo é assim tão grave. "Olha só o seu estado!", exclama Alice, assustada ao ver Anne, e Otto pergunta se ela se machucou. Leni repreende Buddy por ele não haver cuidado melhor da pequena, e ele, boquiaberto, enrubesce diante dos olhares curiosos dos hóspedes.

Olga Spitzer, Tia O., salva a situação ao chamar sua criada e pedir-lhe que limpe a menina.

"Mas não com a toalhinha", diz Buddy, "prefiro o *Wasch-lapin*".

Surpresas, algumas damas erguem as sobrancelhas. Mas Anne já sorri novamente.

No jantar, a sobremesa é realmente sorvete. Anne esvazia sua taça e a empurra disfarçadamente para Buddy, que lhe passa a sua cheia. Ao fazê-lo, ele suspira, mas bem baixinho, para que ninguém o ouça.

A conversa dos adultos gira em torno de um concerto que acontecerá no dia seguinte na casa. O *Trio de Trieste* irá se apresentar. Volta e meia há apresentações musicais; Olga Spitzer ama música e é rica o bastante para contratar apresentações particulares para si e seus hóspedes. Certa vez Leni dissera que na casa de Olga nunca se falava sobre dinheiro, essa palavra não existia no seu vocabulário, e esse era o melhor argumento para sua riqueza.

O sol se põe atrás dos morros, a noite se aproxima. Os convidados se recolhem ao salão, as crianças são mandadas para a cama. E, ao longe, escutam os sinos soarem.

# I.

# Alice Frank, nascida Stern (1865–1953)
## Avó de Anne

# Muitas coisas boas e belas

Basileia, 1935

Alice está encostada na janela que dá para a rua, os braços apoiados no peitoril, observando a noite pairar sobre a cidade. Ela ama o crepúsculo, sempre gostou dessa hora azul entre o dia e a noite. Um homem dobra a esquina — é o italiano que mora no porão da casa em frente. Ele carrega um saco que pode conter carvão ou batatas. Não é mais possível identificá-lo nesse lusco-fusco, mas ela vê quando a porta é aberta e duas crianças, um menino e uma menina, saem correndo e o homem solta o saco ao notá-las, abre os braços e as enlaça, fazendo-as rodopiar, primeiro a menina e depois o menino. Ela sente uma pontada ao ver isso: era assim que, ao chegar em casa, Michael acolhia seus filhos, que riam e gritavam contentes como aquelas duas crianças ali embaixo, do outro lado da rua, cujas vozes animadas ela conseguia ouvir através da janela fechada até mesmo no segundo andar.

Ela se vira e fica parada, apoiada de costas na janela, e seu olhar recai sobre a grande pintura oval na pesada moldura dourada pendurada na parede em frente. Observa a menina que já foi um dia e se pergunta se alguma vez saudou seu pai daquela forma. Provavelmente não. August Stern era um homem sério e ponderado, a quem a governanta sempre falava com voz contida e profundo respeito. Alice não conseguia imaginar que alguma vez ele tivesse feito uma criança rodopiar.

A menina do quadro já não está mais nítida, mas isso não faz diferença — ela a conhece e poderia vê-la até de olhos fechados. Não lembra mais a idade que tinha na época em que o professor Schlesinger a retratou em Frankfurt, talvez 4 ou 5 anos, mas certamente não muito mais do que isso. E, quando a governanta a empurrava pela porta, ele certamente dizia "Eis minha gracinha de menina", pois era assim que todos os que eram de Frankfurt consideravam meninas pequenas. Mas a voz meiga e o sorriso forçado da governanta não enganavam a menina — ela sabia o quão brava a mulher ficava se não se aquietasse. Então o rosto com a barba marrom na ponta se repuxava e a voz perdia o tom amável. Alice parece ouvir ainda agora aquela voz dura que chamava rispidamente sua atenção; imagina, após 65 anos, ainda sentir no nariz o cheiro da tinta, do solvente e do fumo do cachimbo, e, como naquela época, ela é tomada por uma saudade de seu quarto de brincar. A cena se desenrola claramente diante de seus olhos, como se a estivesse realmente vendo: as bonecas, a cozinha de bonecas com um fogão, no qual se podia acender o fogo, e uma mesa sobre a qual havia louça de porcelana; ela vê a estante com os livros de contos de fadas — será que naquela época já existia o *Struwwelpeter*? Sim, certamente, ela ouve a voz da governanta que lia para ela a história do Suppenkasper, que nunca queria comer a sopa; ela vê sua cama de dossel com as nuvens de tule, a janela com uma cortina de renda branca e os cortinados de veludo verde que, durante o dia, eram recolhidos por cordões dourados.

Ela se lembra da governanta entrando e dizendo: "Vamos, pequena Alice, está na hora", desatando seu avental e tirando a roupa de brincar, arrancando da sua mão a boneca que não queria soltar e colocando o dedo nos lábios quando ela começava a chorar. "Psst, mamãe está com dor de cabeça, não vai querer que a mamãe fique ainda mais doente, você já é uma mocinha." Mesmo hoje ela ainda se assusta ao lembrar isso. Mais tarde, quando ela já tinha filhos, toda vez que, inadvertidamente, lhe escapavam as palavras "você não vai querer que", ela estremecia e, atordoada, procurava outras palavras. "Você não vai querer que..." tinha, naquele tempo em que ainda era criança, o efeito de uma conspiração que minava sua resistência como um veneno secreto que a paralisava. A pequena Alice deixava que a vestissem com a calcinha branca com babados, a anágua rosa que, de tão engomada, farfalhava quando ela se movia, e o fino vestido de renda com a faixa também cor-de-rosa. Ela ganhara o vestido havia somente algumas semanas, pois o antigo vestido mais confortável ficara pequeno, com o gracioso corpete azul-celeste lhe apertando tanto que a governanta já não conseguia mais fechar os colchetes. A mãe fizera vir os tecidos, escolhera as rendas e chamara a costureira que costumava vir em casa. A mulher, uma ruiva e sardenta originária do Odenwald, passara dias costurando para aprontar o vestido novo.

Alice sorri para o quadro *A gracinha de menina* e por um momento imagina sentir as meias brancas, as botinhas de couro cinza de cabra um pouco justas demais. Era curioso com que precisão ela se lembrava de tudo que se relacionava ao quadro, talvez porque ela o vira sua vida inteira, muito mais do que qualquer outra coisa, até mais longamente que os móveis que trouxera consigo dois anos antes, na mudança de Frankfurt para Basileia. Inicialmente o quadro ficava pendurado no salão dos pais; em seguida, depois daquele dia horrível em que perdera seu pai e tiveram de entregar a casa tão familiar e mudar-se para a casa de seu avô, no quarto de Cornelia, sua mãe; e por fim, após a morte desta, na sua casa, primeiro em Frankfurt, na Jordanstrasse, 4*; e agora, aqui em Basileia, na Schweizergasse, 50. Quando ela relembra sua infância, sempre se vê neste quadro.

---

* A Jordanstrasse foi mais tarde renomeada Mertonstrasse e hoje se chama Dantestrasse.

A pequena Alice odiava o trajeto até o professor Schlesinger. Sabia que teria de ficar parada, sem mexer os pés, mesmo que suas pernas ficassem dormentes e doessem, que não poderia virar a cabeça para acompanhar uma mosca e que também era proibido se coçar, onde quer que fosse. Ela sempre procurara desculpas para não ter de ir até o professor, mas a governanta fazia questão. "Você não vai querer que seu pai gaste todo esse dinheiro à toa..." Não, naturalmente ela não queria isso, seu pai tinha de trabalhar duro pelo dinheiro. Todas as manhãs ele colocava seu chapéu e ia para a firma e, às vezes, quando o tempo estava muito ruim, ele resmungava que com uma chuva ou uma tormenta daquelas não se enxotaria nem um cão para fora de casa.

A penumbra aumenta, as sombras preenchem os cantos da sala, o trinco duro da janela pressiona suas costas, mas Alice continua parada, imóvel, apesar de o quadro esmaecer gradativamente ante seus olhos, até restarem somente algumas manchas claras. Quanto mais velha fica, mais o passado se aproxima dela, mais clara e nitidamente emergem lembranças de imagens que ela acreditava esquecidas. Pensa na frase que seu avô repetira tantas vezes: "Quanto menos futuro o homem tem, mais o presente perde em significado", e sorri ao lembrar que antigamente considerara isso conversa fiada, falação de um homem velho que não sabia mais o que dizer, pois que significado teria a vida sem futuro? Naquela época tudo era futuro, todo mundo, e cada pensamento iniciava com: "Quando eu crescer... Mas, e agora?"

Provavelmente tenha sido este o momento em que uma ideia lhe vai surgindo, primeiro meio desfocada, em seguida mais e mais clara, de início um "talvez", então um "por que não?" e, finalmente, um "sim, é isto". Rapidamente vai até o interruptor, a súbita claridade a fazendo fechar os olhos, retorna à janela, cerra as pesadas cortinas e, com alguns passos ligeiros, está junto à sua escrivaninha que ela também trouxera de Frankfurt. Levanta a tampa, abre uma gaveta e retira um caderno de capa preta; pega seus óculos e senta na poltrona. Agora ela sabe o que tem de ser feito, e fica aliviada que isso lhe tenha ocorrido ainda em tempo. É como se lhe tivessem dado uma tarefa no passado que somente agora ela viria a entender. Escreverá sua história para seus filhos Robert, Otto e Herbert, e para Leni, a filha, uma carta que lhes entregará na semana seguinte, quando todos virão para festejar seu aniversário de 70 anos.

Desta vez não será uma poesia, nada divertido, nenhuma das habituais alusões que provocam um sorriso compreensivo nos adultos e uma risadinha nas crianças que naturalmente estão habituadas com a linguagem familiar, mas sim algo que fará seus descendentes se lembrarem dela, quando ela já tiver ido, algo que deverá ligar seus filhos com um passado que também foi o seu e que foi perdido por culpa desses nazistas bárbaros. Pois quem sabe eles algum dia não recuperarão o que perderam? Às vezes Alice não acredita mais que o mundo voltará a ser novamente o que já foi, as nuvens escuras no horizonte são ameaçadoras demais. Ela pensa, sem sorrir, que com um tempo assim não se enxota nenhum cão para fora de casa. Abre o tinteiro, pega na pena, a mergulha na tinta e começa a escrever.

20 de dezembro de 1935*

Meus queridos filhos, que depois de muito tempo verei novamente reunidos ao meu redor, se hoje, por ocasião do meu aniversário de 70 anos, quero lhes dar uma pequena visão e retrospectiva da minha juventude, não precisam recear que isso tenha alguma segunda intenção. Somente anseio por oferecer uma recordação duradoura deste dia.

Em geral os filhos sabem muito pouco sobre a juventude de seus pais. Os netos têm ainda menos noção de que fomos jovens, como eles são agora. Somente bem mais tarde irão

* Alice fala com seus filhos. Arquivo Frank-Elias. Todas as passagens aqui citadas são oriundas deste documento.

compreender e perceber muitas coisas. Mesmo as crianças crescidas geralmente sabem somente aquilo que, como seres pensantes, presenciaram e vivenciaram.

O pai de vocês, no entanto, sempre falava de sua infância e juventude no grande círculo familiar, na querida antiga casa em Landau. Lá a veneração pelos pais e o amor fraterno foram a primeira condição para a convivência agradável e íntima. A trajetória de cada um era sustentada conjuntamente e cada alegria era repartida.

Sim, Alice pensa melancolicamente, a casa, um prédio da Idade Média, é bonita, embora lhe causasse a impressão de estar um pouco decadente. Antigamente havia sido uma estação do correio, uma estalagem para carruagens, cavalos e viajantes, mas, desde que o trecho da via férrea Neustadt–Landau fora inaugurado em 1855 e logo depois o trecho Landau–Weissenburg, as carruagens deixaram de vir e o proprietário havia fechado a casa chamada "Zur Blum". Por isso, Zacharias Frank, pai de Michael, pôde comprá-la para sua família em 1870. Todavia, Michael já tinha 19 anos e não moraria muito mais tempo ali. Zacharias Frank, cujo pai, Abraham, viera como professor particular de Fürth para Niederhochstadt, uma localidade a cerca de 10 quilômetros de Landau, mudara-se em 1841 para a cidade, após ter recebido autorização para um comércio de ferragens. Ele fizera bons negócios, mudara para o ramo de empréstimos financeiros e se tornara um "banqueiro". Alice não o conhecera; ele havia falecido no ano anterior ao seu casamento. Ele e sua esposa Babette tiveram nove filhos, quatro meninos e cinco meninas. Michael era o sexto filho, e Babette se preocupava com o fato de ele, já com mais de 30 anos, ainda não estar casado. Por isso, ficou muito feliz quando Michael e Alice noivaram. Alice foi recebida de braços abertos por toda a família.

Inicialmente, Alice estranhara as inúmeras pessoas que falavam e riam alto demais e se aproximavam muito dela. Ela teria preferido ficar a sós, ir passear sozinha com Michael, ficar sentada sossegadamente e ordenar seus pensamentos, mas isso era impossível. Nem bem se sentava em algum lugar com um trabalho manual — ela sempre levava um trabalho consigo, como subterfúgio, quando visitavam a família em Landau —, já vinha uma cunhada, uma tia, a esposa de um primo, uma vizinha ou até sua sogra, a fim de, em altos brados e com um entusiasmo que lhe era incompreensível, atraí-la para um trabalho qualquer na casa ou na cozinha, uma ida ao mercado ou uma visita.

Sua sogra, Babette, era uma mulher afável, de boa índole, que gostava de comer (e bem), chorava e ria facilmente. Mas também era resoluta, criara nove filhos e, apesar de sua idade, mantinha a enorme casa funcionando. Para esta mulher, à época mais jovem do que ela hoje, sempre fora incompreensível que Alice não soubesse cozinhar, que nunca aprendera e não fizesse qualquer questão de aprender. "O amor começa pelo estômago", dissera certa vez, ainda antes do casamento, e quando Alice respondia: "Sempre tivemos uma empregada que cozinhava", ela sacudia a cabeça, incrédula, e olhava penalizada para seu filho Michael. E um dia Alice ouviu uma das cunhadas cochichando com a outra: "A noiva de Michael é muito fina para sujar as mãos." Aquilo a magoara, mas fez de conta que não havia escutado nada.

Não fora fácil para Alice acostumar-se àquela família na época, mas ela sabia o que era esperado por uma boa sogra e se pautava por aquilo. Com o decorrer do tempo, aprendeu a apreciar a amável cordialidade dos Frank e entendeu que aquilo que ela tomava como um alarido inculto era expressão de uma animada simpatia, e que aquilo que de início lhe parecera uma curiosidade invasiva mais tarde se evidenciaria como interesse cordial.

Alice sorri. Molha a pena e continua a escrever.

Minha infância transcorreu por caminhos bem diferentes. Como filha única e com uma mãe geralmente queixosa, aprendi desde cedo a conhecer os lados sombrios da vida. Entretanto, não seria verdade se eu dissesse que minha infância foi triste, embora não a guardasse na lembrança como essencialmente feliz. O profundo amor de minha mãe compensou muitas tristezas. Minha natureza difícil e a tendência à reflexão ficaram comigo até hoje e fizeram com que eu percebesse somente com a maturidade dos anos que eu também tinha muitas coisas boas e belas para registrar, pelas quais tenho de ser grata.

Essa queda pela reflexão é um peso opressivo; até hoje ela tem de lutar contra certa tendência à depressão, possivelmente inata, e até hoje tem de se esforçar para identificar as "coisas boas e belas" sobre as quais escreveu. Nunca conseguiu encarar a vida pelo lado fácil e se alegrar sem culpa. Michael era bem diferente, a seu lado ela aprendia e recuperava muito da alegria que talvez lhe tivesse faltado quando criança. Além de ser alguns anos mais velho e, por isso, mais maduro e experiente que ela, era de uma natureza despreocupada e cosmopolita que sempre a surpreendia. Foi ele quem a introduziu nas alegrias e prazeres dos lados mais leves da vida e com ele, com sua morte, também morrera uma parte de sua alegria de viver.

A escrita sobre o papel fica desfocada. Irá agora passar um lenço nos olhos? Já faz 26 anos que Michael partiu; há 26 anos ela é viúva, mas nunca superou realmente a dor. Naturalmente, não é mais tão lancinante como no início, mas restou uma dor surda, às vezes um lampejo e até hoje, a cada decisão, provavelmente pensará: O que Michael diria disso? O que faria agora?

Na casa de meu tio, o benquisto médico dr. Bernhard Stern, eu encontrava o que faltava em casa, sempre um clima alegre e muita companhia querida com os primos e a prima, além dos dois filhos de minha querida tia Lina Steinfeld.

O contato com a família de Bernhard Stern, irmão mais velho de seu pai, August, teve um papel importante na sua infância e juventude, e mesmo mais tarde não foi interrompido. Sua prima Klara, três anos mais velha que ela, chamada por todos de Klärchen; Richard, da mesma idade; e Karl, seis anos mais moço, substituíam um pouco para ela os irmãos que nunca tivera e dos quais sempre sentira falta, e além deles ainda havia Emil e Paul, filhos de sua tia Lina, que era irmã de seu tio e de seu pai. De bom grado, Alice aceitava todos os convites dos Stern naqueles anos, e como eram alegres as horas passadas lá. Esse ramo da família lhe era afetivamente mais próximo do que o outro, com o qual conviveu na casa de seu avô Elkan Juda Cahn após a morte de seu pai. Com os Stern, Alice conheceu uma vida em família alegre que lhe fora negada em sua casa, com a mãe adoentada.

Por meio da convivência com minha querida avó Helene Stern,* ao redor da qual se juntavam diariamente os seis netos na salinha confortável, passamos as mais belas horas. Esta mulher corajosa, que, através do trabalho com as próprias mãos, deu a três filhos e dois enteados a oportunidade de estudar e se tornar independentes, era merecidamente honrada e amada. Junto a ela nos refugiávamos com nossas pequenas preocupações e mágoas, e sempre encontrávamos consolo e compreensão carinhosa. Minha mãe também era muito bem-vinda lá.

---

* Helene Stern foi a segunda esposa de Emanuel Stern, o tataravô de Anne Frank, falecido em 1841.

Foi esta mulher amável que devolveu o ânimo a Alice, então com 13 anos, quando sua mãe, após a morte súbita do pai, ficou totalmente alquebrada. Devemos nos curvar ao destino, ela dissera, mas é importante nos erguermos novamente após cada golpe, assim como o capim se apruma após uma tempestade, e falara ainda sobre coragem e confiança na própria força. Alice pensa ouvir a voz da avó até hoje: "Ainda é tão jovem. A juventude luta e supera, a idade tolera e consola."

Alice rememora a mulher de cabelos brancos presos numa touca preta, vê a pequena sala bem iluminada, os móveis escuros, a vitrine com o castiçal Chanuk, o cálice Kiddus prateado, que somente era utilizado nos feriados mais importantes, e as taças compridas, que também raramente eram usadas. Alice nunca vira a avó sem alguma costura nas mãos, sempre havia algo para remendar, cerzir ou reformar. "Todo trabalho traz recompensa" era outro de seus provérbios que Alice jamais esqueceu. Provérbios bobos frequentemente se evidenciam como sabedorias, pensa agora e, às vezes, esse reconhecimento sai caro. Ela molha a pena e continua a escrever. Não se escuta mais nada além do arranhar da ponta de aço sobre o papel e o tique-taque do relógio.

Após meus 13 anos nos mudamos para a casa de meu avô, Elkan Juda Cahn. A partir dessa época muitas coisas mudaram na minha vida. Muitas vezes, exigências demais eram dirigidas à minha nem sempre disponível razão que, por sinal, seguidamente deixava a desejar. A responsabilidade que me fora dada pela família de ser um amparo para minha mãe era muito pesada para mim. Esse senso de responsabilidade eu carreguei toda minha vida, e o fiz com gosto.

Talvez neste momento ela sinta sede. Alice levanta, busca um copo d'água e a toma em grandes goles, senta-se novamente à escrivaninha, apoia os braços, segura a cabeça com as mãos e se entrega às suas recordações.

A morte do pai que se abateu sobre ela sem mais nem menos acarretara mudanças significativas. Sua mãe, Cornelia, mudou-se com Alice para a Hochstrasse, para a casa de seu pai, Elkan Juda Cahn, cuja esposa Betty falecera muito tempo antes do nascimento de Alice. Após esse golpe do destino, a saúde delicada de Cornelia não melhorou em nada. Ela sofria de crises frequentes de enxaqueca e tinha uma compleição tão débil que, seguidamente, ficava de cama por dias ou semanas. Alice sofria com isso e, certamente, admitia de vez em quando que preferia ter tido outra mãe, com mais vitalidade, mais animada, que a apoiasse no ambiente novo e, às vezes, penoso. Uma mãe que fizesse excursões à região do Taunus, como faziam suas amigas, em vez de, no máximo, ir com ela até o Jardim das Palmeiras e lá dar de comer aos gansos. Todavia, Alice deve sempre ter posto tais pensamentos de lado rapidamente e se recriminado por ser uma filha má e mal-agradecida. Amava a mãe acima de tudo, e, quando Cornelia a abraçava, ela poderia chorar de felicidade. Cornelia era uma mãe maravilhosa. O que importava se não faziam passeios, quase nunca saíam para reuniões sociais? Tinham seus próprios amigos. Foi Cornelia que lhe ensinou a bordar e a fazer renda de bilro, que lhe mostrou como criar modelos e bordados preciosos. Também foi Cornelia que lia livros com ela e lhe contava histórias.

Alice ergue a cabeça e observa o pequeno quadro oval que está pendurado acima da escrivaninha: uma fotografia colorida de Cornelia pequena, com no máximo 4 anos. Uma criança doce, ainda com gordurinhas de bebê e um rosto excessivamente sério, uma criança que parece olhar o mundo com olhos desconfiados. Essa criança, em cujas mãos gordinhas o fotógrafo colocou um ramo de hera e algumas flores azuis, dá a impressão de temer a vida. Somente anos mais tarde, já como avó, é que Cornelia ficou mais forte. O olhar de Alice se dirige à fotografia maior, pendurada na outra parede. Cornelia já mais velha, trajada no rigor da viuvez. Mas também nesta fotografia ela está com o mesmo olhar sério de quando era pequena.

Cornelia era uma avó boa e orgulhosa que adorava seus netos e por eles fazia tudo o que estivesse ao seu alcance. Admirava os netos Robert, Otto e Herbert, mas dedicava um amor especial a Leni, a neta que, como a própria Cornelia, dava muito valor à sua aparência. Desde cedo Leni mostrara uma certa vaidade, um trato quase que pedante com a própria pessoa. Sob esse aspecto, a avó e a neta se pareciam bastante.

Cornelia também estava sempre perfeitamente vestida, e, mesmo quando se adoentava e ficava de cama, ela se preocupava em usar maquiagem e só se mostrar usando uma fina camisola, deitada sobre uma colcha com bordas rendadas. Mas, contrariamente à beleza elegante e cultivada de sua neta, a aparência de Cornelia não tinha nada de incomum. A diferença em relação a Leni era gritante. Desde criança, Leni se abriu para a vida, de olhos abertos e mãos estendidas, enquanto Cornelia sempre recuava, como alguém que não se atreve a cruzar uma porta, mesmo que ela esteja aberta. Ela se queixava muito, sempre prevendo desgraças ameaçadoras. Não tinha talento para a felicidade, o que não se podia negar em Leni.

Dez badaladas do relógio de parede arrancam Alice de seus pensamentos. Mais do que na hora de ir dormir. Ela limpa a pena no paninho e fecha o vidro de tinta. Enquanto se levanta e se prepara para a noite, fica pensando nos preparativos pendentes para a festa planejada. Amanhã Franzi, cozinheira e empregada, deverá lavar as cortinas da sala, da cozinha e do quarto de hóspedes, as de seu quarto ainda não era preciso. E também deverá preparar a cama e o sofá no quarto de hóspedes, para que tudo esteja pronto quando Otto chegar com Margot.

A pequena Anne não virá desta vez, escreve Otto, pois esteve com ele em Sils Maria no verão, e Margot, não — por isso agora ela ficaria com Edith em Amsterdã. Que lástima. Alice sente uma inclinação especial por aquela criança, talvez por ser tão parecida com o pai. E mais uma vez amaldiçoa os nazistas que conseguiram separar sua família. Leni e Erich estão na Suíça com seus filhos,

Stephan e Buddy; Robert emigrou para Londres com sua esposa Lotti; Herbert está em Paris e Otto vive com sua esposa Edith e as duas filhas, Margot e Anne, em Amsterdã. Sem os nazistas, poderiam festejar em Frankfurt, em sua enorme casa, onde havia lugar suficiente para todos.

Passaram-se dois dias até Alice voltar a se sentar de noite à escrivaninha, pois no dia anterior Leni e Erich estiveram com ela para combinar os detalhes da festa e definir o cardápio. Decidiram-se por um caldo de legumes, seguido por uma truta, que Leni aprecia muito, depois vitela assada com batatas e repolho roxo e, como sobremesa, compota de ameixas com nata batida. Erich providenciaria um bom vinho e, para as crianças, suco de maçã. Alice abrira a tampa do vidro de tinta e colocou a pena em posição. Então, antes de voltar a escrever, releu o que já redigira.

Minha mãe dedicava um profundo amor e admiração, aliados a um enorme respeito, por esse velho pai, que era um grande apoio para ela. Esse homem um pouco severo que passara sua juventude no gueto, mas que de forma alguma era religioso, me mimava à sua maneira e lembro-me dele com grande devoção.

Meu tio Julius*, outro morador da casa, proporcionou-me com sua bondade algumas das muitas horas de alegria, como vocês mesmos puderam constatar mais tarde. Através dele, tomei gosto pela boa música; os recitais com o quarteto, que, todavia, não contavam com a aprovação de meu avô, eram motivo de rara alegria para mim, embora só me fosse permitido ouvir os sons na sala ao lado. Com o filho e a filha de meu outro tio eu não tinha tantas afinidades, apesar de convivermos diariamente na mesma casa. Talvez

---

* Julius Cahn, irmão de Cornelia, viveu mais tarde em Falkenstein no Taunus, na Villa Hattstein. Lá a família Frank o visitava frequentemente.

também houvesse um pouco de ciúme por eu contar com a preferência de meu avô. Por isso, meu tio procurava criticar muitas coisas no meu comportamento. Havia muitos pequenos atritos que preocupavam minha mãe, mas me deixavam indiferente e me tocavam menos.

Alice esquecera os motivos dos atritos. Eles certamente deviam ser tão banais que não se podia ou devia registrá-los, todavia a atmosfera da casa ainda estava presente: a voz queixosa de sua prima e as reações recriminadoras e aflitas de sua mãe, que dependia da generosidade de seu pai e dos parentes, o que somente mais tarde ficou claro para ela. O pai de Alice não deixara o suficiente para assegurar à família um sustento adequado.

Até os meus 15 anos, minha atividade escolar transcorreu normalmente, não houve exigências muito grandes e, quando tive de abandonar a escola devido à doença da minha mãe, minha formação era regular. A partir de então tive reforço com aulas particulares que me reuniam quase que diariamente com minhas amigas, muitas com as quais me liga até hoje uma grande afeição. E quantas horas felizes passamos em nossa "rodinha"! Durante os muitos trabalhos manuais, tão em moda na época, podia me deixar levar pela minha tendência para o sonho. Eles me transportavam a distâncias inalcançáveis e nem sempre eu era chamada de volta à realidade de forma suave.

Alice solta a pena e passa delicadamente os dedos sobre sua nova gola de renda que ela terminara há pouco e costurara sobre o vestido escuro de lã. Até hoje, trabalhos manuais são sua paixão e ela pode se entreter por horas com eles e criar sempre motivos mais complicados: animais, folhas, ramos. Todo o enxoval foi feito por ela, bordado, em crochê, tricotado, em renda de bilro, embainhado, com imagens e monogramas em fino bordado branco.

Toalhas e toalhinhas, guardanapos, lenços, anáguas, golas e adereços — tudo feito por ela, até mesmo algumas cortinas de renda. Ela consegue ficar horas sentada à janela, movendo os dedos em um ritmo cadenciado, e fica feliz quando dali saem animais, veados, ovelhas, cisnes e bichos de fábulas, flores, ramos, folhas, uvas, ornamentos sempre novos, e, cada vez que uma peça fica pronta, sente uma enorme satisfação e um orgulho que não depende do julgamento de outros. Ela sente uma necessidade profunda de criar algo que não seja somente útil, mas também bonito, como se com o trabalho manual trouxesse beleza para o mundo, a fim de torná-lo um pouco melhor. E, às vezes, pensa que a pena para um poeta é, para ela, a agulha, e sua tinta é a linha. Ou então compara seu trabalho ao de um pintor. Se não tivesse vindo ao mundo como mulher, talvez pudesse ter se tornado um grande pintor. Estar ali sentada com um trabalho manual e a sonhar, enquanto de seus dedos sai beleza, esse é seu maior prazer. Todavia, se antigamente o sonho a levava a distâncias inalcançáveis, hoje ele a leva — ao menos no momento — a um passado fora do alcance.

Se, anos mais tarde, pude ver com meus próprios olhos os países que desejava conhecer, devo essa felicidade somente à generosidade do seu pai.

Eu já chamava a atenção dele desde os meus 15 anos, mas ainda era muito jovem e sem experiência para pensar sobre isso. No entanto, aceitava com prazer cada sinal de seu interesse por mim. Todavia meus pensamentos e sentimentos iam por caminhos bem diversos na época, que eram conhecidos por seu pai, mas não o impediam de me mostrar seu apreço. Deixarei de mencionar esses acontecimentos — para mim, inesquecíveis —, pois eles não dizem respeito somente a mim e apenas trazem à tona recordações dolorosas, que não concernem a vocês nem os comprometem de nenhuma forma.

Alice não conseguia mais lembrar quando conheceu Michael, mas ele sabia exatamente. Estavam numa festividade do Ginásio Francofurtanum. Ela havia chamado imediatamente sua atenção, diria ele mais tarde. Até dançaram valsa, mas ela não tinha reparado nada de especial nele. Ele creditava a falta de interesse à sua juventude: ele tinha quase o dobro de sua idade. Na época, ela se apaixonara pela primeira vez por um jovem, um amor infeliz que lhe causara muita dor no coração. Mas, mais tarde, quando encontrava Michael, sempre em reuniões ou festividades com amigos, seu interesse por ele cresceu e se transformou em amor, até finalmente aceitar seus cortejos. Ela era grata ao destino por ter-lhe reservado este homem. Jamais poderia ter encontrado marido melhor do que Michael Frank. Foram seu amor e sua generosidade que lhe abriram o mundo.

Não me faltavam admiradores, cujas flores e versos chegavam em grande número àquela casa administrada de forma puritana, suscitando a indignação da família, ainda mais porque os ditos cortejadores nem sempre pertenciam à tão decantada "boa sociedade" e, portanto, eram submetidos a uma severa crítica. A mim isso não importava. Eu recebia com prazer qualquer sinal de um entusiasmo juvenil e os "desfiles sob a janela". E quão adequadas para isso eram as janelas do térreo da casa na Hochstrasse, geralmente tão sombria. Minha primeira viagem maior foi aos 16 anos para Berna, para visitar minha prima que casara. Esse grande acontecimento foi devidamente preparado e não faltaram advertências e sugestões bem-intencionadas. A viagem que levou primeiramente a Mannheim, onde fui convidada para assistir, em uma casa particular, a um maravilhoso concerto de um quarteto de Florença muito famoso à época, serviu de prelúdio para muitas horas belas e prazerosas. Passei quase três meses na casa dos meus queridos parentes em perfeita harmonia, e lá conheci muitas pessoas interessantes. A cidade antiga também me impressionou fortemente e, assim, pude trazer muitas novidades para contar em casa. Contudo, igualmente havia aprendido a reconhecer que ainda faltava muito na minha formação, que, então, procurei melhorar através de leitura e estudos aplicados, o que, em parte, consegui.

Alice levanta, estica-se e balança a mão contraída. Sua prima preferida, Klärchen, filha de seu tio Bernhard Stern, era recém-casada na época, em 1881, com Alfred Stern, primo de ambas, e vivia com ele em Berna. Já naquele tempo Alfred era um conhecido historiador, professor da Universidade de Berna. Ele e sua jovem esposa administravam uma casa enorme. Alice ainda se lembra de que ele acabara de finalizar uma nova obra, a *História da Revolução na Inglaterra*. Alice admirava Alfred e até invejava um pouco Klärchen por esse marido inteligente e respeitado. Em suma, toda a família se orgulhava muito dele. Seu pai, dr. Moritz Abraham Stern, irmão do avô de Alice, Emanuel Stern, tornara-se professor titular na Universidade de Göttingen como primeiro judeu não batizado, após ter concluído seu doutorado com o famoso matemático Carl Friedrich Gauss.

Alice recorda o último encontro com Alfred, dois anos atrás, no sepultamento de Klärchen. Alfred envelhecera e, pela primeira vez, faltava a afabilidade que sempre o caracterizara. Como se, com a morte da esposa, tivesse perdido sua alma.

Rapidamente, Alice afasta esse pensamento e prefere recordar-se da jovem Klara e do jovem Alfred. Os dois, que mais tarde tiveram três filhas, Dora, Emma e Toni, pareciam ter vivido um bom casamento; pelo menos na época, quando eram recém-casados, tinham sido felizes. Até onde Alice se lembra, as muitas semanas em Berna foram marcadas por muitas risadas e alegria, por passeios e inúmeros convites. Mas ela constatara que havia muitos temas sobre os quais ela não podia opinar. Se em uma reunião se falava de livros, ela às vezes não conhecia nem mesmo o nome do autor, muito menos sua obra. Todas as pessoas que ela conhecera em Berna, todas mesmo, pareciam ser mais cultas do que ela, e ela muitas vezes enrubescia e baixava a cabeça, envergonhada, quando alguém lhe perguntava sua opinião acerca de uma peça de teatro, de um ator ou de uma ópera.

Após seu retorno, ela começou a ler, a fim de suprir as lacunas na sua formação, e também intensificou seus estudos de línguas. A ideia de parecer uma pessoa inculta e de se tornar alvo do deboche da sociedade lhe era insuportável. Foi, por este motivo, uma viagem importante e marcante, além de ter sido uma ótima forma de aproveitar o tempo com Klärchen.

Alice está cansada, muito cansada. Olha para o relógio, já passa das dez. Aparentemente, estava tão absorta em seus pensamentos que não ouviu as batidas do relógio. Amanhã, continuará a escrever, amanhã é outro dia.

Na noite seguinte Alice já acende a luz às seis horas e fecha as cortinas, pois Franzi tirou folga para visitar seus pais, que festejarão bodas de ouro. Choveu durante todo o dia. Tomara que o tempo ainda melhore. O que Alice mais desejaria pelo seu aniversário seria uma camada limpa e branca de neve, branca como uma mesa decorada festivamente, um céu azul com um sol de inverno. Ela sorri diante desse desejo infantil, que sempre teve, desde tempos imemoriais, um desejo que raramente se tornou realidade. Ela se senta à escrivaninha e prepara tudo para continuar escrevendo.

Depois da morte de meu avô no ano de 1884, minha infeliz mãe e eu nos mudamos para uma casa na Trutz.* Mais uma vez essa mudança acarretou grandes alterações na minha vida. De fato, eu agora contava muito mais comigo mesma, e também minha mãe se libertara um pouco da influência

---

* Rua nas proximidades do Portão de Eschenheimer.

da família. Através da estreita amizade com minha querida Emma [Steger], que era, todavia, uma pessoa relativamente dependente e se apegava a mim, mais jovem e enérgica, meu amor-próprio foi bastante estimulado. Assim, recusei energicamente quando, aos 18 anos recém-completados, quiseram me convencer a aceitar um casamento na Inglaterra. Jamais eu teria me decidido pela separação de minha mãe, ainda mais por eu estar ligada com todo meu ser à minha terra natal.

A terra natal... Sua terra natal é Frankfurt, a cidade de sua infância, sua juventude, seus anos como esposa e mãe. Jamais teria se mudado espontaneamente de Frankfurt, não tivesse aquele austríaco desalmado chegado ao poder, aquele homem que gritava, mas que lhe causava muito medo para poder rir dele.

E não somente a ela! Ainda se lembra de quantas e quantas noites passou sentada com seus filhos Robert e Otto a discutir. A situação se tornou cada vez mais difícil depois que o banco fundado por Michael perdera praticamente todas as suas possibilidades devido à quebra da bolsa em 25 de outubro de 1929. Erich foi o primeiro a perceber as consequências e aceitou um posto na Suíça, em Basileia, e dois anos depois Leni o seguiu com o pequeno Buddy. Seu filho mais velho, Stephan, que já ia à escola, foi deixado por Leni com a avó. Ele deveria seguir sua mãe e seu irmão após o término do ano escolar.

A situação econômica era mais do que difícil. Otto até teve de entregar sua casa na Marbachweg e agora vivia novamente com sua esposa e filhas aqui com ela na Jordanstrasse, que na época já se chamava Mertonstrasse. Mas é bem provável que, não fosse o desenrolar político, as coisas não tivessem chegado a ponto de obrigá-los a se separar. Todavia, quando, após as eleições municipais em março de 1933, o prefeito judeu Ludwig Landmann foi forçado a renunciar e o membro do partido nazista, Friedrich Krebs, se tornou o novo prefeito de Frankfurt, não havia mais futuro para eles na Alemanha. E então, quando o marido de Leni, que trabalhava na firma Pomosin na Suíça, conseguiu para Otto uma representação da firma nos Países Baixos, a decisão estava tomada, ele iria se mudar com Edith e as meninas para Amsterdã. Robert queria tentar abrir um comércio de artes na Inglaterra, e Herbert, o filho que mais causava preocupação, queria ficar em Paris.

Também falaram sobre a Palestina, para onde muitos judeus queriam emigrar, mas não era uma opção para eles. "O que faríamos em uma terra onde só há deserto e nenhum teatro, onde se fala uma língua estranha e onde faz tanto calor, que nem se pode sair para a rua, no caso de existir uma?", perguntou Alice. E Leni acrescentou: "Um país no qual não poderemos educar nossos filhos para serem pessoas cultas."

Todos concordavam nesse ponto. E Otto disse: "Ali não é o nosso lugar. Há quase 2 mil anos nós judeus vivemos aqui, na Alemanha. Somos instruídos, cultos, naturalmente somos judeus, mas não somos ortodoxos. Não temos nada em comum com os comerciantes e operários judeus orientais, entre os quais há muitos sionistas, porque eles não têm outra escolha, e nós não temos mesmo nada a ver com os rabinos judeus orientais. Podemos viver em outros países europeus e também na América, mas não na Ásia."

Desde o começo estava claro para Alice que ela seguiria Leni para a Suíça, uma mãe deve ficar perto de sua filha. E, agora, já está há dois anos aqui em Basileia. Mas a cidade nunca se tornou uma terra natal para ela; era muito provinciana e a vida muito acomodada. Quem ousaria comparar o teatro, a ópera e toda a vida cultural e social aqui de Basileia com Frankfurt? Isso sem falar do horrível dialeto suíço (*Schwyzerdütsch*) que ela quase não entende, aquele gargarejo que lhe soa tão menos amistoso do que a tão conhecida e muito mais suave fala de Frankfurt. Alice suspira, retoma a pena.

Seguem-se então dois anos, que eu poderia descrever como os mais bonitos e despreocupados. Recebi manifestações de amor e amizade de todos os lados que, em parte, perduram até hoje e que eu retribuía de todo o coração. Durante muito tempo o pai de vocês não deixou de me dirigir sua atenção. Isso foi comunicado à minha mãe e, como ela constatou que também eu lhe era profundamente afeiçoada, um conselho de família decidiu afastar-me por algum tempo desse ambiente supostamente tão perigoso. Embora nós pudéssemos, em geral, estar raramente juntos e isso, na maioria das vezes, com grandes dificuldades e com a ajuda de amigos queridos e confiáveis, estávamos cientes de nosso amor um pelo outro e decididos a nos unir pela vida toda. Em que momento isso seria possível ainda não estava claro para nós. Viajei de bom grado com meu primo para a Suíça, lá me senti muito bem — nem parecia que estava exilada — e por trás da alegria e boa disposição fingia esquecimento. Todavia, esse não era de modo algum o caso, embora tenha sido registrado com satisfação por todos os lados e a finalidade da viagem declarada como de total êxito.

Pouco tempo após meu retorno, surpreendemos todos os parentes com o fato consumado de nosso noivado, sem ter pedido o conselho de ninguém. No início, esse fato naturalmente desencadeou enorme sensação e minha mãe teve de enfrentar pesadas recriminações, às quais ela nem se sentia em condições de enfrentar. Quão difícil era para ela acostumar-se com a ideia de ter de se separar de mim... Vocês, que a conheciam tão bem, podem avaliar. E, mais tarde, ela teve muitas coisas boas e bonitas a agradecer ao pai de vocês. Logo no início foi especialmente difícil para mim me acostumar às obrigações para com os parentes, que eu nunca tivera, e só depois de muito tempo consegui entender o que significava essa ligação incondicional que fez com que me apegasse a todos. E vocês também conheceram as coisas boas e bonitas de cada um.

Agora não resta muito o que eu possa relatar e contar a vocês sobre minha juventude.

Vocês se tornaram pessoas maduras, tiveram uma infância iluminada e feliz. Fizemos tudo que estava ao nosso alcance para torná-la alegre. Essa lembrança vocês guardam até hoje, e que ela continue fiel na memória, mais do que nunca, já que fomos separados pela gravidade dos acontecimentos e cada um de vocês teve de seguir seu próprio caminho. Espero poder acompanhá-los por mais algum tempo, mas não posso ajudar ou apoiá-los. Contudo, tenho certeza de que meus pensamentos mais profundos estarão sempre com vocês, e que vocês, mesmo sendo pessoas maduras, possam sempre sentir isso. Mesmo que terras e mares também os separem, nunca esqueçam nossa linda convivência na juventude, que sempre se baseou em lhes servir de guia para toda a vida e realmente serviu. Conservem a recordação da casa paterna cheia de amor como um bem precioso e não deixem que essa lembrança se apague de sua memória.

Sua mãe
Basileia, dezembro de 1935

Dois dias depois, chegam Otto e Margot. Franzi preparou um jantar leve e Margot, pálida depois da longa viagem de trem, logo foi deitar. Franzi limpou a cozinha antes de se recolher ao seu quarto, e Alice e Otto ainda ficam um tempo sentados juntos. Alice olha as novas fotos que seu filho trouxe de Amsterdã, principalmente as fotos de Anne.

Otto também lhe conta que os negócios melhoravam lentamente. Nos últimos seis meses, visivelmente os representantes venderam mais gelificante do que no ano anterior. Eles tiveram um outono realmente muito bom, as perspectivas econômicas estavam bem melhores e as crianças davam muita alegria. Todavia, a adaptação aos Países Baixos tem sido muito mais difícil para Edith: ela luta com a língua estranha e não consegue fazer amizades. E, mesmo depois de dois anos, ainda sofre de saudades. Com as crianças, entretanto, estava tudo bem, era realmente uma alegria vê-las crescendo. Falavam holandês como se fossem nativas, e Anne já se tornara uma dedicada estudante.

Alice poderia ficar horas a ouvi-lo, mas Otto parecia exausto. Por isso, ela nem discute quando ele se recolhe. Antes de ir dormir, ela ainda permanece um momento à espreita em frente à porta do quarto de hóspedes. Não se escuta mais nada e ambos dormem. Alice sorri. Que menina bonita e ajuizada é Margot, agora com 9 anos. Amanhã, portanto, será o dia da grande festa de aniversário. Alice vai até a sala, tira sua carta pronta da gaveta e escreve mais algumas linhas, um adendo para seus netos Stephan, Buddy e Margot.

E agora, para meus pequenos, entre os quais falta a pequena Anne. Desejo gravar este dia de forma especial na memória de todos vocês. Não só pelos presentes recebidos, mas por todo o amor e carinho que vocês vivenciaram hoje conosco, os adultos; o dia 20 de dezembro deverá ser e permanecer para vocês como um dia de comemoração. Tenham a certeza de que, além de seus pais, ninguém os ama mais do que

Sua Avó

# De onde viemos

Alice teve a sorte de ter nascido em uma família na qual muita coisa era contada e passada adiante oralmente. Em sua carta aos filhos Robert, Otto e Herbert e à filha Leni, ela escreveu que seu avô Elkan Juda Cahn passara sua juventude ainda no gueto. Foi ele que transmitira na família sua lembrança da Judengasse, a rua dos judeus.

As imagens do passado ainda deviam estar bem vívidas para sua filha Cornelia e sua neta Alice — qual avô não faz referência a seus filhos e netos de como a vida foi diferente antigamente, na sua época, ainda mais com condições econômicas e sociais tão diversas, como foi o caso de Elkan Juda Cahn e seus descendentes? Somente nas gerações posteriores, as imagens, os relatos perdem sua força e, por fim, restam apenas algumas poucas recordações. Por isso, na casa de Buddy Elias, o único primo de Anne Frank ainda vivo, está pendurada uma fotografia colorida de Elkan Juda Cahn e sua esposa Betty, e a família possui um jogo de talheres de prata para 24 pessoas, forjados à mão, que tem gravadas as iniciais EJC. Foi o que restou dele. Como ele viveu, quais os sonhos que teve e o que concretizou, nada disso pode mais ser contado.

Mas Alice certamente ainda cresceu com as histórias da Judengasse. Vez por outra, seu avô deve ter contado sobre épocas passadas. Deve ter dito: "Para mim as coisas não andaram tão bem como para vocês." Deve ter descrito o gueto que tinha somente 330 metros de comprimento, cercado de muros e tão estreito que nenhum carro conseguia fazer o retorno nele. Apenas ao norte do centro, em frente à sinagoga, era um pouco mais amplo, mas mesmo ali não era suficientemente largo para que pudessem entrar luz, ar e o sol.

Depois de 1462, todos os judeus de Frankfurt, que anteriormente moravam no centro da cidade, a maioria na proximidade da catedral, tiveram de se mudar para as novas casas construídas ao longo das muralhas da cidade. Nas duas extremidades do gueto havia portões que eram fechados à noite e nos feriados cristãos, e mais ou menos na metade do gueto havia ainda a pontezinha dos judeus, chamada *Judenbrückelchen*. E, sempre que Elkan Juda Cahn falava dos portões, ele frisava que portões e muros não significavam apenas que os judeus estivessem presos; portões e muros teriam sido igualmente proteção contra ataques inimigos e assaltos. Alguns séculos antes, em algumas cidades, como Speyer, os judeus teriam até pedido autorização para proteger seu bairro com muralhas.

Em Frankfurt, ao contrário, os judeus foram obrigados pela Câmara da cidade a se mudar para o gueto. Inicialmente, as casas eram suficientes para que as centenas de pessoas pudessem viver com certa comodidade, mas no século XVI o número de habitantes se multiplicou e o gueto foi ficando cada vez mais apertado. Entretanto, a Câmara da cidade se negava a autorizar uma ampliação.

"Quando eu era criança", contava Elkan Juda Cahn, "a parte norte do gueto já havia sido incendiada, mas meu pai, Nathan David, ainda contava como as coisas eram na sua juventude. Naquele tempo havia um aperto insuportável. Mais de 3 mil pessoas viviam no gueto e existiam construções em cada espaço livre, cada pátio, cada jardinzinho, o fosso da cidade, tudo, e, onde ainda se podia edificar, edificavam. Cada casebre se tornara uma casa e até em cima dos telhados foram construídas casas adicionais. Os quartos se tornaram tão pequenos e estreitos que se podia colocar uma cama somente no sentido do comprimento. Vocês não podem imaginar como tudo era acanhado."

Naturalmente, Alice não podia realmente imaginar isso, embora naquela época, na sua infância, nos anos 1870 do século XIX, ainda houvesse resquícios do gueto, casas pobres e estreitas, nas quais ela jamais quereria morar. Quando seu avô falava de como seu pai e os outros judeus haviam vivido, ela sempre imaginava o formigueiro, no Jardim das Palmeiras, o qual Richard, o irmão de Klärchen, cutucava com um galho quebrado. Podia imaginar menos ainda seu avô, aquele comerciante respeitado e abastado, ou seu pai, que ela conhecia somente de seus relatos, como pequenos e sujos meninos do gueto, quando ele descrevia a sujeira e o mau cheiro que não havia mais como enfrentar. "O canal a céu aberto utilizado pelos moradores como esgoto estava sempre entupido, e o gueto era tão estreito que o ar para respirar mal se concentrava ali. O mau cheiro era insuportável. Por isso não era de se admirar que as crianças fossem pálidas e sofressem de sarna, impetigo e outras doenças semelhantes. Apesar disso, brincavam e se esbaldavam no gueto, como todas as crianças brincam e se esbaldam, até atingirem idade suficiente para assumir sua parte nas obrigações."

Seu pai, Nathan David, teve mais sorte do que as demais crianças, o avô continuou a contar, pois ele desde menino já saía com o pai para mascatear pelas aldeias vizinhas, na região do Taunus, em Wetterau e até Odenwald. Negociavam com coisas velhas, antiguidades e com roupas usadas. Os judeus não podiam exercer um ofício, isso era proibido pelas corporações que se protegiam contra qualquer concorrência; além de cavar poços e assar pães para consumo próprio, restava somente o comércio com antiguidades, ao menos oficialmente. Mas, mesmo naquela época, peças novas de vestuário no gueto já eram costuradas e vendidas — havia pessoas de sobra que sabiam costurar.

"Meu pai gostava de mascatear", dizia o avô. "Era a única maneira de sair um pouco do aperto e do mau cheiro e de ver outras coisas. Outras pessoas com rostos corados pelo sol, animais, pássaros, árvores, campos e pastagens. E o céu. Segundo ele, no gueto quase não se podia ver o céu. Ele teve sorte em poder mascatear, pois dessa forma podia se movimentar e, finalmente, inspirar ar puro. Ele era mais saudável que os demais. E sempre falava da vivência fantástica de poder colher uma maçã de uma árvore. Ou procurar morangos silvestres que nunca havia no mercado judeu."

Às vezes, passavam dias fora e retornavam para casa somente um pouco antes do início do Sabá. Então, o pai depositava sobre a mesa o pouco dinheiro que ganhara e se dirigia para o banho de imersão no porão de uma das casas, a fim de proceder ao ritual de higiene antes do início do Sabá. Mas primeiro Nathan David se estendia sobre sua cama e a mãe lhe massageava os pés com óleo. "Os judeus ricos que viajavam a outros países para comprar mercadorias tinham, naturalmente, cavalos e carros, que guardavam fora do gueto, ou os alugavam em suas viagens. Mas os outros tinham de andar a pé. Vez por outra, alguma pessoa caridosa os levava junto em sua carreta puxada a cavalos ou bois, mas isso não acontecia com frequência; geralmente eram alvos de cusparadas. Era difícil e cansativo andar de aldeia em aldeia, de casa em casa, bater em portas estranhas e oferecer mercadorias."

Certa vez Alice perguntou: "Por que eles não tinham uma loja? Em uma loja as coisas podem ser vendidas mais facilmente..."

E o avô respondeu: "Judeus não podiam ter lojas."

Até a extinção do gueto, os judeus eram proibidos de ter lojas fora dali. Era proibido mesmo para os ricos, para os que lidavam com penhor e empréstimos, mesmo que encontrassem meios e caminhos para, através de intermediários, levar suas mercadorias para fora do gueto até a parte cristã da cidade, principalmente na primavera e no outono, quando aconteciam as feiras em Frankfurt e, por todos os lados da cidade, se comprava e vendia, e os comerciantes e compradores das redondezas acorriam em grande número para a cidade. Muitos judeus também praticavam comércio a distância, empreendiam longas viagens até a Inglaterra e lá compravam panos e tecidos de seda e brocados com motivos coloridos, rendas, joias e adereços de prata e tudo o mais de que os nobres e ricos patrícios necessitavam para seu estilo dispendioso de vida. E como na Idade Média as igrejas e os conventos foram proibidos de cobrar juros, os judeus desde cedo se concentraram no empréstimo financeiro e negócios com juros. Os pequenos Estados e o desejo dos príncipes e senhores feudais de manter uma corte faustosa estimulavam o empréstimo de dinheiro, sem o qual as muitas guerras da época também não poderiam ter sido conduzidas. Os judeus eram comerciantes, negociantes e banqueiros, especializados em créditos de risco e aplicações a curto prazo, e os nobres não só toleravam as altas taxas de juros como até as pediam, pois igualmente lucravam com elas por meio dos impostos. Essa "agiotagem judia" atingiu especialmente os habitantes mais pobres da cidade e os camponeses, atiçando o ódio contra os judeus. Em decorrência do comércio com dinheiro e dos empréstimos contra penhores, desenvolveram-se — porque muitas vezes os bens não eram mais retirados e caducavam — grandes depósitos de mercadorias e o comércio daí resultante. E assim, a partir dos antigos negócios de empréstimos se originaram, sobretudo nos séculos XVII e XVIII, os bancos. Eram fundados, entravam em falência, cediam lugar a novos empreendimentos. A corrente dos negociantes financeiros judeus de Frankfurt não é rompida até os Rothschild.

"A vida dos judeus era realmente dura e com frequência eles não tinham comida suficiente", dizia Elkan Juda Cahn. "Se meu pai se chamasse Rothschild ou Speyer, tudo teria sido bem diferente, mas ele se chamava somente Cahn."

"Por que você diz isso?", protestou Alice. "Você não dizia sempre que deveríamos nos orgulhar de descender dos Cahn?"

"Sim, todos os judeus que se chamam Cahn ou Cohn ou similar são Cohanim, o que significa que pertencem à casta dos sacerdotes e descendem de Aaron, o irmão de Mosche Rabenu. Aaron foi o primeiro Sumo Sacerdote de nosso povo, um escolhido de Deus, um homem pacífico, de cujo cajado brotavam flores."

Alice escutara isso muitas vezes, mas isso não lhe interessava, pelo menos não naquela época. "Fale dos judeus ricos", pediu ela. "Conte-me sobre os Rothschild."

"Cheguei a conhecer o velho Mayer Amschel Rothschild que fundou a grande casa bancária M.A. Rothschild & Filhos e que, depois, até se tornou financista do Conde de Hessen. Os Rothschild viviam na casa Grünes Schild, em frente à pontezinha dos judeus. Mayer Amschel começou com moedas e medalhas e, mais tarde, se tornou fornecedor do Exército. Ocupou-se do comércio têxtil com a Inglaterra, negociou com câmbio e, finalmente, dedicou-se ao negócio bancário com títulos do governo. Além disso, fez um bom casamento. Guttle, esposa de Mayer, era filha de Wolf Salomon Schnapper. Seu pai era financista da corte e pertencia a uma antiga família de Frankfurt. Seus filhos se estabeleceram então por toda a Europa e fundaram filiais do banco em Viena, Nápoles, Londres e Paris. Apesar disso, sempre voltavam a Frankfurt. Conheciam suas raízes no gueto e nunca as renegaram. Mas eles não eram os únicos judeus ricos, ainda havia os Speyer, os Rindkopf. Naturalmente no gueto também viviam rabinos e escribas da Torá, homens sábios e cultos, mas em número maior serviçais, trabalhadores de ocasião e mendigos. A bem dizer havia de tudo, desde casos isolados de riqueza, até muita miséria e pobreza, muita fome e doença."

Alice se lembrou dos relatos que a avó Helene Stern fizera para ela e Klärchen sobre os velhos tempos, sobre as muitas crianças que não tinham quarto próprio, brinquedo ou vestidos bonitos e que eram obrigadas a dormir duas, três ou, às vezes, até quatro na mesma cama, duas na cabeceira e duas do outro lado. E sobre as mulheres que, frequentemente, não sabiam como alimentar seus vários filhos, que tinham todo o trabalho doméstico para fazer, sem empregada ou cozinheira, e que estavam tão enfraquecidas pelos muitos partos que, às vezes, morriam após dar à luz. "Assim como a primeira esposa do avô de vocês", a avó costumava dizer. "Que a terra de sua sepultura lhe seja leve, pois sua vida já foi suficientemente pesada." Após tais palavras, erguia a mão e a passava nos olhos, e Alice e Klärchen desviavam o olhar, constrangidas.

O avô prosseguiu: "A vida era dura e triste. A única distração eram as festas. As crianças judias esperavam o ano todo com alegria pela festa do Purim."

Sim, a avó Helene também falava dos divertidos jogos do Purim, de como eles desfilavam pelo gueto cantando e dançando. Mas, do mesmo modo, ela falava dos incêndios que eclodiam vez por outra, pois tudo era apertado demais. E dos vândalos que cruzavam o gueto nos feriados cristãos. Nesse caso, as mães recolhiam seus filhos para dentro de casa e os escondiam em armários e sob as camas até o perigo passar.

O avô continuara falando, sem que Alice tivesse ouvido, descrevendo como as crianças se fantasiavam para as brincadeiras do Purim. "Quando eu era criança, também havia o Purim Vinzenz", disse ele.

"Purim Vinzenz?", perguntou Alice. "O que é isto?"

"Era para lembrar o levante Fettmilch."

"Como assim, Fettmilch?", ela perguntou, surpresa.

"Fettmilch é um nome", disse o avô e começou a contar. "No início do século XVII houve uma revolta dos cidadãos de Frankfurt contra a Câmara Municipal."

A revolta, que ganhou o nome do líder Vinzenz Fettmilch, foi deflagrada em 1612 por ocasião da coroação do imperador Matthias em Frankfurt, e a Câmara ordenou às corporações que providenciassem a proteção dos nobres conforme estipulado pela

Bula Dourada. Pouco depois, os nobres apresentaram suas contrapropostas, entre elas a diminuição do número de judeus e a redução retroativa da taxa de juros para os empréstimos efetuados pelos judeus, de 12% para 8%. A Câmara e o próprio imperador negaram tais exigências e os revoltosos se reuniram sob a tutela de Vinzenz Fettmilch. Mesmo depois de a taxa de juros ter sido enfim reduzida, não se deram por satisfeitos e exigiram que todos os judeus com fortuna inferior a 15 mil florins deveriam deixar a cidade. Como o imperador Matthias ficou do lado dos judeus, Fettmilch e seus adeptos recorreram à violência, invadiram o gueto, saquearam as casas, destruíram a sinagoga e obrigaram 1.380 judeus a sair da cidade, deixando para trás todos os seus bens. Eles encontraram guarida em localidades vizinhas como Offenbach e Hanau.

Durante quase dois anos, essas hordas revoltosas aterrorizaram a cidade, até serem finalmente vencidas; então, os judeus de Frankfurt puderam ser festivamente reconduzidos às suas casas. Fettmilch e outros cinco revoltosos foram executados ainda no mesmo dia. Um antigo imperador havia penhorado os judeus à cidade de Frankfurt. Agora o imperador fez com que o brasão imperial fosse afixado nos portões do gueto com a inscrição: "Protetorado de Sua Majestade Imperial Romana e do Sacro Império." Com isso, ele afirmava sua soberania, mas não liberava o penhor, de modo que continuava existindo uma espécie de duplo domínio sobre os judeus, o da Câmara e o do imperador. Por ordem do imperador, a cidade de Frankfurt teve de pagar aos judeus 175.919 florins a título de indenização.

"Os judeus festejaram longamente o dia de seu retorno, o 20 de Adar,* em comemoração ao Purim Vinzenz", assim Elkan Juda Cahn finalizou sua história, "mas com o decorrer do tempo esse costume foi caindo no esquecimento. Como veem, durante os séculos de sua existência houve muito sofrimento no gueto. Em 1819, quando

_____

* 10 de março.

eu já nem vivia mais no gueto, ainda houve outra perseguição aos judeus que se estendeu a partir de Würzburg por toda a Alemanha sem poupar a cidade de Frankfurt. Aos gritos de 'Hep-hep! Morte aos judeus!', lojas e casas judias foram saqueadas e destruídas. Os agressores quebravam as vidraças, por exemplo no Banco dos Rothschild, e surravam judeus em plena rua."

"Você também?", perguntou Alice.

Seu avô sacudiu a cabeça. "Não, eu tive sorte."

"E como foi quando o gueto foi extinto e os judeus podiam morar onde quisessem?"

"Tudo começou em 1796, ano em que nasci. Na França reinava Napoleão, que concedera aos judeus os mesmos direitos de todos os demais cidadãos. Após a Revolução Francesa espalhou-se a demanda por liberdade, igualdade, fraternidade. Em 1796, tropas francesas atacaram Frankfurt e conquistaram a cidade. Em vários locais houve incêndios, o pior deles no gueto judeu. Aproximadamente cem casas no lado norte da rua foram destruídas pelo fogo, quase 2 mil judeus ficaram sem teto. Estes judeus alugaram casas dos cristãos, o que já deu início ao fim do gueto judeu, embora ele ainda tenha se mantido até 1812, até que, finalmente, os judeus não dependessem mais da *Stättigkeit*, a Lei Judaica, e recebessem — ao menos em parte — os direitos civis. Mas tiveram de pagar caro por isso."

"*Stättigkeit*, palavra estranha, o que quer dizer?"

"Era como em Frankfurt se chamava o direito dos judeus de se estabelecerem na cidade. A Lei Judaica estipulava o quanto teriam de pagar por isso e o que lhes era permitido — por exemplo, qual a atividade comercial que poderiam exercer. Mas principalmente listava tudo o que eles não podiam: morar fora do gueto judeu, ir passear nas praças e casar quando o desejassem, e também o número de casamentos, bem como o número dos judeus que podiam se mudar para lá vindos de fora. Sob Napoleão isso foi mudado."

Em 1806 Napoleão declarou Frankfurt como residência da aliança do Reno e delegou ao príncipe Carl von Dalberg o governo da cidade. Dalberg era um iluminista e admirava Napoleão, mas não queria entrar em confronto com os cidadãos locais que lutavam veementemente contra uma igualdade dos judeus. Por isso ele promulgou uma nova "Ordem de *Stättigkeit* e Proteção à Comunidade Judaica de Frankfurt sobre o Meno". Ordenava que a população morasse em um bairro judeu, que incluía o gueto e as áreas limítrofes. Além disso, a formação escolar era meticulosamente regulamentada. E a taxa de proteção que deviam pagar anualmente foi elevada para 22 mil florins. Foi um golpe pesado para os judeus. Somente quando o governo de Dalberg sofreu grandes dificuldades financeiras, ele assinou em 1811 o edital de emancipação contra uma soma compensatória de 440 mil florins, o maior decreto com respeito aos direitos civis da comunidade judaica em Frankfurt. Ali constava que

> a partir de agora, os habitantes israelitas da cidade de Frankfurt gozam, com deveres iguais, também de direitos civis e atribuições iguais aos demais cidadãos cristãos, sendo que todas as regras, decretos e observâncias prévias, sobre as quais se baseava anteriormente a desigualdade dos direitos e impostos, ficam revogadas e sem efeito.

"Tiveram de ser pagos 150 mil florins imediatamente", contou Elkan Juda Cahn, "senão Dalberg não teria assinado. Eu tinha 15 anos, ainda me lembro de como foi difícil juntar o dinheiro. Cada um deu o que podia, mas sem a ajuda da casa bancária Rothschild não teríamos conseguido. A comunidade ainda teve de pagar juros pelo empréstimo até 1863, embora a igualdade de direitos já houvesse sido anulada quatro anos após sua promulgação. Mesmo assim, nada mais foi como antigamente."

Não, nunca mais voltou a ser como antigamente. Em 1812, três judeus foram nomeados para um cargo no governo: Mayer Amschel Rothschild foi indicado para o Colégio Eleitoral e, após sua morte, o cargo foi assumido pelo médico dr. Joseph Oppenheimer. Um ano mais tarde ele se tornou integrante da Câmara Municipal e membro do Conselho Municipal de Educação. E Ludwig Börne, que na época ainda se chamava Löw Baruch, um homem muito respeitado que editava livros e revistas e que lutava contra o antissemitismo e pela liberdade de imprensa, foi contratado como escrivão no Tribunal de Justiça. Embora, alguns anos mais tarde, quando as antigas restrições aos judeus foram restauradas, ele tenha tido de lutar por seu posto e, finalmente, sido afastado com uma aposentadoria, nunca antes houve nada igual. As tropas de Napoleão haviam disseminado a ideia da emancipação e dos direitos civis por toda a Europa, não se podia mais detê-la. Todavia, em Frankfurt, tudo demorou um pouco mais do que em outros lugares, os cidadãos cristãos não queriam conceder a igualdade aos judeus. Mas o gueto judeu não foi mais reconstruído, embora muitos cidadãos de Frankfurt o desejassem e até exigissem em alto e bom som. Seguiu-se um constante vaivém entre esperança e desilusão, desde a fracassada Convenção Nacional e todas as querelas até a fundação do Império.

"Mas finalmente também nós conseguimos nossos direitos", falou o avô triunfalmente. "Agora somos cidadãos livres, assim como os cristãos. Alice, você teve sorte por ter nascido em uma época melhor do que a minha."

"Foi naquela época, quando vocês puderam sair do gueto, que você logo comprou esta casa?", Alice quis saber.

"Não", falou o avô. "No início moramos na Langestrasse. Lá também nasceu sua mãe e esta casa aqui eu comprei somente bem mais tarde. Mas alguns judeus já construíram casas elegantes sob o mandato de Dalberg, verdadeiros palácios. Por exemplo, o banqueiro Zacharias Wertheimer, cuja casa, a Torre Vermelha, fora destruída no incêndio de 1796, fez construir dez anos mais tarde um palácio na Bela Vista. E, na parte incendiada do gueto judeu, os Rothschild construíram um novo prédio comercial em um terreno de cinco casas incendiadas, bem no alto, na rua em frente ao Portão Bornheim, onde antigamente ficava o portão norte do gueto."

"Você ainda era ortodoxo naquele tempo em que morava no gueto?"

Elkan Juda Cahn sacudiu a cabeça. "Nós não éramos ortodoxos. De alguma forma, não era nossa maneira de ser. Mas, se quiser saber mais sobre isso, pergunte ao seu tio Bernhard Stern, o médico, ele estudou e deve saber bem mais a respeito do que eu. Os Stern são uma família antiga e respeitada e eu fiquei realmente orgulhoso quando sua mãe casou com seu pai. Pergunte a seu tio Bernhard."

Foi o que Alice fez. Na ocasião seguinte em que estava sentada com Klärchen no elegante salão dos Stern, seu olhar recaiu sobre o retrato de Süsskind Stern do ano de 1671, o primeiro retrato de um judeu de Frankfurt, como seu tio Bernhard sempre frisava. "Antigamente os Stern eram judeus crentes?", perguntou ela.

Tio Bernhard, que estava sentado à mesa fumando um cachimbo, meneou a cabeça. "Sim, sempre foram bons judeus, é preciso dizer, pelo menos antigamente eram. Seu tataravô Abraham Süsskind Stern era um sábio. Negociava livros, mas, na realidade, dedicava--se ao estudo do Talmud. Vi muitos livros na casa de seu filho, meu tio Moritz Abraham Stern, com inúmeras anotações e explicações feitas por ele. Ele considerava Moses Mendelssohn como exemplo. Moses Mendelssohn era um grande filósofo que traduziu a Bíblia para o alemão, a fim de que seus irmãos judeus, que não entendiam o hebraico, também pudessem lê-la. Ele se interessava pela ciência e a arte, todavia respeitava rigorosamente as leis da Torá."

"E o que houve com meu avô?", perguntou Alice. "Ele também se orientava rigorosamente pelas leis?"

Tio Bernhard sorriu. "Não. Moritz era totalmente diferente de seus irmãos Jakob e Emanuel, estes dois não tinham restrições, nem para fazer as refeições com os cristãos. Mas seus tataravós eram verdadeiramente religiosos, principalmente a tataravó, Vögele Eva Reiss. Ainda quero lhes falar dela.

Tinha 21 anos quando sua família perdeu a casa e todos os bens no incêndio de 1796, mas não se deixou intimidar. Ela recebeu tecidos de um tio que era negociante de sedas, e os revendia com lucro, principalmente para emigrantes franceses. Assim, ganhava não só o suficiente para o sustento da família, como ainda sobrava para auxiliar no dote de uma irmã. Era uma mulher enérgica e destemida. Ao ouvir que soldados bávaros saqueavam no gueto, conseguiu que um alto oficial bávaro fosse com ela até lá. Os saqueadores negaram-se a obedecer ao oficial e puxaram das armas. Mas a jovem judia Vögele ficou parada no meio do rebuliço das lutas até que, finalmente, chegou o sr. von Bethmann com uma divisão, a fim de expulsar os bávaros. Ela era uma mulher vigorosa, mas justa e caridosa. Nenhum pobre saía de sua soleira sem um donativo. E manteve consigo uma empregada, Jitel Dudelsheim, que trabalhou por décadas com ela. Quando a pobre mulher ficou inválida, cuidou dela como se fosse um membro da família. E ela era realmente religiosa. Apesar da idade avançada, jejuava no dia do perdão. Lembro-me dela sentada em sua sala modestamente mobiliada na Allerheiligengasse: baixinha e respeitável, o cabelo recoberto por uma faixa preta e uma touca branca. Ou de como ela, já anciã, ficava em sua pequena loja, entre rolos de fitas de seda e pacotes de lápis. Jamais nós, crianças, saíamos de perto dela sem que ela colocasse as mãos sobre nossas cabeças e nos abençoasse.

Ela e seu marido, Abraham Süsskind, levavam a educação de seus filhos muito a sério, principalmente a de seu filho Moritz Abraham, que já desde cedo demonstrara grande inteligência. Tio Moritz foi decisivo para meu desenvolvimento espiritual e moral. Quando jovem, morei mais de três anos em sua casa em Göttingen, durante meus estudos de medicina. Ele sempre repetia que eu era seu sobrinho preferido, e nem sou capaz de avaliar o alto valor de sua influência sobre mim. Os pais do tio Moritz não permitiram que ele frequentasse uma escola pública, o que outros judeus já faziam na época. Ele recebia aulas de professores particulares em casa. Estudou latim e grego, é um eminente hebraísta e também grande conhecedor da literatura alemã. Já quando jovem era apaixonado por Schiller e Goethe e entusiasmado pelos romances de Fouqués. O que mais se destacava era sua paixão pela matemática. Trata-se realmente de uma pessoa excepcional. Esperem, quero ler algo para vocês."

Tio Bernhard abriu um armário e pegou um caderno grosso, que ele abriu respeitosamente. "Meu primo Alfred, que na época em que morei com eles em Göttingen ainda era uma criança, mostrou-me certa vez às escondidas o diário de seu pai, meu tio Moritz. Sei que isso não está certo, mas eu era curioso e, então, copiei o início, pois ele me impressionou muito. E até mesmo para me motivar a escrever um diário. Tio Moritz tinha 16 anos quando escreveu isso, portanto um pouco mais jovem do que você agora, Klärchen. Vejam:

Meu diário,
Dedicado a mim mesmo.

Já faz bastante tempo que venho pensando em iniciar um diário, no qual, de certo modo, pudesse ver continuamente um reflexo de mim, onde eu registrasse meus pensamentos secretos, observações, conversas e coisas desse tipo para, então, examiná-las a sangue frio e verificar com exatidão o que há de bom e de mau, com o firme propósito de extirpar a erva daninha que retira da flor a seiva da virtude, a fim de que esta possa florescer muito mais bela e em toda a sua plenitude. Somente desse modo, quando se veem repetidamente os erros cometidos, é que o propósito de corrigi-los poderá criar raízes; caso contrário, é apagado facilmente da memória tão logo uma nova distração se descortine. Do mesmo modo que a trilha reta desaparece diante dos olhos do caminhante se ele se deixar iludir pelo lampejo brilhante do fogo-fátuo sedutor. Nem as ações menores devem ser excluídas. Porventura pode o homem que cambaleia às cegas rumo ao futuro e que só enxerga o presente se questionar com convicção: essa ação é insignificante? O livro da história nos mostra mil exemplos que refutam isso. Uma palavra, um movimento, uma inspiração pode ser de grande efeito sobre toda a nossa vida restante, trazendo alegria ou sofrimento.

Esse pensamento finalmente amadureceu e pretendo, se Deus o permitir, segui-lo por toda a minha vida.

Hoje completei 16 anos, não sou mais criança, começo a ter pensamentos mais sérios e a olhar para o futuro com um olhar mais restritivo. Mas, confiando no auxílio de Deus, serei sempre alegre, pelo tempo que Ele me conceder saúde. Que Ele tenha agrado em fazer de mim uma pessoa boa, para que me torne útil aos meus pais, aos quais eu muito devo, que se esforçaram tanto comigo, tiveram tanta paciência, e que lhes seja motivo de alegria na velhice, como também aos meus semelhantes. Amém.

Tio Bernhard abaixou o caderno e olhou para as duas meninas. "Vocês podem imaginar em que tipo de homem esse jovem se transformou e por que sua influência sobre mim foi tão significativa?"

As duas meninas assentiram, embora Alice não conseguisse imaginar seu tio-avô Moritz como um jovem de 16 anos. Ela o conhecia de suas visitas a Frankfurt, quando ele morava com o tio Bernhard, e Alice evitava visitar os Stern durante o período de sua estada. Tio Moritz era um homem velho e severo de olhar penetrante, em cuja presença Alice sempre tinha a sensação de não se apresentar de acordo, de falar a coisa errada, de não se comportar como deveria. Klärchen também o temia um pouco e sempre ficava contente quando ele partia mais uma vez.

"Ele tem um caráter inabalável", prosseguiu tio Bernhard. "Alguns também o definem como teimoso. E, desde cedo, teve dúvidas sobre a santidade das muitas formas transmitidas do judaísmo. Um amigo me contou que certa vez na sinagoga Moritz trazia embaixo de sua toga de oração um livro mundano, o *Fausto*, e ficava lendo enquanto os demais acreditavam que estivesse imerso em orações. Ele estudou matemática em Göttingen com Gauss. E, também em Göttingen, reencontrou seu irmão Emanuel, seu avô e Alice. Emanuel partiu para a América do Sul de maneira aventureira, depois da falência da casa comercial Wolf, onde estava empregado. O jovem Emanuel era um bom músico, tornou-se maestro chefe da milícia de Frankfurt e conheceu um aliciador ambulante que recrutava soldados para o governo brasileiro. Emanuel cedeu à tentação e foi para o Brasil. Pouco depois de sua chegada, foi acometido pela febre amarela e levado ao hospital militar. Sobreviveu à doença. Um comerciante que ele conhecia de Frankfurt o ajudou a escapar do Exército e pagou o capitão de um navio inglês para que levasse seu protegido de volta para a Europa como 'marinheiro doente'. Emanuel chegou a Göttingen com o rosto queimado pelo sol e as roupas rasgadas, seu dinheiro só fora suficiente para isso. Tio Moritz o supriu com os meios necessários e mandou-o de volta para Frankfurt. Moritz continuou em Göttingen mas, por ser judeu, não pôde tornar-se professor logo de início. Contudo, mesmo assim, tornou-se docente."

A relação de Moritz Abraham Stern com o gueto judeu nunca foi interrompida e, embora a viagem de Göttingen para Frankfurt com a carruagem postal levasse quase dois dias, ele voltava com frequência para casa, principalmente quando a Associação Judaica pela Reforma o convocava a colaborar. Estava convencido de que os judeus não deveriam apenas livrar-se das formas rígidas de sua religião, mas também desistir de sua esperança pela vinda de um Messias. E que sua terra natal deveria ser somente o país em que nasceram, sua pátria. Em uma carta a um amigo, publicada mais tarde, ele disse:

> Quando me pergunto o que me obriga a agir pelo judaísmo e seu aperfeiçoamento, tenho de admitir que isso não se baseia de modo algum em um parentesco no sentido religioso com a grande maioria de seus praticantes, já que certamente, e há bastante tempo, distanciei-me tanto dele como do cristianismo. Não posso nem dizer, como você e outros, que, pela crença em um monoteísmo puro, eu estaria ligado ao mesmo. O que me prende ao judaísmo, o que aproxima seus praticantes de mim mais do que outros, é o puro senso do dever de piedade filial. Assim como sou dependente da mãe, da família e da pátria, sou também da crença religiosa, sob a qual nasci, e em cujos ensinamentos fui educado [...] É minha obrigação salvaguardar os interesses dos judeus; esse é meu princípio.

Em seguida, tio Bernhard ainda contou como foi o casamento de seu tio Moritz, tido como razoavelmente complicado. O Código de Leis (*Stättigkeit*) estipulava que, em Frankfurt, somente quinze judeus poderiam se casar por ano. Moritz e sua noiva burlaram a proibição ao se casarem em Bockenheim, Hessen. Seis anos mais tarde, após o nascimento do terceiro filho, uma menina, a mulher morreu. Em 1859, o dr. Moritz Abraham Stern finalmente alcançou seu objetivo tão persistentemente almejado. Foi nomeado professor como primeiro judeu não batizado na Alemanha. Com o passar dos anos, outros judeus exerceram o cargo, mas ele foi o precursor.

"Ele jamais desistiu", disse tio Bernhard. "E cada vez que nós, os mais moços, nos queixávamos de que a igualdade mais retrocedia do que progredia, ele dizia: 'Vocês não sabem como isso foi na minha juventude.'"

Tio Bernhard fechou o caderno e o recolocou no armário.

Dois anos mais tarde, Klärchen, aos 19 anos recém-completados, casou com o filho desse homem, acerca do qual tio Bernhard falara com tanto entusiasmo: o historiador Alfred Stern, que nesse meio-tempo se tornara professor em Berna.

# Vida em família

Alice Stern era cortejada por um certo Michael Frank, um bem-
-sucedido comerciante. Michael Frank era de Landau, no Palatinado. A família de Alice, que nunca ouvira falar dos Frank,
não ficou nada satisfeita. Teriam preferido um noivo de uma das
conhecidas famílias judias de Frankfurt, ou algum parente, como,
por exemplo, seu primo Richard. Isso era prática comum. Afinal,
Klärchen também se casara com seu primo Alfred.

Mas Alice não se importava com o que sua família dizia. Sentia-
-se lisonjeada com o interesse demonstrado por Michael e achava
todos os meios e jeitos possíveis para encontrá-lo, com o auxílio
de suas amigas. De repente, Michael era convidado para casas
onde nunca estivera antes, ou era trazido por prestativos irmãos
das amigas de Alice. Mesmo em uma sociedade relativamente
austera como a daquela época, os enamorados achavam um meio
de se ver, trocar secretamente algumas palavras, olhar-se nos
olhos. Não se torna bem claro por que, de início, Cornelia Stern
foi contra Michael Frank para genro. Sua resistência não deve ter
sido muito veemente, pois, quando Alice colocou sua mãe diante
do fato consumado e disse estar firmemente decidida a se casar
com Michael, com ele e nenhum outro, ela cedeu.

O noivado planejado levou a uma intensa troca de correspondência no âmbito das famílias do jovem par. Tanto que Leon Frank, irmão dois anos mais moço de Michael que, mais tarde, ainda teria um papel importante na família, sentiu-se encorajado a escrever de Paris uma longa carta para seu irmão, em 17 de outubro de 1885, na qual antes de mais nada o felicitava, mas também se oferecia para vir a Frankfurt, caso Michael ainda sentisse necessidade de se aconselhar com alguém da família acerca de sua intenção. Embora ele preferisse não deixar Paris no momento devido à situação da Bolsa, estaria disposto a vir a Frankfurt por alguns dias, talvez para averiguar discretamente a situação da escolhida. No cabeçalho da carta constava: *Frank, Wolf-sohn & Co/DEPECHES:/Wolfsohn-Bolsa-Paris. 21 Rue St. Marc.*

Bem diferente é a carta que Alfred Stern, o professor, escreveu de Berna para sua prima Alice:

Querida Alice!

Há pouco, quando cheguei em casa, Dora [a filhinha dele] já veio ao meu encontro no corredor gritando: "Alice ficou noiva!" Ficou claro que o motivo era de alegria pois, apesar do resfriado, ela exclamou em voz bem límpida. E tinha razão. Que tudo de bom e belo que eu desejo a você se realize dupla e triplamente.

Transmita meus calorosos cumprimentos a seu noivo, apesar de ainda não conhecê-lo [...] Com profunda alegria por sua felicidade,

Seu Alfred Stern

Seu pai, que na época já estava aposentado e morava com Alfred, parabenizou Alice e Michael e assinou junto: "Seu tio Stern."

Klärchen também acrescentou: "[...] pena que eu não possa estar aí com vocês para compartilhar da alegria e da agitação! Mas quando chegar a hora do casamento... Serei convidada, não?! Então irei para abraçá-los, sua Klärchen."

Rebekka Loewi, a irmã mais velha de Michael, que na época já era avó aos 43 anos, escreveu de Paris em 26 de outubro de 1885:

Minha querida Alice!

Teria sido de bom-tom que eu já tivesse me apresentado como irmã há mais tempo, espero que o querido Michael já o tenha feito, eu não andei me sentindo muito bem, senão já teria lhes transmitido minhas felicitações. Talvez você nem tenha sentido falta, pois as demandas nos primeiros dias são tantas que sinto pena do casal de noivos. Pois então, minha querida Alice, receba agora, tardiamente, meus mais sinceros votos e creia que você é uma pessoa de sorte em poder levar meu querido irmão de volta para casa como seu companheiro para a vida. Não é por ser meu irmão e eu ter um orgulho suspeito: Michael é o melhor, uma pessoa agradável e de fino caráter, que tem todas as condições de tornar uma mulher feliz. Não quero falar muito, parece até bizarro elogiar um irmão, mas posso dizê-lo, já que estou firmemente convencida de que você se encaminha para um futuro feliz e belo. [...] Há muitos anos formamos um lar acolhedor e somos muito unidos, como poucos irmãos poderiam se alegrar por tal união familiar. Um vive para o outro, e rogo a Deus que isso também continue assim no futuro, pois, pelo que minha querida Rosa* me contou, você, querida Alice, também é uma pessoa boa, que facilmente se ligará a nós.

Especialmente tocante é uma carta dirigida a Alice, que Babette Frank, nascida Hammelfett, escreveu em 22 de outubro de 1885 para sua futura nora, juntamente com uma carta de felicitações ao seu filho Michael.

---

* Rosalie Loewi, nascida Frank, era irmã de Rebekka e Michael, de Frankfurt, casada com Ottmar Loewi.

Amada filha!

Agradeço de coração sua carta tão amável, realmente mal posso esperar o momento de abraçá-la, filha querida, não somente por você fazer meu bom filho Michael tão feliz como também a mim, pois a felicidade dele é igualmente a minha; esse sempre foi meu maior desejo, que ele encontrasse uma mulher como merece e, esta, com a ajuda de Deus, ele encontrou em você, pois minha boa Karolina não se cansa de escrever sobre você, minha querida filha, o que me deixa tão feliz que nem consigo expressar bem meus sentimentos por estar tão alterada pelo fato de que meu santo e bom pai não viveu para vê-lo, por isso peço desculpar minha breve carta e transmitir verbalmente à sua querida mãe minhas congratulações, que o bom Deus lhe permita vivenciar muitas alegrias, bem como a vocês meus queridos filhos — Michael certamente se esforçará em ser um bom filho, assim como você uma filha querida, também lhe peço saudar a todos os queridos parentes e transmitir minhas felicitações [...] Fique bem e receba minhas carinhosas saudações e beijos dessa sua mãe feliz que sempre a amará.

Babette Frank

Alice deve ter lido esta carta com sentimentos controversos. Por um lado, a escrita primitiva e os muitos erros de grafia devem tê-la embaraçado, ela que vinha de uma família na qual se dava tanto valor à educação. Ao mesmo tempo, a sincera simpatia e a boa vontade dessa mulher devem tê-la tocado a fundo.

Certamente ela conversou com sua mãe sobre a carta, e Cornelia deve tê-la alertado de que, antigamente, os judeus simples até falavam alemão, o dialeto denominado *judisch-deutsch*, mas que essa língua era permeada por muitas palavras hebraicas e, sobretudo, escrita com caracteres hebraicos. Provavelmente, Babette Frank se familiarizara em sua infância com essa escrita; como poderia então ter aprendido a ortografia alemã? Além disso, não se dava muita importância à educação das meninas. Dos filhos se esperava que estudassem a Torá e o Talmud por toda a vida (devido a esse estudo a Sinagoga era chamada de "escola"), mas em geral as meninas tinham de contentar-se somente com o ensino das letras. Elas deveriam apenas saber ler as orações, não precisavam entendê-las.

Cornelia deve ter sugerido à sua filha que não levasse em conta os erros de Babette Frank. Seu filho Michael não era inculto, era um negociante inteligente, que prometera à sua futura esposa uma vida sem preocupações.

Além disso, Alice não tinha mais muito tempo para pensar. O noivado ocorrera em 21 de outubro de 1885 e o casamento já estava planejado para 3 de janeiro de 1886. Até lá o enxoval teria de ser finalizado e ainda havia muitas providências a tomar.

Como era costume nas famílias abastadas da época, seria um grande casamento com muitos convidados, com parentes, amigos, conhecidos, com os amigos do boliche de Michael e as amigas da noiva.

Infelizmente, o menu do banquete festivo não foi encontrado. Talvez tenham servido pastelão de entrada, seguido de sopa, depois uma truta azul, vitela assada, salada de repolho, chucrute, talvez até um javali assado com frutas vermelhas, a fim de demonstrar seu distanciamento com relação às prescrições alimentares judaicas. E que tal *mousse* de chocolate como sobremesa? Ou um *parfait* de laranja?

Todavia, canções e poesias para o jovem casal foram localizadas, gracejos de amigos sobre a vida de solteiro de Michael, sua tendência a uma boa taça de vinho, a distrações de toda a sorte.

Em Landau no Palatinado
Veio ao mundo Frankus;
Lá onde há muito vinho e malte,
Viveu nosso herói.
Deliciou-se com vinho e cerveja
Sempre em rica medida;
Por isso é também um conhecedor
Tantas vezes olhou dentro do copo,
      Seu nariz
      Dentro do copo
Muitas vezes se perdeu;
      Fiel ao boteco,
      Sem mulheres
Como antes ele ficou.

No restante do texto da canção não faltam referências ao fato de Michael ter se apaixonado algumas vezes, mas sem dúvida seriam "instintos equivocados", e de que a pessoa certa ainda não havia chegado. Aparentemente a certa era Alice e não se economizava em felicitações ao jovem casal.

Deve ter sido após o banquete festivo, tomando um vinho, que os amigos e amigas apresentaram suas poesias, histórias e anedotas, e certamente houve muito riso e aplausos, gracejos, alusões que o noivo nem sempre gostou de ouvir na frente de sua jovem esposa e da família. Mas o que prevaleceu foi a alegria.

Uma participação escrita pelos amigos também foi bem divertida:

*Alice Stern*, nativa dessa região, até agora solteira, deixou sua casa paterna sob condições que levam a acreditar que não tem mais intenções de retornar para uma estada mais prolongada.

Ela foi vista na companhia do "corretor de valores" *Michael Frank* (com o qual, por sinal, mantém íntimas relações), de vestido branco, além de véu e grinalda no mesmo tom.

Nesse meio-tempo, a supracitada Stern já deve ter trocado esse traje por uma confortável roupa de viagem.

Supõe-se que a muito citada Stern tenha se retirado com seu cúmplice Frank em um trem em direção à Baviera ou Áustria.

Por isso as autoridades policiais são instadas a vigiar o casal e, caso entrem em cena, a deixá-los prosseguir calmamente com sua agradável viagem.

Juiz de inquérito
p.p. dr. A. Mox

Alice de fato trocara seu vestido de noiva por uma confortável roupa de viagem, todavia sua viagem de lua de mel não a levou à Baviera ou Áustria, mas sim a Paris. Inicialmente o jovem casal pretendia viajar para a Inglaterra, mas desistiu disso devido ao mau tempo.

Cornelia escreveu uma carta aos dois:

Queridos filhos,

Enfim recebi a longa e esperada carta, que confirmou minha suspeita de que vocês alteraram os destinos de viagem devido ao mau tempo e ficaram em Paris. Certamente você vai gostar muito, querida Liese, mas temo que esteja se exigindo um pouco demais. Conheço bem demais minha "bonne vivant" [...] em todo o caso quero ouvir de você se o status de casada está lhe agradando. O que é melhor, ser mulher ou menina?

Cornelia queria saber de sua filha o que era mais agradável, ser mulher ou menina. A resposta, definitivamente, não deve ter sido difícil para Alice: com toda certeza mulher, esposa, consorte de um homem bem-sucedido, que ganhava dinheiro suficiente como negociante, para oferecer uma vida sem preocupações a ela e aos filhos, que certamente logo teriam. Ele se tornou autônomo e ofereceu seus serviços como corretor cambial. Aplicava os lucros em outros ramos e assim tornou-se proprietário de uma fábrica de artefatos para costura em Bockenheim e sócio do depósito geral das pastilhas minerais Sodener. Adquiriu a distribuidora de cigarros Engelhardt & Co. e se associou à Agência de Viagens sediada no Frankfurter Hof. Em 1896/97, vendeu suas participações, com exceção das pastilhas Sodener, e fundou o *Banco Michael Frank* como sociedade limitada, um banco que se dedicava principalmente ao comércio com títulos, letras de câmbio e divisas. Os Frank não podiam ser chamados de ricos, no entanto eram abastados.

Alice gozava das novas liberdades que o status de casada lhe proporcionava. Michael tinha de trabalhar duro, mas nem por isso descuidava das diversões. Eles iam a concertos e apresentações de teatro e ópera. Ofereciam recepções e eram convidados. Levavam uma vida de pessoas em plena posse de seus direitos civis. Nada mais lembrava o tempo de seus pais e avós, o desligamento do gueto fora consumado, as restrições desumanas da Lei Judaica estavam superadas.

Naturalmente, como judeus, não pertenciam à fina sociedade guilhermina, o que nem judeus abastados almejavam; a essa alta sociedade pertenciam apenas nobres, patrícios, altos funcionários, oficiais. Até o professor Moritz Stern, pai de Alfred, não tinha acesso a esses círculos, pois como estudante não fora membro de uma associação de renome e, por isso, não podia contar com o apoio dos mais velhos. O acesso à classe mais alta era negado àquele que não pudesse se reportar a uma bem embasada rede de origem e relações, e parecia que uma placa invisível havia sido afixada diante da escada para o alto: *Proibido o acesso a judeus*. Nem pelos negociantes já estabelecidos eram vistos como em igualdade de direitos, como realmente fazendo parte. Para isso o tempo das corporações ainda era muito recente, embora eles não pudessem mais mostrar seu desprezo tão abertamente como antes. Não se vivia gratuitamente na época dos fundadores, se se quisesse fazer negócios. Michael e Alice devem ter vivido socialmente entre dois extremos, entre a fina sociedade e o crescente exército de operários da indústria e dos pequenos agricultores e artesãos. Mas, quando se tem dinheiro, pode-se viver de forma aprazível entre dois extremos. E, por fim, não se está sozinho, há uma família com extensas ramificações, há os parentes agregados pelo casamento, amigos, outros negociantes e banqueiros de origem não tão satisfatória.

Alice e Michael foram casados por 25 anos, período em que a face do mundo se modificou. No início de 1895 a Central Elétrica da cidade na Gutleutstrasse entrou em operação. As ruas ainda eram dominadas pelas carruagens, a linha de bondes a cavalo inaugurada em 1872 foi eletrificada a partir de 1899 e o número de automóveis aumentou. A luz elétrica expulsou as velas, as lâmpadas a óleo e as lanternas a gás, logo surgiram os primeiros aspiradores de pó e as pessoas com mais posses instalaram linhas telefônicas. Os Frank foram um dos primeiros de Frankfurt que tiveram um telefone; seu número parece ter sido "82". Todavia, de maior importância para a vida econômica e social foi a ampliação da malha ferroviária. Cada vez mais cidades da Europa eram alcançadas por trem. Naturalmente havia a primeira, segunda e terceira classes, mas, para quem dispunha de meios financeiros, a viagem nos confortáveis carros-leito e no farto vagão-restaurante se tornava muito agradável.

E os Frank viajavam muito, não só a negócios e em férias, como também para visitar parentes e amigos. Relações antigas eram cultivadas e novas eram iniciadas. Portanto, não era de admirar que Alice, a *bonne vivant* como sua mãe a chamara, desabrochasse, aproveitando as novas experiências. As festividades eram muitas, embora em um âmbito social bem delimitado. Havia recepções, tardes de chá, jantares e *soirées*. Muitos se divertiam com jogo de bilhar. Mais tarde as crianças aprenderam a cavalgar e a jogar tênis. Nas cartas são relatados passeios na natureza, os chamados jogos campestres. A vida social florescia. As casas eram decoradas de forma suntuosa, com móveis pesados, cortinas pesadas e tapetes ainda mais pesados. A sombria imponência da época dos fundadores foi lentamente sendo suplantada pelo *art nouveau* e, mais tarde, pela clara e singela objetividade da Bauhaus. Mas essa nova estética nunca foi muito aceita por Alice que, até sua morte, preferiu rodear-se de um mobiliário escuro, com peças ornamentadas e decoradas que lembravam mais o estilo Biedermeier do que a Bauhaus.

A vida vinha sendo boa com Alice, principalmente quando vieram os filhos.

Em 7 de outubro de 1886, exatamente nove meses após o casamento, Robert veio ao mundo. Robert tinha aptidões artísticas, muitas de suas cartas são ornamentadas com bonitos desenhos. Foi ele quem, mais tarde, abriu uma galeria de arte em Londres e redescobriu o pintor John Martin (1789–1854). Por obra do acaso, ele encontrou dois quadros desse pintor, *The Plains of Heaven* e *The Last Judgement*, em um sótão, e os adquiriu. Após sua morte, sua viúva Lotti doou ambos os quadros em 1974 para a Tate Britain (a antiga Tate Gallery of British Art). Até hoje eles são exibidos como "doados pelo sr. Robert Frank".

Três anos depois, em 12 de maio de 1889, nasceu Otto, o segundo filho. Otto Frank se tornaria o pai de Anne, a mesma Anne que, como seus antepassados, nasceu em Frankfurt sobre o Meno e fugiu dos nazistas para a Holanda com seus pais. Quando, após a tomada da Holanda pelos nazistas, ela teve de se esconder, escreveu durante dois anos um diário em seu esconderijo, que tornaria o nome Frank famoso no mundo todo.

Após mais dois anos, em 13 de outubro de 1891, nasceu Herbert que, mais tarde, como adulto, viria a se tornar motivo de preocupação para Alice. Ela cuidou dele por toda a vida e, quando sentiu a morte se aproximar, passou para sua filha Leni a responsabilidade por ele.

Agora, os Frank já tinham três filhos, mas a tão desejada filha ainda se fazia esperar. Helene veio ao mundo apenas em 8 de setembro de 1893. Quão feliz Alice deve ter ficado, já que ela também havia sido marcada por uma forte relação mãe--filha. Além disso, Helene, que era chamada por todos de Leni, Lener, Lunni ou Lunner, era uma criança muito bonita. Alice era tão orgulhosa dela que, mais tarde, a fez ser retratada por um pintor. Na época a pequena tinha talvez 5 ou 8 anos e estava vestida de forma primorosa. Alice amava Leni, e Leni amava Alice, provavelmente a relação entre as duas era bem intensa desde o início, como o filho de Leni, Buddy Elias, descreveria mais tarde.

Helene tinha somente um prenome; os filhos, dois. Ressalte-se que nenhum deles era bíblico ou, ao menos, tradicionalmente judeu. O avô de Michael, que viera de Fürth para Niederhochstadt, chamava-se Hersch Frenkel até 1810, depois passou a se chamar Abraham Frank. Até o século XIX, até quando os judeus foram obrigados a adotar sobrenomes herdados e fixados, eles se chamavam tradicionalmente: X, filho (ou filha) de Y, embora já existissem nomes familiares ou relativos à origem, como por exemplo "Stern", da casa Stern, ou "Frenkel", de Franken, ou "Cohn" para os descendentes dos Cohanim. Muitos dos sobrenomes judeus se referem diretamente ao local de origem: Bamberger, Frankfurter, Wormser, Holländer. Mas também havia traduções simples de nomes hebraicos. Assim, de Ben Se'ew derivou-se o nome Wolfsohn (filho de um lobo), Zwi passou a ser Hirsch (cervo). Quando se recorria a nomes alemães, muitas vezes se tentava manter a primeira letra do prenome judeu, Mosche se tornou Moritz; Zwi, Zacharias. Mas, quando os filhos tinham dois prenomes, era praxe que o segundo fosse bíblico. Entre os filhos dos Frank, até essas influências desapareceram: eles se chamavam Robert Hermann, Otto Heinrich, Herbert August. Eram alemães, sentiam-se como alemães, não tinham mais muito a ver com a história de seus ancestrais.

De início, a família Frank morara na Leerbachstrasse e, quando do nascimento do segundo filho, mudara-se para a vizinha Gärtnerweg. Em 1901, Michael comprou a casa na Jordanstrasse, 4, não muito distante do Jardim das Palmeiras. Somente o sótão foi alugado e a mãe de Alice, Cornelia, se mudou para o segundo andar.

A casa era grande o suficiente, com espaço para todos, mais tarde, inclusive, abrigou as famílias de Leni e Otto. E ao redor da casa havia um lindo jardim no qual as crianças podiam brincar. Era fácil achar serviçais que mantinham tudo em ordem, pois sempre mais moças migravam das aldeias para as cidades e se empregavam com os ricos. Alice não precisava trabalhar, apenas dava ordens. É provável que durante sua vida nunca tenha tocado em um pano de limpeza ou lavado um prato. Leni não o fazia. Mais tarde a nora dela, Gerti, irá contar: "Se tivesse uma mancha na mesa, Leni apontava e dizia para mim: 'Por favor, limpe isso!' Jamais o teria feito ela mesma." E Buddy, seu filho, diria: "Quando muito, minha mãe sabia ferver água para o chá!"

Seguiram-se anos felizes. Como será que Alice e Michael educaram seus filhos? Certamente como era de praxe naquela época: crianças deviam obedecer, tinham de se comportar de tal modo que incomodassem seus pais o menos possível. O principal objetivo da educação era ter conduta adequada e esta era imposta. Mas é certo que entre os Frank imperava um relacionamento amoroso, até carinhoso entre pais e filhos, o que é confirmado pelas muitas cartas conservadas, cartas dos filhos aos pais, quando estes se ausentavam em viagens e deixavam sua prole aos cuidados da governanta, srta. Auguste Serg, chamada de "Senhorita", da cozinheira Trauda Ullrich e da avó Cornelia. Contrariamente aos nomes das empregadas ou da camareira, os nomes de Auguste Serg e Trauda mantiveram um lugar permanente na família e nunca foram esquecidos.

A educação e a formação dos filhos contavam muito para Michael e Alice. Eles tinham aulas de música, Otto tocava violoncelo, Herbert, violino, e, obviamente, possuíam um piano de cauda.

Havia uma *Miss* que lhes ensinava inglês, uma *Mademoiselle* para o francês e também estudavam italiano. A nora de Leni contaria mais tarde que nas recepções da família, nas famosas tardes de chá de Leni, as línguas faladas à mesa eram constantemente trocadas, conforme o convidado com o qual se falava ou quando eram dadas instruções à governanta italiana.

Pelo visto, as crianças já eram estimuladas desde cedo a se expressar por escrito, sem serem forçadas a observar formas rígidas como era hábito na época. Isso está demonstrado pelos muitos desenhos nas cartas de Robert e também pelas tentativas precoces de todas as crianças na poesia. Para o Ano-Novo de 1894, Robert, então com 8 anos, escreveu os versos: "Queridos pais, / que este ano lhes traga só felicidade, / dos quatro filhos que tendes, / recebam na vida somente alegria, / e com eles sempre estarem contentes. / É o que lhes deseja seu primogênito."

Alice adorava escrever versos e rimas para todas as ocasiões e, naturalmente, seus filhos sabiam que, com um verso, proporcionavam uma alegria especial à sua mãe. Assim, Leni escreveu aos pais por ocasião do Natal de 1901: "Menino Jesus, vens novamente / as árvores de Natal enfeitar, / para alegria da gente, / de casa em casa passar." Provavelmente ela copiou essa poesia, é muito perfeita para uma criança de 8 anos. Todavia, a bonita caligrafia chama atenção, o que comprova que as crianças eram realmente estimuladas a escrever.

Os Frank, portanto, comemoravam o Natal. Contudo, seria errado deduzir que tivessem se aproximado do cristianismo, o que certamente não era o caso. Eles não eram religiosos, sob nenhum aspecto, apenas aproveitavam cada possibilidade para festejar.

Pela virada do século que, na Alemanha, por ordem do imperador, foi festejada em 1º de janeiro de 1900, um ano antes do que no restante do mundo, onde essa data foi celebrada somente em 1º de janeiro de 1901, Robert escreveu um cartão-postal para sua mãe com a estampa *Modas alemãs 1800–1900*. O texto impresso dizia: "Um eterno retorno / vem a moda mostrar — por isso dentre todas

/ olhe qual talvez a mais bonita, / para a ti e a outros agradar." Robert complementou este texto à mão: "Mas nem tão necessário isso é / pois a mim acima de tudo / já agradas por demais / assim como és e sempre permanecerás."

Que declaração mais encantadora de um jovem de 14 anos para sua mãe. Além do mais, não se pode descrevê-lo como infantil, pois, desde cedo, ele teve de assumir a responsabilidade por seus irmãos menores. E, dois anos mais tarde, já começou a trabalhar em um antiquário durante as férias e no tempo livre.

Aparentemente, os Frank levavam uma vida familiar alegre e sociável. Alice certamente era responsável por isso; ela gostava de dar recepções, como indicam relatos posteriores de sua filha Leni. Nos documentos conservados também há evidências: convites para reuniões sociais, Carnaval, Natal e Ano-Novo, a maioria deles com uma poesia. Para uma festa à fantasia, na qual todos os convidados deveriam se fantasiar de crianças, Alice escreveu uma rima no convite: "No Carnaval a alegria deve reinar. / Por isso o sr. Michael Frank e sua esposa / os amigos vem convidar / para grande e divertida algazarra. / E por serem alegres as crianças / sejam bebês, escolares e demais / brotinhos em grande número, / lhes deixamos a escolha e pedimos / para virem fantasiados como crianças, / no sábado, dia 19. / Esperamos confirmação do leste e do oeste / para nossa divertida festa infantil."

Alice vestiu seus filhos Robert, Otto, Herbert e Leni para esta festa com fantasias que ela descreveu em seu caderno de anotações preto: "calças compridas azuis, coletes e saias xadrez com um cravo branco na lapela, grossos cilindros de papel vermelho."

As crianças também tinham direito a festas. Em um convite para uma festa infantil em 19 de fevereiro de 1898 consta: "A afabilidade é uma virtude, / raramente a exercem nossos jovens! / Hoje não haverá nem briga nem discussão / na festa das crianças na casa dos Frank."

E não se festejava somente no âmbito privado. As muitas referências de Robert em suas cartas aos pais mostram o quanto as crianças também já participavam da vida cultural:

> Mademoiselle acabou de sair para o concerto "A criação". [...] Aproveitando sua subscrição, mandarei a Senhorita hoje à noite assistir a "La Traviata". E no sábado, se ainda não tiverem voltado, deixarei Otto assistir a "Robert e Bertram". [...] ontem fui assistir a "Götz von Berlichingen". [...] Otto e Herbert estiveram no cinematógrafo. [...] Hoje à noite as crianças irão assistir a "José e seus irmãos" e eu "Liebesmanöver" e, após o teatro, irei pegar as crianças na saída da ópera.

Certa vez Robert escreveu: "Provavelmente irei hoje à noite assistir a 'Hamlet' e já estou muito feliz." Outra vez, perguntou: "Sábado teremos 'Nora' no Teatro Municipal. Posso ir com sua entrada?" E outra vez, depois de ter visto *Os ladrões* com Josef Kainz no papel de Franz Moor, escreveu: "Foi uma esplêndida apresentação e também muito interessante de se ver a performance do consagrado ator." Em uma outra carta ele relatava: "Otto, o sr. Böttcher, a srta. e Edgar tocaram ontem à noite aqui em casa dois lindos quintetos para piano de Beethoven e Mozart. Foi realmente muito prazeroso." E, em outra carta a seus pais que estavam em Veneza, ele advertia: "Olhem bem os quadros de Ticiano e tudo o mais para que possam me relatar depois [...]"

A maioria das cartas das crianças é dirigida à mãe; sentiam muito sua falta quando ela viajava. A relação com ela parece ser mais profunda do que a com o pai. Isso não era incomum — na época, o papel do pai como autoridade no seio da família ainda era bem demarcado e não era questionado, o que implicava certo distanciamento. O pai era o senhor na casa, a quem cabiam as grandes decisões; a mãe era responsável pela rotina e as preocupações menores.

Mas há um cartão especialmente bonito que Robert escreveu ao pai. Endereçado a *Michael Frank Esq. Londres, Hotel Cecil*, contém uma poesia e um desenho de toda a família sentada ao redor da mesa, um cartão assinado por todos e que mostra muito da vida doméstica e do trato livre e informal que deve ter predominado entre os Frank.

> Estamos confortavelmente a comer
> E acabamos de saborear aspargos
> Com rosbife e delicatéssen
> Esquecer do pai não queremos
> Esperamos que pelo *Expressen*
> o tempo londrino seja medido
> Mas agora chega de brincadeira!
> Muitos beijos em sua face estalamos
> a Avó, Liesel, Robert, Otto, Herbert, Leni
> enquanto carinhosamente o saudamos...

A maioria das cartas saiu da pena de Robert. Parece que ele assumiu a tarefa de informar os pais sobre o que acontecia em casa, talvez para que não tivessem de se preocupar, pois Robert não falava somente de si, mas também dos outros. Em uma carta de novembro de 1898, relatava sobre sua aula de dança, para logo frisar que as crianças podiam imaginar "como vocês devem estar se divertindo e lhes desejam isso de todo o coração. Deve realmente ser maravilhoso, o mar em frente e as montanhas atrás, além de tudo o mais em beleza". Conta que almoçara com Cornelia, a avó, e que, quando lhe perguntavam como se sentia, sempre dizia "*mal!*", mas que no geral estava "lépida e fagueira". Conta que Otto montara uma lotérica ou uma loja e queria ganhar dinheiro. Outra vez relata que Leni voltara à escola e que, curiosamente, ainda não estava com "febre escolar". Fala pouco sobre o que se passou com ele na escola, mencionando uma única vez o castigo corporal que ainda era usado na época. "Hoje não aconteceu nada de especial na escola, a não ser que nosso professor adquiriu uma nova palmatória que já foi inaugurada hoje mesmo em dois meninos [...]"

Para Otto, que nesse meio-tempo frequentava o Ginásio Lessing, a escola desempenhava um papel bem mais importante. Comunicava aos pais as notas que recebera: nota 3 para um texto em latim, 1–2 para um ditado em alemão, 2–3 em latim, e, no geral, bom nos deveres de casa. Suas cartas não eram muito longas, antes objetivas, informativas. Relatava onde almoçara, com a avó ou uma tia, ou que praticara violoncelo e ouvira a Miss. Às vezes também descrevia excursões, para onde viajara de trem ou passeara a pé. Em resumo, cartas sem grandes intimidades ou sentimentalismos. Exatamente aquele que, mais tarde, irá escrever cartas tão comoventes, cheias de empatia, revela ser em sua expressão escrita algo reservado, especialmente se compararmos suas cartas às de Robert. As observações mais divertidas de Otto se restringem a relatar que "Leni não fez a cama ranger" ou que naquele dia não houvera "brigas" e que a "avó pretendia tomar um banho".

Seu irmão Herbert escrevia mais raramente que Otto e, muitas vezes, o assunto era comida, por exemplo: "Hoje, tivemos uma sopa salgada, que não tomamos, um delicado pernil de veado, que estava delicioso, e o macarrão mais maravilhoso do mundo. Fora isso não me ocorre mais nada que pudesse lhes contar." Uma vez até enviou uma poesia aos pais:

> Alegre, saudável e bem-disposto.
> Como na água o peixe faceiro.
> Tenho para vocês um plano;
> Tragam-me chocolate e massapão.
> Muitas lembranças a vocês, queridos
> De todos aqui de casa.
> Em especial lhes envia beijinhos
> Seu querido e pequenino Herbertzinho.

De todas as crianças, Leni era quem escrevia menos, fato justificado por ser bem mais jovem. Robert era sete anos mais velho e Otto, quatro. Em uma das primeiras cartas, escreveu ao pai: "Herbert sempre dorme na sua cama e de manhã ele vem até a minha e brincamos de negociante de Paris. Beijos, da sua Lener."

E há uma poesia que ela enviou aos pais quando tinha 10 anos e que chega a mencionar o fato de, às vezes, Michael também usar de rimas.

> Querida mãezinha!
> Pela cartinha, muito obrigado
> A recebi hoje,
> de muito bom grado
> O querido pai fez rimas,
> Nunca pensei
> que as fizesse com tanto amor,
> por isso, que receba um voto de louvor.
> Penso que, em poucos dias,
> de volta vocês estarão.
> Então poderei perguntar:
> Gostaram da Itália? (não?)
> Já é bem tarde,
> e logo terei de dormir,
> Na caminha suave e macia,
> um sonho irá surgir.
> Lembranças e beijos aos meus pais
> de sua pequena filhinha.

Na época os pais estavam na Itália para festejar o noivado de Olga Wolfsohn com Arthur Spitzer, justamente essa Tia O., que mais tarde convidaria principalmente Leni e Alice para sua suntuosa Villa Laret em Sils Maria.

Robert comentou esse noivado da seguinte forma:

Estou totalmente estupefato!!! [...] Quando Leni ouviu do noivado, disse: "Ah, o Spitzer? Se eu fosse Olga, também o teria pegado logo." Naturalmente, Otto e eu visitamos tia Rosa e tia Karoline e transmitimos nossas felicitações. Ontem, quando estive nos correios para enviar nosso telegrama e expliquei ao funcionário que Palanza ficava na Itália e não na América do Sul, ele me respondeu: "Sei disso. Hoje já foram enviados inúmeros telegramas. Lá está havendo um grande noivado [...]"

Por ocasião do casamento, Robert envia uma carta na qual comunica que eles festejarão o casamento em Frankfurt. A família toda seria convidada pela tia Rosa, irmã de Michael e Rebekka, mãe da noiva. Sob sua vigorosa assinatura se vê um desenho retratando o casal de noivos, revelando que era um jovem realmente muito talentoso.

Nessa época Robert trabalhava, nas férias e no seu tempo livre, em um antiquário de um sr. Ricard. Ele tinha 16 anos e já se comportava como um adulto. Era o primogênito e esse papel evidentemente era muito mais do que uma atitude. Também aos outros ele deve ter causado a impressão de adulto, pois o proprietário do antiquário, sr. Ricard, se dispôs a repassar a ele, ainda jovem, a responsabilidade pela loja. Certa vez, Robert escreveu aos pais que o sr. Ricard estaria viajando e que ele, Robert, teria muito mais trabalho a fazer; na véspera da viagem, por exemplo, ele mal tivera tempo de almoçar. Em outra ocasião, contou: "Ontem estive com o sr. Ricard no Museu, com o diretor Cornill, a fim de auxiliar na taxação dos quadros."

Em outra carta, escreveu:

Estou aqui na loja e acabei de ver uma máquina que o sr. Ricard quer adquirir para fotografar objetos e quadros. A máquina é muito boa e eu ficaria contente com ela. [...] Para hoje à noite convidei alguns amigos para uma competição de bilhar e, para isso, encomendei um barril de cerveja e sanduíches [...] Também me permito perguntar humildemente à mamãe se eu poderia ir assistir à "Valquíria", acompanhado da Senhorita [Auguste Serg], e peço a gentileza de uma resposta imediata à minha pergunta.

Ele já é quase adulto, pode convidar pessoas e encomendar comes e bebes. O quão responsável Robert era e o quanto seus pais confiavam nele podem ser deduzidos do fato de eles, apesar das obras de pintura na casa, partirem em viagem. Robert se ocupava de tudo, como mostra sua carta de 20/8/1903:

Queridos pais!

Os operários já estão aqui! Dois sujeitos enormes se equilibram sobre escadas nos quartos desmontados e lambuzam o teto. Todas as paredes estão recobertas por trapos e toda a casa cheira a esse material agradável e a outras coisas. Nós homens dormimos nos quartos de hóspedes no andar de cima e, na primeira noite, dormi muito mal: a cama rangia e miava a cada movimento nos mais diversos tons, o que me fez sonhar com gatos. Agora fiz com que trouxessem minha cama aqui para cima e estou dormindo melhor. Ontem à noite assisti ao *Talismã* e me diverti bastante. Na loja tudo está bastante calmo [...].

Dois dias depois, escreveu na carta seguinte: "Já que mamãe perguntou como estão as coisas por aqui, só posso dizer, horrivelmente desconfortáveis. Seja para qual for o lado que se vai, tropeça-se em um operário no chão ou balançando do teto e, agora, o cheiro não é mais somente de trapos podres, mas também de tinta a óleo branca, azul e verde."

Ele escreveu "Nós homens", isso é bem engraçado quando se leva em conta que os "homens" tinham 17, 14 e 12 anos. Todavia, suas cartas também demonstram que os filhos dos Frank foram educados para serem independentes e responsáveis e como deve ter sido grande a confiança recíproca entre os pais e os filhos.

Em uma carta de 19 de julho de 1904 para sua mãe, que estava passando o verão com a família em Engelberg, Robert conta que trabalhara toda a semana com o sr. Ricard, que já estaria se recuperando. Ele se habituara a dormir com as cortinas e janelas abertas e a tomar café na varanda: "Isso é tão agradável, que chego a imaginar que estou de férias de verão." Além disso, descreve suas visitas às mais diversas pessoas, um passeio de bicicleta até Ginnheim, que a conversação em inglês fora antecipada de quarta para terça, que na sexta ele fora convidado pelos Ricard e que sábado pensava em ir ao Teatro de Verão de Bockenheim com Arnold e Edgar Sonneberg.

Agora você tem o plano completo de minhas atividades e pode constatar que estou me cercando de todo o conforto e não deixo que falte nada. A avó me alimenta muito bem [...] Ontem tivemos morangos com nata e hoje vamos ter pudim diplomata. O dilema da escolha! Além disso, você também pode ver que me preocupo com a administração doméstica, já que isso implica diretamente no meu bem--estar. No mais, pouco me é dado. Por mim as traças podem devorar todo o salão. Por sinal, Trauda fica correndo por lá com uma vara, caçando. Fico admirado por ela ainda não ter quebrado nada [...] Diga ao papai que não há nada a relatar sobre os negócios. O que ele faz durante todo o dia para se entreter? [...]

Então, acho que agora já chega de carinhos, devem dar para as duas próximas semanas. Por ora você deve estar satisfeita com a minha dedicação em escrever. Lembranças ao pai, Otto, Herbert, Leni e a Senhorita e beijos de seu Robert Frank.

Todas as cartas e alusões feitas confirmam que Alice foi uma esposa feliz e uma mãe ainda mais realizada. Era amada por seus filhos. E Buddy, seu neto, sempre fez questão de reiterar seu amor e sua admiração por ela. A vida lhe oferecia muitas coisas agradáveis e, provavelmente, ela acreditava que isso prosseguiria assim, pelo menos ainda por alguns anos.

Mas então, em 17 de setembro de 1909, um golpe do destino a atingiu. Michael, com apenas 58 anos, faleceu de repente, sem qualquer suspeita, assim como seu pai falecera subitamente quando ela tinha 13 anos. A morte de Michael a atingiu duramente. Enviuvou aos 43 anos: mesmo considerando os costumes da época, Alice era uma mulher na flor da idade.

Comoveu-se com o discurso proferido no funeral pelo rabino, que conhecera Michael ainda jovem. Provavelmente não registrou muitas de suas palavras, imersa que estava em sua tristeza, mas talvez tenha lido o discurso mais tarde. Entre outras coisas o rabino disse:

Há dois dias ainda alegre e saudável, preparando-se para mais uma viagem, e agora, de repente, partiu para a grande viagem rumo ao país sombrio, do qual não há retorno. Partiu antes que os seus pudessem despedir-se dele, aceitar o pensamento de seu fim [...] E, ao evocar a imagem do querido falecido, descortina-se ante meus olhos um tempo já passado — já são mais de quarenta anos —, imagens de dias felizes há muito vividos; vejo as distintas figuras de seus bons pais e a tão familiar ruela na simpática cidadezinha natal, onde ele morava próximo à antiga sinagoga [...] Vejo-o como adolescente, com sua juventude precoce, salientando-se frente aos de sua idade por sua extrema vivacidade, sua jovialidade luminosa, sua inteligência e sua energia. O que o jovem prometeu, o homem cumpriu. Da vida às vezes dura, amealhou sucesso após sucesso. Ele era um negociante de uma eficiência

invulgar, dinâmico, cheio de um corajoso espírito empreendedor, de prudência e de uma perspicácia sagaz. E ele
também manteve sua alegria luminosa, a natureza jovial
do Palatinado, a gentileza cordial, a feliz ingenuidade de
seu ser, que repassava assim como era, reta e aberta, fiel e
sem reservas. Mas essa era somente a estampa externa de
seu ser. Em seu interior havia um coração de ouro. Ele era
a bondade em pessoa [...] Não conseguia negar um pedido
a alguém facilmente [...] Onde haveria um esposo melhor,
mais altruísta e caloroso? Um pai mais terno, carinhoso e
dedicado? Como seus olhos brilhavam quando ele falava
de seus queridos filhos! Onde haveria um irmão mais fiel?
[...] A todos nós que lhe fomos próximos na vida, ele foi
um amigo, e a mim parece que cada um de nós terá de
lamentar sua morte, como David ao redor de seu Jonathan
[...] Que vocês encontrem consolo no pensamento: Ele está
bem. Ingênuo e sem dor, sem o martírio da doença e o
medo da morte, ele — um jovem apesar de seus cabelos
grisalhos — foi chamado para o lar eterno [...] Não, verdadeiramente, não por ti que lamentamos, tiveste a melhor
das mortes, no auge da vida, sem luta e sem dor! Então
descansa quietamente em silenciosa paz. Tua imagem irá
sobreviver nos corações de teus queridos, inesquecível!
Guardarão tua lembrança como uma imagem tranquila e
sem mácula, uma bênção rica e santa. Amém.

De Zurique, onde Alfred assumira o cargo de professor, os Stern
escreveram uma carta de condolências para Alice. Especialmente
na carta de Klärchen pode-se notar quão bem ela conhecia sua
prima, à qual a ligavam sentimentos fraternos desde a infância.
Ela escreveu que podia bem sentir o que se passava na alma de
Alice que, agora, acreditava que toda a alegria da vida acabara
para ela.

Posso imaginar que seus mais próximos lhe pareçam distantes porque, para felicidade deles, não se retiraram tão completamente como você dessa vida ativa e alegre, que por isso pareça ainda mais solitária a si mesma, talvez por vezes até incompreendida [...] Também as crianças têm muito da natureza de Michael, a quem, por seu lado, não teria sido possível, nem diante da mais profunda dor, deixar-se absorver longa e totalmente por ela [...] Ele também se orgulhava pelo que fez a esse respeito. Por isso, aceite com gratidão se as crianças puxaram a ele, com suas naturezas alegres e cheias de vida. Depois de superar o pior, isso certamente servirá de consolo.

Deve ter demorado muito até Alice encontrar o consolo ao qual Klärchen se referiu, se é que algum dia conseguiu. Para ela, deve ter sido como se a alegria e a leveza tivessem abandonado a casa. Seus filhos já estavam crescidos, mesmo os dois mais jovens: Herbert e Leni tinham 18 e 16 anos.

Robert era adulto e, após concluir os estudos de história da arte, se tornara procurador da loja de antiguidades Ricard, que Michael comprara para ele e, após algum tempo, revendera. Otto, que igualmente se inscrevera no curso de história da arte no semestre de verão de 1908, interrompera os estudos para viajar para Nova York, ao encontro de seu amigo de estudos, Charles Webster Straus, cuja família era proprietária da grande loja de departamentos Macy's. Charles Webster Straus mudou seu nome para Nathan Straus Jr., mas para Otto ele sempre foi Charley. Otto queria "dar uma olhada no negócio". Estava viajando quando seu pai faleceu e soube de sua morte somente quando o navio aportou. Michael já fora sepultado.

Não há cartas conservadas de Michael. Talvez a situação tenha sido tão traumática para Alice que, num acesso de depressão após sua morte, ela destruiu todas as cartas, para não se lembrar constantemente dele. Mas isso é apenas especulação. Todavia, Buddy Elias diz que Alice quase nunca falava de Michael, seu nome não era mais citado. Alice parece ter efetivamente caído numa espécie de depressão, na melancolia de seus dias de infância. Pelo visto lhe era difícil ver "as coisas boas e belas", assim como já o fora difícil outrora.

Uma carta que Otto escreveu para a mãe em 22/1/1910 permite visualizar seu estado de ânimo:

[...] Não acho absolutamente certo que você queira cada vez mais se recolher em si mesma. Não deve fazer isso, por você e pelos seus filhos. Sei que é introvertida por natureza e prefere resolver tudo sozinha, mas não deve deixar que essa característica da natureza também atropele a vontade. Acredito que não se distraia com as visitas e nem fique satisfeita, que lhe doa ver as pessoas novamente em suas tarefas e notar como elas conseguem se acostumar a tudo, quando você mesma não consegue. Mas você sabe como as coisas funcionam e que não pode ser diferente. O mundo continua seguindo e as pessoas querem viver e têm de trabalhar. Não é de admirar que se sinta tão vazia, mas, se se recolher em sofrimento, tampouco encontrará satisfação. Não deve fazer isso — e nem querer. Não esqueça que ainda tem obrigações que não está cumprindo, mas que ainda existem. Será que o querido pai não deixou nada nessa terra que tenha confiado a seu cuidado? Ele teve milhares de ideias e a acostumou a uma visão ampla e à verdadeira vida. Agora, mãe, isso está adormecido, mas tem de estar aí, como um legado santo do querido pai. Não pode deixar isso minguar e deve se fortalecer e prosseguir atuando. Sempre a tenho recomendado para Leni e sigo lembrando-a de programas que, graças a ela, fiz junto com você. Não se feche, mas sim abra novamente sua visão e zele para que algo do que absorveu durante tanto tempo e que reuniu em experiências continue vivo e lance raízes. Trabalhe em algo, não só mecanicamente, mas sim com a intenção de fazer algo que tenha um sentido. Quantas pessoas nosso pai ajudou? Você não pode ajudar também? Cada um do seu jeito! Qualquer um pode ajudar e apoiar, e, se você argumenta que você não pode, já que está desamparada, isso não posso aceitar. Já que pode sentir a dor, pode entender a dor dos outros e, assim, aliviá-la. Tem que ter vontade. Desejo que fique bem. Retomarei mais tarde o restante do conteúdo da sua carta.

Muitos beijos carinhosos

do seu fiel filho Otto

Nessa carta nota-se uma mudança. Se antes as cartas de Otto eram mais uma obrigação, pois escrevê-las era um hábito na família, agora ele provava, apesar dos seus 20 anos, uma grande maturidade e muito apreço por sua mãe. Era como se ele tivesse saído da sombra de seu irmão mais velho, Robert, o jovem inspirado e talentoso, e mostrasse agora o que havia nele. Aparentemente, sentia-se responsável pela família, assumia encargos. Infelizmente a carta da mãe a que Otto se referiu não foi conservada. Mas é provável que ela tenha relatado abertamente a ele sobre o buraco negro em que caiu depois da morte de Michael, sobre seu desespero e diminuição de sua força vital.

Um ano depois, por ocasião da data do falecimento de Michael, ele escreveu para a mãe:

Como pode depreender de minha carta do dia 3, lembrei-me da data. Sei muito bem que são inúmeras as lembranças a comovê-la e com frequência todos nos admiramos quão silenciosamente você guarda tudo para si e nunca fala conosco ou com a avó sobre isso. Admiramos e, às vezes, também lamentamos. Todos sabemos que tivemos uma ótima juventude, ainda mais eu, e minha jovem vida também é riquíssima em lembranças, já que minha característica de não poder esquecer, devo ter herdado de você. Porém minha natureza é mais feliz e eu não fico mais ruminando — como talvez fizesse antigamente.

Além disso, encontro-me na feliz posição de poder expressar meus pensamentos aos outros, em especial para você e meus irmãos. Sei que tenho de agradecer aos meus pais pela minha juventude, o que reconheço e sempre serei grato por isso. Espero que, oportunamente, possamos falar novamente sobre esse tema em detalhes.

Foram os filhos que deram a Alice a coragem e a força para suportar os difíceis anos que viriam — anos sem Michael, anos como viúva.

# Os irmãos

Ao se tornar adulto, Otto já demonstrava o quão era apegado à sua família, o quanto estava ligado a ela, e como este vínculo marcaria a sua vida inteira.

Depois da morte de Michael, sua relação com Leni, que sempre fora boa, se estreitaria e, na prática, passaria a assumir o papel de pai para a sua pequena irmã. Em 1909, ele lhe escreve uma carta com frases inteligentes e muito sensatas:

[...] porque cada pessoa é diferente e, quanto mais pessoas conhecemos, mais aprendemos a conhecer modos de pensar, logo construímos, assim, o nosso próprio modo de pensar. Você sabe que sempre gostei de pessoas, pelo fato de serem pessoas e representarem a vida. E a vida me interessa. Você está agora em uma idade em que se fazem as amizades duradouras e que podem perdurar por uma vida inteira.

Um comentário sobre as leituras de Leni é especialmente fraterno:

> Você pode continuar a me escrever, sempre que quiser, mesmo que leia romances proibidos. De todo modo, não se entregue demais a estas leituras. Na verdade, não têm um sentido real e podem inclusive prejudicá-la. Eles provocam muita inquietação. Você precisa ser sensata e saber o que faz. Eduard Mörike é uma excelente leitura. Tenho todas as suas obras em meu armário. Se quiser ler algumas delas, por favor, não as suje, pois estão encadernadas com capas brancas, e mantenha-as em ordem.

A afeição especial entre Otto e Leni se manteve por toda a vida. Por sua vez, a relação entre Leni e Robert, em muitos momentos, parece ter sido difícil. Leni já não era mais a irmãzinha, pequena, doce e mimada; ela crescera e desenvolvera uma personalidade própria, e isso, ao que parece, tornara-se um problema para Robert. Infelizmente, com exceção das cartas de Otto, não há outras guardadas daquela época, embora, sem dúvida, tenha havido troca de correspondência entre ambos.

O que se conservou foi um poema melancólico escrito por Alice, no início de junho de 1912:

> Como foi, minha mãe, ao velho jardim,
> Depois de anos outra vez retornar,
> Distantes os dias, tão próximo o lugar
> Outrora tão jovens e felizes assim.
> Dos Wolf pela cabana passei
> E de emoção os olhos turvei
> Em vão, busquei com agitado coração
> No muro os lilases em floração.
> Da macieira, mais poderosos que outrora,
> Muitos galhos se estendem agora.
> Na cabana, ao centro, a infância revivi

Nos olhares tímidos desviados,
Nos passos sempre apressados,
E algumas de tuas roseiras reconheci.
No parque, em vez daquele caminho
Ziguezagueiam hoje dois em desalinho.
Ah, o nosso prado, tão elegantemente podado
Tal qual veludo macio de tão cuidado!
Nem o pé da criança se atrevia
Tocar o que hoje só é erva daninha.
Lá ao fundo, contudo, junto ao pavilhão
Parece tudo como dantes, sem alteração.
Nos degraus vermelhos brincando
Subíamos e descíamos pulando,
O portão marrom, sempre entreaberto
Sob os ramos da trepadeira, quase encoberto,
E as janelas bisbilhotam reluzentes
Como olhos familiares incandescentes.
Em cima, tal qual uma grande abóbada
O imponente castanheiro se dobra.
Por muito tempo, fico absorta, a divagar,
Na cadeia dos dias e dos anos a me debruçar
E o retorno ao lugar querido do passado
De recordações tristes e gratas é acompanhado.
Gozo transbordante da juventude,
No peito o coração na plenitude,
Presa do deleite em meu peito senti
A paz duradoura e perene pressenti.
E com mão suave, do céu o manto cai,
E nos envolvem tu e nosso pai.
Do país onde a infância reinava
Um paraíso perdido já findava,
Na entrada um letreiro flamejante
Anuncia "não há retorno triunfante",
De lágrimas com o olhar enevoado

Regressei lentamente pelo prado.
Saudei o velho balanço, cingido
Por milhares de lembranças ainda vivas.
Por cima das pedras da fonte
E dos suaves montes
O olhar até o passado se volta,
E a festa das flores envolta
Acariciei do palácio os muros,
Da árvore branca os galhos tão puros.
Não sei como, senti-me cativada.
E de novo mergulhei no tempo,
Preencheu-se o meu ser de calma
E de todos os tesouros da alma,
Sem amargura e tão purificada,
Senti só prazer e dor sem alento.
Assim do jardim o portão pisei
Com suavidade a velha chave girei
por instantes me contive ainda a relembrar
E novamente em casa pensei te encontrar.

Este poema revela a melancolia em que Alice estava imersa depois da morte de Michael e da qual apenas saiu com grande esforço. Mas a vida seguia adiante. Alice herdara o banco e agora não só era responsável pelo sustento da família, como também precisava estabelecer uma nova rotina para os seus filhos, para sua mãe e sobretudo para si mesma.

Robert não demonstrou interesse pelos negócios do banco; ele só se interessava pelos assuntos ligados a obras de arte. Otto retornara dos Estados Unidos, mas frequentou primeiramente um curso técnico de formação comercial e, logo em seguida, começou a trabalhar em uma metalúrgica de Düsseldorf. A direção do banco ficou nas mãos de um gerente e Alice se encarregava apenas da supervisão. Michael sempre discutira abertamente com ela as suas transações comerciais, mas é evidente que esse novo papel foi muito difícil para ela. Contudo, que ela exercera sua função de modo satisfatório demonstra-o a persistência do banco, cujas operações comerciais só se reduziram com a Primeira Guerra Mundial e, mais tarde, com a crise econômica mundial.

Em 1904, a França e a Inglaterra haviam encerrado seus conflitos sobre a política colonial e assinado o tratado Entente Cordiale. A Inglaterra e a Rússia, por sua vez, chegavam a um acordo comum em relação ao interesse de ambas na Ásia. O Império Alemão sentia-se ameaçado. O conflito se agravou quando os povos dos Bálcãs tentaram a sua unificação em Estados nacionais, dividindo, em detrimento da Áustria, o território europeu da Turquia, que haviam derrotado conjuntamente. Isso ia de encontro aos interesses da aliança econômica e política das grandes potências europeias. Essas complicações formaram o rastilho para o "barril de pólvora" europeu.

Em 28 de junho de 1914, quando o sucessor do trono austríaco, o arquiduque Francisco Fernando, e sua esposa foram assassinados por um nacionalista sérvio, em Sarajevo, Viena quis resolver definitivamente a questão sérvia. Isso, porém, somente seria possível com a ajuda dos aliados alemães. A Inglaterra, por sua vez, estava aliada com a Rússia, mas os russos se opunham aos planos austríacos de anexação. Com a mobilização russa em 31 de julho de 1914, Berlim deu um passo em direção a uma solução militar e iniciou-se a guerra, mais tarde chamada Primeira Guerra Mundial, que produziu uma profunda cesura na história e na vida das pessoas. Em agosto de 1914, "os bons velhos tempos" haviam chegado ao fim e a data inauguraria a época das terríveis guerras do século XX.

No início, os soldados marcharam para a guerra como se fossem a uma excursão no campo: cantavam, levavam flores nos canos dos fuzis e asseguravam que regressariam, no mais tardar, no Natal. Ninguém imaginava que aquela guerra duraria quatro longos e terríveis anos, com inúmeras perdas de ambos os lados. Já no outono, após a invasão da Bélgica, o avanço da ofensiva alemã foi freado na batalha do Marne. A guerra de trincheiras, que se manteve durante anos em frente a Verdun, no norte da França e na região dos Flandres, provocou a morte de milhões de soldados. Os combates eram travados fora do território do Império, as tropas do exército alemão depredavam os países vizinhos e, na batalha de Ypres, utilizaram pela primeira vez gás venenoso. Ainda hoje, para os franceses e os belgas, esta guerra é lembrada como a "Grande Guerra", pela carnificina que ocorreu em Verdun e em Flandres. Os alemães deixaram a sua vida no "campo de honra", e as mulheres deveriam dar o melhor de si no *front* pátrio". Enfrentaram a escassez de alimentos, que se agravava dia a dia até o ponto de alcançar proporções epidêmicas.

Os judeus não eram obrigados a servir ao Exército antes de alcançarem a igualdade de direitos civis. Todavia, quando a Primeira Guerra Mundial foi deflagrada, muitos judeus alemães tinham a esperança de poder finalmente alcançar sua plena integração na sociedade, demonstrando suas convicções patrióticas e se alistando voluntariamente. Eles se declararam nacionalistas alemães. Apesar de um rumor, propagado pelos antissemitas, de que os judeus se esquivariam de servir às armas, a porcentagem de voluntários judeus espontaneamente alistados esteve, na verdade, acima da média. 100 mil judeus lutaram na Primeira Guerra, dos quais 30 mil foram condecorados por sua "bravura diante do inimigo" e 12 mil morreram por sua "pátria alemã".

E o que aconteceu com a família Frank durante a Primeira Guerra Mundial? Eles também se sentiam alemães, eram alemães. Não devem, contudo, ter se entusiasmado com a guerra como tantos outros, pois tinham parentes na Inglaterra e também na França. Ainda no verão de 1914, Leon Frank, um irmão de Michael, juntamente com sua esposa, Nanette, e seus filhos, Oscar, George e Jean-Michel, visitaram os parentes, em

Frankfurt, na Mertonstrasse. O grande temor, que possivelmente chegaram a ter, era de que primos tivessem que lutar entre si como inimigos; isso se tornou uma amarga realidade com o tempo. Depois que o segundo filho também morreu em uma batalha contra a Alemanha, Leon Frank, desesperado, jogou-se de uma janela, e sua esposa, Nanette, foi internada num asilo para doentes mentais. Jean-Michel, com 20 anos, foi o único que sobreviveu. Herbert iria visitá-lo mais tarde em Paris e, inclusive, chegou a morar com ele por algum tempo em seu apartamento na Avenue Kléber.

Alice Frank alistou-se logo no início da guerra como auxiliar de enfermagem no Hospital Militar "Kyffhäuser Hotel", em Frankfurt, como atesta o documento emitido pelo "Escritório para a Contratação de Auxiliares em Hospitais Militares", de 21 de setembro de 1914. Em junho de 1917, foi-lhe concedida a medalha para enfermeiros voluntários. Há ainda um salvo-conduto de férias, do hospital militar de Frankfurt, a favor da auxiliar de enfermagem sra. Alice Frank, para Travemünde, à meia-noite, com validade de 1º de julho a 1º de agosto de 1917.

Todas as autoridades deverão permitir o deslocamento incondicional e oferecer, caso necessário, proteção e ajuda. Assinado: O médico-chefe. Abaixo se lê: 1. Este salvo-conduto deverá ser apresentado, voluntariamente e aberto, ao funcionário do guichê no ato de compra da passagem militar; durante a viagem, quando solicitado, deverá ser apresentado e devolvido após o retorno do período de férias. 2. Não responder perguntas capciosas! Não falar sobre assuntos militares! (perigo de espionagem!). 3. Ao viajar a trabalho, utilizar sempre transportes públicos por motivos econômicos.

Há ainda um outro documento: "A sra. Alice Frank, por recomendação do sr. dr. Grünwald, está autorizada a ostentar o seu bracelete da Cruz Vermelha, de referência 581, que lhe foi concedido e com o selo acima indicado." Mais tarde, Leni também se alistaria como auxiliar do hospital militar.

Robert, Otto e Herbert lutaram na Primeira Guerra Mundial. Robert serviu no 1º Esquadrão do Regimento de Caçadores a Cavalo. Herbert esteve no 18º Corpo do Exército e deixou Frankfurt, no início de dezembro de 1914, em direção a Liège, na Bélgica. Otto Frank foi chamado, em 1915, para um Regimento de Infantaria renano de Artilharia. Do seu quartel em Mainz, ele enviou várias cartas; a primeira, em 7 de agosto de 1915, em que demonstra uma ingenuidade e imparcialidade em relação à situação, dificilmente concebíveis nos dias de hoje:

Meus queridos,

Meu telefonema de ontem com certeza alegrou-os tanto quanto a mim. Depois de uma excelente refeição na Estação Central, chegamos aqui e caímos às 11 horas na cama, quer dizer, em um colchão de palha; dezenove homens em um quarto, onde há lugar apenas para oito. Hoje fomos divididos, recebemos nossos uniformes e fizemos limpeza completa. A minha tarefa foi limpar as janelas, limpar e lustrar minhas botas. De maneira geral, acredito ter tido sorte. Ao contrário do que sucedeu com Robert, aqui quase só há homens maduros, corpulentos, que apreciam o respeito mútuo e isso contribuirá para que o serviço fique mais fácil. O sargento é um homem muito calmo e amável, de modo que, por enquanto, tudo está indo muito bem.

Há previsão de que em catorze dias me seja dada permissão para morar fora do quartel. A comida é muito boa, contudo poderiam me enviar algumas coisas: ovos, cigarros, cigarrilhas; ainda não necessito de roupa, talvez um par de meias.

Cinco dias mais tarde, escreve em outra carta que o serviço militar era muito fácil, que sequer se sentia cansado e que somente lhe doíam os músculos, mas que isso não tinha importância alguma. Além disso, expressa sua alegria em receber visitas e comenta que seguramente Helene se interessaria em conhecer um quartel.

São especialmente afetuosas e apreensivas as cartas que Otto escreveu para Leni durante a guerra. Às vezes, chama-a de Lunner, outras de Lunni e outras ainda de Leni. As pessoas amadas têm muitos nomes, dizia.

Em uma das cartas ele diz: "Você escreve 'agora estou fazendo outras coisas'. E o que é? Se você ficar solteira, eu também ficarei e juntos viveremos sem problemas, o que me diz? Mas que idiota eu sou! Que bobagens ando pensando hoje em dia?"

Menos de uma semana depois, ele escreve:

Sua carta é tão carinhosa e sincera, que não quero esperar muito para respondê-la. Alegro-me que você me escreva desse modo. Você certamente sabe como é importante para mim que todos vivamos em harmonia e assumo com gosto a mediação, quando se trata de esclarecer algum mal-entendido entre nós.

Poucas vezes houve desentendimentos entre nós, não é mesmo? Talvez seja porque somos parecidos em nossa maneira de ser, por isso fico muito feliz quando percebo que você confia em seu irmão e que nós, agora, como antigamente, podemos falar um com o outro sem reservas. Isto é algo muito valioso, querida Lunni, eu mesmo penso nisso com frequência e também tenho pensado que nossa mãe e irmãos são as únicas pessoas realmente confiáveis; de qualquer modo, pelo menos entre nós, os judeus, é assim.

Com Robert você nunca terá uma relação como tem comigo — trata-se apenas de uma questão de afinidade —, mas, quando há o desejo de compreender ou de reconhecer, há igualmente a possibilidade de entendimento. E você mesma pôde observar isso com frequência, também entre mamãe e Robert. Assim que algo vai mal, Robert já se encontra disposto a solucioná-lo e a fazer qualquer coisa para ajudar. Este é o melhor indício, pois é exatamente nos momentos difíceis que o caráter de cada um se manifesta de forma franca e autêntica; no dia a dia, ao contrário, tudo se desfaz e qualquer capricho, qualquer impressão passageira, se reflete novamente no comportamento.

Evidencia-se aqui com muita clareza aquele Otto Frank que, mais tarde, enquanto permaneceram ocultos na Casa dos Fundos,* sempre buscou a conciliação e se empenhou pelo entendimento. Ao ler suas cartas, surge involuntariamente a ideia de que Anne Frank herdara de seu pai muito mais do que apenas a sua aparência. Seu modo de pensar, seu amor pelo próximo, sua atitude humanitária também cunharam a personalidade da filha.

Em suas cartas, Otto sempre volta a mencionar a relação de Leni com seu irmão mais velho Robert, que aparentemente não foi muito harmoniosa. Uma prova, no entanto, de que não era realmente uma desavença séria é um cartão que Robert escreveu para Leni por ocasião de seu 23º aniversário. O cartão exibe o sargento Robert Frank de uniforme, montado em um cavalo, e era endereçado à *srta. Leni Frank, Munique, Hotel Bayerischer Hof.* É possível que Leni, em meio à guerra, estivesse de férias num hotel de Munique?

As cartas de Otto para Leni tornaram-se cada vez mais intensas, mais íntimas. Desse modo, no Natal de 1916, ele escreveu para sua "querida Lunni":

Agradeço pelas duas cartas que me mandou e me alegro que você seja sensata e ajude a mamãe e nossa avó. Também me faz feliz saber que você e Robert tenham se entendido melhor dessa vez, pois sabe que eu sou um pouco [ilegível] com a família. Herbi realmente não tem tido sorte e, dentre nós três, é o que está em pior situação. Sinto muitíssimo por ele, o pobre rapaz, embora isso não ajude em nada em tempos tão amargos como os atuais [...] Não creio que esta situação dure muito mais tempo, mesmo que os ministros da Entente ainda falem tão grosso. [...]

---

* Em alemão, *Hinterhaus.* Esta palavra significa literalmente "casa dos fundos" e refere-se ao lugar onde a família Frank permaneceu escondida em Amsterdã. Otto Frank havia organizado o esconderijo para a família nos dois últimos andares da parte dos fundos de sua empresa. [*N. dos T.*]

É evidente que as coisas não iam bem para Herbert. Ele servia na 2ª Companhia do Batalhão de Defesa nº 149, do 5º Exército ocidental. Em 28 de dezembro de 1916, a avó Cornelia escreveu ao neto, ao seu querido e "pequenino Herbert", que naquela época já tinha 25 anos:

> Tenho me preocupado muito com você e, infelizmente, com razão. Na sua última carta parece que você, graças a Deus, está mais satisfeito no que diz respeito à alimentação; o restante ainda parece deixar muito a desejar. Acredite, meu querido neto, quando lhe digo que me faz muita falta. O seu prato de sopa está sempre pronto, mas Leni, que quer tomar o seu lugar à mesa, nem sempre é pontual e, assim, a sua cadeira fica muitas vezes vazia. [...] Não desanime. Ao que parece, melhores dias virão. O meu mais profundo desejo é que você mantenha a sua saúde.

Um ano mais tarde, em 28 de agosto de 1917, Robert comenta, em uma carta para sua mãe, como seria bom se Herbert pudesse estar em casa. Junto à carta segue um desenho intitulado "Corte transversal de minha guarita debaixo do muro do cemitério". É um desenho surrealista, que mostra de modo inquietante a ameaça que se insinuava com a presença da guerra e a morte a espreitar e rodear os soldados, que descansam extenuados.

Otto, mesmo distante no campo de batalha, preocupava-se com a vida amorosa de sua irmã, motivo de muitas discussões. Em 19 de maio de 1917, ele escreveu para sua "querida Lunni" sobre um certo K. e os seus sentimentos em relação a ele.

> Agora eu já ouvi muito a respeito e, lendo as cartas de nossa mãe, concluo que não há nada desfavorável acerca de K. Além disso, em suas cartas, pela primeira vez, percebo a seriedade com que você lida com isso. Posso apenas dizer que acho razoável a sua intenção de refletir e examinar tudo

com calma, pois não tenho a mínima ideia de como você se sente. Otto tenta aconselhar sua irmã, fala de sentimentos e da linguagem do coração, porque, quando uma moça não gosta realmente de um homem, isto nos toma metade da vida, você também sabe disso.

Em outra carta dirigida a Leni, que na época se encontrava em Travemünde, Otto escreveu sobre a avó Cornelia, que "tem sofrido muito dos nervos e precisamente agora você não está lá e Richard tampouco. Não se pode ajudá-la muito nesse seu estado nervoso e, além disso, a sensação de estar sozinha lhe é sempre opressiva". Na mesma carta, Otto menciona que, por mais que quisesse, não poderia dividir com Robert a dor pela venda do quadro *Adão e Eva*, e assegura estar contente por o casal despido estar fora da casa. "Nos dias de hoje é necessário se satisfazer com qualquer 'efetivo', porque não se sabe o que ainda está por vir. [...] Eu devoro os jornais e espero que os russos levem uma surra, para que finalmente isto termine. Não acredito que a Rússia ainda aguente lutar por mais um inverno, de modo que manterei este meu parecer com bastante otimismo."

O curso posterior da guerra demonstrou que Otto Frank, nesse meio-tempo promovido a primeiro-sargento, se equivocara. Esta carta, no entanto, é bastante reveladora por dois motivos: por um lado, Cornelia volta a "sofrer dos nervos", do que se depreende que as suas doenças teriam relação com um conjunto de sintomas que, naquela época, se conhecia como neurastenia, e que leva à suposição de que sofria de depressão. Por outro, os Frank, com um banco especializado em transações de divisas, no período da guerra não podiam mais fazer grandes negócios e se viram evidentemente forçados a vender objetos de valor, o que atormentava Robert, grande apreciador de obras de arte. Otto por sua vez, essencialmente pragmático, observou que naqueles tempos era necessário se contentar com todo o efetivo possível.

Em 31 de agosto de 1917, Otto Frank envia para Leni uma outra carta comovente e bastante compreensiva, já que ela sofria por um amor infeliz ou, pelo menos, por um amor insatisfatório. Esta carta demonstra igualmente o grau de franqueza com que todos os problemas eram discutidos no âmbito da família.

Minha querida Lunni,

Finalmente decido lhe enviar uma resposta, porque, em primeiro lugar, eu disponho de tempo no momento e, em segundo, recebi cartas tanto de Robert quanto de nossa mãe, nas quais E.S. é mencionado. Mamãe relata que você não quer mais escrever e Robert me fez chegar à sua conclusão depois de uma discussão que teve com você. Assim, é preciso que eu volte a lhe escrever sobre este assunto, pois o fundamento da confiança de um sobre o outro reside exatamente na troca mútua e franca de nossos pontos de vista. Robert teve a impressão de que os seus pensamentos giram demasiadamente em torno desse homem, e que você, apesar de afirmar o contrário, segue mantendo em segredo o desejo e alimentando a ideia de que poderia dar certo entre vocês. E como isso certamente encontraria a máxima oposição não só de nossa mãe, mas também dele, e, como Robert supõe, minha e de Herbert igualmente, você considera desnecessário falar a respeito.

Querida menina, nós não vivemos em um mundo ideal. Eu acredito em você e não posso nem quero julgar esse homem. Mas como já escrevi anteriormente, eu não vejo como manter uma relação que não poderá gerar senão dor. Pense que foi bonito. Considere este tempo como um episódio, um momento breve, belo e ideal durante os anos de guerra, em que um caráter alegre e puro como o seu adoece mais do que o de outros. Mas coloque um ponto final nesse episódio e não evoque recordações desagradáveis. Deixe que apenas o belo continue a sê-lo. Os ideais são apenas ideais precisamente porque são inalcançáveis.

Em uma carta posterior, Otto retomaria a mesma questão:

> No que diz respeito a Ernst, eu já lhe disse anteriormente que o admiro como pessoa e por seu caráter. Eu não creio que ele seja a pessoa apropriada para você; independente de sua situação pecuniária e familiar, o seu modo de ser não me parece o mais adequado para você. É uma pessoa em quem se pode confiar [...] mas, segundo meu ponto de vista, não é suficientemente forte para alcançar aquilo que deseja. É um amigo, mas não seria um marido. Em seu modo de compreender as coisas e na sua suavidade, guarda certa semelhança comigo...

Otto Frank identifica-se com esse homem tanto no modo de ver as coisas quanto na suavidade. Muito mais clara torna-se a sua própria avaliação em uma outra carta enviada a Leni:

> O que você escreve sobre mim é muito lisonjeiro para ser verdade. Eu também sou suficientemente egoísta, embora no meu caso isso talvez se expresse de outra forma. Juntamente com a sua carta, recebi algumas linhas de Elsa R., que também me faz elogios. Causa-me prazer alegrar aos outros, de modo que, assim, ambas as partes saem beneficiadas. Portanto, não é necessário nem me agradecer nem tecer elogios por isso. Eu faço aquilo que a minha sensatez e consciência prescrevem.

Estas cartas revelam Otto Frank, o homem que a filha Anne adorava, sem que em seu diário mencione o porquê. Ele deve realmente ter sido uma pessoa muito tolerante, conciliadora e culta, como na época descrevem as testemunhas: um homem sério e reflexivo. Ao mesmo tempo, em suas cartas já se revela a modéstia que o caracterizará posteriormente, quando estavam escondidos na Casa dos Fundos, e que, sem dúvida, fazia parte de sua personalidade. Ele escrevia as cartas do campo de batalha, sob condições externas adversas, que indiscutivelmente devem tê-lo afetado, pois vivia em perigo de vida constante. Todavia, ele se preocupava com a paixão — embora infeliz — de sua irmã e deixava para o segundo plano os seus próprios problemas. Em uma carta dirigida à sua avó Cornelia, essa modéstia também pode ser percebida. Ele escreve:

Se os desejos pudessem curá-la, então você não poderia se queixar de nada; contudo, só podemos esperar que você se restabeleça logo e, em tempos melhores, desfrute ainda um pouco de nós e da vida. Não se pode perder a coragem, mesmo que tudo pareça triste.

Eu continuo bem e não há razão para qualquer preocupação. Eu tampouco dou asas aos pensamentos. Ontem eu subi com o segundo-tenente ao alto de uma igreja para olharmos o campo de batalha e descobri em um canto um par de pombos. Eu consegui pegar um de imediato, mas o outro pombo só com mais dificuldades. Hoje nós encaminhamos ambos para o posto responsável: eram pombos-correios que haviam perdido o rumo. Eu pensei em você e num bom assado, mas pombos-correios devem ser mantidos em sua função. Por isso, agora eu estou na caça de galinhas e espero encontrar algumas.

Otto não faz menção sobre a sua vida de soldado, não fala nem de seus medos nem da morte, que domina à sua volta, nem diz palavra alguma sobre a sua própria angústia. Uma única vez é possível ter-se uma ideia de como ele se sentia. Em uma carta para Leni, escreve:

Quando será novamente possível levar uma vida tranquila? Cada vez mais sinto falta de uma mulher. Bem, isso é assim: um homem sozinho é um homem pela metade. Os meus pensamentos divagam e não se prendem a nada concreto. Penso no passado e planejo o futuro: um jogo mental inútil, uma sensação inquietante.

E, em uma carta de felicitações de aniversário para sua avó Cornelia, diz: "Não me lembrei do Ano-Novo [judeu]." Por acaso, há algo para festejar? Eu lamento muitíssimo que Trauda tenha perdido outro sobrinho.

Quantas pessoas padecem o mesmo, dia após dia? Não compreendo como ainda restem alguns que suportem a guerra.

Está claro que, em seus pensamentos, Otto Frank estava sempre com sua família: era o centro de sua vida e o bem-estar dos seus lhe era mais importante que qualquer outra coisa. A sua personalidade fica especialmente evidente em uma carta que envia para a sua mãe, por ocasião do aniversário de morte do pai:

Estas linhas levam os meus pensamentos até você e todos os outros, que estão reunidos para recordar o nosso pai. Há alguns meses, eu havia programado estar em casa neste dia tão triste, mas não foi possível, e não posso estar do seu lado, senão em pensamentos. Você sabe o que penso, sem que seja necessário detalhar isso. Não pretendo com minhas palavras retomar lembranças sombrias. Ao contrário, devemos recordar aquilo que nos causou tanta alegria e evocar os belos tempos, particularmente agora quando tudo está tão nebuloso à nossa volta. E lembranças alegres tanto para você quanto para nós certamente não faltam. Todos nós, na verdade, vivemos do passado. O futuro incerto levita diante de nossos olhos como um sonho. O presente consome todo o pensamento superficial através das exigências que estabelece. Assim, somente o passado traz um sopro de vida. Portanto, aquele que possui alguns belos anos atrás de si pode se considerar feliz e dessas lembranças ele pode tecer fios que não se rompem jamais. E nós todos temos belas recordações, graças ao exemplo que vocês nos deram e às alegrias e prazeres, dos quais nos permitiram participar. Deste modo, para você o dia 17 não deve ser um dia de tristeza. Aquilo que você e nós perdemos, já sabemos. Mas terá papai perdido alguma coisa por não ter vivido nesta época? Meus pensamentos percorrem inúmeros caminhos. E agora eu gostaria de encerrar.

Seu Otto.

Quanto mais se estendia a guerra, mais difícil se tornava a questão do abastecimento. A isso se somaram os milhares de feridos e mutilados procedentes do *front*, apesar do capacete de aço que, desde 1916, já havia sido adotado como resposta aos terríveis ferimentos de cabeça nos primeiros anos da guerra. Faltavam alimentos, material para curativos, medicamentos.

Otto foi mandado para o *front* ocidental e passou a servir em um destacamento de reconhecimento de artilharia, do setor Cambrai. Em novembro de 1916, ele participou da primeira grande ofensiva de tanques dessa guerra e, de modo geral, da história militar. Em 1918, foi promovido a segundo-tenente e condecorado com a Cruz de Ferro, mas isso ele não menciona nas cartas; o que mais lhe importava era, sem dúvida, a família. Entre os dias 8 e 11 de agosto de 1918, as tropas inglesas invadiram as posições alemãs com 450 tanques. Desde então, o dia 8 de agosto é considerado o "Dia negro do exército alemão" e contribuiu consideravelmente para a sua capitulação definitiva. Em 11 de novembro de 1918, entra em vigor o cessar-fogo. Os filhos dos Frank haviam sobrevivido.

Em 15 de dezembro de 1918, o conselheiro médico dr. M. Katzenstein enviou uma carta para Alice Frank. A sua carta não é apenas o testemunho de um médico para a auxiliar, mas é simultaneamente o agradecimento de um companheiro de sofrimento:

Durante quatro anos vivenciamos juntos horas de inquietação, mas também de muitas satisfações que nos estimula-
ram a empreender novas tarefas, e, ao pensar com orgulho
nestes momentos, nos quais me foi possível ajudar a muitos
de nossos pobres soldados, secar muitas lágrimas e aliviar
muitos padecimentos, eu sei que devo agradecer-lhe pela
sua ajuda abnegada. A senhora não só sacrificou o seu tempo
precioso, mas, às vezes, mais do que isso: era uma dona de
casa escrupulosa. A senhora contribuiu com as suas capacidades físicas e intelectuais, mas, sobretudo, esteve presente
com seu bom coração. E tudo isso foi fundamental para que
agora, depois de quatro anos, possamos dizer que o fizemos
por nossa pátria. De fato, é assunto do governo reconhecer
devidamente o grande serviço prestado pela senhora, mas,
em razão das novas circunstâncias políticas, algumas questões tomaram rumos diferentes dos que imaginávamos. Em
todo caso, os maiores agradecimentos por todo o bem que
fez pelos nossos feridos, a senhora encontrará no fato de
que poderá se recordar de sua contribuição [...] com orgulho
e com a consciência tranquila de ter cumprido fielmente o
seu dever no momento mais difícil da Alemanha.

Com a alusão às mudanças determinadas pelas novas circunstâncias políticas, o médico decerto se referia à abdicação do imperador Guilherme II, em 9 de novembro de 1918, aos debates em
torno da forma política que o Império Alemão adotaria depois da
derrota, aos distúrbios da Revolução de 1918/1919 e à proclamação
da República. As inquietações revolucionárias perduraram por um
ano, até que a Constituição de 11 de agosto de 1919 determinou
os fundamentos da República de Weimar.

Os Frank eram, sem dúvida, abertamente leais ao imperador.
Um convite de outubro de 1901, para participarem de uma festa
beneficente, por ocasião da visita de uma princesa prussiana,
comprova isso:

Distintos Senhores!

Sua Majestade Imperial, a princesa consorte Friedrich Carl de
Hessen, Margarethe da Prússia, nos honrará com sua presença
na nossa Feira Internacional e contamos com sua presença
na quinta-feira, à tarde, pontualmente às 13h15, as damas
de vestido longo e os cavalheiros de fraque e gravata preta.
Com os melhores cumprimentos,

A Comissão.
George Adelmann. L. Krebs-Pfaff.

Em 1907, o banqueiro Michael Frank, de Frankfurt a. M., receberia uma carta de agradecimento assinada pelo imperador
Guilherme:

> Graças à generosa contribuição que V.Sa. colocou à minha
> disposição para a construção de uma casa de convales-
> cença para oficiais em Falkenstein, em Taunus, ajudou a
> materializar o desejo que há muito tempo tenho de erguer
> os fundamentos de uma obra que, queira Deus, será uma
> bênção para milhares de membros do meu exército.
> Para expressar a minha imensa alegria pela sua capa-
> cidade de sacrifício e em nome de minha gratidão, quero
> presenteá-lo com um busto de minha pessoa, obra modelada
> pelo professor Manzel e confeccionada em minha fábrica
> de Majolika, em Ladinen, e que lhe será imediatamente
> enviado.

Berlim, 27 de janeiro de 1907.
Guilherme I.M.

Um dos motivos da fidelidade da família Frank ao imperador
deveu-se certamente à gratidão pela formação de um Estado
que concedera aos judeus a igualdade civil. Além disso, devido

à posição social da família, presume-se que eram mais con-
servadores do que de tendência socialista. Foi por esta razão
que Alice Frank, como outros tantos cidadãos de orientação
nacionalista na Alemanha, subscreveu bônus de guerra com
seu patrimônio privado e perdeu muito dinheiro. Apesar disso,
pode-se concluir que tanto Alice quanto seus filhos estavam
de acordo com a nova República. É possível que eles tenham
se interessado pela política somente quando ela repercutiu
diretamente sobre suas vidas.

No momento, eles tinham outras preocupações e outras alegrias. Depois de um relacionamento infeliz com E.S. (Ernst
Schneider), Leni apaixona-se por Erich Elias, um judeu de Zweibrücken. Ele também participara da guerra; dentre os documentos localizados há um certificado de qualificação para prestar
serviços voluntários durante um ano, expedido em 1º de maio de
1915, pela Comissão Examinadora de Speyer. Foi condecorado
com a Cruz de Ferro.

A paixão entre Leni Frank e Erich Elias deve ter sido intensa,
pois conservaram-se belas cartas de amor que Leni escrevera para
Erich. Ele também descendia de uma família que possuía um
grande sentimento de solidariedade. Em dezembro de 1920, seu
pai, Carl Elias, visitou seus novos parentes e, em seguida, escreve uma carta ao seu filho, agradecendo a acolhida: "Eu já estou
quase recuperado da minha fadiga. Foi muito desagradável para
mim, depois dos dias maravilhosos que passei na casa de nossos
parentes. Eles foram extremamente simpáticos e atenciosos comigo, mas, ao chegar em casa, eu me deparei com tanto trabalho,
que até agora não me foi possível agradecê-los por toda a atenção."

O casamento de Erich Elias e Leni Frank foi celebrado em 16
de fevereiro de 1921.

Um poema, que Alice declamou por ocasião do casamento,
menciona que Helen Schuster, uma amiga dos filhos da família
Frank, foi quem apresentou Leni e Erich. No poema de seis es-
trofes, Alice trata da infância da noiva. Na segunda estrofe diz:

Quando veio ao mundo nossa irmãzinha
Grande foi a alegria, pequena a criancinha.
Ficou à nossa volta tudo de pernas para o ar,
E os membros delicados, de tão finos pareciam voar!
Banhá-la Trauda não se atrevia
E despi-la, dizia, não se deveria.
E, como nem sempre se impôs seu gosto,
Pode nossa Naches finalmente estar conosco!

Nas cartas da família raramente apareciam palavras do ídiche, de modo que se supõe que eles falavam o alto-alemão, o que não permitia mais identificar a sua procedência. No poema, a palavra "Naches" é uma exceção, e significa alegria, diversão.

Um dos poucos documentos conservados de Paul Elias, irmão de Erich, que foi assassinado em Auschwitz, é um poema sobre este casamento:

Se em Elias, como já sabeis,
Um grande profeta vereis,
E porque aqui nessa casa
Sempre com Frankeza se fala,
Farei hoje uma profecia:
O casal viverá com alegria.
Porque os une o puro amor
E este é o melhor pendor,
Desejos de fidelidade e felicidade
Esperamos que se tornem realidade
E para sempre, como neste dia,
o sol da eternidade lhes sorria!

Alice tinha, portanto, casado a sua filha, mas no mesmo ano perderia a sua mãe. Cornelia morreu em junho de 1921, um duro golpe para Alice, que sempre fora muito ligada a ela. Não há testemunhos desta perda. Supõe-se que o fato de sua filha estar grávida tenha sido para Alice uma espécie de consolo pela morte da mãe. Stephan Carl, o primeiro filho de Leni e Erich, nasceu em 20 de dezembro de 1921, um presente de aniversário maravilhoso para Alice; três anos e meio mais tarde, em 2 de junho de 1925, vem ao mundo o segundo filho do casal, Bernhard Paul, que seria chamado de Buddy. Anne seria a única a chamar o primo de "Bernd".

Leni e Erich tiveram um matrimônio feliz; há numerosos testemunhos e provas, e não apenas as afirmações de Buddy. Gerti, a nora de Leni, relata sobre a convivência harmoniosa e a ironia delicada da sogra, que certamente era a mais forte dos dois.

No ano seguinte ao casamento de Leni, em 12 de abril de 1922, o comerciante Herbert August Frank casou-se com a norte-americana Hortense Rah Schott, sem profissão, com domicílio em Aachen. O matrimônio, do qual não houve filhos, terminou em 16 de agosto de 1932. Na sentença consta: "A ré abandonou, em setembro de 1930, o queixoso. Por meio de sentença judicial de 31 de março de 1931, ela foi requerida a restabelecer a vida conjugal. Até a data de hoje, o requerimento segue sem ser cumprido. [...] Por conseguinte, o matrimônio, a partir daí, é declarado dissolvido por culpa da ré."

Também no ano de 1922, em 18 de julho, Robert Frank casou-se com Charlotte Witt, conhecida como Lotti. De ambas as bodas não restaram cartas nem poemas.

O casamento seguinte foi celebrado em 1925, quando Otto Frank se casa com Edith Holländer, filha do empresário Abraham Holländer e de sua mulher Rosa, da família Stern. Para Otto Frank, que nesse ínterim trabalhava no banco da família, o dote de Edith representou sem dúvida um papel importante, pois a casa bancária Michael Frank não estava bem financeiramente depois da derrota na guerra e os Holländer eram uma família muito abastada. Sobre a infância e a adolescência de Edith, há poucas informações. Ela nasceu em 16 de janeiro de 1900, em

Aachen, uma cidade localizada perto da fronteira da Holanda. O sobrenome Holländer também faz alusão aos Países Baixos e o que se sabe é que seus antepassados se estabeleceram, em 1800, na Alemanha, provenientes de Amsterdã. Benjamin Holländer, o avô de Edith, iniciara um comércio de ferro-velho, mas rapidamente prosperou e, alguns anos mais tarde, já era proprietário de fábricas de processamento de metal. Abraham, o pai de Edith, nasceu em 1860, em Eschweiler, e era um dentre nove outros irmãos. Ele e sua mulher Rosa tiveram quatro filhos. Em 1894, nasceu Julius; três anos depois, Walter; no ano seguinte, Bettina e, por fim, Edith. Abraham assumira a direção dos negócios da família e mostrou-se um comerciante muito bem-sucedido.

Embora os Holländer não fossem judeus ortodoxos, Abraham era membro proeminente da comunidade judaica de Aachen. Comparados com os Frank, eram uma família religiosa. Eles levavam uma vida familiar segundo os preceitos judaicos e, com frequência, visitavam a sinagoga, na qual Julius, o irmão mais velho de Edith, cantava no coro. Edith estudou no instituto feminino Evangelische Victoriaschule, que também aceitava alunos de outros credos. Ela é descrita como uma pessoa bem tímida, mas que tinha muitas amigas e conhecidas; jogava tênis e gostava bastante de moda e de vestir-se bem.

O ano de 1914 foi um ano extremamente difícil em sua vida. Sua irmã Betti, com apenas 16 anos, faleceu em decorrência de uma apendicite. Em homenagem à sua memória, Edith, anos mais tarde, daria à sua primeira filha o nome de Margot Betti. Durante a guerra, Edith concluiu o bacharelado e ajudou o seu pai no escritório. Seu irmão Julius, nessa época, foi declarado inválido, em razão de um ferimento de bala no braço.

Os pais de Edith certamente sabiam das dificuldades financeiras de Otto Frank, mas devem ter ficado satisfeitos com o fato de que a filha se casaria com uma família conhecida de Frankfurt.

A sua única preocupação, presume-se, era que os Frank eram judeus assimilados e estavam longe de ser religiosos. Edith não conduzia uma vida familiar segundo os preceitos judaicos [kosher], mas suas filhas, sobretudo Margot, ainda chegaram a conhecer na casa dos avós esse modo de vida judaico. Edith era uma mulher inteligente e aberta, como demonstram os seus "métodos pedagógicos modernos", que mais tarde tão má impressão causariam na Casa dos Fundos. Ao que parece, ela sempre se manteve mais à margem do emaranhado de relações das famílias Frank e Elias. Possivelmente ela o fizera de forma voluntária, embora isso vá de encontro ao seu sentido de família muito desenvolvido, à íntima relação com a mãe e ao amor pelos irmãos. Talvez os Frank tenham sido simplesmente muito dominantes, muito autocentrados para lhe concederem o espaço que certamente teria merecido.

O casamento realizou-se em 12 de maio de 1925, no aniversário de 36 anos de Otto. A pedido dos pais da noiva, a boda foi celebrada segundo os rituais judaicos. Depois da cerimônia, a comemoração deu-se no prestigiado Hotel Grosser Monarch, em Aachen. Um conto publicado na primeira e única edição do jornal das bodas, o *Aachener-Frankfurter Tageblatt* [Diário de Aachen e Frankfurt], relata como Otto e Edith se conheceram:

Era uma vez — assim começam todos os contos, mas desta vez eu quero lhes contar uma história verdadeira. Era uma vez, em San Remo, março de 1925... Entre flores e sob o calor de raios de sol brilhantes, uma família da Renânia parte em direção ao mar azul. Era composta por três damas e um cavalheiro, cuja aparência jovem não permitia suspeitar de que se tratava do pai de todas elas. Para incitar ainda mais a curiosidade das pessoas, que, como se sabe, durante uma viagem costumam se dedicar sobretudo a observar a vida alheia, junta-se a essa família da Renânia um jovem esbelto, procedente da região do Meno. A bela praia de San Remo não teve tantas oportunidades de observar a filha do rio Reno e o filho do rio Meno; por outro lado, as pradarias verdes saberiam contar muito mais sobre os filhos de ambos os rios. Os pais da filha do rio Reno, discretos, desviaram o olhar, ao passo que a deusa Flora, curiosa como todas as outras deusas tratam de ser, observava cada troca de olhar apaixonado do jovem casal e se divertia muito com isso. Após uma longa espera, o jovem casal anuncia o noivado e os ânimos do público se acalmam. Inicia-se a viagem de volta ao rio Meno e ao rio Reno. Os noivos, cujos olhos se atraíam mutuamente como por magia, esqueceram-se do mundo ao redor e envolveram-se num forte e feliz abraço, apoiados em uma porta que uma mão fantasmagórica abriu, e somente a firme proteção dos pais impede que ambos se perdessem no inferno. A deusa Flora cobriu os dois amantes com o manto do amor, até que o destino selou essa paixão.

Hoje, felizmente, vemos ambos juntos e eu espero que eles contem para os seus filhos, netos e bisnetos o conto dos dias felizes na campina ensolarada na Riviera.

Ninguém podia prever que Otto e Edith não teriam nem netos, nem bisnetos; em 1925, o mundo ainda lhes sorria e o futuro era promissor, embora Adolf Hitler, por essa época, já tivesse escrito seu livro *Mein Kampf* [minha luta].

Ainda se conserva o cartão do menu de Alice Stern: Patê ao vinho branco — Sopa — Salmão do Reno com Maionese — Rosbife com legumes frescos — Guisado de vitelo com trufas frescas e cogumelos recheados — Pato jovem com diferentes compotas e saladas — Sorvete — Bolo — Café. O comentário, provavelmente rimado por Alice, dizia:

Nas bodas sempre se mira
A questão delicada da comida,
Que com acerto é solucionada
Com menu de escolha requintada.
E no jantar a etiqueta ensina
A bebida há de ser sempre fina,
Entre um prato e outro saber
Sábios discursos e cantos oferecer.
Observa-se assim que todo convidado
Ao prato seguinte se debruça encantado.
Os pais e comensais comunicativos
Contribuem muito para os dias festivos.
Se reina o amor, se reina o riso
O sabor da comida se rega com sorriso!

Deve ter sido uma festa única. Depois da viagem de casamento, que mais uma vez teve como destino San Remo, Edith e Otto mudaram-se para a casa de Alice, na Mertonstrasse, 4, onde já viviam Leni e Erich. Esta era a residência do casal, quando nasceu, em 1926, a primeira filha Margot Betti.

Em 1927, Otto, Edith e Margot mudaram-se para uma casa de dois andares, localizada na Marbachweg, 307. Em junho de 1929, nasceu a segunda filha, Annelies Marie, logo chamada de Anne. O motivo da mudança pode ter sido o fato de que Otto e Edith tinham um ponto de vista bastante "moderno" sobre a educação das crianças e quiseram evitar, desde o início, qualquer interferência por parte da família. Otto tinha uma convicção profundamente humanista de que o mundo somente poderia melhorar se a bondade fosse plantada na alma das crianças. Ele expressava claramente o desejo de que suas filhas crescessem "livres", o que significa que ele também aspirava a um ambiente liberal em que pudessem crescer livre de restrições. Em todo caso, não houve desentendimentos entre as famílias, e as crianças sempre visitavam a avó Alice, como relataria posteriormente a babá. Buddy recorda-se de ter visto as primas com frequência. As relações familiares eram e permaneceram fortes. Esta união se mostrava da mesma forma nos momentos de tristeza, como no falecimento de Trauda, a cozinheira. Isso pode ser constatado pelo anúncio do óbito, publicado no jornal em nome de todos os membros da família.

Enquanto isso, além de Herbert, que foi o primeiro a trabalhar no banco, Otto e Erich Elias, o marido de Leni, também começaram a trabalhar na instituição bancária Michael Frank. Isso aconteceu em decorrência da própria necessidade. A situação econômica e política ficou cada vez mais difícil, em virtude da reparação que a Alemanha teve que pagar após ter perdido a guerra e do anúncio da crise econômica mundial. Em 24 de outubro de 1929, a Bolsa de Valores de Nova York entrou em colapso e, quatro semanas mais tarde, nas eleições municipais de Frankfurt, o NSDAP* venceu com nove assentos, em vez de apenas quatro como anteriormente. O partido obteve pouco mais de 10% dos votos.

Erich Elias foi o primeiro a sentir as consequências das mudanças na situação econômica e política. Em 1929, ele aceitou a proposta de criar uma representação suíça da Opekta e mudou-se para Basileia, para onde, dois anos mais tarde, Leni o seguiria. Em 1931, o Banco Michael Frank sofreu mais um revés. Herbert foi preso por agentes da investigação tributária, que o acusaram de haver violado as normas recém-promulgadas sobre transações de efetivos com países estrangeiros. Quando foi liberado, ele mudou-se para Paris e, na audiência em que foi absolvido, estava ausente.

Em 1931, a família Frank mudou-se para a Ganghoferstrasse, uma vez que o proprietário da casa na Marbachweg, um antissemita, cancelara o contrato; a nova casa da família era agora menor e mais barata. A situação econômica continuava a se agravar. Um

---

* Sigla do *Nationalsozialistische Deutsche Arbeitspartei*, Partido dos Trabalhadores Alemães Nacional-Socialistas. [*N. dos T.*]

quarto da população da cidade não tinha salário fixo. Nas eleições do *Reichstag*, em 1932, os nacional-socialistas alcançaram 203 dos 608 mandatos. A ascensão do NSDAP como um partido de massa parecia inevitável em Frankfurt.

Não só a situação dos bancos ia mal, mas também as ações da Bad Sodener sofreram com a depressão econômica, e o dote que Edith trouxera para o casamento se esvaiu. No final de dezembro de 1932, Edith e Otto Frank abandonaram a casa na Ganghoferstrasse e se mudaram novamente para a casa de Alice, na Mertonstrasse, a fim de economizar o dinheiro do aluguel.

Em 30 de janeiro de 1933, o presidente Hindenburg nomeia Hitler chanceler do Império Alemão. Algumas semanas mais tarde, os nacional-socialistas venceram as eleições municipais em Frankfurt sobre o Meno, que lhes permitiu conquistar "legalmente" as prefeituras. Isso ocorreu em 12 de março de 1933; em 1º de abril, os destacamentos da SA* ocuparam a entrada das lojas e comércios judeus e impediram a entrada de cidadãos judeus nos escritórios de advocacia e consultórios médicos. O boicote planejado teve como objetivo propagar de forma subliminar que todos os judeus seriam banqueiros, comerciantes, médicos ou advogados.

A situação financeira da família Frank ia de mal a pior. Alice inclusive viajou mais uma vez a Paris para solicitar um empréstimo a Jean-Michel Frank, sobrinho de Michael, que era um bem-sucedido designer de móveis; com o empréstimo, ela pretendia pagar a hipoteca da mansão na Mertonstrasse. Jean-Michel concedeu-lhe o empréstimo, mas, como logo perceberam, não passava de uma gota d'água sobre uma pedra escaldante. Assim, após longas discussões e ponderações, decidiram abandonar a Alemanha.

A decisão era procedente: a situação econômica e política do momento não deixava esperanças de que poderia haver uma melhora nos negócios bancários. Outro motivo importante para Otto

---

\* Grupo paramilitar do partido nazista. [*N. dos T.*]

foi que Margot, que na época já ia para a escola, seria forçada a se sentar com as outras crianças judias num banco separado, no fundo da sala de aula. A ideia de que suas filhas pudessem sofrer preconceito e exclusão foi, para Otto, inaceitável. A decisão foi finalmente tomada quando, através da janela do banco, ele viu passar um desfile dos membros da SA, que cantavam em coro:

> Quando uma camisa parda ao combate for,
> Sempre o faz com muito valor,
> Quando o sangue judeu da faca espirrar,
> Tudo duas vezes melhor ainda vai ficar.

Mais tarde, ele contaria muitas vezes ao seu sobrinho Buddy que essa cena teria sido o principal motivo para a sua emigração.

Otto Frank decidiu ir para os Países Baixos. Por um lado, ele tinha amigos por lá, depois de ter tentado uma vez — sem êxito — montar uma filial do Banco em Amsterdã; por outro, seu cunhado Erich Elias lhe havia conseguido o encargo de abrir uma filial da companhia Opekta nos Países Baixos. Edith viajou com as crianças para a casa de seus pais, em Aachen, e Otto dirigiu-se para Amsterdã a fim de fundar a nova empresa. No início de 1934, Edith e as crianças reuniram-se a ele.

Diante da decisão de Erich de começar vida nova na Suíça, para Alice estava claro que ela se mudaria para Basileia no intuito de estar perto de sua filha Leni e dos seus netos Stephan e Buddy. Com a venda da casa em Frankfurt, para um comerciante de Lorena, já não havia mais como voltar atrás: os laços estavam rompidos. Em 21 de setembro de 1933, Alice deixou a cidade onde nascera, o lugar de sua infância, de sua juventude e dos anos como esposa e mãe, uma cidade onde ela criara profundas raízes. A história das famílias Frank e Elias, em Frankfurt sobre o Meno, tinha se encerrado.

# Os que ficaram foram dispersos

Alice mudou-se então para Basileia, para o terceiro andar de um edifício na Schweizergasse, em um apartamento de quatro cômodos, que Leni encontrara para ela. Curiosa é a declaração juramentada que precisou apresentar para as autoridades alemãs, em razão de sua mudança, e que incluía uma lista de três páginas, elencando todos os móveis que levava consigo para seu "uso pessoal".

Em Basileia, Alice também tinha uma empregada. Apesar de estar bem instalada, não se sentia em casa. Isso era de se esperar. Aos 68 anos, já não era mais jovem, e, embora tivesse ao seu redor os móveis que lhe eram familiares, deve ter sido muito difícil para ela trocar uma casa grande, na qual sempre vivera rodeada de muitas pessoas, por um apartamento com uma pequena sacada, no terceiro andar de um edifício. Não há dúvida de que também não lhe foi fácil trocar uma cidade cosmopolita por uma plácida cidade suíça que, em geral, era muito provinciana. Para ela, tudo era estranho e incomum, e Alice certamente sentia falta do grande círculo de amigos e conhecidos, que tinha em Frankfurt. Embora fosse uma pessoa mais introvertida, não é difícil imaginar o quanto e por quantas vezes ela deve ter se sentido sozinha. De uma mulher que já tivera um lugar na sociedade, restava agora uma apátrida, uma estranha. E, dessa vez, ela teria de superar sozinha a mudança em sua vida, sem o apoio de Cornelia e sem Michael. Ela provavelmente não se queixou nem se lastimou, não era a sua maneira de ser, mas deve ter se mantido mais retraída. E, mais uma vez, os trabalhos manuais passaram a ser o entretenimento com que ela preenchia os seus dias e horas vazios. Se Klärchen não tivesse falecido tão cedo, Alice com certeza teria se sentido menos sozinha na Suíça.

É claro que também havia momentos de conforto. Eram os dias em que Leni e Erich vinham visitá-la com os dois filhos, Stephan e Buddy, e aqueles em que ela regularmente os visitava na Gundeldingerstrasse. No entanto, Alice sabia que uma filha adulta, que também já era mãe, tinha a sua vida própria, e Leni era uma pessoa muito sociável. Ela fazia contatos com muita facilidade e não faltavam emigrantes alemães em Basileia. Muitos permaneciam por um período na cidade antes de continuar viagem. Eles visitavam Leni e pediam-lhe conselhos.

Conforto e entretenimento também ofereciam para Alice as cartas vindas de Amsterdã, mesmo que não chegassem com tanta frequência, como ela talvez desejasse. Mas elas chegavam. A geração mais nova, a dos netos, começou a escrever; primeiro foi Margot, que já frequentava a escola e, mais tarde, Anne. No início, as cartas de Margot se limitavam a um "Como vai? Espero que bem". Ou ela agradecia pelas "belas coisas" e mandava "beijos e abraços de Margot e Anne". Certa ocasião, escreveu: "Querida vovó: Como vai? Espero que bem. Eu desejo melhoras para a tia Leni. Lembranças a todos, sua Margot." Mais tarde, as cartas ficaram mais extensas. Dentre elas há uma carta tocante, que, em 1936, Margot enviou de Amsterdã a Alice, em Basileia, numa caligrafia marcadamente infantil:

Querida vovó,

Como vai a senhora? Eu lhe agradeço muito pelo belo presente que recebi hoje; foi realmente uma linda surpresa; agradeço igualmente a você e à tia Leni pelas cartas. Eu ganhei muitos presentes e uma bela cadeira da vovó. Com o seu presente, mamãe me comprará um traje de banho com calça e jaqueta e, com o dinheiro que sobrar, mandarei consertar a minha bicicleta. Mil agradecimentos ao tio Erich pelo chocolate Frigor. Lembranças a Stephan, Bernd, tio Erich + tia Leni. Abraços + beijos. Margot.

Quando virá nos visitar? Nós sempre nos alegramos quando você vem.

Oito meses depois, Margot, ao felicitá-la pelo aniversário, lembraria a Alice que, naquele ano, ela não deveria esperar visitas de Amsterdã. "Este ano a família não será tão grande." Na sua carta a Stephan, que também comemorava o aniversário em 20 de dezembro, no mesmo dia da avó, ela comenta o septuagésimo aniversário de Alice que eles, um ano antes, em 1935, haviam comemorado juntos. E pergunta: "Você se recorda do verão, quando esteve em Zandvoort, e do inverno passado, quando estivemos todos juntos na casa de vovó, em Basileia? Este ano vocês irão comemorá-lo sozinhos, mas certamente com muitos presentes. Espero que nos vejamos logo outra vez. Lembranças a Bernd e muitas felicidades de sua Margot."

Otto visitava sua mãe com frequência na Suíça, algumas vezes com as duas filhas, outras somente com uma delas, além das passagens ocasionais em Sils Maria, na Villa Laret. Buddy recorda-se de algumas destas visitas, por exemplo, quando Margot e Anne estiveram com ele na arena de patinação e observaram-no patinar; afirma, contudo, que Edith raramente vinha para Basileia. É possível que, nessas ocasiões, ela visitasse a sua família, em Aachen.

O ano de 1938 trouxe uma grande mudança. Erich quis trazer de Zweibrücken para Basileia sua mãe Ida Elias, nascida Neu, que ficara viúva nesse meio-tempo. Como a casa na Gundeldingerstrasse, 139, era muito pequena para acomodar mais uma pessoa, sobretudo porque os meninos estavam crescendo e precisavam de mais espaço, eles decidiram alugar uma casa maior e todos morarem juntos.

Encontraram uma casa na Herbstgasse, 11. Não era muito grande, tinha dois andares e um amplo sótão reformado. Era uma casa de esquina construída no fim do século e fazia parte de um bloco de seis casas, com um pequeno e belo jardim, que se ligava aos jardins de todas as casas ao redor. No térreo havia uma cozinha e uma sala de jantar, cuja ligação com a sala de visita se dava por meio de uma porta de duas abas, que Leni teimosamente chamava de "salão". De um pequeno terraço, alguns degraus conduziam para o jardim. No primeiro andar localizavam-se o quarto de dormir de Leni e Erich, que tinha uma bela sacada, e, mais adiante, o quarto das crianças e um pequeno quarto para a empregada. Alice tinha o seu quarto no segundo andar: era um quarto grande com vista para o jardim; a avó Ida, por sua vez, alojava-se em um pequeno quarto ao lado da escada, acima do quartinho da empregada. Uma escada íngreme conduzia ao sótão, onde havia um quarto habitável. Em cada um dos cômodos, inclusive no quarto de Leni, existia um cordão com uma campainha, com a qual se podia chamar a empregada. A casa era realmente bonita, embora muito menor que a da Mertonstrasse, e os quartos não poderiam ser considerados grandes. Apesar disso, esta casa foi para todos um lar e um abrigo.

Alice aceitou de imediato o convite que Leni e Erich lhe fizeram de morarem juntos. Isso colocava um ponto final na sua vida solitária na Schweizergasse. Nesses tempos sombrios, permanecer juntos deve ter sido quase uma necessidade para todos. Além disso, o dinheiro que restara da venda da casa, em Frankfurt, desaparecia aos poucos, apesar do modo econômico com que Alice conduzia sua vida.

As notícias que chegavam da Alemanha eram cada vez mais inquietantes. Na noite de 9 para 10 de novembro de 1938, a noite do *pogrom* e que os nazistas denominaram "Noite dos Cristais", sinagogas foram destruídas, vitrines quebradas, lojas saqueadas. Calcula-se hoje em dia que pelo menos quatrocentos judeus tenham sido mortos nesta noite ou foram levados ao suicídio. Dos quase 30 mil judeus presos e deportados para os campos de concentração de Dachau, Sachsenhausen e Buchenwald, milhares deles foram mortos nos dias e semanas seguintes.

Se Alice em algum momento sentiu saudades de sua terra, uma nostalgia melancólica de sua vida passada, em novembro de 1938 deve ter reconhecido o quanto significou para ela e para a sua família terem abandonado a Alemanha a tempo para estarem agora a salvo. Naquele momento, ninguém poderia ainda suspeitar que os nazistas iriam buscar Otto, Edith, Margot e Anne.

No outono de 1938, quando ocorreu o *pogrom* da Noite dos Cristais, na Alemanha, Alice encontrava-se em Amsterdã, em visita ao filho Otto e família. Ela infelizmente adoecera e demoraria a se restabelecer. Robert lhe escreveria de Londres para Amsterdã, durante o período em que ela se restabelecia:

Foi realmente uma surpresa agradável quando, hoje cedo, chegou a carta tão querida de Edith com o seu pós-escrito. Isto é um sinal de que você já pode se levantar, que está mais forte e já se sente bem melhor. [...] Seja agora mais prudente e paciente para recobrar suas forças e não deixe de se alimentar bem. Não posso lhe dizer ainda se poderei ir até a Holanda; antes preciso tentar fazer alguns negócios, pois, de outro modo, não só será difícil, como também quase impossível.

As preocupações de Robert soavam quase ingênuas quando comparadas àquelas que a Noite dos Cristais desencadeou no meio dos emigrantes judeus. Há uma carta, que, após um telefonema de Leni e Erich, em Amsterdã, Alice enviara a Basileia. A alusão ao grande número de pessoas que queriam partir ou tinham partido ou àquelas das quais não se tinha notícia alguma mostra a angústia e o medo que surgiu entre os judeus fugidos da Alemanha após 9 de novembro de 1938. Na Holanda, a tensão era evidentemente maior que na Suíça. Alice escreveu a Leni e Erich:

Queridos filhos,

Eu não posso nem descrever a minha alegria ontem ao ouvir suas vozes e creio que vocês sentem o mesmo! Se ao menos a razão do telefonema não fosse tão triste! Otto está o tempo todo correndo para ajudar Walter. [Julius?] está livre e possivelmente eles o deixarão em paz por ser ferido de guerra. O que se ouve por aqui é indescritível. Estou me esforçando ao máximo para reunir um pouco de egoísmo, pois eu quero partir daqui o mais rápido possível. No entanto, primeiro é necessário que o sol seja mais benevolente comigo; eu preciso sair pelo menos mais duas ou três vezes. As escadas ainda me custam certo esforço, mas na Herbstgässchen eu não preciso me deslocar muito e aí será mais fácil para andar. Elsa N. veio me visitar hoje. Ela chegou de avião, como se por magia, e voou hoje até L. Segundo ela, a situação em Berlim está terrível. Anne Kater e a sra. Goslar também me visitaram hoje. As visitas, todavia, ainda me cansam um pouco e eu gostaria de ter muito mais tranquilidade do que me tem sido possível aqui. Os nervos às vezes paralisam mas, de modo geral, estou muito bem, exceto pelo fato de que eu gostaria de já estar curada. Eu não estou tomando mais nada, nem mesmo Coramina, e espero regressar, se não quinquagenária, então como sexagenária. Rob escreveu hoje que está tentando ajudar Edgar e Nellie por intermédio de Ilse; Edgar e Ernst estão em Weimar [Buchenwald], e quantos outros mais? O que vocês sabem sobre Paul? Não posso deixar de pensar e os pensamentos não param. [...] Ivo não poderia ver como está a avó Ida? E como vai Lotti? E Rob? Steger está em casa, mas de Helen e Lisel não há notícias. Max e Titty já se encontram neste momento em Londres, assim como Adolf e [ilegível]. Franz W. se livrou de ser preso graças a uma viagem, e de Fritz Et. nós não temos notícia alguma. É absolutamente desnecessário que alguém me busque; eu não quero você aqui de maneira alguma, minha querida Leni, nem por uma hora. Isto só traria inconvenientes, que eu estou decidida a evitar. Por sorte, eu ouço, enxergo e escrevo bem. A carta de Lili é terrivelmente triste; ontem eu lhe escrevi algumas linhas. A carta para Helen você pode guardar. Otto é muito carinhoso, mas isto eu não preciso contar; Edith também faz tudo que ela pode, mas à sua maneira. A enfermeira já não vem mais e eu me considero quase recuperada. É como um milagre! Espero que em breve eu possa me sentar à minha escrivaninha, vê-la e ouvir o pequenino Bübü* treinando francês. Margot tem muito para estudar. As duas meninas são amorosas e muito compreensivas. Eu acredito que não há mais necessidade de escrever com tanta frequência, pois nós nos veremos em breve, talvez em oito ou dez dias. Eu não quero ser imprudente; aguardarei um pouco. Eu escrevi para Rob não vir de modo algum; ele me escreve diariamente.

Com todo meu amor,

Sua I.**

---

* Era o apelido de Stephan.
** A família, em geral, não chamava Alice pelo primeiro nome, mas somente por I. Não há, contudo, registros da origem do apelido e Buddy Elias também não soube informá-lo.

Alice recuperou a saúde e retornou para Basileia, para a "Herbst-gässchen", para onde, pouco tempo depois, a avó Ida, a mãe de Erich, também se mudaria. A vida seguia adiante, mais uma vez.

No dia 20 de dezembro de 1938, Margot escreve uma carta de felicitações pelo aniversário da "querida vovó". Na carta pode-se perceber pela letra e mesmo pelo estilo que ela estava dois anos mais velha, ou seja, com 13 anos.

> Eu lhe desejo muitas felicidades e a parabenizo pelo aniversário. Eu não sei se você irá festejá-lo, mas com certeza vai passá-lo com Leni e Erich; Stephan também passará o dia todo com você.
>
> Aqui está muito frio, mas o pior é o vento leste. Hoje nós patinamos no gelo com o papai atrás da Apollo-Halle. Mamãe também foi junto, mas não quis patinar. Nós voltamos rápido para casa pois estava muito frio; em casa nós nos aquecemos e o gatinho veio se aconchegar junto de nós. Eu já não tenho mais o que escrever. Esta carta é também para o Stephan. Eu o felicito de coração. Lembranças para Leni, Erich e Bernd. E ainda muitos beijos pelo seu aniversário.
>
> Sua Margot.

As primeiras cartas de Anne que tinham sido conservadas referem-se a este aniversário. Naquela época, com 9 anos, ela escrevera para Alice e Stephan:

> Querida vovó,
>
> Eu lhe desejo muitas felicidades pelo seu aniversário. Aí também está tão frio quanto aqui? Aqui quase não se consegue suportar o frio: de dia são 8 graus abaixo de zero e

à noite temos 11 graus negativos. A gatinha já retornou? E
Stephan voltou a carregá-la sobre os ombros? Vocês também
celebraram a Chanucá? Aqui nós festejamos e havia muitas
coisas doces para "lambiscar". Nós temos ido muito à arena
de patinação e eu também aprendi a patinar; no início, eu
caía muito, mas agora está mais fácil e eu já me divirto
muito patinando. Lembranças a todos e beijos para você.

A carta está assinada por "Zärtlein".*

Para Stephan, ela escreveu:

Eu também o parabenizo pelo seu aniversário. Aqui está
muito frio. Vocês têm patinado bastante? Nós aqui sim, e
eu já aprendi a patinar. Você ganhou muitos presentes? E a
vovó está totalmente recuperada? Eu espero que sim. É bom
morarem todos juntos? A vovó nos contou muitas coisas. Mas
isso não é assunto para uma carta de aniversário. Lembranças a todos, em especial para você e também para o Bernd.

Anne

Chama atenção o fato de que Anne tenha escrito estas cartas em
alemão, um idioma que ela, na época, ao que parece, dominava
bem melhor do que mais tarde, mas também é possível que alguém
lhe tenha ditado o texto. Em todo caso, as suas cartas posteriores
foram escritas em holandês e vinham munidas de uma tradução
de Otto (nem sempre bem-sucedida).

Como se poderia imaginar a convivência desta família na
Herbstgasse? Alice tinha um quarto, que organizara com seus
próprios móveis, dentre os quais havia uma mesa de jogo dobrável,
pois a família gostava muito de jogar.

---

* Em alemão, "meiguinha". [N. dos T.]

O que se sabe é que eles frequentemente jogavam cartas e todos gostavam de jogar paciência. Às quartas-feiras, regularmente, Leni participava de uma rodada de *bridge*; mais tarde, mesmo depois de já ter estabelecido a sua loja de antiguidades, com a qual sustentava a família, ela também não abriria mão dessa reunião social. Alice permanecia muito tempo em seu quarto, fazendo trabalhos manuais; de fato, até hoje, a casa está repleta de toalhas e toalhinhas, de roupas de cama e de mesa, das quais ela fez a barra, passou o ponto ajour, bordou e colocou monogramas; em todos os cantos podem-se encontrar os vestígios das coisas feitas por suas mãos habilidosas. Ela não saía muito, é o que se diz, mas para onde ela poderia ir? Os passeios não lhe interessavam muito.

Da mãe de Erich, a avó Ida, não se conservaram quaisquer lembranças e, curiosamente, só há algumas poucas fotos dela. Buddy afirma que ela era uma mulher discreta, sensível e sóbria, não chamava a atenção por nada, a não ser pelo fato de que frequentemente estava "em qualquer lugar lá em cima" a limpar, de tal modo que Erich, seu filho, a repreendia algumas vezes, pedindo que ela, de uma vez por todas, parasse com essa mania de limpeza. Ela e Alice tinham muito pouco em comum. "Impossível imaginar diferenças maiores do que as que havia entre minhas duas avós", diz Buddy, mas ele não se lembra de ter presenciado discussões. Talvez a avó Ida, nessa casa tão cheia de vida com dois jovens adolescentes e duas mulheres dominantes, cada qual ao seu modo, mal tivesse chance de se destacar. É possível que se sentisse intimidada por Leni e Alice, a "rainha", como esta última era com frequência chamada pela sua família, e, talvez em razão disso, se mantivesse sempre um pouco à margem.

Enquanto a família em Basileia estava ocupada em se organizar nessa nova constelação, a vida em Amsterdã também seguia, não sem temores, mas transcorria com relativa normalidade. Depois do *pogrom* da "Noite dos Cristais", os dois irmãos de Edith conseguiram fugir para a América do Norte e sua mãe foi viver na casa da família Frank, em Amsterdã. Dentre os documentos, encontra-se uma carta que Edith escrevera em 24 de dezembro de 1937 a Hedda Eisenstadt, uma antiga vizinha. A carta revela que Edith estava preocupada e que Otto eventualmente tentaria conseguir uma emigração para a Inglaterra. Edith escreve:

Querida Hedda,

Até que enfim, dirá você! E tem toda razão! Mas decerto você também conhece as eternas cartas pendentes de respostas: durante o dia, nos falta tempo e, à noite, estamos muito cansadas. [...] Nós estamos bem de saúde. Anne vai à escola somente meio período, o que ela acha fabuloso, a pequena nervosa precisa de muita tranquilidade. Margot cresceu e engordou; ela gosta da escola e sente prazer em aprender. Na quarta-feira ela foi para Aachen e, uma vez que Otto e Anne já estão uma semana em Basileia, tenho um pouco de tranquilidade (e por isso posso lhe escrever a carta!). Otto retorna apenas amanhã de manhã e, desde setembro, viaja o tempo todo e trabalha intensamente em um negócio com a Inglaterra: se dará certo, ainda não se sabe. Infelizmente, os negócios não vão bem e precisamos ganhar um pouco mais; talvez nos mudemos de novo [...]. Nós falamos muito pouco c m conhecidos, talvez porque eu só saia sozinha e Otto sempre está muito cansado. Eu me sinto muito assustada com os novos decretos na Alemanha que impedem os judeus de entrar ou sair do país e me preocupo com meus parentes [...]. Eu creio que hoje todos os judeus alemães buscam um outro lugar no mundo e não podem permanecer ali por mais tempo.

Não fica claro como esta carta veio parar no meio da correspondência da família e o mesmo ocorre com a seguinte, de 12 de maio de 1939, que Otto escrevera para a sua mulher Edith. Eles comemoravam o 14º ano de casamento e a data coincidia com seu quinquagésimo aniversário. O texto permite um olhar para a vida do casal. Otto deve tê-la trazido quando se mudou para a Herbstgasse:

Querida Edith,

Você sabe que eu não estou muito habituado a comemorações e, muito menos, ser motivo das mesmas. Mas eu tenho de admitir que o quinquagésimo aniversário é uma ocasião especial, principalmente quando coincide com o nosso aniversário de casamento. Assim, hoje, nos sentimos especialmente felizes e festejaremos o nosso "contrato" não de maneira ostentosa para fora, mas entre nós, no nosso pequeno círculo íntimo.

Apesar da situação tão grave em si, nós também podemos nos alegrar pelo fato de que estamos todos com saúde, nenhum de nossos parentes mais próximos ficou retido na Alemanha e, no momento, temos tudo aquilo de que necessitamos. Nestes catorze anos de nosso matrimônio não nos faltaram adversidades, e se você pensar da época de San Remo até os dias de hoje, então poderá avaliar com precisão a mudança que ocorreu em tudo. Contudo, nem as mais difíceis situações abalaram a harmonia que existe entre nós. Desde o início você mostrou ter uma força de caráter, como raramente se encontra, e um sentimento de solidariedade, que lhe dá a força para suportar todas as situações.

Independente da predisposição natural, conta igualmente a educação recebida, e ambos temos de agradecer pelo que nos foi transmitido pelos nossos pais.

Assim, também deve ser nosso anseio transmitir para nossas filhas esse sentimento de solidariedade, de tolerância, de um responsabilizar-se pelo outro.

Ninguém sabe ainda o que nos proporcionarão as circunstâncias externas, mas temos a certeza de que não iremos amargar a nossa vida com brigas mesquinhas e discussões.

Desejo que os próximos anos de nosso matrimônio sejam tão harmoniosos como foram até hoje. Deste modo, hoje quero lhe agradecer de modo especial por todo o amor e cuidados nestes catorze anos. Se mantivermos assim o nosso contrato, nada poderá dar errado.

Seu O.

No dia 1º de setembro de 1939 iniciou-se a Segunda Guerra Mundial, a grande catástrofe, cuja dimensão ninguém ainda podia prever, nem na Holanda, nem tampouco na Suíça, dois países que, por sua neutralidade, haviam assistido à última Grande Guerra como meros espectadores. É por isso que, neste momento, não havia ainda nenhum indício para preocupações. Embora os tempos estivessem difíceis, faltava a percepção da enorme desgraça iminente. Em 20 de dezembro de 1939, Alice ainda escreve um poema para seu neto Stephan, que completava 18 anos:

Quando a este mundo chegaste,
Uma grande alegria me deste!
Felicidades mil ofereci
Por toda vida desejei a ti.
Que foste tu a me outorgar
A dádiva e a bênção de ser avó
Foi uma honra e uma alegria só.
Se como anciã não me sentia,
Como uma jovem então viveria
Para o belo e o terno te presentear.
Contigo quis aprender e ao ajudar-te
Também com teus êxitos alegrar-me.
Mais tarde desejei ainda
Conduzir-te um pouco pela vida;
Acompanhar-te pelo mundo afora, que sandice:
Vimos o mar e vimos as montanhas,

Momentos de beleza e de ternura tamanhas
Tu, na juventude — eu, na velhice.
E aquilo que nos une e nos mantém
Não é só ao mundo teres chegado também,
Na mesma data, depois de muitos anos
Como tantas vezes, a sorrir lembramos.
Por todos os lugares a te acompanhar
O amor de tua avó deve te abençoar
E seja a vida cheia de pena e pesar
Melhores tempos hão de chegar.
Assim, a tua vida deverás desenhar
E a tarefa, satisfação há de lhe dar
São desejos com toda a sinceridade
Daquela que só quer tua *felicidade.*

*I.*

Apesar da rigorosa política de neutralidade da Holanda, as tropas alemãs invadiram o país em 1940 e ocuparam-no em quatro dias. A família real e o governo foram para o exílio e, em 14 de maio de 1940, o exército holandês se rendeu.

Por uma estranha e impressionante coincidência de datas, menciona-se aqui uma carta que Alice recebeu de Luxemburgo, no início de maio de 1940, de Emile Frank, filho de Arnold, irmão de Michael, ou seja, de um sobrinho. Buddy recorda-se bem de Arnold, que tinha uma deficiência física na perna e visitava a família em Basileia com bastante frequência.

Arnold Frank escreveu:

Querida tia Alice!

Você está certíssima quando fala da aparente calma da minha pessoa, uma vez que inconscientemente a pressão não me abandona. Os ânimos aqui já estão novamente mais ou menos tranquilos,* mas ainda há muitas pessoas que continuam com os nervos à flor da pele. Outros partiram daqui simplesmente de qualquer jeito. Olga permanece naturalmente em P[aris], onde ela se acomodou no meio de seus inúmeros móveis. [...] Edith escreveu-me algumas linhas e Otto também; ele acredita que conseguirá contornar a situação e está confiante. Agora mesmo, na Holanda há uma grande inquietação, mas na tão bem protegida Suíça, do meu ponto de vista, penso que não há o que temer. Eu fico contente que Stephan mostre o seu valor e espero que Erich também se sinta satisfeito. Eu tenho pensado muito em Leni, que há sete anos tem se irritado com isso e que, por desgraça, não vê seus desejos se concretizarem. Chegará o momento em que este desejo se realizará, mas ainda poderá demorar dois ou três anos.** Querida tia Alice, se viajar para Genebra, cumprimente St[ephan] por mim. Eu estou bem de saúde e bem instalado aqui no Hotel Conti. O tempo está bom e Luxemburgo fica então bem bonita. Minhas saudações carinhosas para você e para a família.

Seu Arnold

Arnold Frank escreveu esta carta em 9 de maio. No dia seguinte, 10 de maio, ele veio a falecer, exatamente no dia em que as tropas alemãs invadiram os Países Baixos e Luxemburgo.

Apesar da impressionante coincidência de acontecimentos, a sua carta ilustra o alvoroço generalizado que prevalecia na época. Além desta, não se encontrou nenhuma outra correspondência

---

* Neste momento, era evidente que haveria uma guerra entre a Alemanha e a França. A Alemanha havia suspendido o envio de carvão para Luxemburgo para obrigar o país a manter uma posição favorável ao regime alemão.
** É possível que aqui ele se refira às tentativas vãs de naturalização, solicitadas por Leni e Erich ao governo suíço.

entre ele e Alice, o que comprova que nem todas as cartas eram guardadas, seja por descuido, seja intencionalmente. Isso, contudo, não se pode mais comprovar.

Os Países Baixos tinham sido recém-ocupados pelos alemães, que colocaram à frente do governo civil o comissário do Império A. Seyss-Inquart. Como ocorria em todos os territórios ocupados, nos Países Baixos também foram publicados decretos antissemitas, que começaram com o afastamento de todos os funcionários judeus do serviço público e se encerraram com a privação de todos os seus direitos; antes de 1942, iniciaram-se as deportações. Esses atos foram frequentemente descritos e Anne Frank inclusive chega a detalhá-los em seu diário. Por essa razão, será descrita aqui somente a situação da família Frank, em vez de tratar da situação em geral. Como sinal de suas inquietações, chama atenção o aumento do número de cartas enviadas de Amsterdã para Basileia nos últimos dois anos. Anne escrevia com muito mais frequência que antes. Nove cartas foram enviadas por ela, escritas entre 1940 e o deslocamento da família para o esconderijo; Margot enviou apenas duas. As cartas de Anne foram escritas em holandês e vinham acompanhadas de uma tradução de Otto Frank.

Em uma carta dirigida para a "Lieve Omi" [querida vovó], Anne escreveu:

Eu vou ganhar agora um vestido novo; mas está muito difícil de conseguir tecido e é preciso pagar muitos marcos para obtê-lo.

Hanneli está doente e, na escola, já faz algum tempo que ela não vai mais tão bem quanto eu; ela está atrasada e eu, no momento, também não sou a melhor das alunas. [...] Papai tem muito serviço no escritório e, em breve, irá se mudar, pois a Singel já está muito pequena para ele e a empresa vai agora para a Prinsengracht. Eu sempre vou buscá-lo no metrô. Dormir com papai é muito bom, mas eu preferiria que houvesse outro motivo para eu dormir no andar de baixo e que as coisas voltassem ao normal. [...] Os meus cabelos estão muito compridos, como vocês devem ter visto na foto; papai e mamãe querem cortá-los, mas eu quero deixá-los crescer.

Como vão vocês? Eu gostaria tanto de voltar a ver Bernd patinando no gelo; espero que isto ainda aconteça, antes do que todos pensamos.

Eu tenho aulas de francês e nessa matéria sou a melhor da turma. Nós também receberemos notas, mas somente antes das férias do Natal. No momento, as aulas de religião judaica foram suspensas; no inverno eu creio que também não poderei frequentá-las, pois teria de voltar para casa no escuro, e isto eu não gostaria nem tenho permissão de fazer. Eu estou usando um aparelho orto-dôntico na boca, o que me obriga a ir ao dentista uma vez por semana; no dia seguinte, o aparelho sempre cai, e isto tem acontecido nas últimas oito semanas, o que é muito desagradável. Agora eu preciso parar de escrever, pois é hora de dormir.

Muitos beijos para o tio Erich, tia Leni, Stephan, Bernd e para vovó Ida. Muitos beijinhos para você da sua,

Anne

Na carta de congratulações pelo aniversário, que Margot escreveu para Alice em 1940, ela somente faz referência à nova situação em sua percepção sobre a escola. Ela dá os parabéns à avó pelo seu aniversário, lhe diz que é uma data muito especial, pois 75 anos se faz apenas uma vez, e expressa o desejo de poder em breve estar ao seu lado em 20 de dezembro.

Como à noite tudo está muito escuro, nós quase não saímos mais e eu quase sempre jogo cartas com o sr. Wronker, nosso inquilino. Anne e eu gostamos de visitar o bebê da família Goslar; ele já sorri e está cada dia mais bonito. Anne irá amanhã na pista de patinação de gelo, que agora está na Apollo-Halle, ou seja, está bem mais próxima que a outra. Bernd ainda patina bastante ou tem andado muito ocupado com o trabalho?

Na nossa escola, alguns professores foram embora e nós ficamos sem aulas de francês e temos também outro professor de matemática. As aulas iniciam agora às 9h45 em vez das 8h30 e, além disso, duram menos tempo.

Aos sábados, eu vou com mamãe para a cidade e agora, antes do Chanucá, pode-se sempre comprar alguma coisa.

Bem, eu desejo tudo de bom para você e naturalmente também para Stephan.

Margot

Anne, em sua carta de felicitações para a avó e para Stephan, expressa a sua esperança de poder, em breve, festejar novamente junto deles. Diz que confia ter sido este o último aniversário ruim que passariam.

Hoje à tarde nós tivemos um ditado e eu cometi nada menos que 27 erros. Eu tenho certeza de que vocês, se lessem, iriam rir muito, mas isso não é nenhuma grande novidade, pois foi muito difícil e eu não sou muito boa em ditados.

Eu estou torcendo para que chegue logo amanhã, porque irei para a pista de gelo (a primeira vez neste ano); mas a pista já não está tão distante como antes. Ela está agora na Apollo-Halle. Vovó, você certamente conhece o lugar, eu acho que uma vez já esteve lá para tomar um café. E amanhã à tarde eu irei com o papai ao leilão.

Margot recebeu um boletim com ótimas notas e eu estou muito orgulhosa dela; eu acho que futuramente eu não terei tantos 8 e 9 assim.

Gabrielle Goslar é um bebê muito lindo; de vez em quando, Margot e eu podemos ficar olhando enquanto eles a banham.

Margot já está fechando tudo para escurecer a casa. Este é agora o problema. Estou muito aborrecida, pois não é necessário fazê-lo ainda e o tempo está tão bonito! Margot saiu do quarto neste instante; eu voltei a abrir tudo e deixei a luz entrar novamente. Eu desejo a vocês um Ano-Novo maravilhoso. Muitos beijos para todos e um especial para a vovó.

Anne

Já em janeiro de 1941, Anne escreveu a carta seguinte, desta vez endereçada a "Todos que amo". Depois de agradecer à carta de Bernd, começa a relatar sobre a patinação.

Todo o tempo livre que tenho, vou para a pista de gelo. Até o momento, eu sempre usava os patins velhos de Margot. Estes patins precisavam ser parafusados com uma pequena chave e, na pista de gelo, todas as minhas amigas tinham patins de verdade, que se prendem nas botas com garras e não se soltam mais.

Há muito tempo eu desejava estes patins e, depois de uma longa espera, eu os ganhei. Agora tenho aulas de patinação. Eles nos ensinam movimentos e saltos e todas essas coisas da patinação artística.

Hanneli ganhou os meus patins velhos e está feliz com isso; na verdade, nós duas estamos felizes. A irmãzinha de Hanneli é um amor; às vezes, eu posso pegá-la no meu colo; ela ri para todos e todas as crianças sentem inveja de Hanneli por causa de Gabi.

E como vão vocês? Eu passo o tempo todo só escrevendo sobre mim e a patinação, mas não me levem a mal, pois eu estou muito encantada com isso. Eu espero aprender a patinar tão bem quanto Bernd. Por aqui (e com isso quero dizer a escola) está tudo bem. Durante a semana tenho pouco tempo, exceto quando não tenho patinação. Às segundas, quartas e quintas-feiras tenho aulas de francês e somente chego em casa às seis da tarde. Às terças e sextas-feiras ainda tenho de fazer os deveres de casa e, assim, restam para a patinação apenas o sábado e o domingo.

Bernd, talvez possamos atuar juntos um dia, mas até lá tenho de aprender muito para fazer o que você já sabe.

Lembranças a todos e muitos beijos

De sua Anne

Um lembrete: Ao escrever esta carta, Anne estava com 11 anos, melhor dizendo, 11 anos e meio. Em sua carta seguinte, escrita em março, a patinação sobre gelo já tinha terminado para ela, pois os judeus estavam proibidos de praticar esportes em locais públicos. É provável que na pista de gelo, como em tantos outros lugares — como bibliotecas, teatros, cinemas, cafés e restaurantes —, estivesse pendurado um cartaz com os dizeres: "Proibido para judeus." Nesta carta, Anne agradeceu uma fotografia de Bernd, que achava muito engraçada, pois toda a plateia à sua volta ria, e contou que pendurara a foto sobre a cabeceira de sua cama. "Eu gostaria muito de começar a patinar sobre o gelo outra vez, mas preciso ter um pouco de paciência por um tempo, até o fim da guerra. Aí então, se papai ainda puder pagar, terei novamente aulas de patinação e, depois que eu souber patinar muito bem, papai prometeu-me uma viagem à Suíça, para visitá-los."

No final de sua carta ela ainda descreve o seu quarto, dizendo que "é muito grande":

Nós temos uma cômoda, uma mesa de toalete, depois um armário de parede e, em frente deste, a escrivaninha de mamãe, que nós transformamos em um pequeno escritório; depois a cama dobrável de Margot, uma mesinha e, em seguida, o sofá, onde eu durmo. No centro há uma mesa com uma grande cadeira de encosto, todos os meus quadros e fotos, dentre eles a foto de Bernd.

No verão, ela agradece a carta de congratulações pelo aniversário que Bernd enviara de Basileia e que ela somente leu em 20 de junho. A comemoração fora adiada porque a sua avó, a mãe de Edith, foi levada ao hospital e precisou ser submetida a uma operação. Anne enumera os seus presentes: um atlas, uma bicicleta, uma nova bolsa para a escola, um vestido de praia, papel de cartas de Margot e muitas outras miudezas. Explica também que iria passar as férias em Sanne Ledermann, na casa de parentes de sua amiga e, em seguida, mais quinze dias em uma colônia de férias: "Eu quase não tive oportunidade de me bronzear, porque nós não podemos mais frequentar a piscina. É uma pena, mas não podemos fazer nada para mudar isso."

Os judeus, portanto, não podiam mais frequentar piscinas. Ela aparentemente aceitava essas proibições como óbvias.

Seguiu-se um cartão-postal enviado da colônia de férias Beekbergen, com lembranças de Anne. Sanne e Hanneli, duas amigas, também subscrevem o cartão, que é dirigido a Alice Frank, Spitzer, Villa Laret, Sils Maria. Em outra carta da colônia de férias, Anne pergunta se o tempo está bonito em Sils Maria, e conta que ela e Sanne sempre brincavam com um garotinho muito doce.

Em janeiro de 1942, faleceu a mãe de Edith. Em relação a esse fato nada pôde ser encontrado na correspondência. Há apenas uma referência no diário de Anne Frank: "[...] e ninguém sabe, quantas vezes eu penso nela e quanto eu ainda a amo."

Que Otto tinha tentado desesperadamente conseguir um visto para Cuba, ninguém veio a saber na Herbstgasse. Nathan Straus, a quem ele se dirigira, também não podia ajudá-lo. Um visto para os Estados Unidos não poderia ser obtido nos Países Baixos. A única chance de se chegar a um país neutro no conflito seria de uma maneira indireta, por exemplo, através de outros Estados, como Cuba. Segue o trecho de uma carta, que Otto escrevera em inglês a "Charley", em 12 de outubro de 1941:

Portugal e Espanha não concedem nenhum visto se não se demonstra claramente que não há a intenção de permanecer nestes países. Cuba é o único país que permite aos seus representantes conceder vistos a algumas pessoas em Bilbao e Berlim, e eu tenho visto telegramas a esse respeito procedentes de Nova York. Somente depois de receber um telegrama deste tipo é que se pode solicitar permissão para deixar a Holanda e, após recebê-la, obter da Espanha um visto de trânsito. Tudo isso é muito mais complexo do que se pode imaginar e a cada dia se torna mais e mais complicado. Eu não sei quais são as suas intenções, mas eu lhe sou muito grato por tudo que está fazendo. Até onde eu consigo perceber, também existem dificuldades se eu viajar sozinho, pois, como me disseram, a permissão de entrada nos Estados Unidos não será concedida se os membros da família permanecerem em território ocupado. Eu estou certo de que os meus cunhados farão todo o possível para nos ajudar e que sem dúvida pagarão a fundo perdido a quantia necessária para obter os vistos para nós todos. Até onde eu sei, os custos são de U$530 e, provavelmente, não conseguirão depositar o dinheiro necessário para os vistos, ainda que o dinheiro lhes seja reembolsado depois. Como você pode constatar, eu não posso fazer nada sem o visto de Cuba. Se não for possível conseguir para nós todos, poderia ser ao menos para mim, sozinho ou com as crianças. As duas têm menos de 16 anos, mas Margot completará essa idade em fevereiro, e eu não gostaria de deixá-las aqui sozinhas nas circunstâncias atuais, ainda que Edith precise ficar aqui com a mãe dela. Ela prefere que seja assim, pois acredita ser muito mais urgente que eu e as crianças partamos agora, do que ela e a mãe.

Ao mesmo tempo, eu determinei a liquidação dos meus negócios e me proibiram de dar continuidade ao meu trabalho. A situação está se tornando a cada dia mais crítica e espero com ansiedade notícias suas, uma vez que será impossível sair daqui sem a sua ajuda.

Em 1º de dezembro de 1941, Cuba emitiu um visto em nome de Otto Frank, mas já em 11 de dezembro ele seria anulado. Era tarde demais. Os Frank já estavam presos na armadilha.

Algumas semanas antes de esconder-se, em seu aniversário, em 12 de maio de 1942, Otto escreveu uma carta: "Minha amada mãe, hoje não estamos festejando nada especial, nem mesmo estamos rememorando os anos anteriores, pois não queremos esquecer as coisas boas e belas."

A sua última carta antes de esconder-se traz a data de 4 de julho de 1942. Ele já tinha organizado a Casa dos Fundos e sabia que ele e sua família logo iriam se mudar para o esconderijo:

Meus queridos,

Recebemos a carta de mamãe de 22 de junho e nos alegramos com as notícias, em especial pelo fato de estarem
todos bem de saúde. Conosco também está tudo bem.
Contudo, como vocês certamente sabem, a situação está
cada dia mais difícil. Não se inquietem, por favor, se
tiverem poucas notícias nossas. Mesmo que eu não trabalhe mais, há muito para fazer e para pensar e, muitas
vezes, temos de tomar decisões que nos são difíceis. No
momento, as meninas têm férias e ambos os boletins
trazem boas notas; o de Anne está acima do esperado,
mas ela também se esforçou muito. O que tenho para
lhes contar ainda? Informe, por favor, a Herbert que o sr.
Koch [ilegível] faleceu. Tia Lina escreveu-me, contando
que a sua viagem foi adiada e agradece todos os dias por
ainda poder permanecer ali. Ela disse sentir inveja da
vovó, de cujo destino nós hoje nos alegramos. Blanche
também escreveu uma carta breve. Ele [...] ainda está
em F. Nós não nos esquecemos de vocês e sabemos que
sempre estamos em seus pensamentos, mas não podem
alterar nada e precisam tratar de seguir adiante. Com
amor, como sempre

Seu O.

Com isso, encerra-se a correspondência entre Amsterdã e Basileia.
Os tempos sombrios haviam começado.

Alice estava com 76 anos. Ela já tinha vivido muitas situações; de
uma criança melancólica tornara-se a esposa de um cidadão da
alta burguesia, visitara a maioria das grandes cidades europeias e
criara seus quatro filhos. Em todos deixou a sua marca: transmitiu-
-lhes o prazer da língua, o prazer do cultivo da imagem. Isto era

mais do que a educação normal, era mais do que simplesmente exigir formação.

Do seu papel de filha, ela se adaptara ao de esposa e mãe, em seguida, ao de viúva e, finalmente, assimilou o papel de avó. A família sempre foi o centro de sua vida; as outras pessoas, por mais que as quisesse bem, eram como planetas que giravam em torno do seu sol. O foco de sua atenção foi primeiramente a sua mãe, depois o marido e as crianças e, agora, os netos. Em dezembro, no entanto, na comemoração do seu 77º aniversário, ela não receberia mais nenhuma carta de suas netas, nem no 78º ou no 79º. Nunca mais.

Alice viveria ainda onze anos. Onze anos nos quais, com certeza, teve alguns momentos de pequenas alegrias, mas também as maiores perdas de sua vida.

II.

# Helene Elias, nascida Frank (1893–1986)
## Tia de Anne

# Cotidiano e nostalgia

Final de julho de 1942. Leni está sentada em sua pequena loja no bairro de Kleinbasel, no meio de uma montanha de peças de roupa usadas, sapatos, livros, luminárias e pequenas peças de mobília. Faz duas horas que já não entra um único cliente. Ela está impaciente e, além disso, faz muito calor. Durante a manhã vendeu um único vestido, nada mais; um vestido de festa, pelo qual a cliente, uma comerciante abastada de Basileia, não queria pagar mais do que 20 francos. 20 francos por um vestido, usado uma única vez e pelo qual a sra. Horowitz, quatro anos atrás, pagara dez ou vinte vezes mais em um ateliê de Dresden. Leni enxuga o suor da testa com um lenço branco. Se ao menos não fizesse tanto calor... Ela desabotoa o botão superior de sua blusa.

Alguém bate à porta. "Entre", diz Leni e levanta a cabeça na expectativa. Antes mesmo que a porta se abra, sabe que é uma mulher. Ela já se acostumara a adivinhar, pela maneira de bater, quem chega, e quase sempre estava certa. Também desta vez. Era a sra. Schwarz, a esposa do professor Schwarz, um médico, ex-catedrático da Universidade de Berlim. Ou seria de Dresden?

Pouco importa, de qualquer maneira, um ex-estudioso. Hoje em dia, praticamente todos os judeus da Alemanha são "ex" alguma coisa. A mulher segura na mão uma mala de couro marrom, extremamente grande. Está suada e suas bochechas apresentam duas manchas redondas e vermelhas. Pela primeira vez, Leni repara que ela tem algumas rugas muito profundas entre o nariz e o canto da boca.

Ela abotoa novamente a blusa, levanta-se e estende a mão para a mulher. "Em que posso servi-la?", pergunta, ajudando a recém-chegada a colocar a mala sobre a mesa.

A sra. Schwarz tira uma pequena chave da bolsa, abre devagar e cerimoniosamente a mala, levanta a tampa e tira duas peles: uma estola de vison e uma peça de pele de raposa. No inverno passado, Leni a vira algumas vezes usando esta pele de raposa; uma bela peça de corte clássico, mas um pouco gasta nas mangas. A estola de vison poderá ser vendida com mais facilidade. Leni já pode quase ver na sua frente uma matrona suíça, farta de carnes, a soltar gritinhos de alegria ao encontrar um presente tão caro debaixo da árvore de Natal.

Ainda assim, ela hesita. Serve um copo d'água para ganhar tempo. A sra. Schwarz agradece e bebe a água ainda em pé.

"Agora, em pleno verão, eu não consigo vender peles", diz Leni. "Nesta época é impossível. Por favor, sente-se." Leni senta-se à mesa e a mulher se acomoda na única cadeira livre à sua frente; as outras estão repletas de peças de roupa.

"Nós partiremos amanhã", diz a mulher, "graças a Deus. Conseguimos um visto. O meu primo da Argentina nos mandou um visto. Em Buenos Aires não vou precisar de um casaco de pele e nós necessitamos de dinheiro com urgência. O meu primo também não possui muito e..."

"Eu só posso ficar com as peças em consignação", diz Leni, "e lhe enviaria o dinheiro depois de vendê-las."

A mulher acena com a cabeça. "Eu confio na senhora, sra. Elias. A senhora é uma pessoa honesta."

"E a senhora sabe que eu cobro 15% de comissão?"

Mais uma vez, ela acena com a cabeça. "Sim, claro, eu sei!" Ela segura as mãos de Leni. "A senhora não poderia me dar um pequeno sinal, o mesmo valor que eu receberia se levasse os casacos na casa de penhores?" A voz da mulher torna-se cada vez mais baixa; ela solta as mãos de Leni, vira o rosto e procura esconder o seu constrangimento. Ela não pode ir a uma casa de penhores porque está na Suíça de forma ilegal, e está consciente de que Leni sabe disso.

O silêncio é insuportável. Leni trava uma batalha entre a prudência e a compaixão. Por fim, pega a sua bolsa de mão e retira o envelope com os 50 francos, que ontem colocara no bolso lateral com zíper, quando um comerciante suíço de antiguidades comprou a pequena escrivaninha estilo Biedermeier, que, certamente, será vendida por ele a um preço exorbitante. Dr. Marcus, o proprietário da escrivaninha, terá de esperar mais um pouco pelo seu dinheiro; não necessita dele com tanta urgência quanto a sra. Schwarz. Leni abre o envelope, retira a cédula e a entrega à mulher.

Esta agradece, curvando o corpo de modo exagerado, guarda a cédula e levanta-se. "Eu lhe enviarei o nosso endereço assim que chegarmos lá", diz ela. "Deus a abençoe, sra. Elias."

Leni deseja a ela e seu marido uma boa viagem e também muita sorte no futuro. A mulher pega então a mala vazia e sai. Leni fica parada na porta e espera até que lá embaixo a porta de entrada se acomode na fechadura.

Há cerca de um ano, o catedrático e sua esposa se apresentaram uma vez na casa da Herbstgasse que, aos poucos, convertera-se em uma espécie de ponto de referência não só para os refugiados de Frankfurt, como também de toda a Alemanha e Áustria. Eram duas pessoas desamparadas, não mais tão jovens, cada qual com uma mala e uma bolsa, e que se esforçavam desesperadamente para manter a compostura, para demonstrar a todo custo ainda um pouco do seu antigo

orgulho. Leni convidou-os a entrar e, enquanto Vreni fervia a
água para um chá, Alice desceu e sentou-se com eles. Alice é
maravilhosa quando se trata de devolver às pessoas a dignidade
que lhes foi usurpada para além dos limites. Sabe transmitir
algo assim como a esperança de que tempos melhores ainda
virão. Logo Alice que, com frequência, é tão melancólica. No
entanto, quando necessário, ela, a "rainha", é majestosa e
desempenha o seu papel com perfeição. Ambos, o professor
e sua mulher, se deixaram realmente tranquilizar por Alice.
E Erich, amável e prestativo como sempre, providenciou um
quarto barato e, graças aos seus contatos comerciais, ajudou-
-os a encontrar o endereço daquele primo na Argentina. Com
sucesso, como se pode ver. Erich ficará contente quando souber.

Apesar disso, Leni lamenta que tenha se deixado levar por
esse gesto magnânimo, pois para eles, afinal de contas, na
Herbstgasse, todo e qualquer centavo também fazia falta. Mas,
de uma ou de outra maneira daria certo; até agora sempre deu
certo.

Ela veste as luvas brancas, sem as quais jamais sai à rua, coloca
o chapéu e se dirige para casa. O sol alto ainda queima a pele e
Leni se alegra ao chegar ao portão do jardim. Dentro de casa, em
comparação com a rua, está muito mais fresco e não há tanta luz.
Vreni não se esquecera de fechar todas as cortinas para evitar a
entrada do calor.

"Vreni, poderia, por gentileza, levar o meu chá ao terraço?", pede Leni, enquanto tira o chapéu, as luvas e se livra
dos sapatos de salto alto. Ela se dirige lentamente ao terraço,
senta-se na cadeira do jardim e estica, tanto quanto possível,
as pernas cansadas.

Não demora muito e Vreni chega com uma bandeja com o
serviço de chá. Ao lado da xícara, um cartão de Amsterdã. Leni
reconhece de imediato a letra: é de seu irmão Otto. Ela pega o
cartão e lê.

"Querida Lunni, nós todos lhe desejamos muitas felicidades pelo seu aniversário..." Ela deixa o cartão de lado, balança a cabeça admirada e toma um gole de chá. Felicitações de aniversário no final de julho? Mas ela só faria aniversário em setembro. Ela continua a ler:

> Todos nós lhe desejamos muitas felicidades pelo seu aniversário. Assim, queremos ter certeza de que você receberá nossas congratulações a tempo, pois, mais adiante, não teremos oportunidade de lhe escrever. Nós lhe desejamos de todo o coração o melhor. Estamos com saúde e juntos, isto é o que importa. Hoje está tudo difícil para nós, mas precisamos assumir algumas coisas. Esperamos que a paz retorne ainda neste ano, de modo que possamos nos rever. Lamentamos não poder mais escrever para I.* e para seus familiares, mas não há como mudar isso. Ela terá de entender isso.
>
> Mais uma vez, um forte abraço.
>
> Do seu O.

Leni sentiu um calafrio. O que significa isso, "não poder mais escrever para I. e para seus familiares"? O que Otto quer dizer com isso? O que significa essa formulação criptográfica? E justamente Otto, que sempre se expressa de maneira tão precisa.

Edith, Margot e Anne também mandaram lembranças. Na parte da frente do cartão, à esquerda, acima do remetente, em letra de forma, que ela sempre utilizava quando desejava ser especialmente legível, Anne escrevera em holandês: "Em julho eu não poderei mais lhes escrever a carta das férias. Beijos e abraços de Anne."

---

* Sua mãe, Alice, que, como já mencionado, costumava ser chamada de I.

Leni só conhece algumas poucas palavras em holandês, que aprendeu em Amsterdã, mas entendeu que Anne não poderia "escrever a carta das férias". No cartão, abaixo do trecho escrito por Anne, constam ainda as frases "Desejo-lhe tudo de bom, Edith" e "Parabéns, Margot". Mais abaixo, o remetente: "O. Frank, Merwedeplein 37, Amsterdã."

Leni lê o cartão mais uma vez, e novamente uma terceira vez. A sensação estranha de que Otto quer lhe dizer alguma coisa muito diferente das felicitações pelo aniversário se torna cada vez mais forte. Antes de se levantar, coloca o cartão em sua bolsa de mão. O almoço logo ficará pronto. Sobe a escada em direção ao quarto de sua mãe, decidida a não comentar com Alice esse cartão estranho, ao menos por enquanto; ela não gostaria de inquietá-la em vão.

Leni não se tornou uma comerciante por vontade própria; escorregou casualmente para dentro desta profissão. Desde 1936, em Colônia, onde a firma Pomosin tinha sua sede, quando surgiu a consulta se a Direção e o Conselho Fiscal da firma Rovag eram de "arianos puros", a situação profissional de Erich piorou. Em 1938, ele perdeu o seu cargo de diretor da Rovag e, dali em diante, segundo notificação, "a atividade comercial da empresa fica reduzida ao mínimo, isto é, limitando-se aos serviços de contabilidade, os quais podem prosseguir até segunda ordem. Nós nos reservamos o direito de tomar outras medidas a respeito desta questão". Em janeiro de 1939, a Rovag Glarus, uma filial da Pomosin, de Colônia, demitiu definitivamente Erich Elias como membro do Conselho Fiscal. Iniciava-se, assim, o período das dificuldades financeiras. Erich, em seguida, conseguiu um trabalho numa outra filial da Pomosin, na Unipektin, em Zurique, onde trabalharia no laboratório, mas com um salário extremamente reduzido, sem se levar em conta o deslocamento entre Basileia e Zurique. Procurar outro trabalho era praticamente impossível porque ele, apesar de todos os seus esforços, ainda não tinha conquistado a cidadania suíça; era apenas tolerado. Como se não bastasse o fato de a Suíça lhe negar repetidamente a cidadania, no ano anterior ele perdera a cidadania alemã.

Ao mesmo tempo, a cada dia mais imigrantes chegavam à casa da Herbstgasse, informados por outros de que Leni sempre oferecia uma xícara de chá e bons conselhos. Muitos deles tinham dificuldades financeiras e lhe solicitavam ajuda para vender todo tipo de objetos. Em troca, ofereciam uma comissão. E foi assim que ela começou: primeiro, com a intenção de fazer um favor às pessoas e por compaixão; mas depois, naturalmente, o dinheiro também poderia ser útil para ela. Afinal, naquele momento não era barato manter uma casa onde moravam tantas pessoas, não somente Erich, ela e os dois filhos — Stephan e Buddy —, mas ainda Alice, a avó Ida e Vreni, a empregada. Além disso, estavam tentando trazer Paul, o irmão de Erich, para Basileia e também Herbert, sempre tão desafortunado, que não se saía bem em nada e por quem Alice ainda se sentia responsável. Eram muitas bocas para alimentar e, no momento, não havia perspectivas de uma melhora da situação.

No início, as comissões eram apenas um dinheiro adicional, mas, aos poucos, tornaram-se uma parte importante da sua subsistência. Não só entre os emigrantes comentava-se que a casa de Leni era um bom lugar caso fosse preciso vender alguma coisa, mas também cada vez mais comerciantes suíços conheciam-na, dentre eles muitos caçadores de um bom negócio, que exploravam a situação de emergência dos fugitivos. O negócio era simples: como Leni não tinha dinheiro, ela não comprava as mercadorias, mas recebia-as em consignação. Quando a peça era vendida, o proprietário, se morasse em Basileia, recebia o dinheiro em espécie; caso contrário, era enviado a ele, já descontados os 10% ou 15% de comissão, dependendo da peça. Este tipo de negócio pressupunha confiança. O capital de Leni eram a sua honestidade e o seu renome. As pessoas cada vez mais traziam mercadorias: peças de roupa, sapatos, joias, tudo que se possa imaginar. Em sua casa já não cabia mais nada: os quartos estavam cheios de pacotes e pacotinhos, e em todos os cantos havia fardos de roupa. Por fim, Leni foi obrigada a buscar outra solução. Casualmente, encontrou uma sala com um ótimo preço no primeiro andar de uma casa em Kleinbasel, um bairro situado do outro lado da ponte do Reno, e ali pôde instalar aquilo que chamava o seu "brechó".

É claro que, na época em que conheceu Erich imaginara uma vida bastante diferente. Quando aceitou o seu pedido de casamento, o mundo era outro. A terrível guerra, que logo ficaria conhecida como a Primeira Guerra Mundial, com todos os seus limites e medos, parecia enfim ter sido superada, e, embora a família tivesse, como a maioria das outras pessoas na Alemanha, perdido dinheiro, havia um ambiente de otimismo generalizado e eles tinham confiança no futuro. Acreditava-se em um recomeço e as pessoas queriam aproveitar a vida. Para Leni, os anos de guerra tinham sido apenas como uma interrupção de seus sonhos e desejos, os quais, de repente, voltaram a aflorar. Um futuro tranquilo parecia estar à sua frente, um futuro do qual ela, como filha única entre seus irmãos e mimada por todos, acreditava ter direito natural. Ela era jovem, bonita e estava apaixonada. Erich era um homem bastante atraente, externamente era o que se chamava então um cavalheiro e, além de tudo, um homem que a adorava. Ademais, contava com algo que era muito importante para Leni: a aprovação de sua família e, especialmente, a aprovação de Otto, seu irmão predileto, que naquela época ainda não era casado. Não eram apenas os laços afetivos que a impediriam de se casar contra a vontade de sua família, ela também ainda dependia deles do ponto de vista financeiro. Como filha de uma família burguesa, obviamente não aprendera nenhum ofício e tinha, de certo modo, permanecido "a menininha", enquanto seus irmãos haviam se transformado em homens adultos.

O fato de Otto concordar com a sua escolha era especialmente importante para ela. Ele era o seu irmão favorito, sempre foi; desde criança, ela o procurava pela razão que fosse e Otto nunca a tratou com desdém, nunca tinha caçoado nem zombado dela, como Robert às vezes fizera. Ele tinha o dom de levar as pessoas a sério. Em uma carta escrita do campo de batalha, ele havia dito que gostava das pessoas, e Leni não colocava em dúvida essa declaração. Para ela, Otto não era apenas um irmão mais velho, aquele que se admira, mas era também a personificação de uma pessoa decente, alguém que possivelmente representava para ela a medida de todas as coisas. Após a morte de seu pai, o papel que este irmão desempenhou tornou-se cada vez mais importante para ela e para Alice.

Por isso, para Leni, significava muito Otto estar de acordo com Erich. Pode ser que no começo ele apenas saudasse esse novo amor, porque entendia isso como uma prova de que a relação infeliz com Ernst, que o preocupara muito, chegara ao fim. Erich, ao menos, e diferentemente de Ernst, não estava noivo e era judeu, não de uma família conhecida, mas o seu pai não era pobre: possuía em Zweibrücken um comércio de atacado de cereais e alimentos. Não era nem um faminto nem um fanático religioso, como dizia Otto na presença de outros; no círculo familiar, costumava chamar essas pessoas de "malucos religiosos". Ele não gostaria de ter como parente um desses fanáticos. E, quando o pai de Erich foi para Frankfurt a fim de conhecer a família Frank, ele inclusive levou Alice para sua casa, que no início mostrara algumas reservas. "Um homem agradável", disse ela, e com isso definira a felicidade de Leni.

Na verdade, a família também estava aliviada porque Leni finalmente queria se casar. Ela já tinha 27 anos e não era inexperiente. Para os parâmetros daquela época, já tinha idade suficiente para se casar, caso não quisesse terminar solteira. O fato de justamente Leni, a bela, a admirada por todos, ainda estar solteira não era responsabilidade nem da guerra, nem mesmo da situação financeira do pós-guerra, que, é claro, já não permitia mais um dote atrativo. Fosse como fosse, o alívio diante do plano de casamento deve ter sido grande e, com certeza, também para a própria Leni.

Ela estava apaixonada pelo seu Erich. "Há algo tão belo neste estado", escreve ela logo no início. "Eu não desejo retornar para a Terra, pois, lamentavelmente, o dia a dia com seus miseráveis problemas ainda consegue nos arrancar das alturas dos céus e nos deixar com uma sensação que não desejo ao meu amado. Eu preciso de você, saudades."

Eram cartas apaixonadas que ela escrevia para Erich e nas quais também falava de sua vida futura. Em uma carta de Munique, por exemplo, escrita em 20 de outubro de 1920, lê-se:

Uma viagem de 10 horas de trem é muito importante para deixar os pensamentos correrem soltos e não preciso lhe contar onde os meus têm vagado. Ocorreram-me milhares de coisas bonitas, sobre as quais nunca conversamos, mas, sempre que eu penso que um dia dividiremos cada uma de nossas alegrias, eu me sinto muito feliz e radiante. Eu não quero pensar nas tristezas, embora elas sejam inevitáveis em uma vida partilhada, mas, quando se vive a dois, a ajuda é recíproca e tudo é mais fácil de se suportar. Você é um idealista e eu, embora tenha deixado o idealismo um pouco de lado, começo a encarar novamente a vida e as pessoas de um ponto de vista mais belo e creio firmemente em uma grande felicidade. Nós dois obviamente não nos conhecemos ainda bem, mas o que nós já sabemos um do outro promete uma harmonia da qual nós decerto não vamos nos iludir. Na verdade, não faz sentido estabelecer grandes teorias, porque a realidade sempre é distinta, mas eu me alegro tanto com o futuro e não temo entregar a minha vida em suas mãos. O mais importante é ter amor-próprio, pois, assim, chega-se muito mais longe. Você não acha, Erich?

Ela não queria pensar em sofrimento e acreditava numa grande felicidade. Quando Erich viajou para Zweibrücken, para informar seus pais da sua intenção de se casar, uma carta de Leni aguardava-o ali. Ela pretendia que, ao chegar, ele recebesse algumas palavras suas, e escreve:

> Você partiu hoje para abrir o meu caminho até a casa dos seus pais e pode estar certo de que meus pensamentos estarão com você. Eu sinto como se devesse acompanhá-lo e estar ao seu lado, para que os seus pais amados também percebam que eu tenho o firme propósito de fazê-lo feliz, uma vez que você, mais do que qualquer outra pessoa, merece. Eu mesma estou convencida de que encontrei a minha felicidade — nós harmonizamos, confiamos um no outro e nos amamos. O que mais se pode desejar?

É especialmente comovedora uma carta que envia para Erich em janeiro, seis semanas antes das bodas:

> Embora você ainda esteja aqui e eu ainda tenha ocasião de vê-lo algumas vezes, de conversar e, quem sabe, até de beijá-lo, em pensamento eu já estou a saudar a sua chegada a Berlim. Erich, meu amor, eu tenho tantas coisas para lhe dizer que nem mesmo sei por onde deveria começar. À minha volta aflora a vida, eu me esforço para me portar segundo ditam as normas, ser amável com os meus conhecidos, paciente com aqueles de quem não gosto e me sinto desempenhando para todas as pessoas um papel como numa peça de teatro. Contudo, poucas vezes engano a mim mesma, o que talvez em minha situação não devesse desprezar, mas infelizmente eu não consigo. Eu tenho de confessar que, neste momento, nada mais importa para mim, exceto você, o que é quase cômico. Eu perdi um pouco o juízo e espero recobrá-lo novamente

antes que você retorne, mas, em todo caso, o que importa é que você nunca deverá sofrer com isso. É muito raro eu me indignar, pois meu caráter está baseado em um grande otimismo, que apenas se deteriorou um pouco durante a guerra, e que agora, na verdade, eu voltei a recuperar inteiramente. E, assim que o sol voltar a brilhar novamente em meu coração, já me sentirei feliz e resplandecente e deste brilho eu quero lhe dar o quanto eu conseguir, para que você nunca sinta frio em nossa vida comum.

Certamente não será fácil viver uma vida a dois, não cair em uma rotina e não perder a si mesmo. Isto não me angustia, pois nós dois, enfim, somos pessoas adultas, capazes de se adaptar um ao outro. Para nos atormentarmos não é necessário dividir alegrias e tristezas! Até então as decepções que tive em relação a você e ao seu caráter são suportáveis, apesar de eu ser muito exigente com as pessoas! E eu também quero que você espere muito de mim!

Bem, Erich, tenha um bom dia. Eu o beijo com todo o amor de que sou capaz.

Leni

Em fevereiro de 1921, comemorou-se o casamento. A festa foi exatamente como Leni desejara um dia. Ela usava um vestido de um ateliê de moda muito famoso de Frankfurt, havia muitos convidados e muitos presentes. Ela estava nas alturas e os primeiros anos de seu casamento pareciam ser aquilo que prometera a si mesma. Naquela época, é possível que tenha considerado um mau agouro o fato de sua avó Cornelia ter morrido quatro meses depois do seu casamento. Leni adorava-a e sua morte abalou-a profundamente, mas, como ela estava grávida de três meses, a alegria pelo bebê que estava por vir foi decerto suficientemente grande para minimizar em parte o luto.

A sua felicidade pareceu completa com o nascimento de seus filhos: Stephan, em 20 de dezembro de 1921, exatamente no dia do aniversário de Alice, que durante toda a sua vida se alegraria por este presente; e Bernhard, o Buddy, em 2 de junho de 1925. Erich, nesse ínterim, havia ingressado no banco, assim como Herbert e Otto, e, durante algum tempo, tudo parecia estar em ordem. No entanto, pouco a pouco, a conjuntura econômica tornava-se cada vez mais tensa e a situação do Banco Michael Frank ia de mal a pior. A família precisava reduzir gastos. A decisão de Erich de ir para a Suíça e criar ali a Rovag para a firma Pomosin pareceu promissora. Mesmo que todas as expectativas de Erich e Leni em relação à Suíça não se cumprissem, mesmo que muitas coisas se mostrassem ilusórias, o país ofereceu-lhes segurança suficiente durante os anos de perseguição e foi, apesar de tudo, uma sorte para a família.

Os longos meses em que Leni ficou sozinha em Frankfurt com as duas crianças pareceram-lhe difíceis, como comprovam as várias cartas que escreveu para Erich, nas quais relata o seu dia a dia e o das crianças: de Stephan, que se autodenominava Bübü, nome logo adotado também pelos outros enquanto era pequeno, e de Buddi, que naquela época ainda se escrevia com "i", pois o "y" somente se firmaria mais tarde. Leni sentia-se, com frequência, sobrecarregada e sozinha com duas crianças, embora tivesse naturalmente uma babá, a Dadi, por quem tinha um enorme apreço. Em 1º de junho de 1929, Leni envia uma carta para Erich:

Meu tesouro, ontem você me proporcionou grande alegria com sua extensa carta, e eu lhe agradeço muito por isso. Tive um dia muito movimentado que relatarei a seguir. Como as empregadas limpavam como loucas e não deixavam pedra sobre pedra, decidi sair para almoçar fora com as crianças e Dadi. Foi uma festa! De manhã, eu fui primeiro à cidade para a casa de Helen e Irma May, e Dadi levou Buddi para cortar os cabelos. Em seguida, ela e Buddi foram para a casa florestal e eu me dirigi para casa, para buscar Bübü, que saía da escola. Peguei as nossas roupas de banho e Bübü e eu também nos dirigimos à casa florestal, onde almoçamos muito bem e barato; estávamos todos muito felizes e pensávamos em você. Depois do almoço, Dadi voltou para casa e eu fui com os dois meninos ao estádio de esportes. Foi fantástico. Nossos dois peixinhos eram uma alegria só; você me fez muita falta. As crianças estavam entusiasmadas e muito amorosas. Às 18h30 estávamos em casa. Bübü ainda tinha deveres da escola para fazer e eu fui à casa dos Steger, que me fotografaram. Eles como sempre foram muito amáveis e simpáticos.

A carta termina com:

Por hoje é só. Ainda preciso buscar dinheiro no escritório.

Chama atenção o fato de Leni não ter se dado conta da situação política, das mudanças na Alemanha, das graduais alterações no ambiente e do antissemitismo crescente, uma vez que ela nunca menciona nada a esse respeito. Nenhuma palavra sobre o aumento do desemprego, nada sobre "os camisas pardas",* que a cada dia se tornavam mais conhecidos. No final de abril de 1929, Heinrich Koch e Heinrich Schmidt, antinazistas e membros do Reichsbanner,** foram assassinados, em Frankfurt. Com seus 21 e 17 anos, respectivamente, eles haviam se tornado as primeiras vítimas do terror nazista nas ruas. Leni tampouco escreveu a esse respeito e nem mesmo menciona uma só vez que Otto e Edith se mudaram para Marbachweg. Pode-se interpretar isso como um

---

* Referência aos membros da SA, cujo uniforme era pardo. [*N. dos T.*]
** O Reichsbanner Schwarz-Rot-Gold foi uma organização suprapartidária, fundada em 1924, em Magdeburg e que surgiu como reação aos inúmeros assassinatos e tentativas de golpe no início da República de Weimar. Logo transformou-se em uma organização de massas, com mais de 3 milhões de membros, que passou a se confrontar nas ruas com paramilitares comunistas e nazistas. As mortes e desordens provocadas terminaram, em parte, com a chegada de Hitler ao poder. [*N. dos T.*]

sinal da sua concentração na própria família ou simplesmente como uma percepção egoísta, própria de sua classe social? Será que para ela realmente "nada importava mais", como escreveu em certa ocasião, senão Erich e seus filhos? No dia seguinte, em 2 de junho de 1929, data em que Buddy completou 4 anos, ela escreve a seguinte carta para Basileia:

Querido, se eu pudesse, hoje cedo teria ido o mais rápido possível encontrá-lo, pois, em primeiro lugar, você me deu a impressão de estar muito nostálgico e, em segundo, tive saudades indescritíveis de você, em especial por causa do aniversário de Buddi, que tivemos de comemorar sem a sua presença. Eu chorei muito, mas logo me dei conta de que de nada adiantava, e preparei para o meu pequeno um dia agradável. Ele estava encantador e agitado, e ganhou uma linda mesa cheia de presentes: dois trajes adoráveis, um bonde fantástico da "Mamãe Dadi", um carro de bombeiros, uma bola de futebol, meias curtas e longas, uma camisa, brinquedos, um gorro, cuequinhas; em resumo, muitos presentes. Ele é mimado de todos os lados. A festa foi um sucesso: as crianças estavam encantadoras e muito comportadas. A tarde passou muito rápido. Mamãe telefonou de Paris, muito contente, e eu disse a ela para ir visitá-lo, mas acho difícil. Ela me disse que ficou muito feliz com a sua carta. Não deve retornar antes de quinta ou quarta-feira à noite, e eu parto no sábado, de manhã, às 9h42 (às 15h52 estarei na Estação Central de Basileia), se não surgir nenhum contratempo. Eu organizei isso minuciosamente, de modo que teremos o sábado e o domingo para desfrutarmos; a semana toda já me alegro com isso. Ah, meu amado, eu penso tanto em você e lamento cada dia que não posso estar ao seu lado.

Eu sei o quanto você sente falta das crianças, mas nesse caso nós precisamos ser sensatos, pois mais tarde tudo será muito melhor. Edith teve de ir ontem com urgência ao hospital. Foi um alarme falso e hoje já está bem melhor. Eu espero que ela possa se desprender logo do "pacotinho".* Ontem eu fiquei muito feliz com a primeira linha de sua carta, assim como com o cartão que enviou para Buddi e que já li para ele. Você escreve tão intensamente quanto o que sentimos pelas crianças. [...] Anna e Dadi já se estranharam novamente; Anna não é fácil. Bübü quer sempre ir para Basileia e tem perguntado muito de você. Você não poderia vir para cá a trabalho? [...] Devo levar a sua mala para viagens de navio? Eu ainda não sei onde acomodar as minhas coisas. Informe-se um pouco, pois eu, definitivamente, gostaria que ficássemos mais tempo juntos. Escreva se preciso levar alguma coisa para você.

Leni visitava Erich com regularidade, embora, nessa época, a viagem de trem durasse muito mais tempo que hoje, e ele também vinha para Frankfurt. Os negócios em Basileia ainda não rendiam o suficiente e faltava-lhe simplesmente o dinheiro para levar a sua família. Contudo, ainda havia esperanças. No dia 20 de novembro, Leni escreve:

Meu amado,

Tanta alegria e tanta tristeza numa única vez não acontecem sempre, e mal posso descrever o que sinto. Em suas cartas há tanto amor, intimidade e saudades que me provocam simultaneamente uma mistura de alegria e tristeza. Eu gostaria de passar muito mais tempo ao seu lado, mas creio que, primeiro, você prefere que eu fique mais um pouco com as crianças e, segundo, eu marquei uma consulta com o dr. Gottschalk, pois não tenho me sentido muito bem nos últimos dois dias. Eu tenho sentido muitas

---

* Dez dias depois nasceria Anne Frank.

dores, mas, como o dr. G. não deu muita importância, também fui deixando de me preocupar com isto. Uma vez que as minhas dores nas costas e nos lados aumentaram, quero saber hoje se isso é normal, o que me custa crer. Estou definhando de saudades de você, e, se dias atrás eu não mencionei o aniversário de nosso noivado, isso se deu, em grande parte, para suprimir os dias de festa que nós não podemos comemorar juntos e para não nos entristecermos mais. Mas o fato de que você foi tão amável ao me enviar os cravos vermelhos, que tanto amo, uma carta com lindas palavras e ainda 20 francos, quero lhe agradecer de coração e expressar o meu desejo de que, em breve, estejamos juntos e felizes e que não precisemos nos separar nunca mais. Você escreve em sua carta que nove anos atrás foi a nossa época mais despreocupada. Naquele momento, nós não nos dávamos conta disso e, além do mais, faltavam-nos a verdadeira convivência e o amor, que hoje em dia nos auxiliam a remediar algumas outras misérias. [...] Bübü está completamente excitado: agora de manhã foi para o aeroporto com Herbi, Rudi e Lou para ver o dirigível Graf Zeppelin.* Parece que foi muito interessante e ele voou duas vezes ao redor da casa e, no rádio, podia-se ouvir tudo. Ele ainda não retornou para casa. A sua carta para as crianças é sempre fantástica e eu, sem dúvida, chorei, como sempre faço com tudo aquilo que diz respeito a você: tenho a impressão de que sou feita de água. Eu não consigo evitar isso; sou capaz de morrer de chorar, todas as vezes que penso em você [...] O que você tem a dizer sobre a quebra do Banco Internacional? Isso pode ter suas vantagens, não é mes-

---

* Ferdinand Adolf Heinrich August Graf von Zeppelin (1838–1917), nobre e general alemão, inventor e fundador da companhia de dirigíveis que levaram o seu nome. [N. dos T.]

mo? Eu estou muito orgulhosa de Basileia! Oxalá você logo tenha sucesso para... Bem, é melhor não conjeturar. [...] Os 20 francos, eu vou utilizar para um novo chapéu de inverno e já me alegro com isso. Buddi acabou de me dar o beijinho de domingo. Ele é muito sensível e possui uma fantasia muito fértil. Você precisava ouvi-lo contar sobre o Zeppelin. Era de morrer de rir!

A crise econômica mundial agravou-se de tal modo até culminar com a quebra da Bolsa de Valores, em 25 de outubro de 1929. Desta vez, Leni menciona a catástrofe, mas o faz de um modo muito superficial: "O que você tem a dizer sobre a quebra do Banco Internacional? Isso pode ter suas vantagens, não é mesmo?" Era ela realmente tão ingênua? Será que não lhe ocorreu, em nenhum momento, que as consequências do colapso da Bolsa seriam desastrosas para o banco da própria família?

As cartas de Leni são repletas de nostalgia e ganham, cada vez mais, um tom de urgência. Ela queria estar ao lado de seu marido, pois a vida em Frankfurt tinha se tornado insuportável.

Meu tudo,

Eu estou aflita. Sinto muito se o deixei deprimido — isto é terrível vindo de mim, uma vez que você já tem suficientes coisas para se preocupar. Só tive a intenção de não deixar que isso lhe custasse mais do que você suporta e de lhe agradar. É natural que eu me aflija, pois é um absurdo que nós, apesar de sermos uma família, nunca estejamos juntos. Ditado: Querido papai, por que você não vem mais? Eu gostaria tanto que você viesse! (isto não poderia ter acontecido!) Você não gostou da outra carta que eu lhe escrevi?

A Maleni, você ainda se lembra do rostinho dela? (muito bonita!) Você ainda se lembra de como sou? Lembranças de Buddi [escrito em letras de forma disformes, certamente por ele mesmo]. Ele é realmente um amor! Há pouco disse: "Eu sempre escrevo cartas maravilhosas, porque sou maravilhoso!" Ontem ele falou para a sra. Speyer: "Eu gostaria tanto de ter uma irmãzinha, mas a minha Maleni não quer mais filhos, e aí eu também não ganharei uma!" E, por falar nisso, na casa dos Speyer-Ellissen havia uma grande agitação: eles despediram 43 pessoas, algumas bem antigas, e as cenas que se sucederam parecem ter sido horríveis. Você sente que estou triste e não consigo esconder isso de você, mas eu também tenho momentos de prazer, e quando estiver com você ficarei feliz e satisfeita. Há pouco ouvi que os Rudolf R. Bauer foram à falência; isto é um baque para a construção civil e Herbert está fora de si. Como é que vai terminar tudo isso? Eu penso que você precisa agradecer a Deus e à A.S. por estar em Basileia, mesmo que, no momento, esteja sem muito dinheiro. Aí isto ainda pode mudar, mas aqui não se pode começar mais nada. Para mim não é muito fácil educar as crianças, mas procuro fazer o melhor que posso e, quando vejo o quanto são bons, podemos nos dar por satisfeitos. Lucie diz apenas que devemos "manter a saúde". E ela tem razão.

Desta vez, Leni escrevera sobre demissões e falências; contudo, sem vincular isso diretamente a ela. Seu mundo girava em torno das crianças, dos seus prazeres e da sua nostalgia. Pode-se imaginar também que o lado físico do amor lhe fazia falta. Em uma de suas últimas cartas, antes da mudança para Basileia, ela diz:

Meu querido, hoje, durante uma arrumação, encontrei algumas de suas cartas, nas quais você conta do seu bastão de açúcar e de tantas outras coisas igualmente bonitas! Eu tenho me sentido muito velha e desejo de todo o coração ter outra vez a cabeça livre de preocupações para poder gozar da minha sexualidade. O que você pensa disso? Eu amo tanto você, mas de que me serve isto, se toda vez preciso rabiscar com um lápis um pedaço de papel para demonstrar meu amor? Sequer posso olhar para você com amor e, quando nos falamos por telefone, sempre há alguém na sala rodeando, e não sai de lá, de modo que nem mesmo temos a possibilidade de trocarmos algumas palavras mais íntimas. Mas eu estou certa de que isso passará. Hoje, depois de embalar quatro caixas com porcelanas e cristais, fiquei pensando quanto tempo ficarão ali empacotados. Espero que, no máximo, até setembro, mas eu preferiria que já fosse em julho!

A mudança para Basileia, contudo, demorou muito mais tempo do que Leni desejava. De início, ela levou consigo Buddy, o filho mais novo, enquanto Stephan ficou provisoriamente em Frankfurt, com Alice. Por um lado, o menino ainda tinha aulas e Leni, antes de tudo, queria saber qual seria, em Basileia, a escola mais adequada para ele; por outro, Alice achou preferível que a filha levasse primeiro somente uma criança, para facilitar a mudança de vida, mesmo porque eles ainda não tinham uma moradia em Basileia. E Stephan? Ele, por sua vez, era muito apegado a Alice e não se opôs à decisão dos pais.

Erich, Leni e Buddy moraram durante meses em uma pensão até encontrarem a casa na Gundeldingerstrasse. Eles puderam, finalmente, montar os móveis de Frankfurt e tirar das caixas "as porcelanas e os cristais". Leni adequou-se pouco a pouco ao lugar; Buddy, por sua vez, adaptou-se de tal modo que, em pouquíssimo tempo, falava o alemão suíço tão bem, que Leni com regularidade precisava repreendê-lo para falar o alto-alemão.

A família, contudo, ainda continuava dividida entre Basileia e Frankfurt. A vida só retomou em parte a normalidade quando Stephan veio em 1932 e Alice, em 1933.

Na parte de trás da casa na Gundeldingerstrasse havia uma quadra de tênis, que no inverno, com a ajuda da água, se transformava em uma pista de gelo para as crianças. Quando foi que Buddy ganhou o seu primeiro par de patins? No primeiro ou no segundo inverno? Ele não se lembra mais. Mas de uma coisa ele se recorda com precisão: ao calçá-los pela primeira vez, estava feliz. E teve sorte de que, em frente à sua casa, fosse construída uma pista de gelo artificial. A partir de então, os seus invernos foram marcados pela patinação no gelo. E não apenas os seus, mas também os de seu irmão Stephan.

No verão, os meninos iam com Leni e Alice para Sils Maria, na casa da Tia O., ou iam para as montanhas para a colônia de férias Alpmorgenholz, localizada perto de Laus, Graubünden, e da qual Buddy guarda as melhores lembranças. Tratava-se certamente de uma colônia de férias para meninos, pois a educação conjunta ainda não era comum naquela época. Isso não incomodava Buddy; pelo contrário, ele gostava de conviver com tantos jovens. Eles saíam em excursão, praticavam esportes, encenavam peças de teatro, faziam fogueiras, cantavam e jogavam. Tomavam banho ao ar livre e a alimentação era bem simples, mas todos estavam satisfeitos. A cada dois dias, alguns jovens eram enviados com mochila para a vila, para comprarem os mantimentos que faltavam. Como recompensa pela caminhada e por terem carregado as compras, eles tinham o direito de comprar um sorvete na confeitaria, e, por este direito, estavam todos dispostos a brigar.

Em Basileia, Leni estava totalmente ocupada em instalar-se, conhecer pessoas, acostumar-se com o novo ambiente. Na Gundeldingerstrasse, como era natural, tinha uma criada para as tarefas da casa, Frida Schmidt, oriunda da região de Baden, e que, como se lembra Buddy, falava um dialeto muito marcado.

Uma mulher de bom coração, mas pouco delicada. Quando chamava as crianças para as refeições, dizia sempre: "Bem, seus diabinhos, venham aqui e lavem as mãos!" Buddy relatou ainda que ele e seu irmão, a pedido do pai, tiveram por um tempo aulas de religião com um polonês, que não falava muito bem o alemão. Stephan sempre imitava seu modo de falar: "Rachel era uma bela guria." Embora não fossem religiosos, Erich ia à sinagoga nas festividades e jejuava durante o Yom Kippur. Leni, por sua vez, nunca ia à sinagoga.

Em pouco tempo, Leni fez amizade com algumas mulheres, com as quais, uma vez por semana, jogava *bridge* e se encontrava, de vez em quando, em uma confeitaria. Além disso, tinha de cuidar de Alice, sua mãe, que, de modo inesperado, sentia grandes dificuldades de adaptação. O dia a dia que aos poucos foi se delineando era bem diferente daquele que Leni havia imaginado, mas, de qualquer maneira, a vida era mais tranquila do que em Frankfurt. Ninguém sabia ainda como as coisas se dariam na Alemanha, mas as palavras de ordem contra os judeus não podiam deixar de ser ouvidas e chegavam até Basileia. Ainda assim, eles estavam juntos. Por outro lado, economicamente não estavam tão bem quanto Leni havia esperado. "Seja como for, é melhor enriquecer devagar do que de um golpe só", escrevera ela em uma de suas cartas, embora agora o ritmo lhe parecesse muito devagar. Eles conseguiam se manter financeiramente, mas de riqueza não se podia falar.

Apesar disso, não pensavam em retornar para a Alemanha.

O desejo de Erich de viver na Suíça mostrou-se no fato de, já muito cedo, ter tentado a cidadania suíça. No início, foi-lhe concedida apenas uma autorização de residência e, mais tarde, uma autorização de permanência. Em 2 de abril de 1936, o Departamento do Interior do cantão de Basileia recusou o seu pedido de cidadania, alegando "assimilação insuficiente", o que quer que isso pudesse significar. Teve de esperar ainda muito tempo para possuir um passaporte suíço.

O que se pode questionar é por que era tão importante para ele ter um passaporte suíço, pois, afinal de contas, vivia com sua família em Basileia, não corria perigo de ser expulso e isso deveria lhe bastar. Um passaporte, entretanto, significa muito mais que um simples direito de morar em um lugar; um passaporte identifica o seu portador, diz a que lugar e a que grupo ele pertence e define o seu local de origem. Um passaporte comprova também, se for preciso, quem é o responsável pelo portador dele. Ao menos legalmente funciona dessa maneira. Para Erich, convinha ter um passaporte para realizar viagens pela empresa, mas o verdadeiro motivo que o levou a solicitar novamente um passaporte é esclarecido em seguida. A Alemanha nazista não era, de fato, um Estado de direito. Assim, através de um decreto-lei de 25 de novembro de 1941, os judeus residentes fora do território alemão perderam o seu direito à cidadania alemã. Eles tornaram-se indivíduos sem passaporte, sem Estado, sem direito à assistência, sem direito à pátria.

Em abril de 1942, Erich Elias foi intimado a se apresentar no consulado alemão para entregar, em mãos, toda a documentação de identificação pessoal que se encontrava em seu poder. Esta notificação foi enviada para o sr. e sra. Erich *Israel* Elias, Basileia, Herbstgasse, 11. Segundo um decreto-lei de 17 de agosto de 1938, todos os homens alemães de origem judaica foram obrigados a adotar Israel em seu nome, enquanto para as mulheres alemãs de origem judaica o nome obrigatório era Sara; além disso, os seus passaportes eram marcados com um grande carimbo em forma de "J". Buddy, na época com 17 anos, lembra-se até hoje de como tudo aconteceu. Segundo conta, ao chegar em casa, deparou-se com seu pai, que tinha acabado de receber a notícia de que deveria devolver o seu passaporte, uma vez que havia perdido a cidadania alemã. Raras vezes vira o pai tão furioso. Ele pediu a Buddy que o acompanhasse ao consulado, onde jogou o seu passaporte sobre a mesa. Em seguida, convidou Buddy a tomar uma cerveja no bar da esquina. Foi a primeira vez que tomou uma cerveja com seu pai.

Em fevereiro de 1942, Erich Elias, já sem cidadania, encaminha novamente um pedido de "Autorização Helvética para Aquisição de Cidadania". Em resposta, ele e sua mulher foram intimados a se apresentar, "em 30 de outubro de 1942, às 8h15", para uma "entrevista com o secretário do Conselho de Cidadãos" e relatar "sobre o estado de sua saúde e as condições de saúde de sua família". Isso soava muito promissor. Com grande expectativa, Erich e Leni dirigiram-se à chancelaria da prefeitura, na Stadthausgasse, 13. Em resumo, suas condições de saúde estavam em ordem. Em 25 de junho de 1943, Erich foi informado oralmente de que a sua solicitação fora rejeitada "em razão de assimilação insuficiente". Desta vez, ele entrou com um "recurso", com a seguinte fundamentação:

> Desde o ano de 1929, portanto há catorze anos, resido de modo ininterrupto em Basileia. De 1936 a 1942, eu dispunha de uma autorização de residência no cantão de Basileia, que me foi retirada em 1942, unicamente porque perdi a cidadania, em razão de um decreto-lei alemão. Ao longo destes anos de permanência na Suíça, eu me familiarizei com todos os aspectos que condizem com as circunstâncias locais e aprendi a estimar o país que me acolheu. Eu poderia provar, através de muitas referências, que me integrei inteiramente e não possuo mais nenhum vínculo com minha antiga pátria natal. Isto também se aplica aos meus dois filhos: Stephan, nascido em 1921, e Bernhard, nascido em 1925. Ambos, como se pode avaliar em seus currículos, viveram a maior parte de suas vidas na Suíça. Nem a língua nem o modo de pensar os distinguem dos seus colegas suíços da mesma idade. Eles são bastante conhecidos e queridos, especialmente nos grupos de esportistas da Suíça.

Em relação à minha pessoa, trabalho há anos no setor de pectinas assim como no laboratório da Unipektin A.G., em Zurique. Foi acima de tudo por insistência da minha firma que eu decidi fazer uso do direito de recurso. Como se pode deduzir da carta em anexo da Unipektin A.G., Zurique — e para a qual eu remeto expressamente como parte da minha justificativa do pedido de recurso —, seria de grande relevância para esta importante empresa nacional que a minha solicitação fosse concedida.

Espero que, levando-se em conta também os argumentos da Unipektin A.G., minha solicitação seja submetida a um exame benevolente.

Obviamente, a contestação não surtiu efeito. O motivo pelo qual o resultado foi tão desfavorável seria explicado em uma carta de Erich para o Escritório de Direitos dos Cidadãos. Ele veio a ter conhecimento de que nos arquivos havia informações desfavoráveis que o acusavam de "práticas comerciais desonestas em transações financeiras com judeus na Alemanha".

Erich defendeu-se, argumentando da seguinte maneira:

A minha única relação com a Alemanha, nos últimos doze anos, consiste no fato de que eu, com base na mais importante fábrica alemã de pectina da época, a Pomosin, instalei, com exclusividade, uma sociedade no estrangeiro. Era constituída de sociedades de fabricação e de distribuição de pectina e derivados (dentre outras, a conhecida "Opketa"*), reunidas em uma sociedade do tipo holding e de cujo Conselho Fiscal tomava parte o falecido deputado do antigo Conselho Nacional, o sr. R. Gallati, de Glarus. Iniciei na empresa a exportação de polpa de maçãs da

---

* A Opketa S.A. era uma indústria alimentícia, fundada em 1928, por Robert Feix e Richard Fackeldez, em Colônia. [N. dos T.]

Suíça e todas as transações financeiras foram realizadas somente no âmbito comercial e jamais se deram no plano privado. Em Basileia, no escritório, na fábrica ou como autônomos, eu emprego no momento 35 pessoas. Em todos esses anos, eu jamais realizei negócios privados, nem com judeus, nem com cristãos, nem na Alemanha, nem em qualquer outro lugar.

Em razão de um conflito com os nacional-socialistas, que nos anos 1937/1938 assumiram a direção das empresas Pomosin, e com seus encarregados daqui, fui destituído do cargo de diretor.

A informação desfavorável à minha pessoa é inverídica e só pode estar vinculada a objetivos maldosos. Eu estou disposto a comprovar a minha postura comercial correta por meio de cartas de referência.

Em relação ao meu filho mais velho, foi dito por alguém que ele é um "covarde mentiroso". Devo entender que esta é claramente uma caracterização maldosa, ou que vem de alguém que não o conhece, pois expressa exatamente o oposto da sua maneira de ser.

Sem querer me tornar mensageiro de uma adulação, eu me permito afirmar que ele é uma pessoa muito correta e solícita como poucas. Na última escola que frequentou, o Kaufmännischer Verein [Associação Comercial], foi aprovado com menção honrosa. Participa de muitas competições esportivas e a sua integridade podem testemunhar seus professores e colegas.

A carta que o advogado dr. Naegeli escreveu a Erich Elias, em 23 de novembro de 1943, aponta finalmente os reais motivos da recusa dos seus pedidos de cidadania, ou seja, as preocupações da Suíça de aceitar um número excessivo de judeus. "O barco está lotado" era um *slogan* muito em voga na época. O advogado lhe relata uma conversa que tivera sobre as tendências atuais de concessão de cidadania com um funcionário responsável, e certamente sem citar nomes:

Eu tive então de aceitar a explicação curiosa de que o
Conselho Estadual distribuíra orientações de não admitir
mais nenhuma solicitação de judeus nascidos no exterior.
[...] Na verdade, eu temo que o funcionário responsável
tenha pensado que eu estava ciente da disposição, o que
hoje está correto, e, por mais que esteja surpreso com esta
postura, no momento não posso fazer nada. [...] Quando a
guerra terminar e os inúmeros emigrantes que, hoje em
dia, vivem aqui sem documentação encontrarem uma pátria em qualquer outro lugar, quando, enfim, desaparecer
o perigo de que nós tenhamos de acolher definitivamente
um grande número de judeus refugiados, será sem dúvida
o momento apropriado, pois as demandas poderiam ser
então explicadas novamente de maneira positiva. [Seria
necessário esperar até 1952 para que Erich e Leni recebessem a cidadania suíça.]

Como se deu a vida de Stephan e Buddy pode ser revelado a partir
dos currículos escritos por ambos e que Erich anexara em sua
carta de contestação, de 1942:

Currículo de Stephan Carl Elias

Nasci em 20 de dezembro de 1921, em Frankfurt sobre o
Meno. Nesta cidade, frequentei a escola primária durante
quatro anos. Em seguida, mudei-me com minha família
para Basileia e ingressei no Realgymnasium, onde permaneci por seis anos. Em seguida, cursei um semestre na
Escola de Artes e Ofícios. Contudo, na época, mudei as
minhas intenções profissionais iniciais e comecei os estudos de comércio, durante os quais, simultaneamente e ao
longo de três anos, eu frequentei a Escola de Comércio do
Kaufmännischer Verein. Após uma avaliação final bem-
-sucedida, trabalho atualmente em uma empresa comercial
em Basileia.

Na qualidade de membro do Clube de Esportes Rotweiss, no verão pratico atletismo leve e no inverno, hóquei no gelo. Sou goleiro do time de Basileia e, certa vez, fui inclusive indicado pela Comissão Técnica da Associação Suíça de Hóquei no Gelo para fazer parte da seleção nacional.

Sou suíço em todo o meu modo de pensar e de viver.

Currículo de Bernhard Elias

Nasci em 2 de junho de 1925, em Frankfurt sobre o Meno. Vivi quatro anos nesta cidade até me mudar com minha mãe e meu pai para Basileia. Todos os dias eu frequentava a escola maternal e, a partir dos 6 anos, a escola primária durante quatro anos. Após um exame de admissão bem-sucedido, fui admitido no Realgymnasium; após outros quatro anos, frequentei a formação profissional da Escola de Comércio Mercantil, que concluí. No mês de maio deste ano, iniciei um curso de óptico.

No âmbito dos esportes, eu me dedico sobretudo no inverno à patinação e já atuei, várias vezes, em exibições e espetáculos de patinação sobre gelo em praticamente todas as pistas da Suíça. Além disso, sou membro da R.T.V. de atletismo. Sou também membro da Associação de Teatro Quodlibet, de cujas apresentações públicas de obras em dialeto eu sempre participo.

Meu maior desejo é me tornar suíço.

Estes currículos soam tão "normais", tão inocentes, que aos garotos parecia não haver senão formação profissional e esportes. E, sem dúvida, o esporte foi muito importante para ambos. Buddy contou que a família sentava-se ao redor do aparelho de rádio, quando o clube de Stephan jogava em outra cidade da Suíça, e acompanhava com atenção o jogo de hóquei no gelo. Cada vez que o repórter mencionava o sobrenome do goleiro Elias, eles aplaudiam e se sentiam muito orgulhosos, inclusive Alice, que não entendia nada de esportes. Buddy, além dos esportes, ainda se envolveu com teatro.

Eram atividades totalmente normais de dois jovens normais. Contudo, a partir de uma perspectiva atual, causa estranheza quando se pensa que, durante os anos em que eles jogavam hóquei no gelo, participavam de espetáculos sobre o gelo e de peças de teatro de uma companhia de amadores, ao redor deles, em toda a Suíça, milhões de pessoas morriam. Em 1942, quando foram escritos esses currículos, os grandes campos de concentração já existiam e em Auschwitz iniciavam as primeiras mortes com gás venenoso. Mas eles não sabiam de nada disso, nem poderiam saber.

# O período sem cartas

Como é que se vivia na segura Suíça, rodeado de nações em guerra e de canhões, cujo eco certamente se ouvia, mesmo que se estivesse a muitos quilômetros de distância? Como é que se vivia com o estrondo ameaçador dos aviões de combate e dos bombardeiros com suas cargas mortíferas? Não há dúvidas de que mesmo em Basileia era possível ouvi-los, uma vez que as fronteiras da França e da Alemanha não são distantes, e é até possível que uma ou outra bomba tenha caído acidentalmente no território suíço. Ao menos foi isso que Buddy contou.

Em março de 1941, a família sofreu o primeiro abalo, quando foi informada de que Jean-Michel Frank, um primo de Leni, na época um famoso designer de móveis, tinha se suicidado em Nova York. Os motivos permaneceram desconhecidos. Ele fugira dos alemães, de Paris para os Estados Unidos, pois se sentia duplamente ameaçado: os nazistas não só perseguiam impiedosamente os judeus, mas também os homossexuais. Aos 46 anos, ele se arremessou da janela de seu apartamento em Manhattan. Para seu amigo Jean Cocteau, sua morte foi "como a queda de uma cortina entre o mundo da luz e o mundo da escuridão". A notícia da morte de Jean-Michel atingiu profundamente a família toda e trouxe a lembrança dos seus irmãos Oscar e George, que haviam morrido na Primeira Guerra Mundial, lutando contra a Alemanha; do trágico fim do seu pai, Leon, que, ao tomar conhecimento da morte do seu segundo filho, também cometera suicídio, e de sua esposa, Nanette, que entrou em desespero e teve de ser internada num hospital psiquiátrico, onde viria a morrer mais tarde. Deve ter sido muito difícil para a família em Basileia aceitar que Jean-Michel tenha cometido a mesma forma de suicídio que seu pai alguns anos antes, arremessando-se da janela.

Em 1942 não chegaram mais notícias e o período das cartas ficou interrompido por um longo tempo. A família, acostumada a ter sempre informações sobre todos, de repente já não sabia mais nada. Por certo, na Herbstgasse ainda não sabiam que Robert estava entre as centenas de judeus alemães que, "em nome da segurança nacional", no verão ficaram presos na Ilha de Man. Lotti, sua esposa, levou semanas para descobrir onde ele se encontrava. Após alguns meses, ele foi posto em liberdade e obteve permissão de retornar para casa.

Na Herbstgasse, não chegavam mais notícias nem de Londres nem de Amsterdã, mas, em contrapartida, recebiam informações sobre deportações de judeus holandeses para os sórdidos campos de concentração do leste da Europa, cujos nomes pouco a pouco foram sendo conhecidos: Auschwitz, Majdanek, Treblinka, Theresienstadt. Ao mesmo tempo, chegavam rumores a Basileia de que havia um grande número de judeus holandeses escondidos para escapar da deportação. Na Herbstgasse, não havia mais notícias de Otto, Edith e das meninas, mas eles conheciam-no muito bem e sabiam quão prudente e cauteloso Otto era. Se havia alguém capaz de manter a si mesmo e à família em segurança, esta pessoa era Otto. Mas é claro que existiam dúvidas e angústias. Como estariam eles? Como conviviam com a incerteza, não apenas diante do destino de Otto, Edith, Margot e Anne, mas também de Robert e Lotti? Afinal, os alemães não cessavam o bombardeio em Londres.

Por mais cruel que pareça, as pessoas acostumam-se com tudo. Elas se acalmam, se convencem de alguma coisa, tocam pouco no assunto e constroem uma fortificação fragilíssima contra o hostil mundo externo. Elas fogem de uma realidade que não querem ou não podem imaginar e se afundam na rotina diária que, com suas exigências, se impõe com excessiva facilidade. Naturalmente, eles não se esqueciam dos entes queridos que estavam em perigo, o filho, o irmão, o cunhado, o tio, assim como não se esqueciam da esposa e filhas, das netas, sobrinhas, primas. Pensavam nos entes queridos, mas não a toda hora nem a todo minuto. Além do mais, havia o dia a dia que, mesmo na Suíça neutra, era muito duro e tornava-se cada vez pior. E não se podia ficar sentado, esperando o carteiro, pois depois de esperar em vão dia após dia, semana após semana, em algum momento abandona-se o posto.

Na última carta que Otto enviara para Leni com os cumprimentos antecipados pelo seu aniversário, a família chegara ao consenso de que havia um indício de que os "amigos de Amsterdã" procuravam um esconderijo para eles e, portanto, não poderiam mais "escrever para I. e para seus familiares"; "ela terá de entender isso". Todos entenderam, talvez porque não tivessem outra opção. Além disso, em 1943, chegou uma carta da filial holandesa da Opekta. Johannes Kleiman, um velho amigo de Otto Frank e atual diretor-geral da empresa, escreveu-lhes uma carta formal na qual se prende a questões ligadas aos negócios da companhia. No entanto, havia uma observação, que suscitou longas discussões na Herbstgasse. A frase era a seguinte: "Nossa 'pequena' agora está tão alta quanto a minha esposa, é inacreditável." Kleiman não tinha mais nenhuma filha pequena e eles sabiam que todos os seus filhos já eram adultos. Essa observação seria uma referência a Anne? Saberia ele de algo que não arriscou dividir abertamente? Se essa observação realmente se referia a Anne, então a frase "Embora a manutenção da casa gere muitas dificuldades devido à guerra, não nos falta nada substancial e todos estão saudáveis" significava que os Frank, no seu esconderijo, tinham alimentação suficiente, na medida do possível, e estavam todos saudáveis? E o comentário "Neste inverno, nenhum de nós se resfriou" referia--se aos funcionários da empresa, a Kleiman e sua esposa, ou, na verdade, a Otto, Edith, Margot e Anne? Foi nisso que eles acreditaram e, por muito tempo, repetiram isso até se convencerem. Mais uma vez, eles não tinham escolha.

A vida seguia adiante, e para Leni e Erich existiam ainda outros problemas. Seus filhos, Stephan e Buddy, haviam crescido, requeriam cuidados e atenção, e a situação financeira não era a mais favorável. Além disso, havia a preocupação com Paul, irmão de Erich. Eles tentaram de tudo para conseguir um visto de entrada para Paul na Suíça, mas foi em vão. Buddy recorda-se: "Paul conseguiu de alguma maneira fugir para a França. Lá, não sei como, conseguiu um visto para a Bolívia. No entanto, ele não poderia viajar para lá saindo da França, mas pela Suíça isso teria sido possível. Solicitamos então às autoridades suíças uma permissão para que ele pudesse dar continuidade à viagem a partir daqui. Para a Suíça não haveria encargos financeiros, pois nós iríamos assumir todos os seus gastos. Contudo, eles rejeitaram o pedido com a seguinte justificativa: a partida não é garantida." A Suíça negou todas as solicitações deste tipo, assim como negou as de muitos outros judeus, com receio de que houvesse uma "invasão de estrangeiros" no país. Também neste caso impôs-se a vergonhosa política baseada no princípio de que "o barco está cheio".

A avó Ida estava desesperada. Ela havia dado à luz três filhos e, no final, apenas Erich permanecia ao seu lado. Sua filha Johanna, uma bela menina, da qual ainda há algumas fotos na Herbstgasse, apaixonou-se por um oficial cristão e deixou-se seduzir por ele. Porém, quando ela engravidou, o oficial não quis se casar com uma judia e abandonou-a. Uma história corriqueira, poderia se dizer, apenas uma a mais dentre tantas outras. Mas para Johanna isso significou o fim do seu mundo e, em 1911, aos 18 anos, ela deu fim à própria vida.

A avó Ida e Erich nunca ocultaram essa história e sempre falaram abertamente de Johanna e de sua desgraça.

Portanto, a avó Ida já tinha perdido uma filha e agora ela temia pela vida do seu segundo filho; temia pela vida de Paul. E, a cada indeferimento da polícia, ela se tornava mais calada e mais dedicada à limpeza. Sua inquietação pelo filho não era injustificada e seria esclarecida somente depois da guerra. Paul Elias foi assassinado em Auschwitz.

Herbert também era motivo de preocupações. Erich e Leni tentavam conseguir um visto de permanência para ele. Nesse sentido, há uma carta de 18 de janeiro de 1943, dirigida à Associação de Assistência Social Israelita de Basileia, na qual os signatários, "a sra. Alice Frank-Stern e o sr. Erich Elias-Frank", responsabilizam-se pela manutenção plena de seu filho e cunhado, o sr. Herbert Frank, "e pela sua viagem de retorno segundo as necessidades". Em uma anotação escrita à mão no documento consta: "Solicita-se ao sr. Gretschel decidir se esta garantia subsidiária é suficiente como aval para a polícia internacional."

Pelo visto, a fiança foi suficiente. No entanto, é bem possível que Herbert Frank, que nesse meio-tempo também era um apátrida, tenha entrado na Suíça com documentação falsa, pois dentre os papéis encontrados há uma *Carte identité*, um documento de identidade que, embora apresente uma foto de Herbert, foi emitido em nome do seu já falecido primo Jean-Michel Frank, que possuía a cidadania francesa.

Herbert ficou dois anos e meio na Herbstgasse, como comprovam algumas cartas e um currículo escrito à mão (1942–1945, em Basileia). Deixou a Suíça depois do término da guerra, retornando à França.

Leni continuou se ocupando do sustento da família. Em 1943, ela mudou-se do seu "brechó" para o bairro Spalenvorstadt, em uma esquina da Schützenmattstrasse, em um estabelecimento comercial de verdade, no qual, além de peças de roupa usada, sapatos, lustres e todo tipo de quinquilharias, vendia móveis e antiguidades. Muitos emigrantes haviam guardado em algum lugar os seus móveis, dentre os quais também existiam antiguidades valiosas, mas que agora eram obrigados a vender em razão da necessidade financeira ou da mudança para países distantes, onde não queriam ou não poderiam levá-los consigo. Essas pessoas dirigiam-se diretamente a Leni, quando ainda se encontravam na Suíça, ou escreviam-lhe cartas pedindo que, caso o envio de seus pertences não fosse possível, ela cuidasse dos objetos depositados e os vendesse, o que não poderia ser feito em sua loja no bairro Kleinbasel. Além disso, ela tinha atualmente uma empregada, porque as suas atividades eram de tal magnitude que, sozinha, ela já não dava mais conta. Leni, portanto, tornara-se uma mulher de negócios, na medida de suas capacidades. Ela, por exemplo, nunca teve uma caixa registradora e o dinheiro que entrava era guardado em envelopes, que portavam o nome do proprietário. Ao que parece, de uma forma ou de outra, o esquema sempre funcionou; além do mais, ela podia contar com Erich, que se ocupava da contabilidade.

Há uma história sobre Leni que parece descrever a sua personalidade. Gerti, sua nora, que posteriormente trabalharia com ela na loja, foi quem a contou. Um dia, entrou na loja um casal recém-casado, dois estudantes, que queriam mobiliar a sua casa e procuravam um armário pequeno. Descobriram então um serviço de porcelana e ficaram muito tristes por não poderem comprá-lo, pois extrapolava suas possibilidades financeiras. Leni ouviu-os por um tempo, em seguida interveio na conversa e disse: "Vocês vão levar o serviço e pagá-lo quando tiverem o dinheiro." Os dois vieram com uma carroça, colocaram a porcelana sobre ela e juntos empurraram-na até sua moradia. Após um ano, conta Gerti, começaram a pagar o serviço em prestações mensais de alguns francos e liquidaram a dívida somente depois do nascimento do segundo filho. "Leni era assim", conclui Gerti. "E, apesar disso, de algum modo, ela deu conta de ganhar o suficiente para sobreviver."

Nem mesmo nos anos mais difíceis Leni abriu mão de suas tardes de *bridge*, sempre às quartas-feiras, e de convidar pessoas para comer. Segundo Buddy, quando alguém não lhe era simpático, ela dizia com um leve sotaque de Frankfurt: "Não me lembro dele", mas quando alguém lhe agradava, dizia: "Este pode vir para comer em casa." E vinham muitos. Buddy recorda-se, por exemplo, que o estudioso da literatura e da cultura Wilhelm Herzog, à época emigrante, hoje praticamente esquecido, era um convidado regular da Herbstgasse. Na família era chamado de "le Duc". Buddy lembra-se ainda de outro hóspede, "Ivo Grgowitsch ou algo assim", que tinha sido cônsul iugoslavo, ou talvez vice-cônsul. Seja como for, ele vinha para comer a sopa de carne de rês, que era servida aos sábados. Sentava-se à mesa e esperava Erich fatiar a carne para então criticar alguma coisa: às vezes, a carne estava muito gordurosa; outras vezes, muito seca. Ivo então começava a balir como uma cabra, até Erich dizer: "Está bem, eu não fiz de propósito." "Nós gostávamos muito dele", explicou Buddy. "Ele retornou para a Iugoslávia e perdemos completamente o contato. Infelizmente. Durante toda a guerra sempre havia convidados para comer, refugiados..."

Leni não sabia cozinhar. Todos sabiam disso. Tempos depois, Gerti surpreendeu-se quando sua sogra, em certa ocasião, disse-lhe que havia feito um curso de culinária. "Eu então lhe perguntei por que tinha feito o curso", conta Gerti, "e ela me respondeu que, na sua juventude, isso era muito comum. As garotas de boas famílias eram, desta maneira, preparadas para o casamento. Orgulhosa, mostrou-me o seu caderno de receitas escrito à mão, contendo inúmeros pratos. Mas ela, sem dúvida, nunca cozinhou. Anos mais tarde, vinha algumas vezes até a cozinha e me pedia que lhe mostrasse como se cozinhava. Eu procurava lhe ensinar alguma coisa mas, em pouco tempo, ela se lembrava de algo que tinha esquecido e que precisava ser resolvido de imediato. E, assim, a vontade já tinha se dispersado outra vez." De qualquer modo, mesmo que soubesse cozinhar, ela não teria tido tempo, pois passava o dia na loja e, frequentemente, trabalhava além de suas forças físicas.

Os chás dominicais que Leni organizava eram famosos e os convidados, cuidadosamente escolhidos. Nessas ocasiões, a mesa grande da sala de jantar era aberta, de modo a acomodar cerca de vinte pessoas ao seu redor, e Leni se encarregava pessoalmente de pôr a mesa. E isso ela fazia com maestria. Sobre a mesa, estendia uma das maravilhosas toalhas com aplicações de renda, feitas por Alice; em cima dela, distribuía a louça de porcelana, que pertencera a Cornelia, e o faqueiro de prata de Elkan Juda Cahn, assim como os castiçais de prata e as flores.

Vreni servia chá e canapés, nada exagerado, antes até bastante modesto em vista da mesa tão espetacularmente posta. Quando os dois bules de prata de chá, dispostos em uma bandeja de prata ao lado do açucareiro também de prata, se esvaziavam, Leni puxava o cordão da campainha, que pendia do lustre sobre o centro da mesa. Vreni retornava e enchia os bules de novo. Sem dúvida, um ou outro emigrante sentiu-se voltando para uma época que já não acreditava mais existir, e certamente deve ter ocorrido uma ou outra observação nostálgica.

O certo é que sempre havia uma conversação, habitual numa reunião de pessoas cultas, que pertenciam a uma classe social mais elevada e manifestavam a sua posição social, mesmo que se tratasse muito mais de um status de tempos passados.

É provável que a conversa girasse em torno da família. E, com certeza, cada qual competia com suas histórias e se vangloriava. Alice talvez tenha contado a seguinte história: "Meu sobrinho, dr. Alfred Stern, foi professor de Albert Einstein na Suíça, sim, sim, esse mesmo, Albert Einstein, que, em 1921, recebeu o Prêmio Nobel de Física. Mais tarde, meu primo ainda manteve certo contato com ele, e eu vi com meus próprios olhos cartas deste homem tão famoso."

"Muitos alemães que ganharam o Prêmio Nobel eram judeus", lembrava alguém, e os nomes eram mencionados: Richard Willstätter, Fritz Haber, Gabriel Lippman, Alfred Fried, Paul Ehrlich, Otto Meyerhof... Todos assentiam e um certo brilho caía sobre os judeus, em geral, e sobre Alice e Leni, em particular.

"O seu primo mora em Zurique?", talvez um outro tenha perguntado, e Alice respondia: "Não, ele faleceu em 1936, e suas três filhas continuam solteiras. Infelizmente, nenhuma delas teve filhos."

E então todos, de repente, começavam a falar de seus parentes, com os quais se preocupavam, ou então de familiares que desejariam que se preocupassem com eles. E, é claro, em um ou outro momento qualquer, a conversa girava em torno da Holanda, pois sempre havia alguém que vinha de um país europeu, no qual tinha um familiar.

"Eu estou feliz por ainda ter conseguido sair de lá pouco antes da ocupação", disse alguém, talvez o sobrinho de um judeu conceituado de Basileia, um homem jovem e forte. Contava-se que ele havia conseguido fugir para a França através da região montanhosa de Vosges e de lá até Basileia. Ele é licenciado em direito, mas os seus estudos na Suíça naturalmente não lhe serviam para nada.

"O meu irmão ainda está lá", dizia Leni. "Na clandestinidade." Clandestinidade era uma palavra nova, que os refugiados trouxeram dos Países Baixos. Leni já a pronunciava sem maiores dificuldades. "Pelo menos nós acreditamos que ele esteja escondido com a sua família."

E mais uma vez um tema, que deveria ser evitado nessas reuniões, voltava a ser abordado: "Mas onde é que alguém pode se esconder ali?", perguntava Alice. "As casas holandesas nem mesmo têm um porão. E o que acontece quando alguém fica doente? Ou sente dor de dente?"

O advogado deu de ombros. "Para os que desapareceram na clandestinidade realmente não é fácil. E os alemães, pelo menos é o que se diz, para cada judeu escondido que for denunciado, pagam 7 florins e meio." Ele fez uma pausa significativa, longa o suficiente para se fazer a associação com as trinta moedas de prata. E prosseguiu: "Dentre os holandeses há muitos delatores. Os judeus que forem apanhados são enviados para Westerbork e, de lá, para a Polônia, nos campos de concentração. Westerbork foi antigamente um campo de refugiados para judeus procedentes da Alemanha e, naquela época, foi inclusive pago com dinheiro das comunidades judaicas dos Países Baixos."

Neste momento, certamente Alice levantou-se, deixou a sala e os seus passos vagarosos podiam ser ouvidos pela escada. Ela tornara-se uma anciã.

Leni subiria mais tarde para vê-la em seu quarto. Sabia que encontraria a sua mãe sentada em sua poltrona, com fotos ou cartas nas mãos — cartas de Margot e Anne, que ela sempre relia, fotografias, que sempre contemplava —, e que seus olhos estariam vermelhos e inchados.

Nos aniversários isso era especialmente difícil. Nestas datas, Alice sequer descia para o almoço e Vreni precisava levar-lhe a bandeja. Mais tarde, quando Leni ia procurá-la, Alice lhe mostrava uma fotografia e, em 12 de junho de 1943, dizia: "Anne completa hoje 14 anos. Como será a sua aparência?" E no dia 12 de junho de 1944: "Hoje Anne faz 15 anos." Ou em 16 de fevereiro de 1943, segurando a foto de Margot nas mãos: "Margot completa hoje 16 anos. Quando eu tinha esta idade, ia a concertos e teatros e já tinha muitos pretendentes." Em 16 de janeiro de 1943, talvez tenha dito: "Edith faz hoje 43 anos. Ela não merece isso. Ela ainda é tão jovem."

"Certamente isso não vai durar muito mais tempo", dizia Leni então, porque não conseguia encontrar outra resposta e porque ela mesma gostaria de acreditar nisso. "Com certeza no próximo ano estaremos todos juntos outra vez."

"Isto você já disse no ano passado e também dois anos atrás", respondia Alice e começava a chorar.

Leni beijava a sua mãe e deixava-a novamente sozinha. Ela sabia que nestes dias as palavras de consolo eram inúteis. Os dias de aniversário eram os piores.

Talvez também ficassem imaginando como seriam tristes os aniversários passados no esconderijo e se perguntando se haveria uma possibilidade de presentear o aniversariante. Otto ao menos faria um poema; ele sempre gostou de fazer versos, assim como todos da família.

De fato, entre os documentos que foram descobertos no sótão da Herbstgasse, há um poema, um presente de Otto para Edith no dia do seu 43º aniversário. Este poema é um dos poucos objetos que ficaram para trás no esconderijo, além de algumas fotos e dos diários de Anne. Otto deve ter trazido o poema para a Herbstgasse, quando mais tarde se mudara para lá, pois certamente trazia recordações de Edith, sua esposa assassinada. O poema é o seguinte:

> Nem flores, nem enguia,
> Nem torta, nem mantilha
> Nem meias, nem um bolso,
> Nem mesmo um petisco saboroso,
> Nem bombons, nem chocolate,
> Sequer um biscoito Verkade,*
> Nada para vestir, nada para ler.
>
> Como era? Pode-se ainda saber?
> E o que temos? Cigarros?
> Dois maços, não é bizarro?
> Não temos mais nada, é tudo vão
> Pois as lojas vazias estão.
> Foi também teu desejo
> No silêncio, sem festejo
> Permanecer; e assim há de ser,
> Todos hão de entender.
>
> Os velhos conhecidos, os velhos amigos,
> Os irmãos, nos países longínquos
> Certamente todos pensam em ti
> Mas as cartas não chegam aqui.

---

* Empresa holandesa fundada em 1886, especializada em biscoitos cobertos com uma fina camada de chocolate. [*N. dos T.*]

Nem mesmo uma chamada
Mas que coisa inusitada!
No esconderijo, embora segregados,
Teu aniversário será hoje festejado.
Nem flores num ramalhete
Estão na sala como enfeite
Mas não estamos sós no dia a dia
E isto é o que se avalia.
Merece dinheiro e bondade
Quem oferece amor e fidelidade.
E toda manhã, bons amigos
Cuidam de nós no esconderijo,
Trazem notícias, trazem comida
De corpo e alma sempre prontos e na medida.

Na vida o que podes mais desejar
Do que amigos que tudo estão a te dar,
Do que ao lado das filhas estar
E que — além de Pim* — também o querem ajudar
Este peso carregar, tanto quanto possível.
Com saúde, nesta época, tão difícil
Passemos "os quatro" juntos, noite e dia,
Que todo o resto se resolve com alegria.
E festejaremos teu aniversário vindouro
Todos livres e em paz, meu tesouro
Pois a paz certamente logo chegará
Assim o desejamos — e assim será.

Por mais de dois anos eles teriam ainda de esperar pela paz tão desejada, e não haveria mais os dias de aniversário livres e sem preocupações. Edith não alcançaria os 44 anos, Margot mal completaria os 19 e Anne, nem sequer 16.

---

* Era o apelido de Otto na família. [N. dos T.]

# Incerteza

Em 8 de maio de 1945, a Alemanha rendeu-se; o Japão, somente em 2 de setembro de 1945, após a explosão das bombas atômicas em Hiroshima e Nagasaki. Na Europa, contudo, a guerra, que custara a vida de aproximadamente 60 milhões de pessoas em todo o mundo e modificara profundamente o mapa europeu, terminou em 8 de maio. É evidente que o alívio foi enorme em todos os países, inclusive na Suíça. Finalmente seria possível voltar a ter notícias dos parentes, dos filhos, dos irmãos, dos tios e dos primos. Herbert deixou a Herbstgasse e voltou para Paris, possivelmente com o passaporte de seu falecido primo Jean-Michel Frank, que ele já havia utilizado várias vezes durante a guerra.

Iniciou-se então a época da longa espera. "Vocês não podem telefonar para Amsterdã?", perguntava Alice todos os dias, e todos os dias Leni e Erich explicavam-lhe que isso ainda não era possível, pois as linhas telefônicas e telegráficas não haviam sido restabelecidas. "Você sabe como são as coisas depois de uma guerra", disse Leni. "Pode demorar até meses para os trens voltarem a circular outra vez, para o correio voltar a funcionar. Você se lembra, em 1918, quanto tempo ficamos esperando Otto, depois do cessar-fogo? Todos os outros já haviam regressado para casa, menos ele."

Buddy quis saber o que tinha acontecido, pois desconhecia aquela história. Alice contou-lhe então o que ocorrera: "Otto retornou para casa somente muitas semanas depois do fim da guerra. Antes disso, ele teve de devolver os cavalos, que haviam sido requisitados pelas tropas, aos seus respectivos proprietários, uns camponeses da Pomerânia. E nós ficamos em Frankfurt, esperando e sem saber o que tinha acontecido com ele."

"Foram dois meses", disse Leni, "e, se não me engano, eram camponeses da Alsácia ou de Luxemburgo, mas isso já não importa mais, o fato é que durante dois meses não tivemos nenhuma notícia dele. E agora, no entanto, você já está inquieta depois de poucos dias."

Passaram-se semanas, nas quais a inquietação e o temor aumentavam dia após dia na Herbstgasse. As primeiras imagens das pilhas de cadáveres davam a volta ao mundo; nos cinemas, os noticiários mostravam pessoas esquálidas e de feições fantasmagóricas que, cambaleantes, iam ao encontro de seus libertadores mas, com frequência, em um estado tão lastimável que já não se podia mais ajudá-las. Nomes eram citados: Dachau, Bergen-Belsen, Auschwitz, Treblinka, Majdanek, Belzec, Sobibor. E os rumores corriam de boca em boca, números eram divulgados, cifras inacreditáveis; falava-se em 3 milhões de pessoas assassinadas, talvez ainda mais. Ficavam todos perplexos, sem fala.

Leni e Erich não mencionavam esses dados em casa e, em consideração a Alice e à avó Ida, procuravam passar informações mais vagas, pois já bastava o que elas ouviam no rádio. Não era necessário preocupá-las ainda mais, mesmo porque o número de pessoas cujo paradeiro permanecia desconhecido era muito grande. Otto e a sua família estavam com certeza em algum lugar nos Países Baixos, mas onde estaria Paul, o filho de avó Ida e irmão de Erich? Ninguém sabia o que tinha acontecido com ele, depois que a Suíça lhe negara todos os vistos de entrada, inclusive após Erich se oferecer para custear a sua viagem para a Bolívia. As imagens que eram divulgadas e que horrorizavam Leni e Erich procediam sobretudo da Alemanha: de Bergen-Belsen, um campo de concentração situado na Lüneburger Heide, e do campo de Dachau, libertados pelos ingleses e norte-americanos, respectivamente. Entretanto, o que se dizia é que as piores atrocidades teriam acontecido muito mais distante, no leste, cujas notícias eram praticamente inexistentes, por ser uma zona de ocupação russa. Quem poderia saber onde estava Paul? Para onde ele foi levado? Leni e Erich procuravam falar o mínimo sobre estes assuntos em casa com a avó Ida e Alice, já que não havia sentido algum preocupar as duas anciãs. No entanto, o temor e a preocupação eram visíveis, tomavam conta da casa e emudeciam seus moradores.

Leni afundou-se no trabalho: logo de manhãzinha saía de casa e só retornava para o almoço, um almoço breve ao meio-dia, durante o qual seus olhos se esquivavam do olhar de sua mãe e de sua sogra. Ela contava qualquer coisa sobre a loja, descrevia uma luminária ou um quadro que alguém trouxera. Procurava agir como se nada tivesse acontecido e, depois do almoço, retornava rapidamente para a loja. Ela calava-se sobre os horrores que as pessoas lhe relatavam, assim como, durante a guerra, também silenciara sobre os rumores que volta e meia surgiam. "Propaganda", dizia Erich na época, "isso não passa de mera propaganda." Ela aceitara explicação, que lhe parecia bem plausível. Agora, no entanto, se dava conta de que se enganara, e não só ela: todos na Suíça haviam se deixado acalentar por essa fiel segurança burguesa. Eles não sabiam de nada; e Leni agora se perguntava se ela, na época, realmente quis saber de alguma coisa. Não só por comodidade, mas também por impotência. O que eles poderiam ter feito?

Leni passava a maior parte do tempo na loja, Stephan havia começado a trabalhar, Erich estava sempre a caminho, retomando suas relações comerciais mais antigas e estabelecendo novas, enquanto Buddy fazia a sua formação de ator. As duas idosas passavam o dia todo sozinhas na Herbstgasse, com Imperia, a nova empregada italiana. A avó Ida tricotava, costurava ou limpava, como sempre; limpava e tirava o pó onde já não havia mais o que limpar, como se um trapo e um pano de limpeza pudessem pôr um fim nos seus pensamentos e na sua angústia. Alice, que cada vez mais sentia dificuldades de subir escadas — e, como dizia, os seus velhos ossos já não queriam mais acompanhá-la —, permanecia praticamente a maior parte do tempo em seu quarto, sentada em uma poltrona, com um bordado nas mãos e lançando, às vezes, um olhar para a árvore do jardim. Era verão, o primeiro verão de paz depois daquela guerra terrível. Os pássaros saltitavam pelos ramos e, se Alice se curvasse um pouco, poderia ver os gerânios em flor nos vasos em frente à varanda. Uma vista tranquila e amigável, que ela sempre apreciara, mas o seu coração estava frio e vazio. Ela não ficaria em paz enquanto não tivesse notícias de seus filhos. Embora Leni considerasse a ideia um despropósito, Alice escreveu uma carta para Kleiman com o intuito de saber se ele tinha alguma notícia de Otto. A caminho da sua loja, Leni deixou a carta no correio.

A primeira notícia a chegar foi de Herbert. Ele conta em sua carta que havia chegado bem a Paris e que a vida não estava exatamente um mar de rosas por lá, mas tinha encontrado trabalho em um escritório do correio norte-americano e, uma vez que o almoço já estava incluído, ele precisava se preocupar apenas com uma refeição por dia. As próximas notícias chegaram da Inglaterra, de Robert e Lotti, que haviam sobrevivido os anos de guerra com saúde, apesar da prisão de Robert na Ilha of Man. Na carta, eles contam que Lotti voltara a trabalhar com Robert, depois de ter atuado como secretária em diversas firmas durante os anos de guerra.

E então, no final de maio, chegou finalmente um sinal de vida de Otto; um telegrama, dirigido a Elias Frank, Basileia, Herbstgasse, 11. Imperia, que naturalmente sabia o quanto a família esperava pela notícia, levou o telegrama até a loja para Leni. À noite, sentados em volta da mesa, estavam felizes e aliviados, mesmo que não entendessem por que o telegrama procedia de Marseille. "ARRIVEE BONNE SANTE MARSEILLE PARTONS PARIS BAISERS — OTTO FRANK.", quer dizer, "Chegamos com saúde a Marseille. Partimos para Paris. Beijos. Otto Frank." Ele não dizia uma única palavra sobre Edith e as meninas, mas Alice sempre voltava a repetir: "Aqui está escrito 'partons Paris', ou seja, 'partimos a Paris'. A quem poderia estar se referindo, senão a Edith e às meninas? Eles estão vivos e estão bem. Mas por que se dirigem para Paris? O que vão fazer lá? Vocês precisam avisar Herbert; ele poderá se informar. Pode ser que descubra alguma coisa."

Pela primeira vez, depois de várias semanas, eles estavam mais satisfeitos e serenos, inclusive a avó Ida, que considerou aquilo como um bom presságio para o seu filho. Certamente logo teriam notícias de Paul.

Passaram-se quatro semanas até receberem uma carta de Otto, que abalou profundamente a alegria que sentiam e deu-lhes a impressão de que a terra debaixo dos seus pés havia sumido. Como sempre, estavam todos sentados ao redor da mesa da sala de jantar e leram em voz alta a carta que Otto escrevera, no dia 15 de maio de 1945, a bordo do navio a vapor neozelandês *Monowai*, que o trouxera de Odessa para Marseille.

Minha amada mãe,
Meus queridos,

Amanhã chegaremos a Marseille e espero que esta carta possa ser expedida. Eu penso que também conseguirei telegrafar logo para vocês, para que assim tenham notícias sobre o meu retorno <u>com saúde</u>. Fomos embarcados em Odessa. Vocês receberam as minhas notícias de Kattowitz e Czernowitz?! Ainda não sabemos se poderemos voltar para a Holanda ou se iremos passar primeiramente um período na Inglaterra. Para mim, o mais importante foi termos conseguido sair da Rússia, de modo que agora temos a possibilidade de regressar e rever as pessoas que amamos. Vocês não podem imaginar o quanto desejo estar com vocês. Toda minha esperança está nas meninas. Eu me prendo à ideia de que elas estão vivas e de que logo estaremos juntos outra vez. Não creio que elas ainda acreditem que o seu Pim esteja vivo, pois já presenciaram tantas coisas para continuarem a se iludir com algo assim. Elas, sem dúvida, sabem como as coisas se davam no "campo de extermínio Auschwitz", onde estive. De fato, é um milagre que eu tenha sobrevivido. No momento, contudo, não quero falar sobre isto. Infelizmente Edith não suportou o esforço. Ela faleceu por inanição, em 6 de janeiro de 1945, no hospital. O corpo, muito debilitado, não resistiu a uma gripe. Isto foi o que me contou uma mulher, que encontrei em Kattowitz, depois da libertação. Eu mesmo estive internado no hospital desde o dia 19 de novembro, em razão de "debilidade física", mas consegui me recuperar.

Quanto mais nos aproximamos de nosso país, mais aumenta a nossa impaciência para termos notícias daqueles que amamos. Neste ano ocorreram tantas coisas! Até o momento de nossa prisão, para a qual até hoje não consigo encontrar explicações, nós todos ainda mantínhamos algum contato. O que aconteceu depois, eu não sei. Apesar do perigo, e com uma capacidade de sacrifício inacreditável, durante dois anos, tanto Kugler e Kleiman quanto, e, sobretudo, <u>Miep</u>, seu marido e Bep Voskuil nos forneciam tudo de que necessitávamos. É praticamente impossível descrever isso. Como posso retribuir-lhes um dia o que fizeram por nós? Mas, nesse ínterim, o que foi que aconteceu? Com eles, com <u>vocês</u>, com Robert? Vocês têm contato com Julius e Walter? Nós perdemos tudo. Nem mesmo uma agulha encontraremos em nosso retorno; os alemães nos roubaram tudo. Não restou nada: nenhuma fotografia, nenhuma carta, nenhum documento. Nos últimos anos, não tivemos problemas financeiros; eu ganhava bem e fiz algumas economias. Contudo, tudo isto desapareceu. De todo modo, não quero ficar pensando nisso agora. Nós passamos e presenciamos tantas coisas para que eu me preocupe agora com esse tipo de problema. Só as meninas, somente elas contam neste momento. Eu espero ter notícias de vocês o mais rápido possível. Talvez já tenham notícias das meninas. Como estão os meninos? O que estão fazendo agora? E os amigos? Herbi continua com vocês? E Paul? Onde está Helen? Não consigo enumerar todos aqueles nos quais penso o tempo todo. Escrevi diretamente a Robert, mas não sei se a carta chegará ao seu endereço antigo. Londres também sofreu muito nesta guerra.

Ficarei com os holandeses, pois não possuo mais documentos, apenas um número tatuado no braço. Mais tarde tentarei estar com vocês. O mais importante no momento é que estejamos em contato outra vez. Espero vê-los em breve.

Beijos e abraços a todos.

Seu Otto

Foi neste momento que para Alice e para os outros ficou claro que toda a família de Otto fora levada para Auschwitz, um nome que, ao ser mencionado, provocava calafrios e que eles, o tempo todo, tinham evitado pronunciar. Auschwitz, o campo de concentração na Polônia que se tornaria sinônimo das atrocidades do Terceiro

Reich. Por tudo que já haviam ouvido a esse respeito, Otto deve ter passado um verdadeiro inferno. Mas ele estava vivo. Sobre as meninas não havia notícias, mas ainda havia esperanças. Edith, no entanto, estava morta. Alice chorava, desconsolada. "Ela não merecia", repetia, "não merecia."

"Pare com isso", disse Erich. "Ninguém merece."

Alice não conseguia se acalmar; pegou novamente a carta e leu em voz alta o terrível trecho: "Ela faleceu por inanição, em 6 de janeiro de 1945, no hospital. O corpo, muito debilitado, não resistiu a uma gripe." A carta tremia em suas mãos e ela não conseguia mais pronunciar uma palavra.

Leni abraçou-a e procurou consolá-la: "Otto está vivo", disse. "Nós devemos estar gratos pelo fato de que ao menos o nosso Otto esteja vivo. Estou segura de que, em breve, ele também encontrará as meninas. Isso é o que importa agora."

"Nós precisamos fazer alguma coisa", disse Erich. "Eu vou dar entrada em uma solicitação de busca na Cruz Vermelha. Precisamos localizar as meninas."

"Nós temos de lhe escrever", disse Alice.

"Mas para onde você vai escrever?", perguntou Leni. "Nós não sabemos onde ele está. Neste momento, não podemos fazer nada além de esperar que ele volte a nos dar notícias."

"Vamos falar com dr. Iller", propõe Alice. "Ele também está esperando notícias de sua mãe e, certamente, sabe o que se pode fazer. Precisamos pedir-lhe orientações."

A avó Ida levanta-se e dirige-se ao seu quarto. Talvez não quisesse incomodar os outros ou talvez quisesse apenas ficar sozinha com seus próprios temores. Edith havia morrido. E o que teria acontecido a seu filho Paul?

Na manhã seguinte, Alice enviou novamente uma carta para Kleiman e perguntou-lhe se tinha alguma notícia do paradeiro de Otto. E Leni, mais uma vez, levou a carta ao correio.

Algum tempo depois, eles receberam a tão esperada carta de Otto, e vinha com a data de 8 de junho de 1945:

Minha amada mãe,
Meus queridos,

Hoje recebi a carta de mamãe, de 20 de maio, dirigida ao sr. Kleiman. Para mim, foi uma alegria indescritível reconhecer a sua caligrafia. Finalmente nós estamos em contato outra vez! Como todas as minhas cartas não chegaram até aqui, não sei efetivamente quais vocês receberam, mas penso que o meu telegrama de Marseille tenha chegado até aí. Há pouco fiquei sabendo que, a partir de junho de 1944, todos os contatos cessaram, e até posso imaginar o susto que levaram ao receber o meu telegrama. Escrevo-lhes neste momento do meu escritório. Tudo isso é um pesadelo e eu ainda não consigo me acostumar com a realidade. Não quero me alongar muito; assim, envio apenas um resumo.

No dia 6 de julho de 1942, Margot recebeu da Gestapo uma intimação para se apresentar e, em seguida, ser deportada para a Alemanha. Naturalmente, eu não podia permitir a sua ida e, assim, decidimos desaparecer. Pelas minhas últimas linhas, vocês puderam decerto perceber que eu já havia preparado alguma coisa. Nós ficamos escondidos no sótão do edifício da Opketa, onde, tempos depois, também chegaram os três da família Van Pels e, mais tarde, o dentista dr. Pfeffer. Éramos oito pessoas e, apesar do perigo que isso significava, fomos abastecidos de forma abnegada pelos nossos amigos. Nunca saímos do esconderijo. No entanto, é evidente que fomos denunciados, pois, em julho de 1944,* fomos levados pela Gestapo, e, depois de ficarmos

---

* Na verdade, os Frank e seus companheiros de esconderijo foram detidos no dia 4 de agosto.

um mês em um campo de concentração na Holanda, fomos
enviados para o "campo de extermínio de Auschwitz", na
Polônia. Hoje não quero entrar em maiores detalhes. No dia
5 de setembro, vi Edith e as meninas pela última vez. Elas
estavam em Birkenau e, segundo me relataram, as meninas
seriam mandadas em outubro para trabalhar na Alemanha
ou na Tchecoslováquia. Não sei onde estão agora, e não paro
de pensar nelas um minuto sequer. Em novembro de 1944,
eu estava tão debilitado pelo trabalho e pela alimentação
escassa que, graças a um médico holandês, fui levado a
um hospital onde permaneci até recuperar minhas forças
e ser libertado pelos russos, em 27 de janeiro de 1945. No
dia 26 nós já havíamos sido separados pela SS para sermos
mortos, mas por algum motivo a SS se retirou antes mesmo
de nos executar. Foi um milagre! Antes do dia 16, todos
que podiam parar em pé foram levados pelos alemães. Nós
tínhamos agora alimento suficiente. Com interrupções,
desde o início de março seguimos para Odessa, passando
por Kattowitz, Czernowitz, em seguida pelo estreito de
Dardanelos em direção a Marseille e, finalmente, fomos
direto para a Holanda. O plano inicial era nos enviarem
para Paris, mas isso não foi possível.

Ao que parece, para Edith tudo foi muito mais difícil.
Eu ouvi dizer que, dia a dia, ela perdia peso e sofria muito
após terem levado as meninas. Ela adormeceu por inanição, em 6 de janeiro. Não sofreu. E eu estou só. Não preciso
dizer mais nada.

Reencontrei aqui meus velhos amigos. Kleiman ficou
sete semanas na prisão e no campo de concentração. Kugler
somente foi libertado há catorze dias. E tudo por nossa causa. A empresa ainda resiste; naturalmente não há matéria-
-prima, mas a infraestrutura para voltar a fabricar existe.
Todo o nosso patrimônio foi roubado. Eu tinha guardado
algumas coisas em outros lugares, mas não muito. Não tenho

nem chapéu, nem capa de chuva, nem relógio, nem sapatos, exceto aqueles que os outros me emprestaram. Aqui também está muito difícil de se conseguir alguma coisa, pois não há estoques. Estou morando na casa de Miep Gies. No momento, tenho um pouco de dinheiro. É suficiente, pois não preciso de muito.

Sinto muita falta de todos vocês. Mandem-me, por favor, o endereço dos meninos. Espero ter logo notícias de todos aqueles dos quais há muito tempo não sei nada. Escrevi rapidamente para Robert, mas ainda não posso entrar em detalhes. Não estou recuperado, quer dizer, ainda não alcancei o meu equilíbrio. Fisicamente estou bem.

[Esta carta foi escrita à máquina, mas Otto acrescentou à mão o seguinte trecho:] Basta por hoje, tudo isso ainda me aflige muito; o mais importante é que as meninas apareçam. Eu preciso ter paciência. Mandem logo notícias.

Beijos e abraços a todos.

Seu Otto

Não é difícil de se imaginar a reação na Herbstgasse, ao receberem essa carta, da qual liam e reliam cada uma de suas frases e se censuravam por terem levado uma vida tão despreocupada, enquanto Otto, Edith e as crianças tiveram de passar por um sofrimento como aquele. Mas Otto estava vivo, ele vivia. Leni deve ter perguntado: "Por que ele disse que Edith 'adormeceu'?" ou então "Por que escreveu que ela 'não sofreu'?" Com o intuito de poupar sua mãe, ela certamente fez estas perguntas depois que Alice havia se retirado para o seu quarto. Embora o médico dissesse que Alice tinha um coração muito forte, ela já estava com 80 anos. E, provavelmente, a própria Leni deve ter respondido às perguntas: "Ele queria tranquilizar Alice e passar a impressão de que Edith havia morrido, simplesmente." Erich, que com frequência era atormentado pela falta de notícias de seu irmão, podia entender melhor os sentimentos de Otto e talvez tenha respondido: "Ou tranquilizar a si mesmo. Talvez ele queira se iludir. Sem dúvida, é muito mais fácil recordar-se de alguém que morreu tranquilamente do que de alguém que morreu de uma fome agonizante."

Na noite seguinte, Alice escreveu uma carta ao seu filho, que só a receberia muito mais tarde. Antes de colocá-la no envelope, leu-a para toda a família:

Meu querido filho Otto,

Não encontro palavras para expressar o que eu senti ao ler a sua carta escrita no navio a vapor *Monowai*! Nós não fazíamos a menor ideia da fatalidade cruel que atingiu vocês e nos iludimos acreditando que estavam todos juntos, embora sempre acompanhássemos com horror nos jornais e no rádio o que acontecia. Fizemos uma leitura totalmente equivocada do seu primeiro telegrama, pois com "partons" entendemos que você estivesse se referindo a todos vocês, e não a um transporte, do qual não tínhamos a menor ideia. Que engano terrível e que golpe para mim e para todos! Apesar de todos os nossos esforços imediatos, não conseguimos estabelecer contato telegráfico com você e, somente hoje, consegui de Robert o seu endereço em Amsterdã. Saber que você está sozinho com sua dor profunda pela perda de Edith e sem notícias de suas amadas filhas é uma das coisas mais difíceis que eu tive de passar na minha vida, que já tantas outras vezes foi extremamente dura. O sofrimento de Edith e das filhas nem mesmo é possível de calcular. E nós aqui sem suspeitarmos de nada! Não recebemos as suas notícias de Kattowitz, embora os meus pensamentos, durante o longo período de silêncio, estivessem todos os dias junto de vocês, assim como os meus mais íntimos desejos e esperanças, que, infelizmente, não se concretizaram. Demos entrada em um pedido de busca na Cruz Vermelha Internacional e no consulado suíço. Hoje conversamos com dr. Iller que, infelizmente, não pode nos aconselhar, pois ele também está à espera de notícias de sua mãe e de seus parentes. O destino de muitos dos nossos amigos e conhecidos é terrível, mas é impossível descrever o que se sente quando isto ocorre com aqueles que estão tão próximos de nós, quando se trata da nossa própria carne e do nosso próprio sangue. De todos os sofrimentos físicos e psicológicos que você teve de suportar, a incerteza do paradeiro das meninas é o pior! Eu me solidarizo com você e lamento sinceramente a morte de Edith, que o apoiou em todos os momentos da sua vida e foi para as meninas a melhor amiga e uma mãe incansável. Ah! Se eu pudesse estar ao seu lado para consolá-lo e dizer o amor imenso que sinto por você! Não ajudaria em nada, eu sei, mas seria para mim um grande consolo poder vê-lo e estar ao seu lado. As minhas forças seriam suficientes para isso e você ao menos teria a sensação de ter sua mãe ao seu lado, que sequer sabia se voltaria a ver. Estou sempre em contato com Julius e Walter: foi para mim uma decisão difícil mandar a eles uma cópia da sua carta, mas eu não poderia ocultar isto. Eles devem estar sofrendo muito. [...] Herby esteve conosco dois anos e meio e foi uma companhia muito grata para todos nós. Sentimos muita sua falta e ele telegrafou desesperado com as notícias que lhe enviamos sobre vocês! O endereço dele, como antes, é: Hotel d'Edinbourg 8, rue d'Edinbourg Paris 8ᵉᵐᵉ. Nós lhe enviaremos o seu endereço ainda hoje, para que possa entrar em contato com você de imediato. Helen [Schuster] está no momento em Paris e esperava tanto revê-lo! Mas o que são esperanças e desejos! Leni lhe enviará uma carta à parte. E também a família Schneider, com quem sempre estamos juntos. Você voltou a encontrar o sr. Kleiman, o sr. Kugler e aquelas senhoras tão amáveis e solícitas? Onde você está morando? Há tantas coisas que desejaríamos saber, mas especialmente se você está bem de saúde e se os seus nervos irão aguentar fazer o que está ao seu alcance para encontrar suas filhas. A correspondência com a Holanda parece que ainda está muito difícil e, por esta razão, vou mandar esta carta registrada, para estar certa de que você irá recebê-la. Eu me despeço com o coração pesado e quero lhe dizer de novo e sempre o quanto todos nós estamos ligados a você em pensamento e o quanto queremos consolá-lo e apoiá-lo no seu sofrimento indescritível. Não perca nem a coragem, nem a esperança, meu querido Otto, e esteja certo de que eu o abraço com todo o meu amor

Sua mãe

Alguns dias mais tarde, ao chegar à noite em casa, Erich contou para Leni que havia mandado um cartão-postal para Otto. Os cartões, segundo diziam, passavam com mais facilidade pelas diversas censuras. A questão da censura era incômoda, mas também era compreensível que as forças vencedoras quisessem controlar as correspondências. Com certeza, eles temiam que a capitulação dos alemães pudesse ser apenas um ardil, pois era impossível que todos estivessem resignados com a guerra perdida. Em algum lugar, poderia emergir uma resistência; poderiam surgir planos secretos contra as forças de ocupação, sabotagens ou conspirações de assassinatos. Erich disse também que escrevera em francês. O idioma francês era mais inofensivo e passava mais facilmente pelo filtro da censura; o alemão era a língua daqueles que haviam iniciado a guerra e dos responsáveis por todas as desgraças. E ninguém poderia saber qual seria a reação daquele em cuja mão cairia o cartão-postal.

"E o que você escreveu?", perguntou Leni.

"Eu lhe disse o quanto estamos sensibilizados e que esperamos que ele encontre logo as meninas. Também mandei o endereço de Herbert na França e dei algumas sugestões, que podem ser úteis para recomeçar o seu trabalho."

"Mas o que interessa agora não é o trabalho", disse Leni. "São as meninas."

"Mas temos de viver de alguma coisa", contestou Erich. "E a situação na Holanda está muito difícil, é o que dizem todos aqueles que sabem o que se passa por lá. Os alemães espoliaram o país; não sobrou nada, as lojas estão completamente vazias. Você ouviu o que aquele homem há pouco contou sobre o inverno. Muitas pessoas simplesmente morreram de fome. Diz-se que moeram os bulbos das flores para produzir farinha e poder assar um pão."

Mesmo que Otto não quisesse contar em detalhes o tempo que passou em Auschwitz, havia naquela época tantas informações sobre a máquina mortífera dos nazistas que na Herbstgasse já se podia ter uma ideia do que Otto sofrera, enquanto eles acreditavam que todos estavam em um esconderijo seguro. Leni ainda tinha presentes as imagens dos noticiários semanais e, quando pensava no seu irmão, via aqueles vultos esquálidos diante dos seus olhos. Quando ela lhe escreveu em 22 de junho de 1945, essas mesmas imagens volta e meia retornavam aos seus pensamentos:

> Depois que Robo nos informou o seu endereço em Amsterdã, quero tentar lhe escrever algumas linhas. Você pode ter certeza de que faremos tudo que estiver ao nosso alcance para ter alguma notícia sobre as meninas. Eu o fiz agora pelas vias diplomáticas. Mas tudo avança a passos lentos — menos a atrocidade dos bandidos alemães! Sem dúvida, o pior de tudo é não podermos ajudá-lo, ficarmos aqui imóveis e impotentes. Nós deixamos de ter notícias, mas esperávamos que, de alguma maneira, vocês estivessem todos seguros, pois até 1944 havia dado certo. Meu pobre, meu querido e bom Otto, o que nós fizemos para termos sido poupados? Foi somente uma questão de sorte. Até o momento não liberaram nenhuma correspondência da Holanda [...] Nós sequer conseguimos imaginar como

você vive agora e queremos que nos diga do que está precisando — sempre há pessoas conhecidas que vão para a Holanda e que poderiam levar alguma coisa. Você pode fazer contato com os Estados Unidos? E, mal me atrevo a perguntar, você poderá vir até aqui? Tudo que escrevemos soa tão idiota! Ah, meu querido Otto, talvez você perceba que eu não consigo me expressar direito por carta!! Mamãe sabe fazer isto muito melhor do que eu. Herbi foi encantador durante os dois anos e meio que esteve aqui conosco e me ajudou muito. Para mamãe foi especialmente difícil quando ele partiu. Mas tudo isso não importa, pois nós só queremos reencontrar suas filhas. Está realmente correto tudo o que dizem ter acontecido com Edith? Até o momento também não temos nenhuma pista sobre Paul. Ainda há milhões de desaparecidos. [...]

A resposta de Otto não chegava. Dia após dia, Alice ficava mais preocupada, e Leni já não sabia mais como acalmar a mãe. Alice repetia continuamente que iria para Amsterdã, pois queria ver e abraçar o filho.

"Isso não é possível", disse Erich. "Nós somos apátridas; não podemos simplesmente entrar em um trem e partir."

"Talvez Otto possa vir para cá", propôs Buddy.

Seu pai balançou negativamente a cabeça. "Otto é também um apátrida como nós", disse ele. "Nós todos deixamos de ser alemães."

"E é bom que seja assim", observou Stephan. "Eu quero ser suíço, não alemão."

"Talvez nos Países Baixos seja diferente da Suíça", argumentou Buddy. "Pode ser que concedam a cidadania aos judeus que retornaram dos campos de concentração."

"Pode ser", disse Erich, mas percebia-se que ele não acreditava naquela possibilidade.

E Leni acrescentou: "Nos Países Baixos não deve ser pior do que na Suíça; aqui é muito pior. Estou segura de que Otto será logo naturalizado."

Não foi isso que aconteceu. Por um lado, os Países Baixos, onde muitos haviam se posicionado a favor dos judeus e, com frequência, arriscado suas vidas por eles, não se mostravam dispostos a acolher, depois da guerra, os sobreviventes que retornaram, embora estes fossem tão poucos: somente 5,2 mil de um total aproximado de 170 mil deportados.* Por outro lado, no pós-guerra, havia nos Países Baixos grande penúria e o desenvolvimento econômico ainda demoraria muitos anos. Ao escrever que não tinha capa de chuva, nem chapéu, nem relógio, nem sapatos, exceto aquilo que outros lhe haviam emprestado, Otto deixava entrever apenas uma pequena parcela da carência geral: não havia nem comida nem moradias suficientes. E ele teve realmente sorte de poder ficar na casa de Miep e Jan Gies.

Naturalmente não sabiam disso em Basileia, mas uma ou outra notícia chegava até eles através de pessoas que conseguiram entrar na Suíça por meio dos Países Baixos. Ouviam-se histórias de pessoas que tinham retornado e encontraram suas casas ocupadas por desconhecidos que não queriam sair, assim como de pessoas que, antes da deportação, haviam confiado objetos de valor a amigos — falsos amigos, como se mostrariam mais tarde — que, de repente, não se lembravam mais de nada. Foi de fato uma tranquilidade que os empregados de Otto tenham sido verdadeiros amigos e que o tenham apoiado.

Em Basileia, a vida seguia. Buddy terminara os estudos de formação de atores e esperava conseguir o seu primeiro trabalho. Exceto aquela carta, não haviam recebido mais nenhuma notícia de Otto. A sra. Belinfante, uma conhecida da família, programava uma viagem

---

* Wolfgang Benz (ed.): *Dimension des Völkermords: Die Zahl der jüdischen Opfer des Nationalsozialismus* [A dimensão do genocídio: O número das vítimas judias do nacional-socialismo]. R. Oldenbourg Verlag, München, 1991, p. 165.

para Amsterdã e colocou-se à disposição para levar presentes e cartas para Otto. Em sua carta de 6 de julho, Alice queixava-se por não poder vislumbrar a vida que Otto levava nem como sobrevivia sem Edith e sem as meninas. Com certeza, a esperança de reencontrar as "suas crianças" mantinha-o vivo. Ela comenta que, até o momento, também não havia resposta de Julius e Walter, irmãos de Edith. Prossegue a carta, dizendo que percebera que alguma coisa semelhante estava acontecendo com eles na Herbstgasse, pois não tinham quaisquer notícias de Paul, irmão de Erich. Assim como fizeram no caso de Margot e Anne, haviam tomado todas as medidas possíveis mas, até agora, infelizmente, ainda não tinham nenhuma resposta. Ela contou-lhe também que, enquanto tricotava a blusa de lã que a sra. Belinfante lhe entregaria em Amsterdã, pensava nele o tempo todo; as meias, por sua vez, já havia tricotado antes, na esperança de poder presenteá-lo pessoalmente.

Nesta mesma carta, Leni escreve:

> Meu querido Ottel, a sra. Belinfante é uma mulher maravilhosa e lhe entregará, o mais rápido possível, as nossas cartas e eu espero que possa abrir-se um pouco com ela. Os nossos pensamentos estão com você a cada minuto e somente a esperança nos dá alento. Eu gostaria muito de poder estar ao seu lado, mas este mundo cruel não se tornou melhor e, embora geograficamente não estejamos tão distantes assim, separam-nos barreiras intransponíveis. Sequer podemos nos contatar por telefone ou por telegrama! Eu creio, no entanto, que isso é uma questão de tempo. Tente enviar-nos alguma notícia por meio de um Kindertransport* para a Suíça! Se eu não tivesse o meu trabalho, certamente não aguentaria — esta impotência por toda parte! Portanto, meu querido, aceite os beijos de sua velha Lunni.

---

* O *Kindertransport*, ou transporte de crianças, foi uma ação de vários países durante a guerra e no pós-guerra, por meio da qual milhares de crianças foram levadas para outros países como forma de protegê-las. [*N. dos T.*]

Buddy, que acabara de completar 20 anos, queria escrever para Otto, mas sentia-se inibido. "Tudo que desejo escrever soa tão terrivelmente banal, comparado com aquilo pelo qual ele passou", disse.

"E mesmo que seja", respondeu Leni. "É importante para Otto saber que pensa nele. Você poderia, por exemplo, contar como foi a sua prova final na escola de teatro. Ele sempre gostou de teatro." E, quando viu a expressão hesitante de Buddy, acrescentou: "É completamente indiferente o que você vai escrever. O que importa é que ele receba sua carta."

Buddy escreveu então para o "Querido Ottel":

Depois de todos estes anos de uma incerteza terrível sobre o seu destino, a certeza não se mostrou menos terrível. Tanto antes quanto agora, os nossos pensamentos estão ao seu lado e nossa querida Edith continuará viva entre nós. Toda nossa esperança concentra-se hoje no retorno de Margot e Anne. Não se pode perder a esperança até o feliz retorno ou a certeza de que não estão mais vivas. Mas isto é algo que não queremos pensar. Depois de ter sobrevivido a um período tão terrível como aquele, também para o senhor haverá melhores dias. Eu sei que é mais fácil para mim dizer "Levante a cabeça!" do que para o senhor. E, no entanto, isto é muito importante. Às vezes, me envergonho ao lembrar como vivíamos aqui em Basileia, durante os seus longos anos de martírio. Nunca nos levantávamos da mesa com fome, continuávamos o nosso trabalho e tínhamos nossos momentos de diversão. Em resumo, além dos constantes alarmes aéreos sem bombardeios, um pequeno racionamento de alimentos e o fogo de artilharia procedente da Alsácia, não percebemos mais nada sobre a guerra. Nem mesmo fazíamos uma ideia de como estávamos bem. Da mesma maneira, nem mesmo podemos ter uma ideia do sofrimento que vocês passaram. Claro que nos jornais há relatos horrendos e nos noticiários americanos semanais podemos ver imagens horripilantes dos "campos de extermínio". Mas, por estarmos comodamente sentados em poltronas almofadadas e assistirmos nas telas dos cinemas a imagens horríveis, não temos a mínima ideia do que significa essa vida, quer dizer, não podemos imaginar o que significa esse esvanecer-se no inferno.

Agora quero contar-lhe um pouco de mim. Imagino que gostaria de saber o que eu faço. Há três semanas, concluí a minha formação e agora sou um ator profissional. Desde minha infância, eu já havia decidido seguir esta profissão. A apresentação final, na qual tive de demonstrar as minhas aptidões em diversas cenas e papéis, foi muito gratificante. Estes são os papéis, nos quais atuei em determinadas cenas das seguintes obras: 1) O 1º coveiro, em *Hamlet*. 2) Vansen, em *Egmont*. 3) Fabio, em *Noite de reis*. 4) Sósia, em *Anfitrião: uma comédia segundo Molière*, de Kleist (o meu maior sucesso!). 5) Arnold Kramer, em *Michael Kramer*, de Hauptmann. No momento, estou negociando um contrato para a temporada seguinte com dois teatros da Suíça. No inverno, fiz algum sucesso como palhaço patinador nas pistas de gelo de toda a Suíça, onde meu companheiro e eu nos apresentamos como "Baddy e Buddy". No palco, eu pretendo usar o nome Elias Frank. Ainda não conseguimos a cidadania suíça. Steph e eu gostaríamos muito de consegui-la e tentaremos a naturalização, mas as exigências são enormes. No momento, estou aprendendo a bater à máquina e estudando inglês. Naturalmente, quero visitá-lo tão logo seja possível; Robo e Herbi também. Antes, nós o aguardamos aqui em casa, em Basileia, e eu espero que seja em breve! Venha o quanto antes. Por hoje, preciso encerrar. Mil beijos. Seu Buddy

Seguem ainda algumas linhas de Stephan, nas quais expressa suas condolências: "Como deve ter sofrido e ainda estar sofrendo! Mas é preciso que você comece a construir a sua nova vida, independente da dor da sua alma. Se eu ao menos pudesse lhe ajudar um pouco nesta construção. É bom poder estar junto de alguém que se pode ver e ouvir. A sra. Belinfante irá lhe contar o mais importante sobre nós."

Leni entregou estas cartas à sra. Belinfante, juntamente com os presentes para Otto. Ela se preparou para uma longa espera. Aos poucos, tinha a impressão de que a sua vida consistia em esperar. Chegaram então a Herbstgasse, de uma só vez, todas as cartas que Otto escrevera em fevereiro e março, de Auschwitz, de Kattowitz, de Czernowitz. E, apenas um dia depois, a carta, com data de 15 de junho, na qual Otto anexara uma cópia do depoimento de Lien Brilleslijpers, sobre o destino final de suas filhas. Uma coincidência terrível.

A família leu as cartas e os cartões que Otto escrevera imediatamente após a libertação. Nesse ínterim, eles já sabiam que, desde 27 de janeiro de 1945, Auschwitz havia sido libertado; sabiam também que, neste campo de extermínio, mais de 1 milhão de pessoas foram assassinadas, a maioria com o gás venenoso Zyklon B, e que, além dos cadáveres, foram encontrados ainda 7 mil sobreviventes. E um destes sobreviventes era Otto Frank — o filho, o irmão, o cunhado, o tio. A sua primeira carta fora enviada ainda de Auschwitz, escrita na parte de trás de um formulário de determinações do comandante de campo.

"Vejam só essas determinações", disse Erich com amargura. "Que cinismo! Como se Auschwitz se tratasse de um lugar onde os prisioneiros tivessem quaisquer direitos. Como se não tivessem sido levados para lá para serem executados."

Ele virou a carta e leu em voz alta:

Minha amada mãe,

Espero que você receba estas linhas, que trazem notícias para você e para os que amo. Fui libertado pelos russos; estou com saúde, cheio de coragem e, em todos os sentidos, sendo bem atendido. Desconheço o paradeiro de Edith e das meninas, pois estamos separados desde 5 de setembro de 1944. Eu ouvi dizer que elas seriam levadas para a Alemanha. Eu espero vê--las com saúde novamente. Por favor, avise meus cunhados e meus amigos da Holanda sobre a minha libertação. Eu anseio vê-los e espero que isto seja o mais breve possível. Espero que estejam todos com saúde. Quando poderei ter notícias suas? Com todo o meu amor e os mais sinceros beijos e abraços.

Seu filho Otto

No local do remetente constava: *Otto Frank, nascido em 12 de maio de 1889, Pr-Nº B 9174*. Leni sentiu um calafrio descendo pela espinha. Estava certa de que aquele era o número que haviam tatuado no braço esquerdo de seu irmão, na sua chegada em Auschwitz. Ela já tinha visto fotos desses números e ainda veria muitas outras pessoas com eles. Alice começou a chorar. "Nesta época, ele ainda não sabia da morte de Edith."

Não, naquela época não sabia que Edith havia morrido. Do mesmo modo, na sua carta seguinte, procedente de Kattowitz, ele ainda falava da sua esperança de encontrar Edith e as meninas.

Eu ainda não me decidi a contar-lhes em detalhes as minhas experiências, mas o que realmente importa para todos é saberem que estou vivo e com saúde. Vocês decerto poderão entender o quanto me atormenta não saber onde estão Edith e as meninas. Contudo, tenho a esperança de revê-las com saúde e não quero me deixar abater. [...] Eu mal consigo me imaginar numa situação normal. Sobre o futuro ainda não quero pensar. Aqui sou um mendigo e pareço como tal. [...] Sempre serei grato aos russos por nos terem libertado. Se não estivesse internado no hospital por inanição — cheguei a pesar 52 kg —, certamente não estaria mais vivo. Eu tive sorte e bons amigos. Peter van Pels, que durante dois anos esteve escondido conosco em Amsterdã, comportou-se como um filho e fez tudo que estava ao seu alcance para me ajudar. Todos os dias, ele complementava a minha alimentação. Apesar de todo o perigo, o que os nossos amigos de Amsterdã — Miep Gies, Kleiman, Kugler e Bep — fizeram para nos alimentar durante o período do nosso esconderijo, não há dinheiro que pague. Kleiman e Kugler foram levados conosco pela Gestapo e também acabaram em um campo de concentração. Esta ideia não me abandona e só espero que estas pessoas já estejam livres. Se puderem se corresponder com Amsterdã, peço que deem notícias [...].

Miep Gies, Johannes Kleiman, Victor Kugler e Bep Voskuijl eram empregados da empresa de Otto e haviam se encarregado de abastecer e cuidar abnegadamente das famílias Frank e Van Pels e do dr. Pfeffer, durante os dois anos em que se mantiveram escondidos. A tarefa mais difícil ficou por conta de Miep Gies e Bep Voskuijl, que eram as responsáveis pelos alimentos de que necessitavam e que, na época da guerra e em razão do racionamento, eram extremamente difíceis de se obter. Mas, sem sombra de dúvidas, todos os quatro ajudaram e, sem eles, não teria sido possível viver tanto tempo na clandestinidade. Pertencem àquele grupo de pessoas que se portaram de maneira humana em uma época desumana. É necessário ainda incluir neste grupo Jan Gies, o homem com quem Miep havia se casado em 1941. Leni conhecia cada uma destas pessoas. Ela os conheceu na ocasião em que visitara os Frank em Amsterdã, antes da guerra. Alice também os conhecia. "Que Deus lhes pague pelo que fizeram por Otto, Edith e as meninas", disse Alice. "Nós não temos como pagar-lhes."

A mensagem seguinte de Otto, também de Kattowitz, dizia:

Eu não conseguirei escrever-lhes muito, pois a notícia da morte
de Edith, no dia 6 de janeiro de 1945, que acabo de receber,
me atingiu tão profundamente que já não sou mais o mesmo.
O pensamento nas minhas filhas é o que ainda me mantém
vivo. Edith morreu no hospital, extremamente debilitada
em consequência da desnutrição, de modo que seu corpo
não resistiu a uma enfermidade intestinal que contraiu. Na
verdade, outro assassinato dos alemães. Se tivesse resistido
apenas catorze dias mais, com a libertação dos russos, tudo
teria sido diferente.

"Se tivesse resistido apenas catorze dias mais", Leni repetiu
horrorizada as palavras de Otto.

Tivesse ela ou tivesse ele resistido um pouco mais — era uma
expressão que podia ser aplicada a muitas outras vidas. Mais
tarde, eles ficariam sabendo que, para Peter van Pels — que, tal
como Otto escrevera, se comportou "como um filho" e fez tudo
que estava ao seu alcance para ajudá-lo —, um ou dois dias teriam
sido suficientes. Depois de sobreviver a uma das famigeradas
marchas da morte, morreu em 5 de maio de 1945, no campo de
concentração Mauthausen, na Áustria, no mesmo dia em que as
tropas americanas libertaram o campo. Ele nem mesmo chegara
a completar 19 anos.

Em outra carta, que também enviara de Kattowitz, Otto in-
forma que esperavam por um transporte para a Holanda, mas
ninguém sabia ao certo quando isso ocorreria: "Parece que a
guerra está chegando rapidamente ao fim. Eu estou bem de saúde
e procuro me manter bem, apesar da triste notícia do falecimento
da minha mulher. Quero apenas encontrar minhas filhas."

Depois, seguiu-se uma carta procedente de Czernowitz, de
11 de abril. Nesta, Otto comunica que haviam chegado até ali e
esperavam em breve poder seguir viagem para Amsterdã.

1. Villa Laret, Sils Maria. Arquivo das famílias Elias/Frank e Anne Frank Archiv, Amsterdã

2. Cornelia Cahn, mãe de Alice Frank, quando criança, por volta de 1844. Jürgen Bauer

3. Michael Frank aos 17 anos, por volta de 1868. Arquivo das famílias Elias/Frank e Anne Frank Archiv, Amsterdã

4. A pequena Alice Frank, retratada pelo pintor frankfurtiano Schlesinger por volta de 1869. Jürgen Bauer

5. Elkan Juda Cahn e a esposa, Betty (tataravós de Anne Frank). Jürgen Bauer

6. Alice Frank com a mãe, Cornelia Stern (nascida Cahn), por volta de 1872. Arquivo das famílias Elias/Frank e Anne Frank Archiv, Amsterdã

7. A casa da família Frank em Landau, na região do Pfalz. Arquivo das famílias Elias/Frank e Anne Frank Archiv, Amsterdã

8. Os filhos de Zacharias e Babette Frank. Arquivo das famílias Elias/Frank e Anne Frank Archiv, Amsterdã

9. Cornelia Stern, já mais velha. Jürgen Bauer

10. Michael Frank, por volta de 1880.
Arquivo das famílias Elias/Frank e
Anne Frank Archiv, Amsterdã

11. Artesanato feito por Alice Frank. Jürgen Bauer

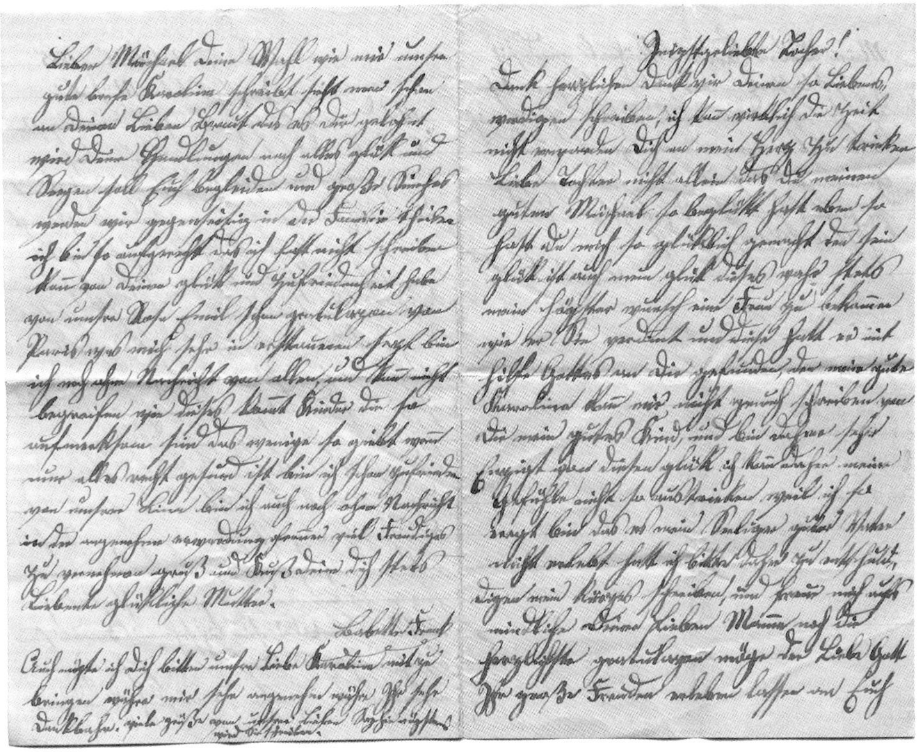

12. Carta de Babette Frank por ocasião do noivado de Alice, 22 de outubro de 1885.
Arquivo das famílias Elias/Frank e Anne Frank Archiv, Amsterdã

24. Os irmãos Frank, por volta de 1907. Arquivo das famílias
Elias/Frank e Anne Frank Archiv, Amsterdã

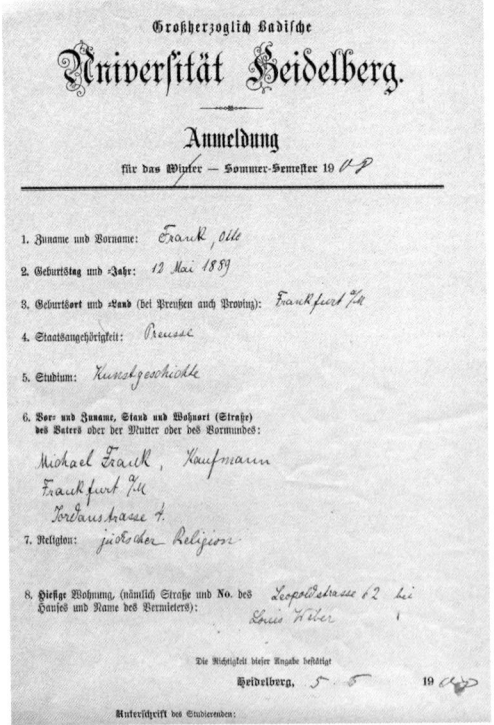

25. Matrícula de Otto Frank na universidade,
1908. Universidade de Heidelberg

26. Alice Frank, por volta de 1910.
Arquivo das famílias Elias/Frank
e Anne Frank Archiv, Amsterdã

27. Cornelia Stern com sua neta Leni, por volta de 1910. Arquivo das famílias Elias/Frank e Anne Frank Archiv, Amsterdã

28. Johanna Elias, por volta de 1911. Jürgen Bauer

29. Da esquerda para a direita: Nanette, Jean-Michel (sentado), Oscar, George e Leon Frank (sentado). Arquivo das famílias Elias/Frank e Anne Frank Archiv, Amsterdã

30. Robert Frank como soldado na Primeira Guerra Mundial. Arquivo das famílias Elias/Frank e Anne Frank Archiv, Amsterdã

31. Otto Frank como soldado na Primeira Guerra Mundial. Arquivo das famílias Elias/Frank e Anne Frank Archiv, Amsterdã

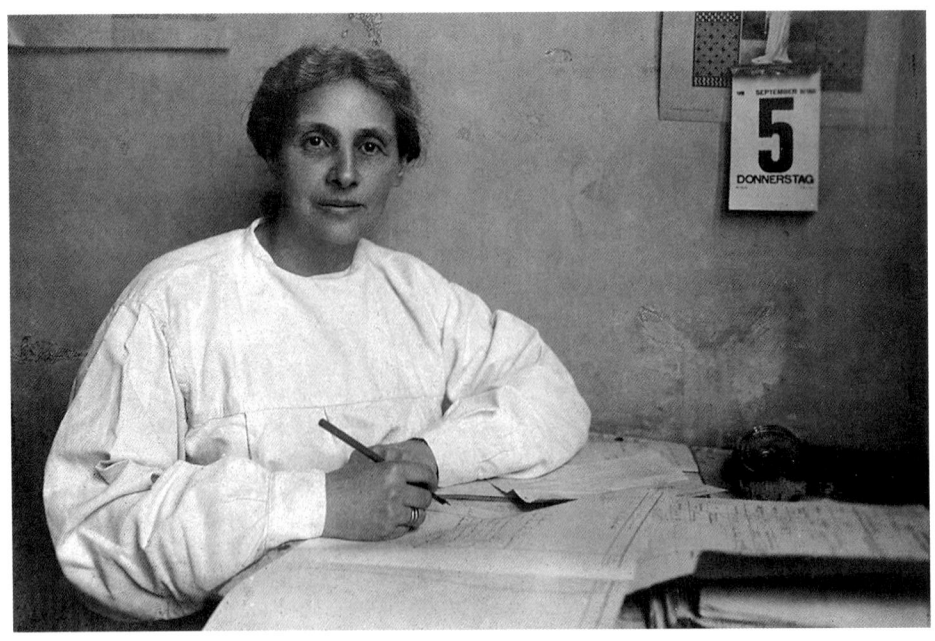

32. Alice Frank como ajudante de enfermaria, 5 de setembro de 1916. Arquivo das famílias Elias/Frank e Anne Frank Archiv, Amsterdã

33. Carta de Robert Frank para Alice, de 28 de agosto de 1917. Arquivo das famílias Elias/Frank e Anne Frank Archiv, Amsterdã

34. Helene Elias, por volta de 1919. Arquivo das famílias Elias/Frank e Anne Frank Archiv, Amsterdã

35. Erich Elias, por volta de 1920. Arquivo das famílias Elias/Frank e Anne Frank Archiv, Amsterdã

36. Leni, grávida, com os sogros Ida e Carl Elias, no verão de 1921. ARQUIVO DAS FAMÍLIAS ELIAS/FRANK E ANNE FRANK ARCHIV, AMSTERDÃ

37. Foto do casamento de Erich e Leni, 1921. ARQUIVO DAS FAMÍLIAS ELIAS/FRANK E ANNE FRANK ARCHIV, AMSTERDÃ

38. Edith Frank, nascida Holländer, mãe de Margot e Anne Frank, por volta de 1925. ARQUIVO DAS FAMÍLIAS ELIAS/FRANK E ANNE FRANK ARCHIV, AMSTERDÃ

40. Buddy e Stephan Elias, 1925.
Arquivo das famílias Elias/Frank e
Anne Frank Archiv, Amsterdã

39. Foto do casamento de Edith e Otto Frank,
12 de maio de 1925. Arquivo das famílias
Elias/Frank e Anne Frank Archiv,
Amsterdã

41. Jean-Michel Frank, por volta de 1925.
Arquivo das famílias Elias/Frank e Anne
Frank Archiv, Amsterdã

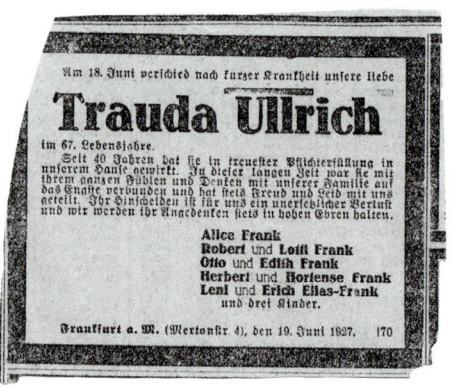

43. Anúncio fúnebre de Trauda Ullrich, cozinheira de longa data da família Frank.
Arquivo das famílias Elias/Frank e Anne Frank Archiv, Amsterdã

42. Alice Frank com sua nora Edith e os netos Margot e Stephan em Frankfurt, 1927.
Arquivo das famílias Elias/Frank e Anne Frank Archiv, Amsterdã

44. Buddy Elias, por volta de 1928. Arquivo das famílias Elias/Frank e Anne Frank Archiv, Amsterdã

45. Buddy e Stephan Elias, por volta de 1928/29. <small>Arquivo das famílias Elias/Frank e Anne Frank Archiv, Amsterdã</small>

46. Margot e Anne Frank com crianças da vizinhança, por volta de 1930. Da esquerda para a direita: Buddy Elias (seu primo), Maitly Könitzer, Gertrud Naumann, Anne, Marianne Stab, Werner Beck, Margot, Hilde Stab, Irmgard Naumann e Butzy Könitzer. <small>Arquivo das famílias Elias/Frank e Anne Frank Archiv, Amsterdã</small>

47. Buddy Elias patinando no gelo. <small>Arquivo das famílias Elias/Frank e Anne Frank Archiv, Amsterdã</small>

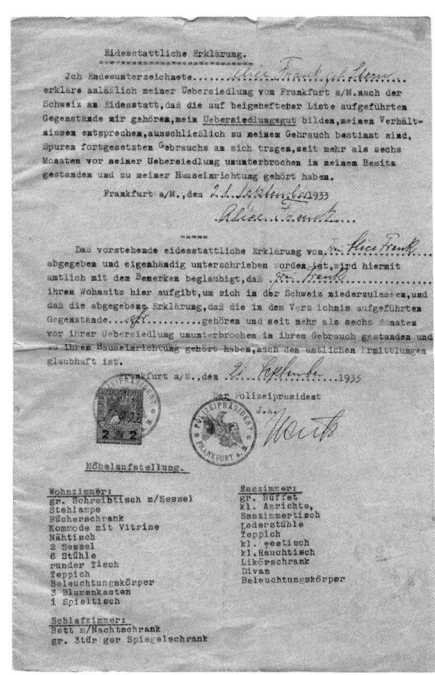

48. O jovem Buddy Elias. Arquivo das famílias Elias/Frank e Anne Frank Archiv, Amsterdã

49. Declaração juramentada de Alice Frank sobre a sua mudança de Frankfurt para Basileia, 2 de setembro de 1933. Arquivo das famílias Elias/Frank e Anne Frank Archiv, Amsterdã

50. Buddy e Leni Elias, por volta de 1933. Arquivo das famílias Elias/ Frank e Anne Frank Archiv, Amsterdã

51. Stephan e Buddy Elias, em 1934 (foto de Anne Frank). Arquivo das famílias Elias/Frank e Anne Frank Archiv, Amsterdã

52. Anne Frank em Sils Maria, 1935. Arquivo das famílias Elias/Frank e Anne Frank Archiv, Amsterdã

53. Carta de Anne Frank para sua avó Alice Frank e seu primo Stephan Elias, dezembro de 1938. Arquivo das famílias Elias/Frank e Anne Frank Archiv, Amsterdã

54. Margot e Anne Frank com a avó Holländer, por volta de 1939. Arquivo das famílias Elias/Frank e Anne Frank Archiv, Amsterdã

55. Poema de Alice Frank para o aniversário de seu neto Stephan Elias, em 20 de dezembro de 1939. Arquivo das famílias Elias/Frank e Anne Frank Archiv, Amsterdã

56. Anne Frank com a amiga Hannah Goslar (Hanneli), Amsterdã, 1939. Arquivo das famílias Elias/Frank e Anne Frank Archiv, Amsterdã

57. Margot Frank, por volta de 1941. Arquivo das famílias Elias/ Frank e Anne Frank Archiv, Amsterdã

58. Anne Frank, por volta de 1941. Arquivo das famílias Elias/ Frank e Anne Frank Archiv, Amsterdã

Ik kan jullie de vacan-
tiebrief nu niet schryven.
groeten en zoe ...
Van
Anne.

Alles Gute
Leve ...
Herzliche Wünsche
Margot.

Afz. O. Frank
Merwedeplein 37
Amsterdam

Frau
Leni Elias
Herbstgasse 11
Basel

5. VIII. 42

Liebste Lunni,

Wir gratulieren Dir alle heute schon zu
Deinem Geburtstag, da wir sicher sein wollen, dass
Du unsere Grüsse rechtzeitig erhaltet u. wir später
keine Gelegenheit haben. Wir wünschen Dir von
Herzen das beste. Wir sind gesund u. zusammen
das ist die Hauptsache. Schwer ist heute alles für
uns, aber man muss halt manches in Kauf
nehmen. Hoffentlich wird in diesem Jahr von Frieda
kommen sowas wir uns wiedersehn können. Dass
wir mit der J. und den Ihren nicht mehr korres-
pondieren können ist bedauerlich, lässt sich aber
nicht ändern. Das muss sie verstehen. Nochmals innig
alle Grüsse  euer O.

59. Cartão de Otto Frank para Leni, escrito em 5 de agosto de 1942, antes de cair
na clandestinidade. Arquivo das famílias Elias/Frank e Anne Frank Archiv,
Amsterdã

60. Buddy Elias e Otti Rehorek, a dupla "Buddy e Baddy", no gelo. Arquivo das famílias Elias/Frank e Anne Frank Archiv, Amsterdã

61. "Buddy (com violino) e Baddy", Holiday on Ice. Arquivo particular da família Elias, Basileia

62. Cartas de aniversário de Anne e Otto para Buddy, 2 de junho de 1942.
ARQUIVO DAS FAMÍLIAS ELIAS/FRANK E ANNE FRANK ARCHIV, AMSTERDÃ

63. Anotação de Anne em seu diário, 18 de outubro de 1942. ARQUIVO DAS FAMÍLIAS ELIAS/FRANK E ANNE FRANK ARCHIV, AMSTERDÃ

64. Buddy e Erich Elias, por volta de 1944. Arquivo das famílias Elias/Frank e Anne Frank Archiv, Amsterdã

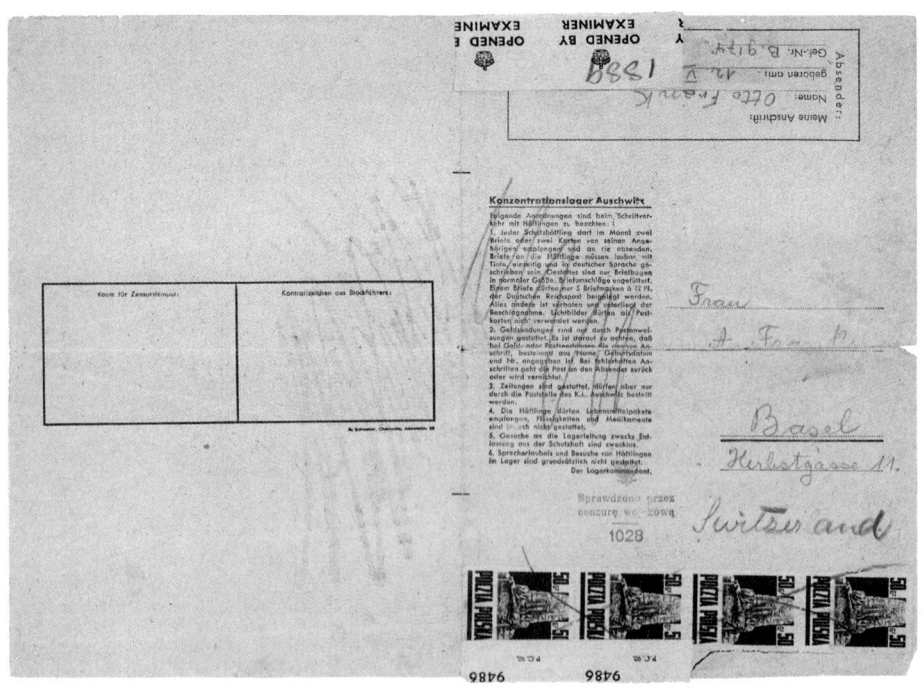

65. Carta de Otto Frank para sua mãe, Alice, em papel de carta do campo de concentração de Auschwitz, 23 de fevereiro de 1945. Arquivo das famílias Elias/ Frank e Anne Frank Archiv, Amsterdã

66. Carteira de identidade francesa, emitida para Jean-Michel Frank com a foto do primo alemão Herbert. ARQUIVO DAS FAMÍLIAS ELIAS/FRANK E ANNE FRANK ARCHIV, AMSTERDÃ

67. Telegrama de Otto Frank, de Marselha, 27 de maio de 1945. ARQUIVO DAS FAMÍLIAS ELIAS/FRANK E ANNE FRANK ARCHIV, AMSTERDÃ

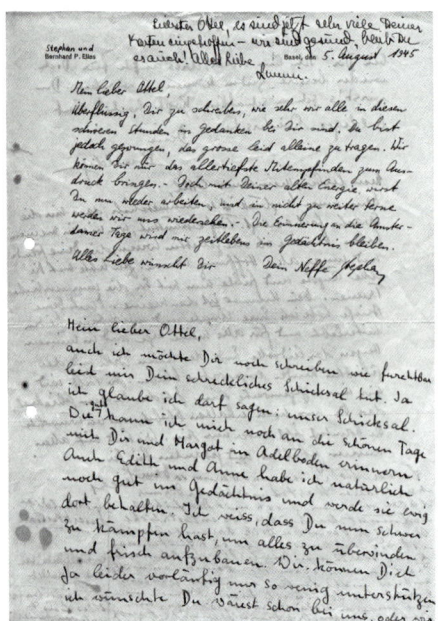

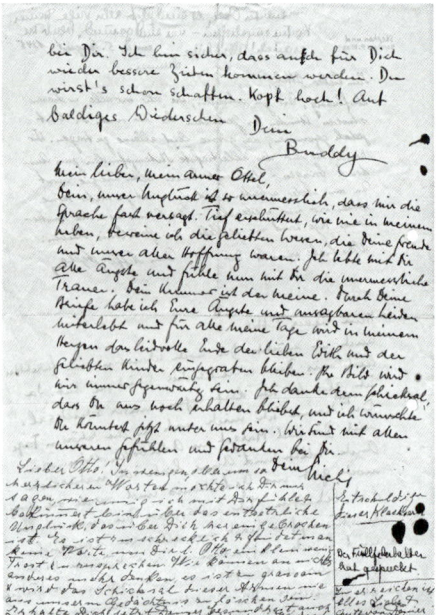

68. Carta coletiva da família para Otto Frank, 5 de agosto de 1945. Arquivo das famílias Elias/Frank e Anne Frank Archiv, Amsterdã

69. Alice Frank, por volta dos 80 anos de idade, nas escadas do jardim da casa da Herbstgasse, Basileia. Arquivo das famílias Elias/Frank e Anne Frank Archiv, Amsterdã

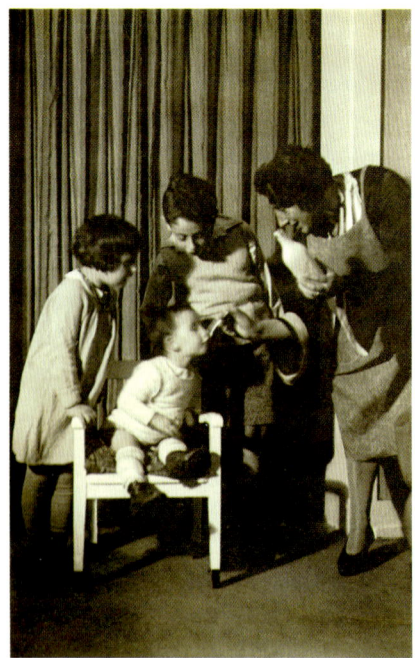

70. Margot, Stephan e Anne (sendo alimentada por sua mãe, Edith). Arquivo das famílias Elias/Frank e Anne Frank Archiv, Amsterdã

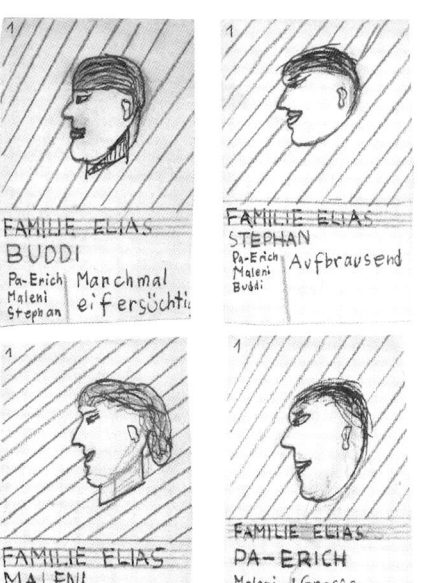

FAMILIE ELIAS
BUDDI
Pa-Erich
Maleni
Stephan
Manchmal eifersüchti

FAMILIE ELIAS
STEPHAN
Pa-Erich
Maleni
Buddi
Aufbrausend

FAMILIE FRANK
ROBO
Otto
Herbi
Grosser Dichter

FAMILIE FRANK
Otto
Robo
Herbi
"Ins Bett, ins Bett," sonst brav.

FAMILIE ELIAS
MALENI
Buddi
Stephan
Pa-Erich
Manchmal wütend.

FAMILIE ELIAS
PA-ERICH
Maleni
Buddi
Stephan
Grosse Sauberkeit.

FAMILIE FRANK
HERBI
Otto
Robo
Ist immer lustig.

FAMILIE FRANK
OTTO
Robo
Herbi
Tüchtiger Geschäftsmann

FAMILIE OTTO FRANK
EDITH
Otto
Margot
Anne
Die gute Mutter

FAMILIE OTTO FRANK
ANNE
Margot
Otto
Edith
Der Strolch

FAMILIE OTTO FRANK
OTTO
Edith
Margot
Anne
Guter Familien-vater

FAMILIE OTTO FRANK
MARGOT
Anne
Otto
Edith
Verträgt. Küsse nicht.

71. Jogo de cartas das famílias Frank e Elias feito por Buddy.
ARQUIVO PARTICULAR DA FAMÍLIA ELIAS, BASILEIA

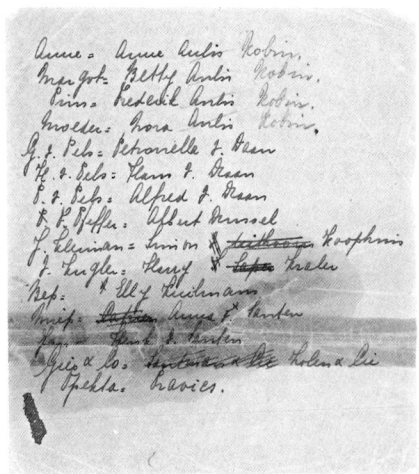

77. Lista de Anne Frank das mudanças de nomes. Arquivo das famílias Elias/ Frank e Anne Frank Archiv, Amsterdã

78. Leni Elias aos 60 anos. Arquivo das famílias Elias/Frank e Anne Frank Archiv, Amsterdã

79. A casa da Herbstgasse, nº 11, vista do jardim. No quarto mais alto, à direita, no sótão, moraram durante sete anos Otto Frank e sua segunda esposa, Fritzi. No pavimento abaixo, também no sótão, morava Alice Frank. Jürgen Bauer

80. Otto Frank mostra o quarto de Anne nos fundos da casa ao casal de escritores Frances Goodrich-Hackett e Albert Hackett, e ao diretor Garson Kanin, dezembro de 1954. Maria Austria Instituut (mai), Amsterdã

81. A família no jardim da casa na Herbstgasse, nº 11. Da esquerda para a direita: Herbert Frank, Alice Frank, Leni Elias, Erich Elias e Ida Elias. Atrás: Stephan Elias. ARQUIVO DAS FAMÍLIAS ELIAS/ FRANK E ANNE FRANK ARCHIV, AMSTERDÃ

82. Primeira apresentação conjunta de Buddy Elias e Gerti Wiedner em *Der Bockerer*, de Ulrich Becher e Peter Preses, no Teatro Nacional de Tübingen, 1963. ARQUIVO PARTICULAR DA FAMÍLIA ELIAS, BASILEIA

83. Buddy Elias e Gerti Wiedner em *Meine Schwester und ich* [Minha irmã e eu], de Ralph Benatzky. Teatro Nacional de Tübingen, 1963. ARQUIVO PARTICULAR DA FAMÍLIA ELIAS, BASILEIA

84. Casamento de Buddy e Gerti Elias em 1º de fevereiro de 1965 no Museu de Arte de Basileia. Da esquerda para a direita: Otto Frank, Herbert Frank, Fritzi Frank, Stephan Elias, Thesy Wiedner (irmã de Gerti), Buddy Elias, Erich Elias, Leni Elias, Karl Wiedner (pai de Gerti), Gerti Elias e Ado Wiedner (irmã de Gerti). ARQUIVO PARTICULAR DA FAMÍLIA ELIAS, BASILEIA

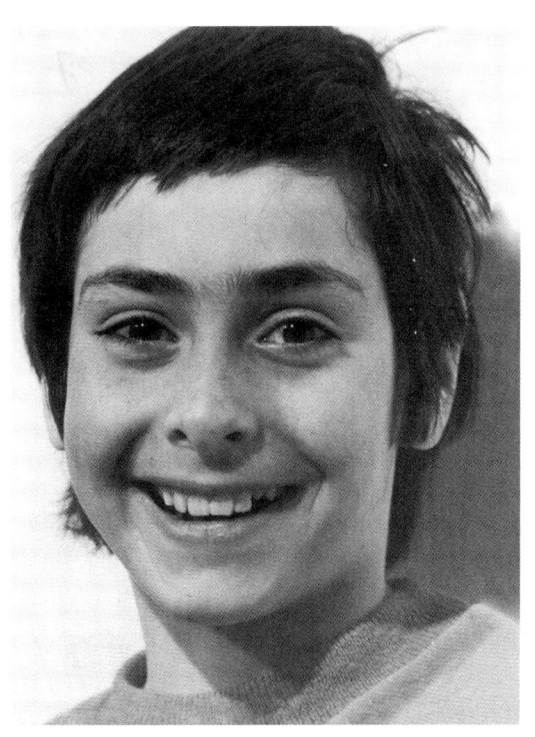

85. Patrick Elias aos 10 anos, 1976.
Arquivo particular da família
Elias, Basileia

86. Oliver Elias aos 5 anos,
1976. Arquivo particular
da família Elias, Basileia

87. Buddy Elias com Maximilian
Schell em *Pobre assassino*, de Pavel
Kohout, no Renaissance Theater,
em Berlim, 1982. ARQUIVO
PARTICULAR DA FAMÍLIA ELIAS,
BASILEIA

88. Leni e Erich Elias, por volta
de 1983. ARQUIVO PARTICULAR
DA FAMÍLIA ELIAS, BASILEIA

"Em 11 de abril ainda havia guerra", teria decerto comentado Buddy. "No resto da Europa ainda ocorriam combates e várias bombas foram lançadas. A viagem não poderia prosseguir tão rápido assim."

Eles se entreolharam divididos pelos sentimentos de tristeza, pela morte de Edith, e de alegria, pelo fato de Otto ter sobrevivido àquele horror.

Em julho, receberam a carta fatídica com a notícia de que ambas as meninas, Margot e Anne, tinham morrido havia alguns meses em um campo de concentração na Alemanha. Alguns dias antes, Alice ainda escrevera para Otto: "De um lado, estamos tão próximos e, de outro, tão distantes, e precisamos tanto um do outro! E Leni havia perguntado: Você não poderia tentar vir até aqui? Naturalmente você ainda deseja aguardar até ter notícias mais concretas — tudo é tão horrível que não se consegue ter um pensamento razoável." A ideia de que Otto, ao ler estas linhas, talvez já soubesse da morte de suas filhas, era insuportável para Leni. Ao mesmo tempo, preocupava-se com sua mãe e temia que ela não suportasse esse baque.

Nos meses que se seguiram ao final da guerra, a busca pelos desaparecidos foi para muitos um problema angustiante. Em todos os cantos da Europa, as pessoas buscavam um sinal de vida de seus parentes; em toda parte, esperava-se por um milagre. Muitos anos depois da guerra, escritórios especializados, montados pela Cruz Vermelha, ainda se ocupavam com os pedidos de busca e, em algumas ocasiões, muito raras, realmente ocorria um milagre. Dentre aqueles que esperavam uma notícia dos parentes, encontrava-se Fritzi Geiringer, nascida em Viena. Em Auschwitz, ela havia sido separada do marido e do filho. Ela e a filha Eva, da mesma idade de Anne, haviam sobrevivido. Otto conhecera Fritzi durante a longa viagem para Amsterdã e, oito anos depois, eles se casariam.

Otto Frank perguntava incansavelmente para todas as pessoas que retornavam dos campos de concentração se tinham alguma informação de suas filhas; lia todas as listas que eram publicadas nos jornais; buscava notícias regularmente na Cruz Vermelha, que mantinha um registro atualizado dos sobreviventes e compilava declarações de testemunhas sobre vítimas.

Foi uma época terrível, na qual se ficava à espera para ver quem regressava, quem havia tido a sorte de se esquivar da morte e quem se supunha que não estaria mais vivo — um tempo de esperanças, de rumores, de suposições, de verdades atrozes. Finalmente, em 18 de julho de 1945, Otto Frank descobriu o que tinha acontecido com suas filhas. Nas listas da Cruz Vermelha, ele viu a funesta cruz ao lado dos nomes de Margot Betti Frank e Annelies Marie Frank. Ele solicitou o nome e o endereço da mulher que havia dado a informação.

As suspeitas, que Otto, sem dúvida, já tinha, transformaram-se em certeza. Ele informou a sua família e enviou uma tradução da declaração de Lien Brilleslijper, uma mulher que estivera em Bergen-Belsen juntamente com sua irmã Jannie, onde conhecera Margot e Anne.

Depois de comer alguma coisa, encontramos uma torneira, onde pudemos nos lavar um pouco, pois desde Auschwitz isto não era mais possível. Nós nos enrolamos novamente em nossas mantas. Então encontramos duas pequenas figuras nuas, que pareciam dois passarinhos congelados. Nós nos abraçamos e choramos. Eram Margot e Anne Frank. Perguntamos por sua mãe. Anne nada respondeu.

Nós quatro passamos então pelos barracões e nos dirigimos à praça. Ali vimos algumas tendas grandes, que se assemelhavam a armações de circo. Uma destas tendas nos foi destinada e nos deitamos na palha, aconchegadas uma ao lado da outra sob as mantas. Os primeiros dias foram tranquilos e nós dormimos muito. Aí começaram as chuvas constantes e, mesmo sob nossas cobertas, não conseguíamos nos aquecer. Além disso, ainda havia os piolhos.

Então nos deram trabalho. Tínhamos de arrancar as solas de sapatos velhos. Em troca, recebíamos um pouco de sopa e um pedaço pequeno de pão. Em pouco tempo, as nossas mãos começaram a sangrar e a inflamar. Anne e eu tivemos de parar antes. Jannie e Margot aguentaram um pouco mais. Depois de alguns dias, começaram as fortes tormentas de inverno. As tendas não aguentaram e se rasgaram. Houve feridos. Nós fomos levadas para um galpão, onde ficavam depositados trapos, sapatos velhos e outras coisas mais. Anne perguntou: "Por que querem que vivamos como animais?" Jannie respondeu: "Porque eles mesmos são predadores."

Em um dia de dezembro, recebemos um pequeno pedaço de queijo e um pouco de geleia. Os membros da SS e as guardas retiraram-se para celebrar. Era Natal. Éramos três pares de irmãs: Margot e Anne Frank, as irmãs de Daniel e nós. E naquela noite, à nossa maneira, nós festejamos Nikolaus, Chanucá e Natal. Jannie tinha conhecido algumas húngaras que trabalhavam na cozinha da SS. Com sua ajuda, conseguimos duas mãos cheias de cascas de batatas. Anne arranjou um maço de salsão e as irmãs de Daniel encontraram um pouco de beterraba. Eu cantei e dancei para algumas guardas e ganhei uma mão cheia de chucrute. Nós havíamos economizado o nosso pão e, com tudo isso, fizemos pequenas surpresas umas às outras. Assamos as cascas de batata e cantamos baixinho canções holandesas e em ídiche. Ficávamos imaginando o que faríamos quando voltássemos para casa. "Nós faremos uma festa, um banquete no Dikker & Thys", propôs Anne, referindo-se a um dos restaurantes mais caros de Amsterdã. Por um curto espaço de tempo, nós fomos realmente felizes.

Em seguida, um novo barracão foi designado para Jannie e para mim. Pedimos para Anne e Margot virem conosco, mas Margot estava com uma diarreia horrível e precisava permanecer no barracão velho, por causa do perigo de uma febre tifoide. Anne cuidava dela como podia. Nas semanas seguintes, visitamos ambas e, às vezes, conseguíamos levar alguma coisa para elas comerem.

Eu creio que era março, quando nós fomos visitá-las outra vez, pois a neve já havia derretido. Mas elas não estavam no barracão; nós as encontramos na enfermaria. Suplicamos para não ficarem ali, pois, a partir do momento em que desistimos, o fim está próximo. Anne disse: "Aqui nós duas podemos dividir um único colchão; nós estamos juntas e estamos em paz." Margot só conseguia sussurrar. Ela estava com febre muito alta. No dia seguinte, fomos visitá-las novamente. Margot tinha caído do catre e estava quase inconsciente. Anne também estava com febre, mas alegre e carinhosa. Ela disse: "Margot vai dormir bem e, enquanto ela estiver dormindo, eu não preciso mais me levantar."

Alguns dias mais tarde, o colchão estava vazio. Nós sabíamos o que isso significava. Elas estavam atrás do barracão. Nós enrolamos então os seus corpos esquálidos em uma manta e levamos ambas para uma vala comum. Era tudo o que ainda podíamos fazer por elas.

Tal como ocorrera a Anne e Margot, Lien Brilleslijper e sua irmã Jannie foram deportadas inicialmente para Auschwitz e em seguida para Bergen-Belsen, onde foram libertadas pelos ingleses. Lien Brilleslijper-Rebling e seu marido, Eberhard Rebling, um conhecido pianista e musicólogo que tinha emigrado em 1936 para a Holanda, retornaram mais tarde para Berlim, e na República Democrática Alemã ela tornou-se uma conhecida intérprete de canções em ídiche.

Ela e sua irmã sobreviveram ao Holocausto. Margot e Anne Frank, não.

# Não se deixar abater

Margot e Anne já não estavam mais vivas. Ambas morreram provavelmente no final de março de 1945, no campo de concentração de Bergen-Belsen, na região de Lüneburger Heide. O campo foi libertado em 15 de abril de 1945 pelas tropas britânicas, que ainda encontraram ali cerca de 60 mil prisioneiros esquálidos. O médico militar britânico Hugh Llewelyn Glyn Hughes, que mais tarde comandou as ações de salvamento e de reabilitação, descreveu a situação da seguinte maneira: "Não há relatório nem fotografia que possa reproduzir com precisão o estado desumano do campo. [...] Em inúmeros lugares, os cadáveres estavam amontoados em pilhas de diferentes alturas. [...] Em todos os cantos havia corpos humanos em decomposição e [os barracões] estavam superlotados de prisioneiros em todos os estágios de desnutrição e de doenças."* Entre janeiro e metade de abril de 1945, a superlotação do campo e as condições totalmente insalubres custaram a vida de aproximadamente 35 mil pessoas, dentre elas as de Margot e Anne Frank.

---

* Citado em: Eberhard Kolb, *Bergen-Belsen 1943–1945. Vom "Aufenthaltslager" zum Konzentrationslager*. Göttingen, 2002, p. 52.

A comoção de Alice diante da notícia da morte de suas netas ficaria registrada na carta que ela escreveu para Otto, em 4 de agosto:

Meu querido Ottel,

Das cartas que nos enviou até o momento, recebemos um total de nove, dentre elas aquela datada de 15 de junho, juntamente com a cópia. [...] Não tenho palavras para expressar o que sinto e, a cada minuto, sofro as mesmas indescritíveis dores físicas e psíquicas que você agora tem de suportar sozinho. Não podemos nem mesmo ajudá-lo: eu com o meu imenso amor e a dor inominável, que divido com você. Hoje não quero entrar em detalhes e também não consigo fazê-lo, pois está além das minhas forças; de todo modo, não é necessário, pois os fatos são tão terríveis que nenhuma palavra poderia descrever o que sinto. Talvez mais tarde eu consiga perguntar muitas coisas que gostaria de saber sobre Edith, embora agora já seja tudo em vão. Só desejo e espero que você encontre a coragem suficiente. Recebeu o meu telegrama? Eu o enviei para dizer-lhe sem demora que só temos um único pensamento, e este é você. [...] Olga L. retornou de Theresienstadt e parece que perdeu uma parte da memória. Ela mora em um sanatório e não sabe nada de Irmchen, desde que foi levada para Birkenau. Sig. G. morreu em Theresienstadt e há meses não temos mais notícias de Louis. Estou lhe contando tudo isso porque você perguntou sobre todos eles e também porque pertenciam ao nosso círculo de amigos mais íntimos! Há pouco recebi uma carta carinhosa de Bep Voskeul e Helene. Ambas foram muito gentis e, primeiramente, eu agradeci; mais tarde responderei. Telegrafei para Herby e ontem tive notícias de Robert e Lotti; eles ainda não sabiam nada da nossa desgraça. Lotti está totalmente deprimida. Perguntaram-me se você recebeu o pacote que lhe enviaram e se tem visto os Goldstein. Ah! Se eu pudesse estar ao seu lado! Não sei como expressar a nossa imensa dor; eu só conseguiria deitar a minha cabeça no seu ombro e chorar! Fique com saúde. Dê lembranças a todos que sempre estão fielmente do seu lado e receba os meus mais íntimos pensamentos.

Sua mãe

Na Herbstgasse, todos estavam desconcertados. A irrevogabilidade da notícia deixou-os sem ação e desesperados, em especial Alice, que desabou. Leni tentou animá-la:

"A vida continua", disse-lhe ela. "Você sempre nos ensinou que devemos manter o olhar para o futuro."

"Que futuro?", perguntou Alice.

Antes tivesse ficado calada, pensou Leni. Alice tinha razão, que futuro ainda havia para ela? Estava com 80 anos. E Otto, com 56. Haveria ainda um amanhã para ele?

"Nós temos de lhe escrever", disse Leni. "Todos temos de lhe escrever. A única coisa que podemos fazer por ele é mostrar que não está sozinho em sua dor, que estamos ao seu lado."

A dor que envolveu toda a família fica comprovada na carta conjunta que escreveram para Otto e na qual todos expressam as suas condolências, inclusive a avó Ida. A notícia, sem dúvida, atingiu-a de uma maneira totalmente diversa dos outros e deve ter intensificado suas preocupações em torno de Paul.

Meu querido Ottel,

É desnecessário dizer a você que, em pensamento, estamos ao seu lado nesta hora tão difícil. Você, contudo, é obrigado a suportar sozinho essa grande dor. Nós somente podemos expressar os nossos mais profundos sentimentos de pesar.

Contudo, graças à sua energia de sempre, poderá trabalhar novamente e, em um futuro não muito longínquo, voltaremos a nos ver. A recordação dos dias passados em Amsterdã ficará para sempre na minha memória.

Com todo o carinho,

Seu sobrinho Stephan

Meu querido Ottel,

Eu igualmente quero expressar a minha solidariedade com a sua sina terrível. Creio que também posso dizer: a nossa sina. Ainda me lembro com clareza dos belos dias que passamos com você e Margot em Adelboden! Edith e Anne do mesmo modo estão guardadas em minha memória e eu as manterei comigo para sempre. Sei que você terá que lutar muito para superar tudo isso e poder recomeçar sua vida. Nesse momento, infelizmente, nós podemos ajudá-lo muito pouco. Gostaria que você estivesse aqui conosco, ou então nós aí com você. Estou convicto de que melhores tempos virão.

Você vencerá. Levante a cabeça! Até breve.

Seu Buddy

Meu querido, meu pobre Ottel,

A sua, a nossa desgraça é tão imensurável, que não tenho palavras para expressá-la. Profundamente abalado, como nunca estive antes em minha vida, eu choro pelos seres amados que foram a sua alegria e toda a nossa esperança. Eu vivi todos os seus medos e, agora, compartilho com você esta dor indescritível. O seu pesar é o meu pesar. Eu acompanhei pelas suas cartas os seus medos e a sua dor imensa e, ao longo de toda a minha vida, ficará gravado no meu coração o triste fim de

Edith e das queridas meninas. A imagem delas me acompanhará para sempre. Agradeço ao destino que você esteja salvo, e eu gostaria que pudesse estar agora aqui conosco. Estamos ao seu lado com todos os nossos sentimentos e pensamentos.

Seu Erich

Querido Otto!

Em poucas, mas extremamente afetuosas palavras, eu quero lhe dizer como me sinto próxima de você e quanto estou aflita com a desgraça estarrecedora que se abateu sobre a sua vida. É terrível e não há palavras que possam lhe trazer um pouco de consolo, Otto. Não conseguimos pensar em outra coisa; é muito cruel, e o destino dessas pobres jamais se apagará da nossa memória. Mantenha a sua saúde, também pelo bem de sua mãe, para que vocês ainda possam se reencontrar. Com todo amor, são os meus melhores desejos.

Sua avó Ida

Eles escreveram a carta em 5 de agosto. Desta vez, não tiveram de esperar muito tempo para receber uma resposta, pois a carta de Otto trazia a data de 19 de agosto. O correio, embora ainda bastante irregular, havia sido finalmente restabelecido e isto facilitava a aproximação da família, uma necessidade que para todos parecia ser intensa. Os laços familiares estreitos fortaleceram-se com a desgraça comum. Otto também parecia entender isso assim. Ele dizia:

Meus queridos,

Recebi a carta conjunta que me enviaram no dia 6 deste mês, assim como a carta de Leni, e compreendo o quanto deve ser difícil para mamãe me escrever. Recebi correspondências de toda parte e não consigo responder a todas elas de imediato. No entanto, procuro não pensar muito e tento me manter em atividade. Em geral, consigo isso quase sempre, mas de vez em quando a comoção toma conta de mim. Já lhes escrevi que é necessário me requisitarem comercialmente para que eu receba os auxílios adequados do consulado e, depois de minha entrevista com Goldstein, estou convencido de que, se aqui busca-se construir o que se pretende, é imprescindível uma conversa muito mais longa. Sobre este assunto, eu tratarei em outra carta.

Quero dirigir-me especialmente a Buddy. Ele não imagina quantas vezes Anne falou dele e quanta vontade tinha de estar na casa de vocês e poder conversar com Buddy sobre tantas coisas. Todas as fotografias no gelo que ele enviou ainda estão aqui; ela tinha um interesse imenso em seu progresso, sobretudo porque também gostava de patinar no gelo e sonhava um dia poder se apresentar com ele. Pouco antes de nos mudarmos para o esconderijo, ela ganhou um par de patins, que era o seu grande desejo. O estilo de escrever de Buddy me lembra muito o de Anne, o que me parece espantoso. Stephan já tem uma maneira distinta de ser, e me dá a impressão de que ambos se entendem tão bem, como se entendiam as nossas duas filhas. Li com Anne poemas de Goethe e de Schiller, depois *Guilherme Tell*, *A donzela de Orleans*, *Maria Stuart*, *Nathan, o sábio*, *O mercador de Veneza* e outras coisas parecidas. Ela gostava especialmente de ler biografias, por exemplo, de Rembrandt e Rubens, de Maria Teresa I da Áustria e Maria Antonieta, Carlos V e os grandes holandeses, assim como... *E o vento levou* e outros bons romances.

Edith e Margot eram duas grandes leitoras.

Além de vocês, eu não tenho escrito praticamente para mais ninguém sobre Edith e as meninas. Para quê? [...] Espero que Erich se restabeleça logo. Não sei o que é artrite e primeiro preciso me informar. Goldstein relatou-me sobre o êxito de Leni no trabalho, assim como Herbert também me

escreveu a respeito e quase não pude acreditar. G[oldstein] foi
muito atencioso comigo; presenteou-me ainda com um par de
botas e, na semana passada, fiquei dois dias em sua casa, em
Roterdã. Em relação à esposa, ele se comporta de maneira bem
menos amável, e isso me provocou certa rejeição. Meu bom
senso não me enganou. Eu lhe repassei várias informações,
mas tenho a impressão de que suas ideias sobre a situação do
mercado atual são equivocadas. Um comerciante e vendedor
de produtos para fábricas sempre tem um enfoque diverso
do de um comerciante de produtos de marca. Também estive
em Haia por causa de Hanneli Goslar e, assim, o tempo voa.
Praticamente não faço nenhum negócio e só estou trabalhando
em novos projetos. Mas tratarei este tema em outra ocasião.
Beijos e abraços a todos.

Leni foi quem leu a carta em voz alta. Quando terminou a leitura,
percebeu que Buddy estava muito pálido. "Anne", disse ele com a
voz sufocada, "de repente, eu tive a impressão de que ela estava
aqui na minha frente." Era evidente a sua dificuldade de manter
a calma. Leni colocou sua mão sobre a dele, tentando reconfortá-
-lo. Ele levantou-se subitamente e saiu correndo da sala. Durante
um longo tempo, ouviu a água da torneira do banheiro correndo
e sabia que ele, para se acalmar, estava lavando o rosto com água
gelada. Quando retornou à sala de jantar, Imperia servia a sopa,
mas todos tinham perdido o apetite. "Parece que ele ainda não
recebeu a minha carta", queixou-se Alice, "e, no entanto, eu fui
a primeira a lhe escrever, antes mesmo de todos vocês." "Você
sabe que ainda não se pode confiar no correio", disse Erich, pa-
cificador. Em seguida, falaram sobre Hanneli Goslar, a amiga
de Anne. Ela e Gabi, sua pequena irmã, haviam sobrevivido ao
campo de concentração de Bergen-Belsen, onde seu pai morrera.
Sua mãe havia falecido antes da deportação, depois de dar à luz
um bebê, que também não sobreviveu. Hanneli e Gabi ficaram,
portanto, sozinhas e órfãs, e era importante que Otto se ocupasse
delas. Ele e Edith tinham sido amigos da família Goslar.

Três dias mais tarde, chegou uma carta de Otto para Alice, na qual confirmava o recebimento da mensagem que ela lhe enviara. "Querida mãe", leu Alice. Contudo, com a voz embargada, estendeu a carta para Leni continuar a leitura.

Acabo de receber a sua carta do dia 4 deste mês. Eu sei a grande dor que você sente, o quanto seus pensamentos giram em torno de mim e de que modo compartilha da minha tristeza. Eu não me deixo abater e procuro me distrair tanto quanto possível. Fotografias dos últimos anos eu naturalmente não tenho, mas Miep conseguiu salvar alguns álbuns, assim como os diários de Anne. Eu, no entanto, ainda não encontrei a coragem suficiente para lê-los. Exceto alguns trabalhos de latim, não sobrou mais nada de Margot. Como toda nossa casa foi saqueada, também não tenho mais aquelas miudezas, às quais estamos habituados na vida, e que tanto Edith quanto as meninas possuíam. Certamente, não faz sentido me afundar nesse tipo de coisas e pensamentos, mas o homem não é feito somente de pura razão. Recebi seu telegrama e, em pouco tempo, poderemos voltar a nos falar por telefone, embora eu tema que não consiga falar muito. Em todo caso, mande-me seu número.

Otto contava, com frequência, sobre pessoas que lhe escreviam ou visitavam-no. Em certa ocasião, relatou:

Em maio de 1942, Leni Leyens, uma boa amiga de Edith que vinha de Wesel, morou uma temporada conosco, juntamente com seu marido e seu filho. Eu soube que seu irmão, Erich Leyens, esteve na Suíça e estou à sua procura. O filho de Leni está a salvo, ao passo que não há mais notícias dos pais, desde que foram deportados de Westerbork para a Polônia. Existe algum órgão na Suíça que possa dar informações sobre o paradeiro de determinada pessoa?

E Otto sempre voltava a falar sobre as dificuldades de viajar:

> Viajar implica, sem dúvida, transpor enormes dificuldades, e disso eu me dou conta pelos meus esforços por Hanneli e Gabi. [...] Constato que o mundo não se aproximou mais; antes, dividiu-se muito mais! Espero, contudo, que agora, com o término da guerra com o Japão, a comunicação melhore e cessem as inúmeras censuras, as dificuldades com os passaportes e os vistos de trânsito. Mas temos de ter paciência.

Ainda não se podia confiar no correio, pois somente agora chegara a resposta à carta que Buddy e Stephan haviam mandado para Otto há quase dois meses. Naquela época, ainda acreditavam que Margot e Anne estivessem vivas, embora, em algum momento, um ou outro tenha levantado dúvidas sobre isso. Erich, por sua vez, sempre enfatizava que muitos ainda se encontravam na zona russa, e Leni prendia-se a essa explicação. E quando Buddy e Stephan ousavam dizer: "Mas se elas ainda estivessem vivas, há muito tempo nós saberíamos disso", ela era a primeira a pedir que se calassem. "A esperança é a última que morre", repetia continuamente. "Nós não podemos perder as esperanças." A partir de então, para não afligi-la, Stephan e Buddy, ao menos aparentemente, calaram-se e aferraram-se à esperança.

Ao responder à carta de Stephan e Buddy, Otto já sabia da morte de suas filhas:

> Meus queridos jovens,
>
> Como me alegro por também receber de vocês dois algumas palavras. Da geração nova, vocês são os únicos que restaram e sequer imaginam quantas vezes, no período em que passamos no esconderijo, falamos de vocês e planejamos nosso reencontro. Suas fotos estiveram muitas vezes em nossas mãos, porque praticamente tínhamos levado as

fotografias de quase todos. Por mero acaso, ao saquearem nosso esconderijo, os canalhas não se deram conta de uma lata com fotografias, de tal modo que hoje eu as tenho aqui comigo. Atualmente, já não faço mais planos. Meu desejo de estar aí com todos é tão grande quanto o de vocês de estarem aqui comigo, mas as circunstâncias no momento ainda não o permitem e temos de nos conformar e aguardar. Todos os detalhes das atividades de Buddy me interessaram muito, mas eu ainda não sei o que Stephan faz. Infelizmente, por carta, só podemos contar poucas coisas. Tenho tudo de que necessito e, no dia a dia, não me falta nada — mas, à minha volta, há um grande vazio. Tento não me abater e quase não deixo isso transparecer.

Beijos e abraços a todos.

Seu Otto

Não só Alice desejava rever seu filho, como também Leni pensava com muita frequência em seu irmão. Todavia, ambas precisavam ter paciência. As cartas de Otto permitiam entrever como a situação ainda estava difícil. Ele contou que fora visitar Hanneli Goslar e que a viagem até Maastricht havia demorado alguns dias. Já que os trens não circulavam para o sul do país, somente na viagem de ida ele permaneceu sentado durante catorze horas em um caminhão. Na semana seguinte, planejava viajar para Haia. Goldstein também achava que Otto deveria tentar ir à Suíça para tratar de questões de trabalho. Se a Unipektin pudesse lhe enviar uma declaração de que a sua viagem para a Suíça era muito importante e de grande interesse para o comércio de pectina, ele poderia entrar no consulado com o pedido de um visto. Contudo, ele não sabia se a autorização de viagem seria concedida.

As queixas de Otto sobre as autoridades encontraram eco em Basileia. Erich e Leni, afinal, já haviam passado por experiências semelhantes. Leni sempre voltava a se afligir com isso. "Antisse-

mitas", disse ao ler a carta de Otto. "Em toda parte há antissemitas nas repartições, não apenas aqui na Suíça. Nos Países Baixos
parece não ser diferente."

A sra. Auerbach, de Amsterdã, que havia visitado alguns parentes em Basileia, se dispôs a levar algumas coisas para Otto. Leni
saiu às compras, pois ouvira dizer que a situação econômica nos
Países Baixos era péssima, que mesmo os produtos de primeira
necessidade não podiam ser adquiridos, menos ainda os considerados artigos de luxo. Leni comprou, portanto, tudo aquilo que
imaginou ser de utilidade para Otto e enviou ainda algumas peças
de roupa para Miep Gies e Bep Voskuijl.

Em sua carta de resposta, Otto acusa o recebimento do pacote:

Tudo é extraordinário e foi escolhido com tanto amor! No
momento, pessoalmente tenho quase tudo de que necessito
e, quanto às pequenas coisas, escrevo para Julius me enviá-
-las. Roupas de cama, ainda tenho alguma coisa. Você decerto entenderá como me sinto feliz em poder ajudar meus
amigos, que fizeram tanto por mim e que não têm nenhum
tipo de contato. Assim, os prendedores para meias e os
suspensórios são tão procurados quanto linha e elástico.
O vestido serviu para Miep como se tivesse sido feito sob
medida. Eu só poderei dar alguma coisa a Bep na segunda
-feira, pois ela está de férias. A minha lâmina de barbear
já não servia para mais nada, de modo que esta veio em
boa hora. Darei algumas coisas à sra. Kleiman, pois a sra.
Kugler não precisa de nada. Ela já está novamente em casa.
Nos dois anos em que ficamos escondidos, Kugler nunca
contou nada à esposa e suportou tudo sozinho. Ele mesmo
é uma pessoa nervosa e sofreu muito com isso. Quando a
esposa soube, precisou ser internada em um sanatório para
doentes mentais e, depois, mais uma vez. Ainda há tantas
coisas que não consigo escrever. [...] Eu farei tudo o que
estiver ao meu alcance para estar logo com vocês. Confesso

que sinto certo temor em relação a isso. Como vocês podem imaginar, ainda estou muito sensível e suscetível. Por outro lado, eu lhes asseguro que estou bem de saúde. Eu agora já estou pesando pouco mais de 68 kg! Tenho procurado remoer as coisas o menos possível, e durmo bem. É evidente que continuo a pensar em Edith e nas meninas, mas busco muito mais o lado positivo do que o emotivo.

Mais adiante, ele também fala das mais diferentes pessoas que encontrava, assim como de Hanneli Goslar, pela qual se interessava muito, pois ela significava para ele um vínculo com Anne. Margot tinha muito menos amigas que a sua irmã: uma delas não havia retornado; a outra estava na Suécia e ele pretendia conversar com ela mais adiante. E, pela primeira vez, Otto refere-se a Anneliese Schütz, que mais tarde faria a tradução para o alemão do diário de Anne: "A srta. Schütz é uma mulher de mais de 50 anos, que quase não enxerga mais e é muito solitária. É por isso que busca manter contato comigo; foi jornalista e sempre se interessou muito por crianças. Margot estudou literatura com ela [...]"

"Margot lia o dia todo", disse Buddy para Alice. "Eu ainda me lembro muito bem de quando ela vinha nos visitar e ficava sentada junto à janela e lia. Naquela época, você ainda morava na Schweizergasse."

"Margot era uma garota muito inteligente", comentou Alice e começou a chorar, uma reação que sempre surgia quando alguém falava algo sobre Margot ou Anne.

Leni lançou um olhar de reprovação ao seu filho e disse rapidamente: "Otto parece mesmo estar muito ocupado com todos esses amigos e conhecidos, além do trabalho na empresa."

Em outras cartas, Otto fazia menção a alguns conhecidos, o que tinha acontecido com eles, mas também tratava de assuntos de trabalho. Em certa ocasião, por exemplo, perguntou a Erich se compensava comprar Opekta "seca" e torná-la "líquida" nos Países Baixos. Comentou ainda sobre um produto da concorrência que era muito barato, mas certamente deveria ter outros componentes além da pectina.

Leni observava que seu irmão se esforçava para redefinir o seu dia a dia. Em outra carta, dirigida a Erich, comenta sobre um padeiro, cliente de Kleiman, que via como um grande empreendedor. Erich comentou o caso com Leni: "Otto conta que esse padeiro pretende comercializar pão como produto para ser estocado. Ele ouviu dizer que, nos Estados Unidos, o pão assado se mantém fresco durante semanas, sem perder o sabor. Ele procurou se informar com Otto se a pectina poderia ser utilizada para a conservação. Disse ainda que chegaria o dia em que os padeiros não iriam mais querer assar pão nos feriados e nos domingos. Otto queria saber se na Suíça já havia experimentos nesta direção."

"E, então, já existe alguma coisa neste sentido?", perguntou Leni.

Erich não sabia, mas via nisso uma boa ideia e uma oportunidade de negócios.

"Otto faz um esforço enorme para passar a ideia de que a sua vida segue normalmente", comentou mais tarde Leni com Erich. "Você não acha que ele tenta se iludir? Não pode dar certo fugir de uma realidade para outra que, em última instância, é só aparente. A realidade se impõe sempre, inexorável, impiedosa."

Erich deu de ombros. "Pode ser, mas ele não tem escolha; de uma maneira ou de outra, tem de seguir adiante. Ele não pode ficar sentado em casa, chorando."

Então, no começo de setembro, Stephan adoeceu. Começou como algo sem importância — pelo menos Leni entendeu assim —, uma gripe talvez. Stephan prestara seis meses de serviços no campo, cumprindo o chamado serviço obrigatório para estudantes de ajuda aos camponeses, onde uma de suas atribuições era extrair turfa da região. É bem possível que tenha contraído alguma coisa ali. Ele queixava-se de dores nas costas, no quadril, nas pernas, enfim, tudo muito vago. Em seguida, começou a febre, que corroborou o ponto de vista de Leni de que se tratava de uma gripe. Naturalmente, ela chamou o dr. Brühl, o médico da família, que também ponderou que uma gripe muito forte, muitas vezes, poderia desencadear dores nas articulações. Ele receitou um xarope para a febre, um pó para as dores, sugeriu ainda compressas frias nas panturrilhas e que o paciente tomasse muito líquido, preferencialmente chá de camomila. Alice assumiu de imediato a supervisão do tratamento, Imperia fazia o chá e Leni aplicava as compressas frias nas panturrilhas de Stephan. Além disso, ela pediu que Buddy se mantivesse afastado, pois temia que ele pudesse se infectar. No entanto, o tratamento não funcionou: Stephan continuava a se queixar de dores insuportáveis, ardia de febre e mal reagia quando se falava com ele. Leni mandou chamar o médico novamente. Este se assustou ao ver o estado em que Stephan se encontrava e internou-o imediatamente no hospital. Lá, os médicos também não puderam lhes dar um diagnóstico de imediato e se limitaram a dizer que era necessário esperar.

Na Herbstgasse, a família estava desesperada, sobretudo Alice, que temia perder mais um neto. Leni procurava manter a calma. No hospital, os médicos disseram que se tratava de uma inflamação da articulação do quadril, uma infecção geral de origem difusa, e que pretendiam aplicar em Stephan um novo medicamento, a penicilina, ao qual atribuíam curas quase milagrosas.

Leni permanecia ao lado de seu filho, que havia sido imobilizado em uma cama ortopédica de tração. Ele tinha febre, espasmos e, em seguida, caía novamente em um sono agitado. De tempos em tempos, ela enxugava o suor de sua testa com um lenço úmido e, quando ele se acalmava, ela se rendia ao seu próprio pânico. A incerteza, aquela luta entre a esperança e o medo, mantinha-a em uma tensão praticamente insuportável. Decerto foi assim que Otto deve ter se sentido, antes de saber a terrível verdade.

Para se distrair um pouco, Leni pegou um bloco de anotações de sua bolsa e escreveu uma carta para seu irmão, na qual conta a doença de Stephan.

Ele sofre dores horríveis e nós todos sofremos junto com ele. Para mim é um mistério como mamãe suporta todas essas aflições; sem dúvida, ela é e continuará sendo a mulher mais fantástica. E espero de todo o meu coração que você possa vir logo para, ao menos, poder sentir o seu imenso amor. Na verdade, ela está com saúde, mas 80 anos são 80 anos. Bem, Ottel, como se não bastasse todo o seu pesar e de todos os outros, agora venho eu também com os meus pesares.

Os Goldstein não puderam lhe contar muito sobre Stephan, porque ele estava no campo prestando serviço durante seis semanas; tememos que tenha se infectado ali, pois ele é muito meticuloso. Eu penso que nossos filhos também se parecem muito nisso, Stephan é como Margot, e Buddy, como Anne. Stephan é terrivelmente responsável, dedicado, sincero, um pouco exigente como Robert, mas fundamentalmente bom. Buddy é inconstante, egoísta, inteligente, tem talento para as artes, é superficial, mas também muito generoso. Com nenhum dos dois temos problemas. Erich está hoje completamente acabado e permanecerá em casa por alguns dias. O tempo todo Stephan é mortificado com punções etc. Espero que não tenha de ser operado. Além disso, no momento, eu me encontro em uma excelente fase nos meus negócios, com dois grandes encargos de liquidação, e continuo trabalhando, o que também é um desejo de Stephan.

Continuação no dia 5 de setembro.

Meu querido Ottel, eu sei que hoje é um dia muito difícil — não preciso dizer nada. [...] Estranhei você ter escrito tão pouco de Frida Belinfante, pois ela foi fabulosa quando esteve aqui, assim como a sra. Auerbach, que lhe levará várias coisas; para Miep e Bep incluí também algumas coisas minhas. [...] Acredito que nunca mais veremos Paul. Ouvem-se tantas coisas! Diga, por favor, a Miep que o meu ódio é tão profundo quanto o dela, mas, infelizmente, isso não adianta mais nada.

Poucos dias depois, chegou uma carta de Otto que, contudo, ainda não era a resposta àquela sobre a doença de Stephan. Para Leni, era isso que tornava a correspondência tão difícil. Escrevia-se sobre um tema e recebia-se uma carta tratando de coisas totalmente diferentes. Desta vez, Otto é que deixava transparecer a sua aflição. A sua carta de 6 de setembro era dirigida a Alice, mas, certamente, foi lida por todos, como era comum na Herbstgasse:

Sei que os pensamentos giram constantemente em torno de mim, mas vocês não podem se deixar levar pelas emoções. É necessário ajudar os vivos, pois em relação aos outros já não podemos fazer mais nada. Você sabe que esta sempre foi a minha opinião. Nós levávamos uma vida especialmente harmoniosa e eu não tenho do que me censurar, por exemplo, de termos inutilmente dificultado a nossa convivência. É por isso que se torna mais difícil assumir o destino, mas é necessário. Há poucos dias chegou dos Estados Unidos uma longa carta para Margot e Anne de uma garota com a qual se correspondiam sem, contudo, conhecê-la. A menina queria retomar a correspondência com elas. Aos prantos, eu lhe escrevi uma longa carta. É claro que um fato assim me aflige muito, mas não importa.

Nesta carta, ele também troca de um tema a outro com muita rapidez:

Espero que Berndt faça sucesso. Em uma profissão como a dele, o caminho é muito espinhoso. Nunca consigo mencionar o seu nome sem pensar em Anne. Entendo que Stephan queira ir embora. Ele está estudando bastante inglês? Como está com o seu hóquei sobre o gelo? Qual profissão o atrai? Agora os meninos são os únicos que para mim contam como geração nova. [...] Eu posso imaginar que, muitas vezes, você se lembre de vovó, que tampouco esqueço. E agora também teremos o dia do falecimento de papai. Não podemos nos deixar levar pelos sentimentos, pois a vida exige mais do que isso. O fato de que Leni esteja se dando tão bem com sua clientela não me surpreende. E, no entanto, eu sempre temo que os gastos sejam excessivos. Em toda parte, os preços têm subido muito e as despesas da casa são grandes.

"Ele ainda se preocupa com minha loja, apesar de tudo que está passando", disse Leni. "Na verdade, nós deveríamos ter vergonha de escrever-lhe sobre nossos problemas. Ele perdeu a sua mulher e suas filhas. No entanto, não podemos fazer de conta que aqui está tudo em ordem, apenas para preservá-lo."

Leni mal tinha tempo para reflexões, pois havia muitas coisas para fazer, e isso lhe parecia ser bom. Sua loja tinha dado um salto inesperado, e, se não fosse a sra. Thomsen, que havia contratado por temporada para arrumar e cuidar da loja, ela não teria dado conta, sobretudo agora com a doença de Stephan, que não apresentava sinais de melhora. E sem Alice também não teria sido possível. "Todos nós e todos os nossos amigos", assim escreveu Leni para Otto, "pensamos em você com muito amor e respeito por sua grandeza. Sim, Ottel, estas não são meras palavras — você é um exemplo para todos nós e, por isso, eu procuro lamentar o menos possível e cumprir a minha obrigação em relação à família e aos outros. Mamãe, como sempre, nestes momentos tão importantes, é fabulosa e senta-se ao lado da cama de Stephan, quando eu não tenho tempo."

Às 7h, Leni saía de casa com sua bicicleta, que, embora velha, ainda era muito estável, e dirigia-se ao hospital para ver Stephan. Em seguida ia à loja para dar algumas orientações à sra. Thomsen e seguia para a grande Villa de Dreyfus-Brodsky, onde estava incumbida de fazer a avaliação e a venda de todos os móveis e objetos do inventário. Tudo isso só era possível porque sabia que Alice ficaria horas a fio sentada ao lado da cama de Stephan, cuidando dele, pois Erich passava praticamente o tempo todo viajando de um lado a outro de trem, à caça de negócios — em geral, infrutífera. Às vezes, ela precisava se controlar para não deixar transparecer sua irritação. Nessas horas, estaria ela por acaso pensando nas cartas de amor apaixonadas que Ernst Schneider lhe escrevia? Ela não as havia destruído, apesar de este ter sido o desejo expresso por ele. Por quê? Por vaidade, pois lhe agradava ser a razão daquela explosão de sentimentos? Ou porque ela desejava ler essas cartas às vezes, para reter algumas lembranças? Um casamento e uma paixão eram duas coisas completamente diferentes, deve ter dito ela. Se tomasse como exemplos Erich e Ernst, Erich certamente não se sairia mal, pois pertencia àquela classe de pessoas que envelhecem de modo atraente. Ele ainda tinha uma aparência muito boa e o seu modo de ser amável e equilibrado agradava-lhe muito. Mesmo que em algum momento ela se irritasse com ele, Erich ainda despertava nela uma espécie de terna compaixão.

A vida, enfim, não era assim como se poderia ter desejado. Cada um cumpria a sua obrigação na medida de sua capacidade: um melhor, o outro pior, mas isso não era uma questão de culpa. Às vezes, contudo, Leni se admirava de como ela mesma conseguia dar conta dessa correria toda. "Muitas vezes, eu paro para pensar e não acredito que seja eu", escreve ela para seu irmão Otto. "Buddy fez uma apresentação e todos nós fomos à sua estreia; foi bom e pode-se dizer que ele já é quase um profissional; mas ainda era um papel pequeno. Também vai se apresentar no rádio e, neste inverno, é possível que sua agenda esteja lotada. Erich jejuou. Stephan tende um pouco para a religião; aqui em casa, cada um faz o que deseja. Durante os feriados, eu fechei a loja."

Passaram-se mais de duas semanas até que finalmente chegou uma carta do irmão para Leni. Stephan ainda não apresentava melhora, os médicos não conseguiam controlar sua infecção e não descartavam a possibilidade de uma intervenção cirúrgica. Otto dizia:

Querida Lunni,

Acabei de receber a sua carta dos dias 4 e 5 de maio e estou realmente muito apreensivo com o estado de saúde de Stephan. Mais um sobressalto para você e para mamãe! Pessoalmente, procuro me desligar tanto quanto posso e carrego a minha sina o melhor que consigo. Mas você sabe que a minha missão sempre foi ajudar os "vivos" e ter algum significado para eles, de modo que, neste momento, penso muito mais em Stephan do que em minhas duas queridas menininhas. Não podemos nos deixar abater, caso contrário, não conseguimos fazer mais nada. Eu posso imaginar mamãe muito bem, apesar dos seus 80 anos. Espero que Stephan não padeça muito e que tudo fique bem. Eu ainda guardo na minha memória sua imagem de menino doce e sonhador. A comparação que você faz entre nossos filhos está correta. Eu teria tantas coisas para contar! Ontem eu solicitei o meu passaporte e, na próxima semana, irei para Haia para agilizar este assunto. Eu gostaria muito de vê-los e espero que em novembro eu possa visitá-los.

Há tempos não tenho mais notícias de Herb e Rob, mas, em contrapartida, Julius e Walter me escrevem muito. Os pacotes dos Estados Unidos demoram a chegar e, de Londres, os principais pacotes de junho ainda não alcançaram seu destino. Como já escrevi, as coisas que vocês me mandaram foram fantásticas. [...] Passei os dias de Ano-Novo com Hanneli. No Dia da Expiação eu possivelmente não irei à sinagoga. O serviço religioso liberal ainda não foi estabelecido e o outro não me atrai. Eu sei que Edith não pensava de forma tão estrita. Ela também nunca pediu para que eu jejuasse e sabia que somente ia ali para acompanhá-la. Se ela ou as crianças estivessem aqui, eu teria ido, mas não faz sentido ir agora sozinho. Isso seria hipócrita. Ficarei em casa e tenho alguns planos, dos quais falarei mais tarde. Assim, mamãe já sabe qual é a minha opinião a esse respeito e não precisa agir de modo diferente do que ela é. Tudo isso precisa estar em nós e por isso nossos sentimentos não são menos intensos. [...] Eu estou boquiaberto com as suas habilidades para os negócios. Só espero que continue a se sentir satisfeita. Tenho uma vaga ideia de como você trata a sua clientela. Ao seu redor sempre circularam muitas pessoas e nisso você tem certa experiência.

Mas o mais importante é que o menino fique bem de saúde. Aguardo com ansiedade e preocupação as próximas notícias.

Alice cuidava de Stephan de forma tocante, mas, de modo geral, ela se retraía cada vez mais. Leni tinha a impressão de que assistia ao envelhecimento de sua mãe. E não apenas dela, mas também da avó Ida, que dia após dia parecia tornar-se mais discreta e lembrava a sombra de um ser humano vivo. Todas as manhãs, ela se postava na frente da casa e esperava o carteiro. Ao comprovar mais uma vez que não havia qualquer notícia de Paul dentre a correspondência, subia silenciosamente a escada e procurava ocupar-se com algo. Leni não acreditava mais no retorno de Paul e mesmo Erich começou a ter dúvidas. Certa ocasião, Otto escrevera: "Em relação a Paul, eu tenho poucas esperanças e não creio na notícia de que ainda há muitas pessoas com os russos." Seja como for, eles não tinham a menor ideia do que a avó Ida realmente pensava, e nenhum deles ousava falar com ela desse assunto. Pelo menos, ela estava bem de saúde, assim como Alice, que só tinha problemas ao subir as escadas. Leni não precisava, portanto, preocupar-se com a saúde de ambas, e isso era bom, pois ela já tinha muita coisa para pensar. De alguma maneira, todos na Herbstgasse estavam ocupados, com seus medos e seus problemas. E com a espera pelo filho, pelo irmão, pelo cunhado, pelo tio.

Otto escrevera, dizendo que não tinha dúvidas de que viria, mas era necessário ter paciência.

Tudo é muito demorado! Agora eu preciso esperar três semanas para ser aceito como contribuinte fiscal. A partir daí é que terá início o exame de confiabilidade política. No entanto, como estive no campo de concentração e possuo as melhores referências, tudo não passa de mera formalidade. Mas de qualquer maneira é necessário. Posso imaginar a ansiedade de mamãe, mas eu também tenho de esperar. Ela certamente tem sido um grande apoio para você e, apesar de sua idade, ainda faz muitas coisas. Eu nem consigo imaginar isso.

Julius me escreveu e contou que jejuou; eu compreendo que a religião pode nos dar um grande amparo, mas não tem muito a ver comigo. Se Stephan tiver disposição, ele deveria ler mais sobre a ética judaica, que sempre achei muito interessante.

Eu consigo imaginar muito bem Buddy sobre o palco. No diário de Anne, encontrei a descrição de uma valsa no gelo, que dançava com ele em sonho. O que eu leio nos diários me aflige de um modo indescritível, mas, mesmo assim, continuo lendo. Eu não consigo contar-lhes disso, pois ainda não terminei a leitura e quero primeiramente ler todo o texto para, em seguida, extrair trechos e traduzi-los. Dentre outras coisas, ela descreve seus sentimentos na puberdade com uma autocrítica incrível. Mesmo que não tivesse sido escrito por ela, teria me emocionado. Que lástima que esta vida tenha desaparecido! Eu terei muito tempo para explicar-lhes isso, quando for visitá-los.

"Eu não sei se é bom para ele ler os diários da filha", disse Erich, e Leni deu-lhe razão em silêncio. Envolver-se com aquilo que sua filha escreveu emociona-o muito e com certeza abre novamente algumas feridas. Mas ela preferiu calar a sua opinião.

Em pouco tempo, Otto voltou a escrever mais uma vez sobre o diário de Anne. Primeiro, contou sobre os pacotes que recebera de Julius e de Robert:

> É maravilhoso que eu tenha agora uma capa de chuva, pois aqui sempre faz falta uma [...] Ontem estive na sinagoga para a Festa Infantil da Alegria. Margot e Anne sempre participaram desta festa, inclusive quando ainda vivíamos em Aachen. Por fora eu sorria, mas por dentro eu chorava. Não consigo me afastar dos diários de Anne, pois são incrivelmente inquietantes. Mandei há pouco fazer cópias do seu livro de histórias, porque não quero passá-lo de mão em mão, e traduzir para o alemão algumas para vocês. Não consigo largar os diários; há muita coisa neles que não interessa a ninguém, mas pretendo tirar alguns destes trechos. Em minhas cartas não tenho quase citado Berndt, mas isso não significa que eu [não] pense nele e no seu trabalho. Só que, neste momento, as atenções estão muito mais voltadas para Stephan. Quanto a Erich, preciso de um pouco mais de tempo para responder-lhe e, surpreendentemente, estou com muito pouco. Também é um fato constatado que no território russo há ainda um número muito grande de pessoas, portanto, em relação a Paul, temos de manter a esperança. Recebam todos os meus mais profundos abraços e meus pensamentos estão com vocês. Estou fazendo o possível para vê-los em breve.

"Estou fazendo o possível para vê-los em breve", repetiu Alice, com uma aparência pálida e esgotada, mas esta frase pareceu animá-la um pouco. Leni estendeu a mão até a campainha, pendurada acima da mesa, e, quando Imperia abriu a porta, pediu-lhe que preparasse um chá de hortelã para sua mãe. Alice observou-a. "A guerra já terminou há cerca de meio ano", disse ela. "Por que eles não lhe dão permissão de visitar a sua família? Ele não tem mais ninguém."

"Certamente ele virá para comemorar os dois aniversários: o seu e o de Stephan", disse Leni, tentando acalmá-la. Alice balançou a cabeça negativamente. Leni sabia que sua mãe não estava muito animada para festas; ela queria apenas rever o seu filho.

Otto enviou para Buddy a cópia de uma página do diário de Anne, datada de 18 de outubro de 1942:

Berndt me ensinará a patinação artística e eu serei a sua parceira, pois a que ele tinha acabou indo embora. Nós formamos um casal maravilhoso e todos ficam encantados; enviamos cinco fotografias para o escritório 1. Anne girando 2. Anne segura pelo braço de Berndt, perna esquerda à frente 3. Anne e Berndt dançando uma valsa 4. Anne e Berndt na posição da Dança dos Cisnes 5. Anne à esquerda, Berndt à direita, inclinados como se fossem se beijar. Mais adiante, um filme feito para a Holanda e para a Suíça. Divide-se em três partes:

1ª parte: Anne patinando.
Primeiramente ela surge de um lado, enquanto seu parceiro surge do outro com uma roupa de patinação azul com debruns de pele branca com bolsos frontais com zíper.
Em seguida, eles dançam a Dança dos Cisnes, e Anne executa um salto incrível. Mais tarde, dançam uma valsa e, por fim, fazem piadas como em qualquer aula.

2ª parte: Anne com visitas e na escola. Na casa, com Kitty e dois meninos, dentre eles Berndt sentado junto de uma mesa de chá; a seguir, na escola circundada por um número grande de crianças e todo tipo de cenas malucas.

3ª parte: Anne provando os seus oito novos vestidos; o vestido de patinação é um presente e é branco, e sapatos [...].*

---

* In: *Die Tagebücher der Anne Frank (Historisch-kritische-Ausgabe)*, Frankfurt am Main, 1988. O trecho não foi incluído na edição de leitura.

Buddy engoliu em seco ao ler o que a sua priminha tinha escrito e observar os seus desenhos infantis. Anne tinha 9 anos quando a viu pela última vez e 13 ao escrever essa página. Uma criança com sonhos próprios de uma criança. Agora ela teria 16 anos, e ele não conseguia imaginar. Pensou nas garotas de 16 anos que conhecia e que já não eram mais crianças. Um ódio tomou conta dele, um ódio impotente, pois nunca saberia como Anne seria aos 16 anos, assim como nunca saberia como ela teria dançado.

Ele mesmo gostava muito de dançar e aproveitava qualquer oportunidade que aparecesse para fazê-lo. Havia muitos locais que ofereciam chá dançante à tarde, e, às vezes, à noite, ele ia ao "Bar Regina", que também era muito frequentado por soldados norte-americanos. Os soldados das forças de ocupação vinham da Alemanha para a Suíça, a fim de usufruir seus dias de descanso. Eles traziam do ultramar muitas danças novas como o *boogie* e o *swing*, que eram novidade na Europa. Anne teria certamente gostado de dançar tanto quanto ele: quando eram crianças sempre se divertiam com as mesmas brincadeiras, uns jogos malucos, dos quais nem Stephan nem Margot participavam, porque se sentiam muito adultos para aquelas besteiras infantis.

"Você ainda se lembra das cartas de baralho que eu desenhei uma vez para Anne?", perguntou.

Leni sorriu. "Claro, que me lembro. Isto foi em Sils Maria. Ela ficou muito feliz e sempre voltava a mostrar o desenho para todos."

Era um jogo de cartas desenhado com os retratos das famílias Elias e Frank. Na carta de Anne, Buddy acrescentou: "Anne, a maluca." "Ela ria muito", disse Buddy. "Ela gargalhava, batia palmas e ficava pulando ao meu redor sobre um pé só." É assim que Anne ficaria em sua lembrança, uma criança um pouco maluquinha, viva e cheia de fantasias, de cuja admiração havia desfrutado. Será que agora ela também confessaria admirá-lo? Isso ele não saberia nunca. A tristeza pela perda que sofreu fechava a sua garganta com um nó. Em silêncio, entregou a carta a Leni ler e saiu da sala. Leni ouviu-o subir as escadas e abrir a porta do seu quarto. Ela sabia o que aconteceria agora: ele se deitaria na cama e encararia o teto, até os olhos não suportarem mais.

"Leia", pediu Alice.

Não houve outra solução: Stephan teve de ser mesmo operado. Leni permaneceu no hospital até o médico avisar que a operação tinha transcorrido bem e só retornou para casa depois de ver o seu filho. No dia seguinte, Alice mostrou-lhe a carta que queria enviar para Otto. Nela dizia que estava muito esperançosa com o estado de saúde de Stephan. Ainda há "altos e baixos", mas já há uma tendência de melhora. De fato, há exatamente um mês os médicos não davam esperanças para a família. Em seguida, ela falou sobre o diário de Anne, pois, ao que parece, Otto havia lhe mandado alguns trechos.

Não consigo expressar o que significam para mim e para todos nós essas linhas tão amorosas e cheias de compreensão no diário da pequena Anne. Eu sempre volto a ler esses trechos e me coloco nos sentimentos desta criança tão meiga e com um coração tão generoso. Também tenho a foto com a vovó Holländer, mas, até o momento, não tive forças para olhar; talvez isso não tenha sido muito correto, contudo, não consegui. É uma pena que não tenham sido encontradas as histórias de Margot, mas talvez ela não tivesse o dom de se expressar assim e estivesse muito mais voltada para o seu interior. Nós teremos muitas coisas para falar sobre as meninas! Edith era uma pessoa reservada, mas infinitamente boa e prestativa. Eu poderia escrever páginas e mais páginas sobre isso, mas prefiro não fazê-lo, pois me causa muita aflição e preciso me conter. Ontem enviei um telegrama de felicitações para Robert; há alguns dias, eu já tinha lhe enviado uma carta. Também quero mandar uma carta pelo aniversário de Herby; os dois últimos, ele comemorou aqui em casa e nós gostamos muito dele. Mas ele está trabalhando, e isso é muito importante. Leni faz um trabalho excelente e seus clientes estão muito satisfeitos. Hoje de manhã ela irá novamente a Zurique e espera ganhar alguma coisa com isso. [...] Berndt também está com muitos projetos, mas até agora não há nada concreto, e continua esperando [...].

Stephan recuperava-se lentamente, mas ficaria com uma lesão física permanente e o hóquei sobre o gelo, sua paixão, se encerraria para ele. Para um jovem esportista, foi sem dúvida um baque; Leni, no entanto, não dava tanta importância aos esportes e estava feliz por ele ter superado a infecção. "Graças ao novo medicamento, graças à penicilina", como os médicos sempre voltavam a enfatizar.

Leni viajava quatro, cinco vezes por semana para Zurique. Isso não era fácil, mas ela estava feliz com as novas encomendas. Os primeiros anos depois da guerra, mesmo na Suíça, tinham sido duros e cada centavo era extremamente difícil de ganhar. Nada vinha de graça, e, afinal, ela era responsável por tantas pessoas! Erich ganhava muito pouco, Stephan estava doente e Buddy ainda não tinha nenhum contrato. Além disso, ainda havia as duas anciãs, que não possuíam nenhuma renda, e Imperia, a empregada. Em uma carta enviada para Otto, fica claro como em alguns momentos isso foi difícil para ela: "Nunca me queixei absolutamente de nada, apenas não gosto de passar frio. Minha loja deu um salto nos últimos meses e, se antes eu tinha o controle da loja, agora é ela que me controla. De qualquer modo, sigo em frente."

E foi exatamente isso que ela fez: seguiu em frente como já fizera em todos aqueles anos. As dores de Erich pioravam; ele sofria muito com sua artrite e passou algumas semanas em um balneário em Baden, perto de Zurique, para submeter-se a banhos de enxofre. Do balneário, ele escreveu uma longa carta para Otto:

Meu querido Ottel,

Gostaria de lhe escrever ininterruptamente, pois os meus pensamentos estão sempre com você. A desgraça inominável se sobrepõe a todas as outras coisas e eu o acompanho em sua dor. O sofrimento de Edith e das meninas não me abandona. Todo o resto me parece tão insignificante e eu quase me envergonho de falar disso. Há dois dias estou em um balneário em Baden, perto de Zurique, para me submeter a um tratamento de banhos de enxofre por três intermináveis semanas. Se terei a paciência necessária, não sei, mas a minha pequena dor é muito insignificante para este lamento sem fim.

Na carta, Leni fala de sua "artrite e artrose" e duas lesões nas vértebras cervicais. A seguir, discorre longa e detalhadamente sobre a Unipektin, a Opketa e a organização destas empresas. Menciona novamente Goldstein, que deveria fazer algo parecido nos Países Baixos. É uma carta muito longa e, de certa forma, muito confusa, cheia de planos e ideias, de descrição de diferentes produtos, conservas, adoçantes etc. Tem-se quase a impressão de que Erich tentava, com certo empenho, distrair os pensamentos de Otto e conduzi-los para outra direção. Talvez, quem sabe, estivesse apenas enfadado no balneário durante o seu tratamento.

A doença de Erich significou para Leni uma ampliação da sua carga emocional, e ela percebia isso porque se irritava com maior facilidade e, à noite, dormia muito mal. Além disso, caía da bicicleta com frequência, sem, contudo, se machucar seriamente. Havia dias em que o frio era muito intenso para pedalar e ela tinha de usar o transporte público para ir ao hospital, à loja, visitar os clientes. E Erich, sem dúvida, também queria vê-la uma vez por semana. Às vezes, ela sentia-se atordoada: a casa, as pessoas, os negócios e a proximidade do Natal, que aumentava a carga de trabalho. Além disso, Imperia adoeceu. Por sorte, a avó Ida substituiu-a, como já fazia nos dias de folga de Imperia, mas certamente não era a mesma coisa. Acima de tudo, as notícias que vinham de Amsterdã não eram exatamente encorajadoras. Leni preocupava-se com seu irmão.

Não há dúvidas de que Otto Frank se esforçava muito para colocar os negócios novamente nos trilhos, mas as coisas não iam bem. Felizmente, ele tinha amigos e, como contou em uma carta, Nathan Straus Jr. havia lhe mandado dinheiro dos Estados Unidos. Aos problemas econômicos, somavam-se aqueles que ele tinha com as repartições e com os quais se deparava de vez em quando.

Mas tudo isso foi suplantado pelo diário de sua filha, que cada vez mais ocupava espaço em sua vida. Ele conversava com amigos e conhecidos sobre isso. Em certa ocasião, relatou em uma carta:

> Na sexta-feira, na casa da família Cahn, iniciei a leitura do diário de Anne para ter uma avaliação de Werner sobre a conveniência de uma edição. Há muito tempo ele está na editora Querido, onde também Jetty trabalha. Continuarei a leitura na próxima sexta-feira, mas a sua impressão é de que se deveria publicar o diário imediatamente. É uma grande obra! Vocês sequer fazem ideia do que ele contém. Por azar, no momento não posso traduzir nada, mas será publicado em alemão e também em inglês. Ele trata, sobretudo, do que ocorreu durante a época da clandestinidade com um círculo de diferentes pessoas: os medos, os imprevistos, as disputas, a comida, a política, a questão judaica, o tempo, os ânimos, os problemas de educação, os aniversários, as lembranças, enfim, tudo. A srta. Schütz, com quem estive ontem, quer traduzir para vocês o conto chamado "Blurry, o explorador". É uma história de ursos. [...] Na segunda-feira estarei novamente com

Hanneli que, no dia 5 de dezembro, partirá de avião com as duas meninas de Neuburg. Eu só espero que tudo dê certo. Ela ainda está de cama e não deixo de compará-la com Anne, que estava tão mais avançada em tudo.

Para Leni isso era fácil de imaginar, pois ela volta e meia comparava as garotas que via nas ruas com Margot e Anne e, às vezes, quando uma menina magra e de cabelos pretos ia à sua frente, ela andava mais depressa para ultrapassá-la e poder vê-la de frente, tomada de repente por uma esperança desatinada de que talvez tudo não passasse de um equívoco. É óbvio que isso também ocorria com seu irmão. Hanneli Goslar deveria ter agora uns 16 anos, como Anne teria se ainda estivesse viva. Leni não estava certa se, no lugar de Otto, ela teria a mesma grandeza interior e desprendimento para cuidar de Hanneli. De qualquer maneira, o voo de Hanneli Goslar para a Suíça deu certo. Ela permaneceu internada em uma clínica por três meses, em seguida ficou em um orfanato, até que, em 1947, emigrou para a Palestina.

Otto voltou a escrever sobre o seu desejo de ir para Basileia: "Ah, se eu já estivesse aí! Aqui tudo caminha tão lentamente! Conversei com um advogado para dar entrada em um pedido de naturalização, mas ele me desaconselhou, pois já estão em curso algumas medidas de distensão."

Em 12 de dezembro, contou:

Estive ontem em Haia, para dar andamento ao meu passaporte, e tudo está caminhando bem, mas os funcionários não se deixam pressionar e tenho dúvidas se poderei estar aí até o dia 20. Há de se levar em conta, ainda, que eu tenho de tratar de muitas coisas relacionadas com o trabalho. Deste modo, haverá um atraso na minha viagem e o meu visto de permanência será limitado. Eu diria que é mais certo que só possa estar aí em janeiro. Mas como se costuma dizer: quem sabe qual a razão disso, não é? Deve ser para estender o tempo da alegria do reencontro!

Otto Frank era considerado apátrida e, embora tenha solicitado a cidadania holandesa, o procedimento se mostrou muito mais complicado do que se imaginava e ele teve de esperar por mais quatro anos até se tornar um cidadão holandês. Prosseguiu o seu relato na carta:

Nesse meio-tempo, o sr. Kleiman ficou novamente muito doente e teve mais uma vez uma hemorragia estomacal. Ele teria se alegrado em poder ir junto comigo e conhecê-los todos, independentemente dos assuntos comerciais. Como ele precisa urgentemente de suco de laranja, e este é um produto que não conseguimos aqui, decidi telefonar para Robert! Assim, anteontem à noite nos falamos: a ligação estava ótima e nos alegramos muito em ouvir a voz um do outro. Lotti também, é claro. Espero receber alguma coisa de lá. [...] Dei à srta. Schütz o *muff* de Edith, aquela imensa luva de pele para as mãos. Ela padece muito com o frio, e penso que esta teria sido a vontade de Edith. É provável que srta. Schütz lhe mande uma tradução do conto "O sonho de Eva", de Anne, que, no ano passado, ela me deu de presente no meu aniversário. Em Haia, ainda visitei Jetteke Freida, a melhor amiga de Margot. Esta garota também está praticamente sozinha: o pai morreu na câmara de gás, o irmão foi fuzilado e a mãe — com quem não se dá muito bem — mora na Suíça com outro homem. Amanhã irei para Laren e levarei para Ab e Isa [Cauvern] o diário de Anne para ser corrigido e copiado. Eu já terminei a leitura e quero uma cópia bem revisada e limpa para mostrar para as editoras. Mando juntamente a tradução de uma carta, que trata da vovó. Embora pouco, também fala de você, da sua pele, das suas pequenas e aveludadas rugas, que ela quase conseguia sentir. Escreveu ainda que, em 1942, recebeu a sua carta exatamente no dia do seu aniversário. Não consigo me desprender disso — e tampouco quero fazê-lo. [...] Preciso dar conta do meu humor, pois o número de cartas cresceu incrivelmente e não encontro tempo para escrever, mesmo porque está muito frio no quarto e só consigo escrever quando estou sozinho. Não temos aquecimento e só há uma estufa em um quarto.

Encorajado pelos amigos, Otto planejava publicar o diário de sua filha. Um desses amigos era dr. Kurt Baschwitz, professor universitário e catedrático de jornalismo, em Amsterdã. Tempos mais tarde, ele classificou o diário de Anne como "o documento mais comovente desta época que conheço e, do ponto de vista literário, também uma obra de arte. São as experiências de uma menina em fase de crescimento, as suas impressões durante o limitado confinamento com seu pai — que ela ama com loucura —, com sua mãe — com a qual entra em conflito —, com a irmã — na qual descobre uma amiga — e com a outra família, que também habitava o esconderijo e por cujo filho ela começava a se apaixonar. Eu indico sua publicação".*

Leni desejava muito que Otto estivesse presente na comemoração do octogésimo aniversário de Alice, mas, com sua última carta, a esperança diminuíra. E Alice, como dizia, tampouco estava com ânimo para festas e, ao que parece, ela havia comunicado isso a Otto que, em 15 de dezembro, escreveu:

Minha querida mãe,

Hoje eu recebi sua carta de 11 de dezembro e compreendo perfeitamente que as circunstâncias atuais sobre a longa doença de Stephan embaçaram a ideia de uma festa para comemorar seu octogésimo aniversário. Nós imaginávamos

---

* Citação traduzida de: *Die Tagebücher der Anne Frank*, S. Fischer Verlag, Frankfurt am Main, 1988.

tudo tão diferente! E você fica ainda imaginando que eu estou deprimido; eu não me permito mais isso e, em geral, é tanto para se fazer que não tenho tempo para ficar remoendo as coisas. Eu gostaria muito de passar estes dias contigo e com os outros, mas há tanto para se fazer aqui que não dá para fazer tudo ao mesmo tempo. Temos de nos conformar com a ideia de que eu logo poderei ir. [...] Ao completar 80 anos, deve-se olhar mais uma vez para trás e pensar no que houve de belo, e não ficar lamentando o que passou. Você deveria sentir-se satisfeita com sua vida; altos e baixos todos têm, mas, ao relembrar sua vida como mãe e como mulher e fazer um balanço, você não pode se sentir insatisfeita. Por mais triste que muitas coisas tenham sido, nós estivemos juntos por muito tempo e, mesmo que seus filhos estejam dispersos pelos mais diferentes países, ainda permanecem sendo "suas crianças".

Assim como nós tínhamos a "Oma", Lenerich e os meninos têm agora a "IIIiii". Isso não é pouco e você ainda pode fazer coisas e ser um apoio e um exemplo para todos. Quem tem esta sorte? [...] É realmente um grande azar que Stephan tenha sofrido por tanto tempo, mas devemos confiar que a recuperação finalmente tenha iniciado e é necessário ter coragem e paciência. Isto também dará certo. Continue a se manter assim ágil e, sobretudo, com saúde. Se agora tudo já começa a melhorar, o nosso reencontro igualmente se dará sob circunstâncias mais favoráveis. Por escrito, não consigo felicitá-la pelo seu aniversário. Tudo me parece extremamente banal em comparação com os sentimentos interiores que nos une. Quantas vezes prometemos às meninas que faríamos de tudo para estarmos aí com você no dia 20, para comemorarmos o seu aniversário! Mando junto uma cópia da foto de Anne que Kugler fez e, com o tempo, espero poder mandar fazer algumas de Margot e de Edith [...] Com os meus mais profundos sentimentos e abraços a todos vocês e um beijo especial pelo seu aniversário...

No final de 1945, no entanto, Otto Frank conseguiu enfim estar em Basileia para o Ano-Novo. Depois de alguns anos, Alice reviu o seu filho; Leni, o irmão; Erich, o cunhado; e Stephan e Buddy, o tio. Para a avó Ida, ele era o homem que, mais do que qualquer outro, simbolizava a esperança de que seu filho Paul ainda poderia estar vivo. Se Otto havia sobrevivido a tudo aquilo que se ouvia no rádio e se lia nos jornais, então Paul, que era muito mais jovem, também devia tê-lo conseguido.

Erich foi buscá-lo na estação de trem. Deve ter sido um momento único, quando Otto e Erich, abalados e emocionados, pararam em frente à porta da casa. Com certeza, todos se lembraram de que Otto, nos anos que antecederam a guerra, nunca esteve ali sozinho, mas sempre ia acompanhado de uma ou duas crianças, que a essa altura já estariam chamando pela avó em voz alta. Leni escancarou a porta e se atirou nos braços do irmão. A seguir, ela conduziu-o em direção à sua mãe. Buddy, que estava ao seu lado, ficou observando a cena. Otto pareceu-lhe muito mais alto e magro do que se recordava, e muito, muito mais velho. Um após o outro, abraçaram-no e todos choraram.

Por fim, estavam todos sentados em volta da mesa da sala de jantar, que Leni havia decorado de um modo especialmente festivo. Otto acompanhou cuidadosamente com o indicador o enfeite de renda da toalha de mesa, levantou a faca, observou as iniciais EJK, em seguida o garfo, e colocou-os de volta sobre o apoio de talheres. Com o mesmo cuidado e lentidão, levantou o guardanapo e examinou o anel que o prendia. Leni, que observava o irmão, se esforçava para conter as lágrimas e certamente fazia uma ideia do que poderia estar passando pela sua cabeça. Erich abriu a garrafa de vinho, um bom vinho tinto, que tinha guardado para uma ocasião especial. Eles bebiam dos copos bisotados, que já usavam em Frankfurt, e utilizavam os guardanapos, nos quais Cornelia bordara seu monograma, ainda na época em que era solteira. Eles estavam sentados entre o aparador de mogno estilo Luís XVI, com tampo de mármore, a vitrina da época Biedermeier — que continha os copos de Cornelia, um serviço de chá com motivos florais asiáticos, um serviço francês da época Biedermeier, que também pertencera a Cornelia, travessas e vasos de cristal — e a cômoda barroca ondulada, com três gavetas de madeira de nogueira, decorada com desenhos feitos com madeiras exóticas, peças de mobiliário, que eram conhecidas desde a Mertonstrasse. Das paredes, observavam a cena os retratos de: Cornelia criança; Cornelia viúva; Elkan Juda Cahn com sua esposa Betty, e Alice criança. Pela porta aberta, que levava ao salão, podiam ser vistos outros quadros: Leni quando criança e uma fotografia de Johanna, a irmã de Erich. Eles ficaram ali sentados e estavam tão abalados pelos sentimentos contraditórios — a alegria do reencontro e a tristeza pelas perdas — que a princípio lhes faltaram as palavras.

Otto, pragmático, foi o primeiro a quebrar o silêncio. Ele perguntou sobre a loja de Leni, os esforços de Erich, a saúde de Stephan e as perspectivas profissionais de Buddy, e aos poucos eles foram relaxando e começaram a contar.

De vez em quando, silenciavam e trocavam olhares impotentes entre si, e é possível que Leni, segurando o rosto com as mãos, tenha exclamado com a voz embargada: "Esses assassinos, esses assassinos...", ou talvez comentado: "Se vocês tivessem ido a tempo para os Estados Unidos!"

"Quem poderia saber disso antes?", respondeu Otto em voz baixa. "Quem poderia imaginar uma coisa assim?"

Então Erich falou que todos eles deveriam ter sabido disso, pois os nazistas nunca esconderam o ódio em relação aos judeus. "O mais tardar depois das leis de Nuremberg, teríamos de saber disso; o caminho para Auschwitz passava diretamente por Nuremberg. E, aliás, Hitler já havia formulado isso claramente em seu livro *Mein Kampf*. Antes mesmo da guerra, um cliente mostrou-me o parágrafo que até hoje ainda sei de cor. Dizia claramente: 'Os alemães são uma raça de homens superiores, que foram eleitos para dominar, escravizar ou dizimar pessoas de raças inferiores.'" Erich calou-se e, em seguida, acrescentou: "Naturalmente, ele se referia sobretudo a nós, os judeus, isso estava claro. No entanto, ninguém poderia imaginar que um povo, que tinha produzido um Goethe e um Schiller na literatura, fosse capaz de uma barbárie assim."

É evidente que Otto também foi ao hospital visitar Stephan, que parecia entrar na fase de recuperação. Na verdade, era uma melhora enganosa, pois a infecção ainda não tinha sido controlada e os estafilococos voltavam a se manifestar. Eles não podiam saber que ainda demoraria alguns meses até que ele estivesse realmente em condições de deixar o hospital.

Na passagem do ano, tomaram ponche, feito praticamente de chá, e desejaram uns aos outros um novo ano com bastante saúde. Leni observou que todos evitaram palavras como "afortunado" e "feliz", pois certamente o ano que passara havia trazido muita tristeza que se mantinha muito nítida na memória de todos. Além disso, eles não conseguiam imaginar que ainda teriam anos felizes e afortunados em suas vidas.

Otto havia trazido uma seleção de fragmentos do diário de Anne e lia-os em voz alta naquelas longas noites de inverno. Buddy lembra-se de que as lágrimas sempre voltavam aos olhos de Alice, que dizia: "E pensar que esta vida terminou tão cedo..." Ela lamentava também o fato de que não tenha restado nada do diário de Margot. "Ela era uma menina tão boa, uma criança tão honesta." E Otto então falava aquilo que sempre voltaria a dizer, quando se tratava de sua filha mais velha: "Margot era um anjo."

Buddy lembra-se também de várias ocasiões em que citavam nomes de pessoas, que ele não conhecia, e discutiam se este ou aquele havia retornado ou desaparecido. Preso. Deportado. Assassinado.

Em outro momento, ao descrever para o seu tio um espetáculo na pista de gelo, que ele havia montado com o seu parceiro Baddy, Otto começou a chorar e, entre soluços, recordou os sonhos de

Anne de poder um dia se apresentar junto com o seu primo. "Ela falava tantas vezes de você, Buddy. Era uma criança e adorava você."

"Ela estaria agora com 16 anos", disse Leni. Era exatamente isso que iria acontecer, nos próximos anos, em cada aniversário, em cada feriado: alguém sempre voltaria a dizer: "Anne teria agora 17, 18, 19..." ou então: "Margot faria agora 20, 21...", ou: "Edith completaria agora 47 anos, 48..." E não haveria aniversário em que a tristeza não tomasse conta deles, em especial de Alice, que todas as vezes começaria a chorar. Mas eles, ao menos, tinham a certeza da morte de Anne e Margot. A avó Ida somente poderia dizer: "Hoje é aniversário de Paul. Será que ele ainda está vivo? Onde pode estar? Será que ele tem o que comer?"

Otto contou da visita que havia feito ao departamento de segurança da polícia. Ele queria saber quem havia denunciado o esconderijo deles. Mostraram então para ele, Kugler e Kleiman fotografias de diversas pessoas e perguntaram se alguma delas esteve presente no momento da prisão, pois dessa maneira se poderia talvez averiguar quem os tinha denunciado. "Nós realmente reconhecemos dois homens", disse Otto, "dois homens que estão na prisão. Vocês podem imaginar como aquilo me transtornou. Talvez ainda consigamos saber quem foram os denunciantes, os assassinos, os responsáveis pela morte de Edith e das minhas meninas. No entanto, muitas vezes eles mesmos não sabem de nada e só se limitam a agir por determinação de seus superiores, que não querem sujar as mãos."

Mas logo em seguida ele voltou a falar do diário de Anne e disse que queria pedir a Cauvern, um velho amigo que trabalhava em uma estação de rádio, que revisasse os erros gramaticais no diário e substituísse os germanismos existentes. Anne escrevera, por exemplo, em determinado momento, que Peter havia ganhado um "*vuurtuigje*" para o aniversário, embora não fumasse. A palavra correta em holandês teria sido "*aansteker*", que significa "isqueiro", mas Anne fizera a tradução literal do vocábulo alemão

"*Feuerzeug*", algo como "coisa de fogo". Para Otto, isso certamente não estava correto e precisava ser modificado. Assim que Cauvern terminasse a revisão, explicou ele, tentaria encontrar uma editora para publicar o diário.

Otto permaneceu por volta de três semanas em Basileia; três semanas de muita felicidade e de muita tristeza, cheias de lembranças, ditas ou veladas. Semanas de abraços e de lágrimas repentinas. Mas que chegariam ao fim.

De manhã, na despedida, não sabiam direito o que dizer. Alice ficou na cama. Mandou dizer que não suportaria ver Otto sair pela porta e não saber quando o veria de novo e, principalmente, se voltaria a vê-lo, pois em sua idade não se podia estar certa de mais nada. Otto abraçou e beijou Erich e Buddy, abraçou também a avó Ida, que descera para se despedir dele. Ele desejou-lhe saúde e disse que esperava que ela tivesse logo notícias de Paul, pois a incerteza era pior do que qualquer outra coisa e que sabia disso por experiência própria.

A avó Ida, entretanto, teria de viver com essa incerteza. Somente muitos anos depois da sua morte e, inclusive, do falecimento de Erich, Buddy recebeu a confirmação oficial de que seu tio Paul Elias havia sido assassinado em Auschwitz. Mas isso a avó Ida não soube nunca. No entanto, em algum momento, ela parou de esperar o carteiro de manhã diante da porta, e os dois suéteres que havia tricotado para Paul, ela deu-os a Erich, que poderia precisar deles. Ao longo dos anos, falaria cada vez menos de Paul e não lhe tricotaria mais nenhum suéter.

III.

Buddy Elias (1925–2015)
Primo de Anne

# Partida

Buddy, que ainda não completou 21 anos, está sentado em seu pequeno quarto em Bern; na verdade, um cubículo simples situado
sob o telhado. Mas isso não é tão importante assim. O que conta
agora é que ele tem um contrato, depois do seu pequeno papel
na peça *O mercador de Veneza*, no Teatro da Cidade de Basileia,
com o qual um ator, mesmo jovem, não pode se sustentar. Não é
exatamente o que ele esperava ou havia sonhado, mas um ator
iniciante deve aceitar o que aparece e, em todo caso, agora já
podia andar com os seus próprios pés.

Financeiramente, as coisas não estão mal. Ele mesmo prepara
o desjejum em seu quarto: tem o pão e faz o café no pequeno fogão
elétrico; para o almoço e o jantar, desce até o restaurante. Isso
lhe custa apenas 7 francos, o que é excepcionalmente barato. Ele
teve muita sorte. Além disso, é possível que assuma alguns outros
papéis no teatro, pois um componente do elenco irá se afastar.

O quarto é confortável, embora pequeno e pouco mobiliado.
Ele estava acostumado a coisas mais finas em casa. Mas, fazer
o quê? Pelo menos aqui poderá trabalhar bem: trouxe consigo
algumas peças para estudar os personagens, assim como seu

manual de inglês e uma gramática. Aqui ele tem mais tempo
e mais tranquilidade. Em casa sempre acontecia uma coisa ou
outra e ele se distraía com muita facilidade. Era difícil se isolar
e trabalhar quando havia visitas na casa ou quando Leni voltava
dos negócios, ou então quando Alice a todo custo queria ler em
voz alta uma carta que recebera de Otto ou uma que ela lhe
escrevera. Ele é bem diferente do seu pobre irmão Stephan.
Sente muita pena dele, pois teve outra infecção e suas dores não
melhoram de jeito nenhum. Buddy lembra-se de quando ele e
Otto foram visitá-lo no hospital, e outra vez sente um mal-estar
que não o abandonava, uma sensação de que talvez não tenha
se comportado de maneira adequada. Ele se dirige até a janela
e olha para fora. Tudo aqui é um pouco estreito demais, mas a
parte antiga de Bern é bonita e isso compensa outras coisas. O sol
já saiu e ele se pergunta se não deveria fazer um passeio junto
ao rio Aar, pois seria saudável e apaziguaria as inquietações que
o assaltam às vezes.

Decidido, senta-se à mesa, que ocupa muito lugar, de modo
que, à noite, Buddy só alcança sua cama com grande dificuldade. Ao fundo, num canto da mesa há um monte de papéis, que
esperam por ele; no outro, suas coisas de inglês, dentre elas
cadernos, lápis, apontador, borracha, uma caneta-tinteiro e uma
pasta com papel para cartas que Alice lhe deu, certamente para
ele não se esquecer de escrever à família. Desnecessário, pois
isso ele jamais esqueceria. Ele abre a pasta e pega, ao lado, a
caneta-tinteiro.

"Elias Frank", escreve ele no espaço do remetente. Este é o
nome artístico que escolheu depois de muita ponderação, pois
soa muito mais maduro, enfim, mais sério que Buddy Elias. Além
disso, ele reservara o nome Buddy para as suas apresentações
com Otti, seu parceiro na pista de gelo, com quem forma a dupla
Buddy e Baddy. O endereço soa igualmente bem: Kabarett Kaktus,
CorsoTheater.

"Querido Ottel", escreve, hesita, coloca a caneta na mesa, morde o lábio inferior. Logo em seguida, mais decidido, volta a pegar a caneta:

Infelizmente, durante sua estada em Basileia, não tivemos tempo suficiente para conversar sobre todas as coisas que nos são importantes. [...] Talvez pense que eu não tenha me interessado muito pela sua vida antes e durante a catástrofe, nem tampouco por Anne e Margot, porque nunca falei muito a respeito. Espero que não entenda assim. Eu não queria ouvir muito isso, porque sabia a dor que lhe causava rememorar esses fatos. Isso não deixa de causar-lhe aflição. Eu realmente não queria fazer perguntas. Agora, repentinamente, sinto remorsos e temo que você me tome por uma pessoa desinteressada, indiferente.

Pode imaginar o quanto eu gostaria de ter conversado com você sobre tantas coisas: a vida de vocês no esconderijo, a prisão, Auschwitz e muito mais? A verdade, contudo, é que eu temia abrir novamente as feridas. Espero que esteja enganado e que não me julgue uma pessoa indiferente a tudo.

Estou agora aqui em Bern e tenho um quarto pequeno e encantador, onde posso trabalhar muito bem sem ser perturbado. [...] Minha única preocupação é Stephan. Mas eu penso que tudo ficará bem. Ele precisa apenas ter muita paciência e suportar a dor. Espero que o negócio da pectina na Holanda se revitalize e que você possa trabalhar bem. Você me daria imensa alegria se me escrevesse de vez em quando. Por hoje é isso que gostaria de dizer. Desejo-lhe o melhor e espero vê-lo novamente em breve.

Ele lê novamente a carta antes de dobrá-la, colocá-la num envelope, escrever o endereço de Otto, levantar-se e vestir seu casaco. Sente-se agora aliviado por ter finalmente escrito a carta e leva-a imediatamente ao correio.

Buddy gostava de encenar em Bern, embora no início tivesse grandes dificuldades de se acostumar com o palco, que tinha a metade do tamanho daquele de Basileia. Ele gostaria de ter ficado em sua cidade, mas não foi possível, pois seu contrato não fora renovado. Recebeu então uma proposta de uma pequena companhia de teatro, que atuava durante três meses no verão e, neste ano de 1946, encontrava-se na cidade de Winterthur.

Em maio, ao visitar seu irmão no hospital, contou-lhe a respeito, e ele rira e fizera piadas: "Buddy, residente na Herbstgasse, é contratado na primavera para atuar no teatro de verão na cidade de Winterthur."* Buddy também ria e sentia-se feliz ao ver seu irmão finalmente rir, pois ultimamente a cada nova visita encontrava-o cada vez mais sério e mais deprimido. Buddy amava seu irmão e se, alguma vez, sentiu ciúmes daquele "rapaz bonito com cachos escuros", isso agora já havia passado. Stephan era o primogênito e, além disso, nascera exatamente no dia do aniversário de sua avó, de modo que Buddy tinha de se conformar com seu papel. Neste ponto ele também sentia afinidades com Anne. Ambos nasceram logo depois do primogênito e haviam sido bebês difíceis. Leni dissera, em várias ocasiões, que Buddy havia sido um "chorão" e Anne não ficava nem um pouco atrás dele. Afora isso, quando criança, Buddy tinha sofrido de eczemas, o que fez dele um filho bem mais difícil que Stephan.

Em todo caso, a relação entre os irmãos era boa e, durante a longa estada de Stephan no hospital, Buddy visitava-o tanto quanto possível. Juntos decidiram então escrever uma carta para Otto, que evidentemente sofria muito por estar em Amsterdã, tão afastado de sua família. Eles haviam lido a carta que Otto mandara para Alice no final de janeiro, na qual contava que na viagem

---

* O vocábulo *Herbstgasse* significa literalmente "travessa do outono". Por outro lado, o nome da cidade *Winterthur* contém a palavra *Winter*, que em alemão significa "inverno". Isso permite o jogo de palavras que Stephan faz. [*N. dos T.*]

de volta havia corrido tudo bem e Bep fora apanhá-lo na estação. Ele dizia ter sofrido um verdadeiro bombardeio de perguntas e havia tanto para contar que sequer pôde ler a correspondência que chegara durante a sua ausência. Eles então se depararam com algumas frases que comoveram muito Buddy e, certamente, também Alice: "Meu primeiro pensamento de manhã foi: 'Como será que mamãe dormiu hoje?' Tenho sempre presente a imagem de Stephan, com quem me compadeço de todo o coração. Não sei por onde começar. [...]"

Ao contrário do ano anterior, ao ler a carta de Otto, Buddy conseguiu imaginar desta vez bem seu rosto, o canto da boca levemente caído, as rugas, os olhos infinitamente tristes. Ao ler suas cartas sentia agora sempre uma pontada no coração. Esse pensamento nostálgico no início da manhã, Buddy entendia perfeitamente, pois com ele ocorria o mesmo. Logo de manhã, ao despertar, também se lembrava de sua casa com muita intensidade. Isso não estava apenas relacionado com o fato de que ele mesmo tinha de preparar seu café da manhã e de que não existia nenhuma Imperia à sua disposição. Todas as manhãs, ele sentia uma espécie de melancolia por estar afastado de sua casa. No entanto, as novas exigências, com as quais se deparava, faziam com que colocasse esses pensamentos rapidamente de lado.

Buddy pôs mais um travesseiro atrás das costas de Stephan e deu-lhe um bloco de notas e a caneta-tinteiro. Observava, compadecido, a dificuldade que seu irmão tinha para escrever.

Meu querido Ottel, agora que volto a escrever por minha conta, uma das minhas primeiras cartas será dirigida a você. Não preciso dizer que penso com frequência em você e em sua amizade. Papai contou-me muitas coisas sobre vocês dois, e suas impressões sobre a Holanda foram as melhores possíveis. Como eu gostaria de ter ido também!

Buddy veio me visitar hoje. É bom que ele tenha bastante trabalho na próxima temporada. No que me diz respeito, estou novamente engessado de cima a baixo. Espero poder levantar-me novamente assim que esse entrave estiver afastado. A não ser isso, eu não tenho nada de novo para contar. Imagino, às vezes, como seria bom se os três irmãos pudessem reunir-se conosco novamente. Talvez o meu desejo se concretize logo. Isto é tudo por hoje. Saudações para você e para os Gies. Um beijo especial para você. Seu velho Stephan.

Esgotado pelo esforço, Stephan entregou a Buddy o bloco de notas. Não havia mais muito espaço na página, de modo que Buddy apenas escreveu: "Querido Ottel, estou em Basileia por seis horas e não gostaria de perder a oportunidade de lhe mandar meus afetuosos cumprimentos. Fui contratado para atuar no teatro de verão da cidade de Winterthur e estou muito contente com isso. Mil beijos. Seu Buddy."

"I. não fala de outra coisa senão do diário de Anne", disse Stephan. "Otto enviou-lhe o início do diário, que foi traduzido pela srta. Schütz. Ela está muito impressionada e repete centenas de vezes que, em cada frase, vê Anne diante de si. Em sua opinião, esse documento tão valioso deveria ser dado a ler apenas àqueles que fossem capazes de compreender tais acontecimentos, pois muitos poderiam considerá-los pouco importantes. Você já o leu afinal?"

Buddy fez que não com a cabeça. "Não, apenas os trechos que I. nos leu em voz alta", disse ele. Na verdade, Alice tinha se oferecido para ler tudo que Otto lhe enviara, mas um pudor, cuja origem ele próprio não sabia explicar, impediu-o de aceitar a oferta. Naturalmente, um dia também iria ler o que sua pequena prima escrevera. Em algum momento...

Despediu-se então do seu irmão, guardou a carta e prometeu enviá-la naquele mesmo dia, na estação de trem, antes de partir para Winterthur.

As novas tarefas fascinavam Buddy. Seu contrato assegurava-lhe 250 francos ao mês; no segundo ano, ele receberia 280 francos ou até mesmo 300. Depois de passados mais de sessenta anos, hoje já não se lembra mais desses detalhes, mas ainda se recorda de que a exigência era enorme e praticamente toda semana havia nova estreia. Às segundas-feiras, dedicavam-se a marcar a cena no palco; terças, quartas, quintas e sextas-feiras eram dias de ensaio e, no sábado, havia a estreia da peça. Quando o tempo estava bom, Buddy ia à piscina, cuja entrada custava 15 centavos, para estudar seus papéis. Almoçava no "Restaurant Pfauen", onde gastava alguns poucos francos, e para o jantar preparava um pão com queijo. O aluguel do seu quarto ficava em torno de 80 francos ao mês.

Apesar de tudo, diz ele hoje, aqueles foram dias extraordinários em que só se aprendeu, aprendeu e aprendeu. A companhia convidava sempre bons atores para atuar, como Leopold Biberti, com quem ele encenou a peça *Heróis*, de George Bernard Shaw, na qual fez o papel de Nicola. "Biberti era um ator fantástico. Ele nasceu em Berlim, mas sempre se sentiu suíço e, por ter se posicionado abertamente contra o regime nazista, foi obrigado a fugir. Era uma personalidade, um homem com uma voz muito grave. As mulheres eram loucas por ele e sempre teve de se defender delas."

Em 1946, a situação econômica ainda continuava alarmante e era preciso tentar sobreviver de alguma maneira. Em novembro, ao escrever para Otto, Alice aborda este problema e relata que não teriam madeira e carvão suficientes para o inverno. A loja de Leni também não ia muito bem. Por sorte, Stephan recuperava-se aos poucos e apenas uma comichão intensa incomodava-o e causava-lhe aflição. Em Amsterdã, cidade que havia sofrido muito sob a ocupação alemã, a situação ainda era pior do que em Basileia. A empresa de Otto Frank simplesmente não conseguia firmar-se e isso ainda perduraria até início dos anos 1950, momento em que começaria efetivamente a dar lucros. Até então, o período foi marcado pela miséria e escassez. Ainda havia carência de alimentos, de roupa, de tudo, mas especialmente de combustível para aquecimento. A eletricidade e o gás eram fornecidos apenas em determinadas horas do dia. Contudo, o alívio pelo fim da guerra era grande e, de agora em diante, as coisas poderiam melhorar dia após dia.

Buddy não se preocupava com isso, pois estava concentrado em seu trabalho, em sua profissão de ator. Em 2 de junho de 1946, dia de seu 21º aniversário, foi a primeira vez que não festejou em companhia de sua família, mas recebeu cartas e um pacote de Basileia. Já no dia seguinte, sentou-se e escreveu uma "carta coletiva" dirigida a todos, pois não podia escrever quatro cartas dizendo a mesma coisa.

Não é verdade, I.? Não ficará zangada comigo por isso? E é exatamente por esta razão que vou falar primeiro com você. Minha adorada I.! Não creio que haja no mundo inteiro outra pessoa que consiga escrever palavras tão lindas, tão afetuosas e tão inteligentes quanto você! Fiquei muito feliz em ter recebido sua carta. Você pode estar certa de que farei o possível para não decepcioná-los. Minha profissão me é sagrada e eu me dedico a ela com toda a seriedade necessária. Sei que você também colaborou com o barbeador. Agradeço afetuosamente também por isso. E, já que estou com a geração mais velha, eu vou passar agora para a avó Ida, mas, querida I., você pode continuar lendo. Aqui ainda encontrará respostas para as perguntas da sua carta.

Então, querida avó Ida, eu também lhe agradeço muito pela sua carta. As meias e a linda toalha de mão, você já tinha me dado há tempos; de qualquer modo, agradeço novamente pelo presente. Sem dúvida, eu senti muito não poder estar com vocês no dia do meu aniversário, mas, infelizmente, não pude fazer nada a esse respeito.

E agora é o turno de vocês, querida Leni e papai! (o que é bom fica para o fim). Eu lhes agradeço de coração por todas as surpresas que me fizeram. As muitas e elegantes gravatas foram escolhidas com esmero. Os cartões de visita são bem apropriados, os lenços de bolso, preciosos e as meias, muito bonitas. É desnecessário dizer que suas cartas, como sempre, são amáveis e afetuosas. Ainda não recebi o papel de carta. Com certeza, deverá chegar logo. Agradeço muito desde já. Por favor, enviem a carta anexa para a pequena Marie! Também lhes agradeço pelo barbeador. Nunca havia sentido antes o que significa a família. Nunca essa percepção foi tão forte como agora. Nunca me ficou tão clara a percepção desse vínculo que me une a vocês, Leni, papai e, sobretudo, a você, querido Steph. Pela primeira vez, eu me dei conta do que é nossa família!

Durante toda a minha vida, em que passei ao lado de vocês e em que tivemos a grande e imensurável sorte de nunca nos termos separado, sua presença me parecia natural. Agora, quando pela primeira vez me encontro longe de casa durante um período mais longo e não serei mais alimentado nem protegido pelos meus amados pais, sinto o que significa ter saudades de casa! Não quero ficar sentimental! E tampouco tenho motivos para isso, pois tudo vai maravilhosamente bem aqui e muitas pessoas ficariam contentes se tivessem metade do bem-estar que tenho. E agora, "last but not least", é a sua vez, meu querido Steph! Eu me alegrei muitíssimo quando recebi a primeira carta, escrita por você mesmo. Também lhe agradeço pela sua participação no barbeador.

Estou muito feliz que você tenha sido libertado de sua casca de gesso e gostaria muito de estar ao seu lado no momento em que se levantar pela primeira vez! Meu querido Steph, houve um tempo em que a sua enfermidade me preocupou demais e senti-me muito pessimista (quem não estava?). Preciso lhe dizer, porém, que agora sinto exatamente o oposto. Tenho certeza de que (admitindo-se o pior), caso fique alguma sequela (o que não acredito), isto de modo algum afetará sua vida no futuro. Sei que na sua vida terá os mesmos êxitos que você teria caso não tivesse ficado doente. Tenho certeza, meu querido Steph, de que você trilhará o seu caminho com sua inteligência, seu caráter firme e sua formação. É desnecessário dizer que você poderá contar sempre com o meu apoio moral e, se possível, com a ajuda material. E agora quero relatar-lhes algo sobre mim. As últimas semanas foram muito estafantes. Logo pela manhã, viajo para Winterthur e, somente à noite, regresso para casa, para Läppli,* em Zurique. [...] No final de semana, provavelmente começarei os ensaios da peça *Heróis*. Bibi fará o papel principal e meu personagem ainda não sei qual será. Estarei livre em Pentecostes [...]. Na segunda-feira de manhã, irei a Basileia e só devo partir na terça-feira de manhã, às 7h13. Espero que não aconteça nenhum imprevisto! Alegro-me muito em poder vê-los. Espero também que até lá Bit já tenha retornado.

Saúdo a todos e beijo cada um de vocês.

Seu Buddy.

Bit era o apelido de Herbert, o filho protegido de Alice, que estava passando muitas dificuldades em Paris. Mais uma vez ele havia perdido o seu emprego e mais uma vez sua mãe recebia cartas de amigos e conhecidos que expressavam sua preocupação com a situação de Herbert. Eram suas dificuldades habituais, pois ele não conseguia permanecer por muito tempo em um mesmo lugar. Alice preocupava-se muito e Leni, exasperada, dizia que seu irmão logo teria de ir para um sanatório. Erich comentou isso

---

* Läppli é o nome de um personagem, um soldado da Segunda Guerra Mundial, criado pelo ator suíço Alfred Rasser, que também fundou o Kabarett Kaktus. [*N. dos T.*]

por carta com Otto; disse que para Herbert faltava, antes de tudo, um objetivo na vida, uma tarefa e um trabalho, e o pior é que ele, frequentemente, pregava sustos em Alice, esta pobre mulher que precisava de todas as suas forças para si. Apesar de tudo, Erich e Leni fizeram o possível para trazer Herbert para a Suíça, o que por fim conseguiram, embora tenha demorado alguns anos.

Buddy naturalmente também recebeu pelo seu aniversário uma carta muito carinhosa e amável de Otto. Naquele dia, antes de ir dormir, buscou a carta que Anne lhe escrevera em 1942, felicitando-o pelo seu aniversário, poucas semanas antes de esconder-se com sua família na casa da Prinsengracht. Ele a tinha guardado naquela época simplesmente por guardar, sem dar-lhe muita importância, talvez até mesmo por acaso. No entanto, desde que a encontrou novamente, quando arrumava suas coisas para mudar-se da Herbstgasse, ele guardava-a como uma relíquia e levava-a sempre consigo. Há quatro anos havia sido uma carta a mais de felicitações pelo seu aniversário, mas agora ela se tornara algo valioso. Por muitos anos ele voltaria a ler esta carta sempre no dia de seu aniversário, sozinho, sem ninguém por perto, mesmo quando já havia decorado suas palavras. Ele sempre tentava ler o texto em holandês, não para entendê-lo, mas para não esquecer a letra de Anne. Ele guardaria esta carta como prova de um afeto póstumo:

Querido Bernd,

Desejo-lhe muitas felicidades pelo seu aniversário (uma carta de aniversário começa sempre assim) e que seja por muitos anos. Espero que todos vocês estejam tão bem de saúde como nós estamos. Tivemos cinco dias de férias em Pentecostes, isto foi ótimo e meus dias estão muito ocupados. À noite, não chego antes das 22h em casa, mas geralmente estou acompanhada de um rapaz. Como vai aquela moça, de quem você nos enviou uma foto? Escreva-me a esse respeito, pois me interesso muito por esse tipo de coisas. Margot também tem um namorado, mas ele é mais novo do que o meu. Esta epístola não me saiu muito longa, mas eu tampouco tenho tempo, pois vou acompanhar meu pai em uma sessão de cinema em casa de conhecidos.

Lembranças a todos. Escreva-me.

Anne

Uma carta de outro mundo, de uma época completamente distinta, embora só tivessem se passado quatro anos. Anne escrevera aquela carta pouco antes de completar 13 anos, e ele, Buddy, naquele ano, fizera 17. "Escreva-me", dissera ela. Ele nunca mais poderia lhe escrever. Dobrou a carta e colocou-a outra vez dentro da pasta, onde guardava os documentos importantes.

Depois do teatro de verão em Winterthur, Buddy atuou no teatro Schauspielhaus de Zurique, na peça *Time of Your Life*, de William Saroyan, sob a direção de Wilfried Seifert. O diretor procurava para o papel um ator jovem, que também soubesse dançar. Em seguida, fez o papel do filho mais velho na peça *A casa de Montevidéu*, de Curd Götz, que tinha regressado dos Estados Unidos e planejava fazer uma turnê pela Suíça. Não era um papel importante, mas Buddy sentiu-se muito feliz por poder interpretá-lo.

Esta seria sua última turnê. Um convite inesperado chegou do seu parceiro de patinação no gelo, Otti Rehorek, que naquela época trabalhava em Londres como artista gráfico. Otti havia conhecido Tom Arnold, o produtor do maior espetáculo sobre gelo na Inglaterra, e mostrara a ele fotos do número que fazia com Buddy. Tom Arnold então lhe escreveu: "Eu preciso de comediantes. Vocês podem começar imediatamente." Otti estava entusiasmado e a oferta também pareceu altamente tentadora para Buddy: eles poderiam conhecer um pouco do mundo e, além disso, mostrar em cidades estrangeiras, por muito dinheiro, as mesmas coisas que fizeram antes na Suíça por muito pouco. O fato de que seu pai via com certa reserva seus contratos em Bern e seus pequenos papéis como ator convidado em peças populares, como o Läppli, em Zurique, deve ter certamente influenciado sua decisão. "Custa-me muito considerar como arte isso que você faz", dissera-lhe ele. E Buddy, afinal, não pôde deixar de lhe dar razão. Atuar em pequenos papéis em comédias e fazer algumas tolices em obras de teatro escritas em dialeto tampouco correspondiam àquilo que ele entendia como arte dramática.

Por outro lado, gostava de fazer as pessoas rirem. Ele sabia que tinha certo talento para a comédia e quando se lembrava da sua audição, há dois anos, não reprimia um sorriso irônico. Naquela época, num momento muito conveniente para ele, foi criada, ao lado do conservatório de Basileia, uma escola de teatro dramático, dirigida por dois atores conhecidos: Adolf Manz e Ellen Widmann. Buddy candidatou-se a uma vaga na escola e escolheu para o teste o *Fausto*, em um dialeto do estado alemão de Hesse. "Ellen Widmann chorava de tanto rir", conta ele ainda hoje com visível prazer, "mas não me admitiu. Disse que eu poderia voltar a fazer o teste, mas não no dialeto de Hesse. Foi isso que fiz e então fui admitido. Foram dois anos maravilhosos!"

Ele titubeia ao dizer isso, e acrescenta: "Enquanto eles estavam no esconderijo em Amsterdã, em seguida foram presos e passaram por tantos sofrimentos, eu ia à escola de teatro e passava momentos maravilhosos." Anne ainda soube disso. No dia 30 de junho de 1944, ela anotaria em seu diário: "Ficamos sabendo que Bernd fez o papel do taberneiro em *Minna de Barnhelm*. Mamãe disse que ele tem inclinação artística." Naquela época, Erich correspondia--se com Kleiman sobre questões comerciais, mas ocasionalmente mencionava em suas cartas assuntos privados, na esperança de que a informação fosse repassada a Otto, Edith, Margot e Anne. Nunca se disse nada abertamente, e Erich e Leni sequer tiveram conhecimento do esconderijo dos Frank, disso Buddy tem certeza. No entanto, sentiu satisfação em saber que Anne de alguma maneira soube que ele se tornara um ator. Parece que a "inclinação artística" era o que evidentemente unia Anne e Buddy.

Desde suas primeiras visitas a teatros com Alice, que acompanhava ele e Stephan em todas as encenações infantis e de contos de fadas como *O gato de botas* e *João e Maria,* Buddy já sonhava ser ator. Às vezes, ela também os levava à ópera. *A noiva vendida* foi a primeira ópera a que Buddy assistiu e, ainda hoje, ele se lembra de que ficou muito impressionado. A ópera, contudo, não se comparava ao teatro. Ah, e como gostava de fazer Kaspertheater, o teatro de fantoche tradicional, e atuar nos papéis de Kasper, Seppl e da avó! O que lhe dava ainda mais prazer era fazer o papel do diabo, a quem emprestava a voz resmungona de um professor que ele não suportava. Com entusiasmo interpretava a avó, imitando a voz trêmula da anciã da papelaria, cuja cabeça balançava sem parar sobre um pescoço muito fino. Buddy gostaria de encenar uma peça para a sua família todos os dias, mas em casa haviam se esquivado e disseram que uma, no máximo duas vezes por semana já seriam suficientes. Sua prima Anne, porém, nunca se cansava de suas atuações, quando vinha de visita a Basileia. Ela divertia-se, sobretudo, com a cena em que o crocodilo queria comer a avó e Kasper interferia, golpeando-o com o mata-moscas, enquanto soltava os mais assustadores, terríveis e proibidos palavrões, que não se atreviam a repetir na presença de outra pessoa. Sim, Buddy sempre teve uma inclinação para o cômico e o exagero.

Com apenas 14 anos, criou com um amigo números cômicos de palhaços sobre o gelo, que logo apresentaram em espetáculos de patinação, oferecidos em inúmeros balneários da Suíça. Não ganhavam muito dinheiro com aquilo, mas eles se divertiam bastante. Todas essas lembranças vieram à tona quando recebeu a oferta da Inglaterra e o certo é que ele não precisou pensar muito. Poderia se dedicar a essa atividade durante um ano, pensou, e não suspeitou de que acabaria fazendo o espetáculo ao longo de 14 anos.

Em novembro de 1947, Buddy e Otti Rehorek, seu amigo e sócio, se apresentaram em Bruxelas como Buddy e Baddy. A estreia, segundo seu modo de ver, foi um fracasso, porque foram convencidos a atuarem conjuntamente com outro palhaço. Depois da apresentação, ambos passaram a noite ensaiando e melhorando o número, que se converteu em um enorme sucesso.

Em 29 de novembro, Buddy, por carta à sua família, explicou que o contato com a companhia teatral era cada vez maior e que Baddy e ele foram muito bem acolhidos, em particular pelos montadores de palco, pois falavam francês com fluência, diferentemente dos ingleses. "Hoje Len Stewart contou-nos que o diretor do teatro esteve falando com ele. Disse-lhe que nunca aplaude um número e que, na nossa estreia, nos amaldiçoou, mas hoje, ao ver o *swing*, aplaudiu espontaneamente e acha o número fantástico! [...] Estou certo de que vocês também se divertiriam muito se pudessem ver o show. É uma verdadeira experiência e o público toda noite sai entusiasmado." Nesta mesma carta. Buddy faz referência à sua solicitação de naturalização, pois havia voltado a apresentar um requerimento para receber a cidadania suíça e o passaporte. Ele ainda acrescentou que, infelizmente, não poderia cuidar pessoalmente do assunto e pediu-lhes que pressionassem um pouco em seu nome.

Buddy havia alugado uma pequena casa com Otti e sua esposa, Bimbo, de modo que não estava totalmente sozinho. De certa forma, isso já era um consolo para ele, pois sentia falta de sua família, apesar de todas as inúmeras novas experiências. As numerosas cartas que escreveu para a sua casa e os cuidados com os familiares atestam também o quanto ele ainda estava ligado a Basileia. Em uma ocasião, ofereceu dinheiro para Leni pagar o aluguel.

No final de 1947, Otto Frank visitou o sobrinho em Bruxelas. Buddy foi buscá-lo na estação de trem. Era um inverno especialmente frio e, embora estivesse vestido com várias camadas de roupa, ainda assim estava congelado. Os seus dedos já estavam duros de frio e sem sensibilidade, apesar de ter calçado as luvas novas que a avó Ida tricotara para ele. Mas o frio não era o único motivo do seu incômodo. Sem dúvida, sentia muita vontade de ver Otto, pois afinal sempre foi o seu tio preferido e a fatalidade pela qual passara fazia com que sentisse um apego maior por ele. No entanto, na estação, enquanto esperava o trem vindo de Amsterdã, sentiu-se um pouco tolhido. Ele não sabia se poderia conversar abertamente com Otto, contar-lhe sobre o espetáculo, falar de seus planos, suas esperanças e, talvez, inclusive de seus temores; não sabia tampouco se conversaria normalmente com ele, como fazia com os outros membros da família. Seria isso possível? Como se poderia esperar normalidade de um homem que havia passado por experiências tão terríveis, que havia perdido sua esposa e filhas de um modo tão cruel? Além do mais, desta vez, ele estaria sozinho com seu tio durante três dias, sem o apoio nem a distração de Alice e dos demais membros da família. Somente ele e Otto.

O trem chegou finalmente e seu tio desceu. Nos dois anos que ficaram sem se ver, pareceu-lhe que Otto tinha engordado um pouco. Ele tinha um aspecto melhor, embora ainda continuasse muito magro, mas o sobretudo gasto já não parecia tão desproporcional quanto na sua ida para Basileia. Apesar de suas roupas pobres, do cachecol grosso e das orelheiras que apareciam sob o velho chapéu, ele tinha um aspecto distinto. É um cavalheiro, pensou Buddy, sem dúvida é um cavalheiro que já conheceu tempos melhores. Ao ver Buddy, Otto esboçou um sorriso. Colocou de lado sua maletinha de viagem de papelão e a pasta de couro marrom e abriu os braços. Buddy correu até ele; ambos se abraçaram e se beijaram como sempre. Compreendeu então que os seus temores e seu mal-estar não tinham fundamento algum.

Buddy alugara um quarto para Otto em uma pensão simples e eles seguiram até lá de bonde. Buddy havia sugerido um táxi, por causa do frio, mas seu tio recusou, dizendo que o bonde estava ótimo. Mesmo nos anos posteriores, ele só tomaria um táxi em

caso de extrema urgência, não por sovinice — Buddy afirma que
ele nunca foi sovina —, mas por simplicidade. A ostentação não
fazia parte dele.

Durante o trajeto, Otto perguntou por Alice, por sua irmã e seu
cunhado, pela avó Ida, mas, sobretudo, por Stephan que, após permanecer muitos meses no hospital, havia se recuperado e voltado
a trabalhar. "Ele ficou com o quadril enrijecido", disse Buddy, "e
Leni teme que permaneça assim. Eu tenho conversado com minha
mãe por telefone e ela contou-me que Stephan passou a lavar as
mãos continuamente por causa dos bacilos. Por temer uma nova
septicemia, desenvolveu uma obsessão por higiene, disse-me Leni".

"Ele está mancando?", perguntou Otto.

Buddy balançou negativamente a cabeça. "Não, ele não manca.
Contudo, ao andar, apresenta um movimento enrijecido estranho,
como se fosse cair para a frente a qualquer momento. Eu o vi antes
de partir. Naquela ocasião, acreditei que ele se recuperaria, mas
parece que infelizmente não é o caso."

"Pobre rapaz", disse Otto. "E para ele também é o fim do seu
esporte."

Buddy esteve a ponto de dizer que o esporte não tinha importância, que o mais importante era que ele estava vivo, mas,
por sorte, eles tinham acabado de chegar à estação e tiveram de
desembarcar. Em casa de enforcado não se fala em corda, teria
dito Leni.

Mais tarde, depois de um almoço simples em um restaurante
também simples, Otto abriu sua pasta e retirou um livro que colocou ao lado do prato de Buddy. Ele sentiu um estremecimento
ao ver a capa: *Anne Frank. Het Achterhuis. Dagboekbrieven van 14
juni 1942 — 1 augustus 1944.*\*

"Aí está", disse Otto. "Este é o Diário de Anne, o seu Esconderijo. Tal como ela queria."

---

\* Anne Frank, O esconderijo. Diário de 14 de junho de 1942 — 1º de
agosto de 1944. [N. dos T.]

Buddy tinha imaginado alguma coisa mais "fina", segundo ele, com menos formato de "livro". Cuidadosamente, acariciou com a ponta dos dedos a capa áspera, as letras do nome, e um estranho pudor apoderou-se dele. "É uma pena que eu não fale holandês", disse, apenas para dizer algo.

"Ele também será publicado em alemão", disse Otto, "e em inglês. Talvez ainda em francês, quem sabe?"

O garçom retirou os pratos e perguntou se ainda desejavam mais alguma coisa. "Uma cerveja", pediu Otto. "Você também?"

Buddy concordou. Ele hesitou e em seguida fez uma pergunta. "Em algum momento, você refletiu se é realmente correto publicar o diário de Anne? É algo tão pessoal, tão íntimo. Alice diz que..."

"Eu sei que Alice tem suas dúvidas", interrompeu-o Otto. "Ela acredita que alguém que não pertença à família talvez não entenda o livro como deveria ou, então, até mesmo o considere entediante, uma vez que são apenas vivências e pensamentos de uma criança."

O garçom trouxe a cerveja. Otto tomou um gole e prosseguiu: "Anne era uma criança, sem dúvida, mas com uma maturidade intelectual que muitos adultos não têm e que talvez nunca venham a alcançar. Eu não conhecia a minha filha até ler os seus diários. Isto me dói. Eu nunca a conheci realmente, e você, Buddy, tampouco. Nenhum de nós sabia o que se passava em sua cabeça. Para mim, era uma criança que amei, como se ama um filho, embora tenha também frequentemente me irritado com ela. Eu a consolava todas as vezes que havia alarme de bombardeio aéreo e ela, com medo, chorava. Então, eu a acariciava e permitia que dormisse em minha cama. Eu ria de suas piadas e, por outro lado, me zangava com ela quando se comportava de forma insolente e irritava os outros. Para mim, ela era uma criança espevitada e despreocupada; o seu lado interior eu não conhecia. Agora é tarde demais para demonstrar-lhe o meu reconhecimento, a minha admiração e o meu orgulho; e isso me dói muito. Ela era uma pessoa muito especial, mas eu só consegui enxergar a criança.

Com o seu diário ocorreu algo semelhante: eu o via apenas como o diário íntimo de uma menina, e isso me perturbou muitíssimo, pois também vivi tudo aquilo e, de repente, eu tinha o seu ponto de vista sobre o esconderijo e a situação como um todo. Então, passei alguns fragmentos do diário a meu amigo Albert Cauvern e para o dr. Baschwitz, e também li alguns trechos para Werner e Jetty Cahn. Todos são pessoas que entendem do assunto. Ao ver suas reações, percebi que era muito, muito mais do que o diário de uma menina em fase de crescimento. Anne equivocou-se muitas vezes; em outras, foi injusta e precipitada no seu julgamento, mas escreveu algo universalmente válido sobre a convivência de pessoas que se encontram em situações-limite e sobre a própria condição humana, a humanidade e a fé na vida. Sim, agora eu estou convencido de que foi acertado publicar o seu diário. E não sou o único." A voz de Otto foi se tornando cada vez mais baixa; então abriu sua pasta, retirou um recorte de jornal amassado e mostrou-o a Buddy. O texto estava escrito em holandês e, em negrito e maiúsculas, portava o título *Kinderstem*.

"*Kinderstimme*? A voz das crianças?", traduziu Buddy inseguro.

Otto concordou com a cabeça. "Este artigo foi escrito para o jornal *Het Parool*, pelo dr. Jan Romein, professor catedrático de história em Amsterdã, um homem muito culto. Você quer que eu traduza algumas passagens?"

"Sim, claro", disse Buddy, e Otto leu o artigo em alemão. Ele o leu com tal fluência, sem procurar por palavras, sem se corrigir, que ficou claro para Buddy que seu tio já o tinha lido e traduzido muitas vezes, não apenas em pensamento:

Por casualidade, chegou às minhas mãos um diário escrito durante os anos de guerra. [...] Se os indícios estão corretos, esta menina, caso ainda estivesse viva, teria se tornado uma talentosa escritora. Ela veio da Alemanha com 4 anos e, dez anos mais tarde, já escrevia num holandês invejável, claro e objetivo. Ela faz uma análise sobre as deficiências da natureza humana — não excluindo as suas próprias — de uma maneira tão exata que se viesse de um adulto já seria surpreendente, quanto mais se tratando de uma criança. Ela mostra ainda as infinitas facetas dessa mesma natureza humana, que se encontram no humor, na compaixão e no amor, as quais possivelmente surpreenderiam as pessoas e diante das quais, como ocorre com tudo aquilo que é extraordinário, elas sem dúvida se assustariam, caso essa rejeição e aceitação não fossem tão intimamente infantis. O fato de que esta menina foi sequestrada e morta é para mim uma prova de que nós perdemos a luta contra o nosso lado animal. E perdemos porque não contrapusemos nada de positivo. Nós seguiremos perdendo sempre, independente de que forma a desumanidade nos ameace, se nos mostramos incapazes de contrapor algo positivo. Não é suficiente a promessa de que nunca esqueceremos nem perdoaremos. Da mesma forma, também não basta manter essa promessa. A resistência passiva e negativa é insuficiente e não significa nada. Uma democracia "totalitária" ativa e positiva, no sentido político, social, econômico e cultural, é o único meio de salvação: a construção de uma sociedade em que o talento não seja destruído, reprimido e ocultado, mas sim descoberto, favorecido e promovido, independente de onde ele surja. Apesar de todas as nossas boas intenções, nós estamos tão distantes dessa democracia, quanto estávamos antes da guerra.*

Otto calou-se, esgotado, como depois de um trabalho extenuante, e Buddy percebeu, de repente, que, durante todo o tempo, ele tinha acariciado o livro como se acariciasse uma criança. Otto certamente também reparou nisso, pois estendeu uma mão e pousou-a sobre a de Buddy, de modo que ambas as mãos repousassem sobre o diário de Anne.

---

* Citado em: *Die Tagebücher der Anne Frank*, Frankfurt am Main, 1988.

"Este artigo chamou muita atenção", disse Otto, dobrando com cuidado o recorte de jornal e guardando-o novamente na carteira. "Muitas pessoas leram-no e quiseram saber quem era a autora. E agora o livro está aqui."

Nos dois dias seguintes, Otto referiu-se mais algumas vezes ao livro e contou como fora difícil encontrar uma editora disposta a publicá-lo. As grandes editoras recusaram o manuscrito, pois não viam mercado para ele. Pensavam que, em um período tão curto após uma guerra tão terrível, ninguém se interessaria pelos pensamentos e sentimentos de uma menina judia que passou dois anos escondida com seus pais, sua irmã e outros quatro judeus. "Na verdade, eles têm um pouco de razão", disse Otto. "Muitas pessoas agora procuram apenas se divertir como uma forma de compensação pela época tão difícil que viveram. Mas nem todos pensam assim. Nem todos se comportam como se nada tivesse acontecido, como se todo esse inferno não tivesse existido. A obra está agora há seis meses no mercado e eu sempre recebo cartas de pessoas, principalmente de jovens, que leram o livro de Anne e me dizem o quanto a leitura os comoveu. Afirmam que o livro mudou suas vidas. E eu respondo a cada uma dessas cartas. Considero que meu dever é contribuir para uma melhor compreensão entre as pessoas, tal como Anne teria desejado." Após uma pausa, ele completou: "Esta é a única coisa que ainda posso fazer por ela." Em seguida, ele adquiriu um aspecto profundamente triste.

Buddy perguntou-se se não seria melhor deixar as velhas feridas cicatrizarem, em vez de sempre voltar a abri-las. Ele teve a impressão de que Otto se ocupava muito mais com o diário de Anne do que com sua própria empresa. Com cautela, perguntou-lhe mais tarde sobre isso.

"É assim mesmo", disse Otto e esclareceu: "Foi como um ímã. Uma vez que comecei com isso, eu me senti cada vez mais atraído. Dediquei praticamente todo o meu tempo a ele. Foi um trabalho enorme reunir as duas versões e transformá-las num texto legível."

"Você já nos contou que Anne escreveu seu diário duas vezes", disse Buddy. "E lembro que você comentou sobre o discurso de um ministro."

"Nós tínhamos um rádio", disse Otto, "embora, é claro, isso fosse proibido; há tempos os judeus tiveram de entregar todos os aparelhos de rádio. Anne sempre dizia que o rádio havia passado para a clandestinidade como nós mesmos. Como tudo, de alguma maneira, estava proibido, não fazia diferença alguma nós ouvirmos a Oranje, uma emissora holandesa proibida. No início da ocupação, o governo holandês fugiu para a Inglaterra e permaneceu ali durante todo o período da guerra como um governo no exílio. Através da emissora Oranje, informavam o povo holandês sobre os avanços no *front*, as batalhas e as resistências. E eles sempre voltavam a dizer que nós deveríamos persistir, uma vez que a liberdade estava muito próxima, especialmente após o desembarque das tropas Aliadas na Normandia." Otto calou-se por um momento e, em seguida, acrescentou em voz um pouco mais baixa: "Nós também acreditávamos que a liberdade estava próxima, mas não foi assim, pelo menos não foi o nosso caso. Para nós ela chegou muito tarde." Nas últimas palavras, sua voz se tornou tão baixa que Buddy mal pôde ouvi-lo. Ele não falou nada. Afinal de contas, o que poderia dizer?

Otto conteve-se e continuou explicando: "No início de 1944, o sr. Bolkestein, um dos ministros no exílio, fez um discurso no rádio. Ainda me lembro do que ele disse; contudo, voltei a ler o discurso agora, que, de qualquer forma, ainda me lembraria. "A História não pode ser escrita somente com base em documentos oficiais e atas de arquivos." E isso é verdade, Buddy, pois apenas através daquilo que as pessoas contam e escrevem sobre o que viveram pessoalmente é que as outras pessoas, que não compartilharam da experiência, têm a chance de entender ou pelo menos ter uma ideia do que se passou, do que fizeram conosco, os judeus. De que outra maneira isso teria sido possível ou imaginável? Na história da humanidade nunca houve algo assim: esse assassinato em massa, organizado para eliminar milhões de pessoas. Isso não pode voltar a acontecer, Buddy, mas tudo o que já aconteceu uma vez pode acontecer novamente..." Otto chorava e Buddy segurou suas mãos, impotente e cheio de compaixão. Ele ainda veria o seu tio chorar muitas outras vezes.

"Pois bem", continuou Otto, depois de enxugar as lágrimas, "a ideia de que as minhas queridas são apenas três dentre tantos milhões não é um fato que torne as coisas mais leves para mim. É ainda muito difícil acreditar no que ocorreu, inclusive comigo mesmo, que vi com os meus próprios olhos e senti na minha própria carne. Auschwitz era outro mundo, outro planeta, como ouvi muitas vezes, e muitos se referiam a ele como o 'Planeta Auschwitz'. Entretanto, Auschwitz não era o único. Nós temos a obrigação de contar isso para todo mundo, mesmo que a realidade seja indescritível, porque não há palavras para descrever algo assim. Expressões como 'atrocidade' e 'horror' não são suficientes. Às vezes, eu penso que seria necessário criar uma nova língua para descrever esses campos de concentração."

Ambos se calaram. Otto mergulhou em seus pensamentos e Buddy não sabia como consolá-lo. Não havia consolo possível. "Venha, vamos dar um passeio", propôs finalmente Otto.

Enquanto caminhavam, ele continuou contando: "Esse ministro Bolkestein havia dito que, após a guerra, seria necessário fundar um instituto para reunir, organizar e publicar todas as provas que demonstrassem o enorme padecimento dos holandeses durante a ocupação alemã. Como exemplo, citou os sermões de padres, as cartas sobre trabalhos forçados e também os diários. Nós todos da Casa dos Fundos sabíamos que Anne escrevia um diário e, após aquele discurso, dissemos a ela que talvez um dia o seu fosse publicado. Francamente falando, nós apenas nos apegamos a esse novo tema como uma pequena tábua, que nos salvasse daquele mar de tédio. Entre nós não havia nada de novo: todos os temas estavam esgotados; não havia novas histórias. Já sabíamos tudo sobre todos, pelo menos era o que acreditávamos.

Nós não levamos a publicação a sério. Por outro lado, Anne o fez e encarou tudo isso com muito mais seriedade do que eu imaginava. Agora eu sei que ela já tinha, há tempos, escrito em seu diário que queria ser jornalista e escritora. Pouco tempo depois, ela começou a copiar o seu próprio diário em uns papéis, que Miep lhe trouxera do escritório. Existem, portanto, duas versões: seu diário original e uma segunda versão, que ela escreveu com intenção de publicar."

Ao elaborar a segunda versão, Anne não se contentou em fazer somente pequenas correções, nem se limitou a omitir passagens que considerava pouco interessantes. Ela ainda resumiu trechos e, mais adiante, ampliou registros existentes e completou com passagens totalmente novas. Assim, surgiram duas versões mais ou menos distintas, que Otto Frank utilizou para elaborar a versão definitiva destinada à publicação.

De outra maneira isso não teria sido possível. Do diário original de Anne falta um ano: um ou dois cadernos devem ter se perdido quando eles e seus cúmplices holandeses foram apanhados no esconderijo pelo serviço de segurança alemão, a *Grüne Polizei*.* Seja como for, quando escreveu a segunda versão, ela ainda possuía os registros perdidos posteriormente. Portanto, não teria sido viável publicar somente a primeira, pois, além daquele ano perdido, faltariam outros registros importantes, escritos mais tarde. E publicar apenas a segunda versão também teria sido lastimável, uma vez que na primeira havia relatos interessantes que a própria Anne não tinha selecionado. Além disso, ela não tinha terminado de transcrever e revisar a segunda versão, cujos registros terminam em março de 1944, ao passo que aqueles do diário original se encerram no dia 1º de agosto de 1944, três dias antes da sua captura. Assim, faltavam

---

* *Grüne Polizei*, literalmente "Polícia Verde," era o nome popular da *Ordnungspolizei*, a polícia responsável pela ordem, cujo uniforme era verde. [*N. dos T.*]

cinco meses muito importantes. Por este motivo, Otto Frank não viu outra solução, senão utilizar as duas versões.

"Como você pode estar tão seguro de que ela gostaria de publicar a segunda versão?", perguntou Buddy. "Ou de que ela realmente tenha pensado em publicar?"

"Por que motivo ela teria transcrito o seu diário?", interpelou Otto. "Além disso, Anne tinha adicionado uma lista de nomes alterados. Acreditava que nós todos sobreviveríamos e não queria que fôssemos identificados. As pessoas deveriam permanecer anônimas. Ela mesma queria ser chamada Anne Robin; Van Pels deveria ser Van Daan; Pfeffer seria Dussel; Kleiman seria Koophuis, e assim por diante."

"E você respeitou essa lista de nomes?", perguntou Buddy.

Otto Frank assentiu. "A maioria, sim."

Na nova edição, que seria lançada em 1990, o Anne Frank-Fonds, em Basileia, decidiu devolver os nomes autênticos, pelo menos aos ajudantes, como forma de prestar-lhes a homenagem que mereciam.

Quando o manuscrito já estava pronto, Otto Frank pediu a Albert Cauvern, um velho amigo que na época trabalhava numa emissora de rádio, que fizesse uma revisão do diário e corrigisse eventuais erros gramaticais e germanismos. Cauvern fez a revisão e adicionou uma frase final ao texto: "O diário de Anne termina aqui. Na manhã de 4 de agosto de 1944, um carro parou no Prinsengracht, 263. [...] Margot e Anne Frank foram transportadas de Auschwitz no fim de outubro e levadas para Bergen-Belsen, campo de concentração perto de Hannover (Alemanha). A epidemia de tifo que irrompeu no inverno de 1944–45, em resultado das horríveis condições de higiene, matou milhares de prisioneiros, inclusive Margot e, alguns dias depois, Anne."*

---

* Tradução da citação extraída de: *Die Tagebücher der Anne Frank*, Frankfurt am Main, S. Fischer, 1988.

É possível que Otto Frank não tenha contado para o seu sobrinho Buddy que ele mesmo também fizera alguns cortes. Omitiu, por exemplo, trechos em que Anne expunha claramente as mudanças fisiológicas que experimentava no desenvolvimento de seu corpo como mulher, assim como, por lealdade à sua falecida esposa e aos demais companheiros de esconderijo mortos, retirou fragmentos de frases ou até mesmo frases inteiras, nas quais Anne se expressava de modo bastante indelicado. Como não poderia deixar de ser, Anne foi injusta algumas vezes. Qual a menina de 13, 14 ou 15 anos que não é injusta ao escrever seu diário, especialmente em tais circunstâncias, em que, depois de discutir com alguém, a mãe ou qualquer outra pessoa, não tem a possibilidade de sair ou de criticá-la pelas costas? Sem dúvida, para Otto Frank, esse homem altamente culto, tranquilo, de caráter compreensivo e equilibrado, muitas observações de sua filha sobre pessoas que já não podiam mais se defender pareceram excessivas. Este foi certamente o motivo pelo qual fez alguns dos cortes. Durante a organização dos textos das duas versões, agiu de forma muito sensível e demonstrou grande habilidade para extrair "a essência", como dizia, para fazer justiça à sua filha falecida.

Otto permaneceu três dias com Buddy em Bruxelas; três dias que Buddy jamais esqueceria e que tornaram sua relação com o tio muito mais profunda e duradoura. Foram momentos de grande aproximação. "Mas nós não conversamos apenas sobre coisas sérias", conta Buddy hoje em dia. "Nós também rimos bastante. Contei-lhe a respeito do meu espetáculo sobre o gelo, assim como do meu parceiro e sua esposa. Uma noite ele foi jantar conosco e assistiu a uma apresentação. Sentou-se na primeira fila e eu observei que ele riu, riu para valer. Depois me disse que sentiu muito orgulho de mim."

Sua esposa Gerti acrescentou: "Otto sempre se interessou pelo sucesso de Buddy. Ele constantemente o acompanhava."

"Foram três belos dias", disse Buddy, "e, quando Otto partiu, choramos."

# Anos de itinerância

Para Buddy, haviam começado os anos de itinerância. De Bruxelas, ele chegou a Londres. Que maravilhoso deve ter sido para este jovem ver o mundo e deixar para trás as estreitas fronteiras da Suíça! Naturalmente havia um problema: ele continuava sendo um apátrida e seu *labour permit*, sua permissão de trabalho, venceria em outubro. Mas teve sorte. No início de outubro, viajou para Basileia, a fim de buscar seu novo passaporte: aos 23 anos, Bernhard Elias, mais conhecido como Buddy, finalmente recebeu sua nacionalidade suíça, depois de ter vivido praticamente toda a sua vida no país. Erich e Leni, no entanto, precisariam esperar mais algum tempo até alcançarem esse objetivo.

Londres foi a primeira cidade grande que Buddy visitou. Ficou completamente fascinado e impressionado. Ele se deixou envolver pelas novas experiências, sentia imenso prazer quando as pessoas riam do seu número de teatro de revista, saboreava o sucesso e os aplausos. Em Londres, visitou seu tio Robert e Lotti, sua esposa, que o receberam de braços abertos, e constatou que ambos se portavam de forma mais inglesa do que os próprios ingleses. Isso ficava claro tanto na maneira de se vestirem como nos seus modos de falar e se comportar. Lotti falava baixo e alongava as palavras, com um tom muito aristocrático, ao passo que Robert, com seu casaco, chapéu-coco e guarda-chuva, era quase uma caricatura de um cavalheiro inglês. Buddy julgou-os um pouco extravagantes, mas adoráveis; no entanto, seu relacionamento com os tios ingleses jamais seria tão íntimo como o que tinha com Otto, nem alcançou o grau de camaradagem que tinha com Herbert.

Em Londres, Buddy também tirou a carteira de motorista e escreveu para a Herbstgasse:

> Na segunda-feira passada, após ter sido aprovado no meu exame de motorista, adquiri um automóvel. Vocês não podem imaginar um homem mais feliz! Sou um "diabinho" com seu automóvel próprio! [...] Robo e Lotti também ficaram muito contentes. Ontem eu levei Robo de carro para um leilão e, em seguida, fiz um passeio com Lotti da rua Piccadilly até a rua Regent no horário de pico. Lotti suava frio, mas não foi em vão que eu fui aprovado no meu exame de motorista.

Quando o contrato expirou, Buddy e Baddy se engajaram na Scan Eisrevue, uma recém-criada empresa dinamarquesa.

Buddy sentiu-se muito bem neste novo grupo. Um dos diretores da Revue, Volma Sørensen, um maestro, impressionou-o de modo especial. Antes da guerra, ele fora um pianista de renome e havia tocado sob a batuta de outros grandes maestros, como Weingartner, em 1932, em Basileia. Depois da invasão alemã na Dinamarca, ele se incorporou ao movimento clandestino e, durante a noite, sempre transportava judeus até a Suécia em um pequeno barco a remo, até ser apanhado pela Gestapo. Foi preso e torturado, e os ossos de suas mãos foram quebrados de tal forma que nunca mais pôde voltar a tocar piano.

Este homem foi uma das poucas pessoas a quem contou sobre seu tio Otto Frank, Edith, Margot e Anne. Buddy não negava a sua condição de judeu, mas tampouco tocava no assunto. Sentia-se muito inseguro em seu papel como judeu, pois, de um lado, não tinha ligação alguma com a religião e, de outro, sempre esteve seguro na plácida Suíça, enquanto em outros lugares milhões de judeus eram assassinados. Levaria um bom tempo até digerir tudo o que acontecera com ele e sua família e ser capaz de falar sobre o tema com certo distanciamento.

Uma mostra da boa acolhida de Buddy na Scan Revue se revela na alegre carta de felicitações de aniversário que enviou à mãe em setembro de 1949. Remetente: "Scan Is Revy, 16, Enigjedsvej, Carlottenlund, Copenhague."

Querida Leni,

... — minhas felicitações!

Sim, sim, já se passou muito tempo. Agora você está com 56 anos, ou seja, já é uma menina bem grandinha! De fato, você é maior que seus "pequenos" que inclusive também poderiam ser papais (se é que já não o são!).

Pois é, querida senhora mãe de palhaço, os tempos mudaram. Não acredito que o velho senhor diretor do banco Frank, em Frankfurt, chegou a imaginar um dia que seu neto se dedicaria a divertir o público de circo, usando uma peruca verde. O que teria dito ao me ver do céu? "Não há trabalho ruim!" e, em seguida, deve ter se sentado calmamente para jogar xadrez com o imperador Guilherme. É claro que perdeu a partida, pois seus pensamentos estavam concentrados nos seus descendentes malucos. No entanto, apesar de sua família ter quebrado a antiga tradição dos Frank, ele não poderá dizer nada de mal sobre eles. Há somente um membro de sua família do qual ainda continua se sentindo muito satisfeito. Cheio de orgulho, ele pega a mão do bondoso imperador e aponta com o dedo uma pequena loja em um país maravilhoso: "Ali está, Guilherme; olhe para isso. Com essa lojinha a minha filha manteve sete pessoas durante uma época muito difícil. Eu sei que a situação logo vai melhorar, mas ela já faz isso há alguns anos e continuará mais outro, e outro!" E então, sobre sua face enrugada, de um olho rola uma lágrima de felicidade e do outro, uma lágrima de orgulho.

Esta visão da Terra também não deixou o imperador indiferente. Depois que o bom avô se afastou e sentindo que ninguém o via, o imperador se curvou profundamente diante da pequena Leni, que vinha da Spalenvorstadt montada em sua bicicleta. Após lançar um último olhar de admiração e respeito ao velho banqueiro, ele se recolhe novamente ao seu claustro celestial e escreve para o louvado Deus sobre um novo exemplo de amor e sacrifício.

Você já sabe quais são meus votos pelo seu aniversário. Tomara que se realizem logo. Com o dinheiro que lhe mandei, não poderá comprar nem legumes nem pagar o aluguel, mas deve gastar em algo bem bonito para você.

Nós ficaremos por aqui somente mais dez dias, depois seguiremos para Norrkoping e, em seguida, ficaremos cerca de seis semanas em Estocolmo! Por volta de 15 de novembro estaremos em Copenhague. Seria ótimo se pudesse ir me visitar. Pense nisso. Além disso, na Dinamarca eu posso me sair melhor com o dinheiro.

Mande lembranças a todos e um beijo especial para você!

Buddy

Depois da turnê pela Escandinávia, seguiu-se outra no Cairo. Buddy estava inquieto; temia ter dificuldades em um país árabe pelo fato de ser judeu. Embora o diretor do espetáculo tivesse se informado explicitamente sobre o assunto e lhe assegurado que não tinha nada a temer, ele escreveu para Basileia: "Durante a estada no Egito, é melhor que eu me apresente como protestante, caso alguém me pergunte. Não gosto de renegar minha religião, mas por cinco meses não será tão grave assim. Melhor prevenir que remediar."

A estada no Egito, um país oriental, impressionou Buddy. Ele estava fascinado com todas as novidades, com o exotismo das cidades do Cairo e Alexandria, com a paisagem, o deserto, as línguas orientais, o colorido e os odores, com tudo que ele via pela primeira vez. Escreveu cartas entusiasmadas para casa: "Cairo, cidade dos ruídos, cidade dos odores, cidade das riquezas, cidade da pobreza, cidade da beleza e do horror. Seriam necessários cem olhos para captar tudo."

Suas cartas, longas e belas, e sua vivacidade e riqueza de imagens, às vezes, faziam com que Alice se lembrasse das cartas que Robert escrevia antigamente para ela e Michael. É bem possível que ela tenha feito essa comparação, mas as cartas da família para Buddy não foram encontradas. Suas respostas permitem supor que ele era regularmente informado sobre tudo; soube, por exemplo, que Alice esteve doente e que Otto conseguira a nacionalidade holandesa.

Naquele período houve também a decisão de se comprar a casa da Herbstgasse. A proprietária apresentou à família as opções de compra do imóvel ou desocupação. Todos tinham apego à casa que se tornara uma pátria, um ponto fixo para toda a família, como fora antigamente a casa da Mertonstrasse, 4, em Frankfurt. Eles não queriam perder a casa de forma alguma. Buddy enviou o dinheiro para o pagamento da entrada, assim como mais tarde também enviaria para a hipoteca, reparos e outras compras emergenciais. Estava ganhando relativamente bem e, naquele momento, era o único com condições econômicas de preservar a casa para a família. "Espero somente continuar com saúde para ganhar dinheiro. Fora isso, estou à disposição", escreveu em uma carta para seu pai.

Quando o espetáculo sobre gelo estreou em Alexandria, os artistas se estabeleceram em um hotel magnífico. Para Buddy, que contrairia icterícia, logo o hotel se converteria em um hospital. Por sorte, em meados de maio, quando estava previsto o retorno a Oslo, ele já havia se recuperado novamente. Em 28 de abril, escreveu para Basileia que tinha se levantado pela primeira vez e se sentia muito bem, embora ainda estivesse trêmulo e com "os olhos um pouco amarelados".

No verão de 1950, Buddy esteve por algumas semanas na Herbstgasse. Só então ele se deu conta do quanto havia sentido falta de todos: de Alice, Erich, Leni, da avó Ida, de Stephan e Herbert, que nesse meio-tempo havia regressado de Paris. Ele, contudo, teve de residir em Saint Louis, nas redondezas de Basileia, zona francesa, já que a Suíça não lhe concedera permissão de residência. Isso significava que o tempo todo ele tinha de transitar entre seu pequeno apartamento e a casa da Herbstgasse.

Alice havia emagrecido significativamente, quase não saía do quarto e raramente descia para as refeições. Ela nunca fora uma pessoa corpulenta, mas agora Buddy teve a impressão de que ela encolhera, e, quando a abraçou, o fez com muito cuidado, com medo de quebrar os seus ossos. Alice tinha envelhecido e se notava que completaria 85 anos. Em alguns momentos, se mostrava interessada e perguntava a Buddy sobre seu filho mais velho, Robert, e sua esposa, Lotti; todos queriam saber como estavam, como viviam e sobre o que eles haviam conversado.

Em certa ocasião, comentou: "É uma pena que eles não tenham filhos."

Buddy assentiu com a cabeça e Alice prosseguiu: "Às vezes, penso que nós não somos uma família de sorte. Klärchen e Alfred morreram sem netos; Robo e Herbi não têm filhos; Margot e Anne, que Deus castigue os seus assassinos, já não estão mais vivas. Só restam Stephan e você. Seu irmão não tem planos de se casar, e o que acontece com você?"

"Ainda sou muito jovem", respondeu Buddy. "Ainda não estou preparado, você terá que esperar mais um pouco."

Ela voltou a cabeça para o lado, para a janela, e perguntou: "Quanto tempo você acha que eu ainda posso esperar?"

Buddy segurou suas mãos, que tinham se tornado assustadoramente delicadas e frágeis, e beijou-as. E de repente ocorreu-lhe que havia tempo que não a via mais fazendo trabalhos manuais.

Em certos momentos, Alice ficava sentada durante horas em sua poltrona, olhando pela janela, e só reagia com um vago sorriso quando Buddy se dirigia a ela. Pedia então que ele contasse sobre o espetáculo no gelo, as cidades desconhecidas que havia visto e as pessoas que conheceu. Assim, Buddy lhe contava que tanto os porteiros do Hotel Kairoer — tanto o diurno quanto o noturno — eram judeus. Tentou descrever suas experiências do modo mais vívido possível: o Nilo, o deserto, as pirâmides, os bazares, o luxo dos hotéis em Alexandria, as mulheres com véu, das quais só se viam os olhos, mas que olhos! E ficava feliz sempre que sua avó ria.

Era comovente como Herbert cuidava de sua mãe: adivinhava todos os seus desejos, trazia a sua refeição e, quando ela não podia ou não queria descer, ele lhe fazia companhia e também comia no andar de cima; lia para ela; ajudava-a a descer e subir novamente as escadas se assim o desejasse. "Agora ele tenta compensar todas as preocupações que lhe deu", disse Leni, e Erich completou: "Chegou o tempo de Herbert fazer algo de bom para ela."

A avó Ida continuava tão amável e discreta como sempre. Ela tinha tricotado novas meias para Buddy e, com restos de lã, um cachecol, que, na verdade, era colorido demais para um homem novo. Leni e Erich, por sorte, estavam felizes e bem de saúde, e Erich contava como quase certo que conseguiria uma vaga na empresa Maypro, de Weinfelden. Stephan também se recuperara da sua doença. Sua bacia enrijecera, mas ele já retornara ao trabalho. Além disso, ele atuava no "Kikeriki", um cabaré em Basileia. Com muito sucesso, como Buddy ficou sabendo.

Em 1950 houve mais uma coisa. O diário de Anne foi publicado em alemão com o título *Das Tagebuch der Anne Frank*, com tradução de Anneliese Schütz. Foi produzido por uma editora relativamente pequena, a Lambert Schneider, de Heidelberg, depois que inúmeras outras grandes editoras haviam se recusado a publicá-lo. A primeira edição foi de 4,5 mil exemplares e as vendas foram modestas.

Ainda em 1950, o livro foi publicado na França com o título *Journal de Anne Frank*, pela editora Calman Lévy, e, em 1952, nos Estados Unidos, pela editora Doubleday & Co. Inc., com o título *Anne Frank: The Diary of a Young Girl* e com um prefácio de Eleanor Roosevelt, a viúva do ex-presidente americano falecido em 1945. O livro fora rejeitado por mais ou menos dez editoras nos Estados Unidos. Na Grã-Bretanha, a publicação esteve a cargo da editora Vallentine Mitchell. Somente em 1955, depois do sucesso de uma adaptação teatral, e em 1957, após o documentário, o diário de Anne Frank tornou-se um *best-seller* em todo o mundo, sobretudo na Alemanha, onde a edição de bolso ficou por conta da editora Fischer Taschenbuch.

Buddy, que até então só conhecia os trechos que Alice havia lido para ele, não pôde se esquivar mais e começou a ler o diário imediatamente. Estava comovido e abalado, e várias vezes teve de interromper a leitura, incapaz de suportar a perturbação que o livro lhe provocava. Agora estava claro por que Otto lhe dissera que não tinha conhecido realmente sua própria filha. Às vezes, tinha a impressão de que Anne estava tão perto que parecia ouvir sua voz, seu riso, seu grito triunfante: "Ganhei!" Logo em seguida, no entanto, surgia uma nova Anne, uma Anne desconhecida para ele, que saía das páginas do livro; uma Anne que ele teria gostado de conhecer. Nos últimos anos, ele se despedira da pequena Anne; chorara e se entristecera pela menina que fora, mas o sentimento de perda daquela nova Anne o afetara de uma forma inesperadamente difícil: cada frase aproximava-a e cada ponto final distanciava-a outra vez.

É claro que a cada admiração, a cada abalo que ele sentia, impunha-se o pensamento de que Anne tinha escrito que, apesar de tudo, continuava crendo na bondade intrínseca dos seres humanos; uma frase extraordinária que ela escreveu antes de ter visitado Westerbork, Auschwitz e Bergen-Belsen, antes de ter realmente conhecido o outro lado das pessoas, o abismo. O que teria ela escrito depois? Mas este pensamento lhe causou tanta dor que ele rapidamente o afastou. Aceite as coisas como são, disse para si mesmo, a sua crença na bondade das pessoas era admirável, embora em seu caso ao menos não fosse mais do que uma ilusão.

E ele ainda constatou outra coisa: a versão do livro em alemão coincidiu exatamente com o ano em que Anne completaria 21 anos e, portanto, com o ano em que entraria na sua fase adulta. Alice já tinha comentado: "Ela teria completado 21 anos. Eu me casei com esta idade."

Buddy comentou com sua mãe sua estranha reação ao diário de Anne, e Leni disse que com ela acontecera algo parecido e sempre tinha a impressão de que havia duas Annes, exatamente como ela mesma escrevera sobre si. "É parecido com o que acontece com gêmeos", disse Leni, "embora eu não acredite nessas bobagens." Com Alice, Buddy não conversava sobre o diário, pois ele temia deixá-la muito agitada. Alice envelhecera tanto que todos a tratavam com muita delicadeza, até mesmo Leni, normalmente tão mordaz em seus comentários.

Uma noite eles conversaram sobre uma certa Elfriede Geiringer, uma mulher que Otto chamava de Fritzi e que ele agora mencionava cada vez com mais frequência. Tinha contado a Leni, por telefone, um pouco sobre aquela mulher e, como dissera, era uma companheira de sofrimento. Ela nascera em Viena e chegara a Amsterdã fugindo dos nazistas. Também esteve em Auschwitz e ali tinha perdido o marido e o filho. Fritzi e a filha Eva, que já não morava mais com a mãe, haviam sobrevivido àquele horror.

Na Herbstgasse havia uma discreta esperança. Eles conheciam Otto e sabiam quanto era importante para ele um ambiente familiar. Ele não nascera para viver sozinho, pelo menos não fora educado para isso. Otto precisava da proximidade de outras pessoas. E Fritzi, mais do que qualquer outra mulher, parecia ser a pessoa adequada para ele: compreendia sua dor, ambos poderiam seguir juntos e se apoiar mutuamente. É assim que Leni via essa questão, e os outros estavam dispostos a acreditar nela e torciam para que Otto e Fritzi se tornassem um casal. Quanto mais falavam sobre esse assunto, mais confiantes eles se tornavam.

O tempo de descanso em casa junto de sua família havia terminado para Buddy e a despedida desta vez foi ainda mais difícil, pois ele estaria muito mais distante de Basileia do que nunca, já que viajaria para os Estados Unidos. No final do ano, Buddy e Baddy começaram a trabalhar para o Holiday on Ice. Eles tinham conseguido o contato com o mais famoso show sobre gelo no mundo através de um ex-colega de Londres e haviam apresentado seus números precisamente em Basileia, onde a companhia se encontrava naquele momento. Eles receberam então uma proposta de contrato, que aceitaram com entusiasmo. No dia 14 de dezembro, Buddy viajou para Nova York. Ele tinha se tornado um andarilho do mundo, como dizia Leni com certo orgulho, embora um pouco triste. Os Estados Unidos eram distantes e ninguém poderia dizer quando veria seu filho novamente. Ao se despedir de Alice, Buddy beijou-a com muita ternura, como se já pressentisse que a despedida era definitiva.

# O globe-trotter

Iniciou-se, para Buddy, sua temporada no Holiday on Ice, que se estenderia por catorze anos. Conheceu muitos países, muitas cidades, muitas pessoas. De todos os lugares enviava cartas para a Herbstgasse, relatando suas experiências, seus sucessos. Afinal, durante alguns anos, tudo era novo e emocionante, e, para ele, sem dúvida, era motivo de certo orgulho que ganhasse relativamente bem, embora, como escreveu certa vez, o angustiasse o fato de que, depois de ganhar bem durante cinco anos, não tivesse dinheiro suficiente para pagar sem dificuldades os juros hipotecários acumulados da casa. "Espero que a casa seja um bom investimento! Será que tem seguro de incêndio???!"

No ano de 1952, Erich e Leni receberam finalmente os tão sonhados documentos de cidadania. Em outubro de 1946, Erich Elias ainda escrevera para o advogado dr. Naegeli:

> Das inúmeras experiências que tive no decorrer de quase dezessete anos, sei que as instâncias da cidade de Berna têm em princípio uma postura antissemita e agem de forma compatível. No passado, isso não era assim. Um bom

amigo nosso, judeu, ainda nos anos 1920, foi cônsul-geral da Suíça em Frankfurt sobre o Meno. Enquanto para um cristão é suficiente residir aqui por alguns anos e ter uma conta bancária, para nós judeus, hoje em dia, são impostas condições quase irrealizáveis, e, quando não encontram nenhum motivo para o indeferimento, então inventam algum. Primeiro disseram que sete anos de residência não bastariam, que eu deveria retornar depois de dois anos; em seguida, de novo depois de mais outros dois, e assim sucessivamente. Em Basileia, onde conhecem a mim e minha família, após sete anos fomos considerados "bem assimilados". Em Berna, ao contrário, onde não sou conhecido, após dezesseis anos de permanência recusam a cidadania "por não estar suficientemente assimilado". Outros, por sua vez, preenchem os requisitos exigidos para se tornar um cidadão suíço logo após seis anos, ao presentearem com quadros valiosos. Diante de uma constatação tão amarga, não é possível acrescentar mais nada. No entanto, enfim chegou a hora. Depois de mais de vinte anos!

Ao receber a notícia da concessão de cidadania aos seus pais, Buddy enviou-lhes, em 20 de março de 1952, uma carta entusiasmada, escrita em suíço-alemão:

Queridos basileienses,

Acabo de chegar em casa depois de ir visitar o dr. Brob e encontrei a carta de mamãe. Isto me deixou muitíssimo alegre. Caramba! Que notícia maravilhosa! Quase me ponho a dançar de alegria! Eu os felicito de todo meu coração! É como se tivéssemos participado todos do Rütli! Apesar dos nossos narizes. De qualquer modo, nós sempre seremos suíços muito melhores que Lichtenstein, aquele maluco.

Salve Helvécia!

Agora têm os Elias!

Estou muito cansado e vou me deitar, com certeza irei adormecer rápido com tanta notícia boa na cabeça, o que me deixa muitíssimo alegre. Até breve, ó confederados!

Beijos!

Buddy

A vida no Holiday on Ice era tão nova e emocionante para Buddy que, durante algum tempo, ele certamente deve ter pensado menos em Anne e seu diário. No entanto, em julho de 1952, escreveu: "Ottel deve ficar atento e não vender muito barato os direitos do livro de Anne."

Com esta observação, Buddy aludia à notícia de que Otto Frank tinha a intenção de viajar nos Estados Unidos para negociar uma adaptação teatral do diário de Anne e os direitos de um filme. Buddy, que por essa época se encontrava em uma turnê pela Europa, escreveu de Valência uma carta para o "querido Ottel":

Desejo-lhe sinceramente tudo, tudo de bom na sua viagem à América! Meus pensamentos estão voltados para você e estou muito curioso para ver como tudo isso vai ocorrer. Seja muito prudente e não se deixe enganar. Quando os americanos realmente desejam alguma coisa, pagam qualquer preço. Suponho que você vai contratar um bom advogado. Tanto quanto sei, você tem contatos em Nova York. [...] Espero ter notícias suas em breve, mas não é necessário que me escreva diretamente, pois saberei de tudo via Basileia. Caso venha a precisar de dinheiro por lá, coloco à sua disposição minha conta bancária em Nova York, embora não tenha mais muito dinheiro nela.

Leni lamentou que Otto quisesse viajar sozinho e ponderou que Fritzi poderia tê-lo acompanhado. Em uma carta, Buddy indagou se não poderia representar o papel de "Peter", caso fosse lançado o livro no formato de filme ou como peça teatral. Os basileienses deveriam perguntar a Otto se isso seria possível. Na sua carta seguinte, porém, registrou que talvez já fosse muito velho para fazer o papel de "Peter".

Em junho de 1952, o diário de Anne foi publicado nos Estados Unidos e tornou-se logo uma grande sensação. Antes disso, porém, o jornalista e escritor Meyer Levin já tinha feito contato com Otto Frank. Havia lido o diário em francês e estava convencido de que o texto deveria ser adaptado para o palco; estava disposto a assumir essa tarefa e, na condição de judeu, era, sem dúvida, a pessoa adequada para fazê-lo. Ponderou também que para uma peça de teatro seria necessário um produtor e sugeriu Cheryl Crawford. Otto aceitou as sugestões de Levin e, assim, iniciou-se uma história fatídica entre ele e Meyer Levin. A viagem que ele empreendeu no final de setembro de 1952, a bordo do *Queen Elizabeth*, tinha como objetivo regular e negociar os direitos para a peça de teatro e o filme.

No dia 1º de outubro, Otto escreveu que a travessia havia sido agradável e que no navio fora tratado "maravilhosamente bem". Em seguida, ele expressou sua surpresa em relação ao hotel: "Naturalmente, um quarto muito refinado, com banheiro. O hóspede dispõe de todas as regalias, uma bolsinha com material de costura, toalhinhas para o banho, graxa para sapatos, sabonete, frutas — não falta nada." Buddy entendeu perfeitamente o que Otto quis dizer. No começo, também se sentira muito impressionado com o luxo de alguns hotéis. Nesse meio-tempo, porém, ele já vivia há alguns anos em hotéis, que eram mais ou menos bons, mais ou menos caros, mais ou menos bem-cuidados. Isso não queria dizer que as diferenças não importavam mais, mas para Buddy um hotel não deixava de ser um hotel, e uma vida ambulante não era confortável, muito menos acolhedora, para não falar das eternas refeições em restaurantes; de qualquer modo, com muita frequência, enquanto esperava que lhe servissem a refeição pedida, pensava na sala de jantar da Herbstgasse: todos tomavam sua sopa e, depois que Leni tocava a campainha, Imperia entrava e Leni dizia: "Pode tirar a mesa, por favor", então Imperia recolhia os pratos de sopa e logo voltava com batatas, verduras e carne, e seu pai começava a repartir os alimentos.

Contudo, o bem-estar americano e sua demonstração evidente devem ter sido assombrosos para Otto Frank ainda por outro motivo. Na Europa, a situação econômica havia melhorado e os negócios de Otto iam relativamente bem, mas ainda não se podia falar de uma verdadeira prosperidade, como existia nas classes média e alta dos Estados Unidos. A diferença entre aquilo que se podia comprar na América e o que pouco a pouco começava a chegar às lojas na Europa certamente o impressionou muito.

Otto descreveu também a editora Doubleday: "A firma tem 4 mil funcionários, uma empresa enorme, ocupando três andares em um grande prédio comercial. Marks planeja a compra conjunta da casa na Prinsengracht por todas as editoras da obra de Anne para instalar ali uma biblioteca para a juventude no Achterhuis. É assim que se pensa aqui. Há 'Clubes Anne Frank' dentre os jovens." Decerto foi a primeira vez que Otto Frank vivenciou um "estardalhaço" dessa natureza em torno do diário de sua filha; com o passar do tempo se acostumaria com isso. Agora, porém, tratava-se em primeiro lugar de negociar os direitos para a peça de teatro e o filme.

O temor de Buddy e Leni de que Otto talvez não conseguisse se impor diante dos americanos não era infundado, embora Otto não estivesse tão só como Leni receava. Nathan Strauss, a quem Otto seguia chamando de "Charley", mesmo depois de ter mudado o nome, cuidou dele. Além disso, Otto encontrou-se também com os irmãos de Edith e muitos outros conhecidos e parentes distantes.

As negociações, no entanto, não se desenvolveram bem e, em pouco tempo, fizeram-se sentir — e com razão, como se veria em breve — as primeiras dúvidas de Otto a respeito de Meyer Levin, pois Cheryl Crawford, a produtora de teatro que o próprio Levin havia sugerido, declarou que não gostara da peça e recusou-a. Além disso, um outro produtor, Kermit Bloomgarden, que se tornou famoso com *A morte do caixeiro viajante*, de Arthur Miller, tampouco se mostrou disposto a produzir a adaptação de Levin.

Apesar disso, Levin estava tão obcecado pelo seu trabalho que não cedia, o que levou a um vaivém extremamente desagradável. Os receios de Buddy, de que seu tio, afável e culto, não estivesse totalmente preparado para a conduta comercial dos americanos, mostraram-se justificados.

Em uma carta dirigida a Fritzi, Otto Frank descreveu a situação da seguinte maneira:

> Estive com o advogado, que considera o maior problema o fato de que outro escritor terá facilmente ecos do roteiro de Levin, mas ninguém de prestígio estaria disposto a elaborar um outro, sem que Levin fosse indenizado. Nesse sentido, já há precedentes de procedimentos judiciais complexos. Isto aconteceu no período da manhã. À tarde, Levin veio e explicou que, embora não tivesse dinheiro, não aceitaria cobrar nada por uma peça que não prestava. Ele era um escritor e seu nome estava em jogo. Se Crawford e Bloomgarden não consideravam a obra boa, era necessário que tivesse mais tempo para procurar outros produtores. Como já fora publicado que ele faria a adaptação, seria passada a impressão de que seu trabalho não era bom, e disso ele não estava convencido. O problema é que Crawford não havia feito realmente um contrato direto com ele, de modo que não existem acordos firmados. Neste caso, eu me abstenho e sempre volto a repetir que não tenho

condições de emitir um julgamento. Na verdade, estou no meio disso e sugeri que deveria ser marcada uma reunião conjunta entre Levin, Crawford, eu e meu advogado. Não posso lhe escrever tudo o que penso; além disso, quando você receber esta carta, tudo já estará ultrapassado. Não farei nada sem o advogado.

Isso tampouco o ajudou; por inexperiência e ingenuidade, Otto havia entrado em uma situação que ainda o perseguiria por muito tempo.

Otto permaneceu seis semanas na América, conheceu muitas pessoas que tinham algo a ver com a adaptação teatral planejada. Também se falou de uma filmagem. Fritzi o animava com suas cartas, de Amsterdã. "Faça então o favor a Meyer Levin e mostre o roteiro a outros produtores. Isso não pode prejudicar, mas, se Bloomgarden também considerá-lo inapropriado, será necessário encerrar definitivamente a questão e encarregar Crawford de buscar um autor renomado, que escreva uma versão realmente apropriada para o teatro. Acredita que Crawford manterá sua palavra e indenizará Levin pelo trabalho?"

As negociações, porém, foram penosas, Meyer Levin se aferrou à sua adaptação. Ele estava convencido de que unicamente a sua versão fazia jus ao diário de Anne Frank. Em 1974, ele por fim escreveu um livro sobre o que naquela época havia ocorrido em torno do diário e o intitulou, não por acaso, *The Obsession*. Ele estava realmente obcecado. Otto decidiu então "fazer tábula rasa" com Levin, em seguida pretendia encontrar um novo escritor para a dramatização. Em 26 de outubro, Fritzi, de Amsterdã, comentou a situação: "Acho terrível que esse assunto continue se arrastando dessa maneira. O que ele pretende? Que você vá de casa em casa com a versão dele, até encontrar um louco que queira correr o risco? Ele também não tem um produtor que queira a peça. É melhor deixar esse assunto nas mãos dos advogados."

Nas cartas que Otto e Fritzi trocaram durante sua temporada nos Estados Unidos, surgiam de vez em quando indícios de que ambos haviam decidido se casar e morar na Suíça. Assim, em uma carta, Otto aconselhou Fritzi a não se precipitar em relação ao apartamento e, em outra, relatou que ainda teria de empacotar tudo no baú, que estava na casa de Miep. Ele também mostrou a fotografia de Fritzi a todos os seus conhecidos nos Estados Unidos e comentou que ambos iriam se casar. "Você sabe, sou lento em tudo que faço, mas depois tudo dá certo, não é?"

De todo modo, o tema principal das inúmeras cartas era, sem dúvida, a disputa com Meyer Levin. Em 20 de outubro de 1952, Otto escreveu:

> A discussão sobre Levin prossegue e, na verdade, é a Doubleday que me pressiona continuamente e, de certa maneira, me "aperreia", coisa que não admito. Não desejo introduzir nenhum amargor desnecessário nesse assunto e sei muito bem por quê. De maneira alguma desejo que surjam processos, nem contra mim — o que também não temo —, nem contra a Doubleday ou Miss Crawford. Levin está tentando o seu roteiro com Peter Capell (que esteve em Amsterdã), de modo que me chegou uma carta (muito polida) deste último, com a finalidade de negociar. Recusei a oferta e conversei com meu advogado a esse respeito, que se encarregará de redigir a resposta apropriada. Permaneço vinculado a Crawford (e é também o que desejo) e, desse modo, Meyer Levin precisa saber que qualquer negociação, com quem quer que seja, será inútil enquanto não chegar a um acordo com Crawford. Ele se aferrou à ideia de que apenas a sua versão pode ser representada. É necessário que ele pare para refletir.

Fritzi perguntou, em uma carta, o que havia ocorrido nessas mais de três semanas para se chegar a uma solução e expressou, com cautela, a opinião de que Otto talvez devesse ter sido mais

enérgico. Em 13 de novembro, Otto escreveu: "Só algumas linhas. Estes últimos dias estão apertados e parece que, por fim,
na última hora, se chegará ao menos a um contrato parcial. Foi
concedida a possibilidade de Levin apresentar sua adaptação a
outros produtores, de acordo com detalhes estabelecidos. Trata-
-se de um longo contrato, mas assim ao menos se definirá uma
via clara para os próximos passos, com ou sem Cheryl Crawford."
Neste contrato concedeu-se a Levin o direito de apresentar sua
peça de teatro em Israel.

Depois disso, no entanto, prosseguiram sem Cheryl Crawford,
que se retirou, muito irritada. Otto Frank concedeu então os
direitos de produção a Kermit Bloommgarden, que, por sua vez,
encarregou o casal Albert Hackett e Frances Goodrich-Hackett,
roteiristas profissionais, de escrever uma versão teatral do diário.

Este foi o final provisório dos conflitos, os quais, de todo modo,
ainda teriam um epílogo.

Otto retornou a Amsterdã. Em 10 de novembro de 1952, ele e
Fritzi Geiringer se casaram e começaram a organizar a mudança
para Basileia. Alice, sobretudo, sentia muito a falta dele. Ela não
estava bem de saúde; entre suas cartas encontrou-se um poema
que deve ter escrito durante esse período de espera:

> Não:
> Dizem que se muito nego
> Coisas belas com isso renego.
> Mas digo "não" quando me apraz
> Por mais que a palavra seja contumaz!
> Se alguém me deseja visitar
> Digo "não", sem pestanejar,
> Para conversa fiada não suporto ninguém
> Ataca meus nervos e o estômago também.
> Não, não é fome o que sinto
> Se muito oferecem com um "não" repilo

Dispenso a metade do prato
E da outra com bravura me farto!
E se um jornal alguém me indica
Digo "não" porque não me cativa
Para política não tenho vocação
E para essa peleja sempre digo "não".
Gostaria também de dizer "sim"
E não me queixar mais assim.
Se Ottel ao menos viesse
Se nos seus braços me tivesse
Certamente do "não" seria o fim
E satisfeita e feliz estaria enfim.

Na Herbstgasse, todos se alegraram com o fato de Otto ter encontrado uma nova esposa — estavam dispostos a receber Fritzi de braços abertos. E não ficaram desapontados. Buddy e sua mulher Gerti contam ainda hoje o quanto Otto e Fritzi foram felizes, quão atenciosos e carinhosos foram um com o outro até o fim de seus dias. Todos, inclusive Alice, estavam profundamente agradecidos a Fritzi, por ter presenteado Otto com uma nova vida depois de tudo que ele havia passado. Naturalmente, esse sentimento era recíproco.

Buddy também se alegrou quando Otto lhe escreveu que iria voltar a se casar. Na primeira vez em que ouviu falar desse relacionamento, pareceu-lhe o abraço assustado de duas crianças perdidas em uma floresta escura, mas posteriormente, quando viu Otto e Fritzi juntos, mudou de ideia. Era o encontro de duas pessoas que não estavam apenas ligadas pela dor, mas também por um profundo afeto.

Certa vez ele perguntou a Otto se o que o unia a Fritzi era o passado comum. "Não só", respondeu Otto, "mas isso tem sua importância. Eu não teria me casado com uma mulher que não tivesse estado em um campo de concentração. Nós compartilhamos das mesmas experiências. Ela perdeu seu marido e seu filho; eu, minha mulher e minhas filhas. Quando Fritzi fala sobre isso, eu a compreendo e vice-versa."

Em dezembro de 1952, Otto Frank já estava em Basileia. Ele ainda morava em um hotel, mas passava o dia na Herbstgasse e, como explicava a Fritzi por carta, fazia muita companhia para Alice e para a avó Ida. Em 10 de dezembro, em uma carta, Fritzi perguntou-lhe: "Nosso quarto é bonito, quente e confortável? Poderia descrevê-lo para mim? Você já começou a desempacotar e organizar as coisas?" Fritzi se referia ao quarto no sótão da Herbstgasse, onde ela e Otto iriam viver durante muitos anos. Ela encerrou a carta com as seguintes palavras: "Então, meu querido, fique em paz; afinal são os últimos dias de solteiro, aproveite-os bem."

Após sua mudança para a Suíça, Otto foi se distanciando cada vez mais da firma, mas permaneceu como diretor durante algum tempo, até que, depois de um ano, conseguiu resolver todas as questões financeiras. Ele queria viver com sua família em Basileia, dedicar-se unicamente ao "legado" de sua filha, que entendia como sua missão pessoal.

Em 15 de dezembro, escreveu para Fritzi, que ainda estava em Amsterdã:

Nesta manhã chegou a bagagem e, assim, estou sentado em meu quarto (não muito confortável), escrevendo algumas cartas muito importantes. Esta tarde estive com um consultor fiscal e ficou claro que o imposto sobre a renda é inevitável e que também é muito alto aqui, embora não tão alto quanto na Holanda. O imposto de defesa é de aproximadamente 10% em toda parte, a ele se somam o imposto de renda normal e o imposto cantonal. Os dois últimos podem ser reduzidos mudando-se para outro lugar que tenha taxas mais baixas e me aconselharam o cantão Schwyz. Mas isso eu ainda terei de considerar, pois, como vê, economizamos nos centavos e muitos milhares podem escorrer por entre os dedos. Portanto, não perca tempo com ninharias. Escrevi agora mesmo para Barbara e quero tentar receber acertos parciais, de modo que os valores por enquanto se tornem mais baixos. Vamos aguardar. Como vê, preciso de você com urgência para tratar de muitas coisas, porque tudo diz respeito a nós dois. [...] Além dos Schneider e da família Max Lindner, com quem jantei ontem à noite, não conversei com mais ninguém. Estive propositadamente na casa dos Lindner, pois eu queria a indicação do nome de um bom consultor fiscal. Iremos consultá-lo quando estiver aqui. Amanhã tenho de ir à polícia de estrangeiros.

É igualmente interessante uma observação que Otto faz em outra carta: "Aqui ninguém fazia ideia do que era Chanucá; eu tive de explicar a eles." Este comentário revela quão distantes da religião estavam Alice, Leni e Erich.

Otto e Fritzi se alojaram em um pequeno quarto situado sob o telhado, um sótão expandido, que se alcançava por meio de uma escada estreita e íngreme. O banheiro encontrava-se no andar de baixo. Ali em frente, em um pequeno vestíbulo, Fritzi e Otto colocaram sobre uma cômoda um bule elétrico de ferver água e algumas peças de louça; era ali que eles costumavam preparar o café da manhã. O quarto não era muito espaçoso e de modo algum luxuoso. Os móveis mais valiosos eram uma secretária estilo Biedermeier com tampo desdobrável e um armário de nogueira com portas almofadadas, ambos vindos de Frankfurt. Otto os havia armazenado na casa de amigos antes de entrar na clandestinidade e agora os trouxera para a Suíça. Sentado diante desta escrivaninha, Otto respondia às inúmeras cartas e perguntas sobre o diário de Anne, que foram chegando ao longo dos anos.

"As cartas chegavam aos montes", diz Buddy. Conta também que aquele quarto o fazia lembrar dos cômodos da Casa dos Fundos, onde aqueles que viveram escondidos tinham levado uma vida espartana semelhante e com pouco espaço. É possível que Otto, por essa razão, não tenha tido maiores pretensões. E Gerti, esposa de Buddy, disse que a ela igualmente ocorrera essa comparação. Além disso, Otto tinha uma árvore diante da janela aqui na Herbstgasse, assim como na Prinsengracht, só que esta não era um castanheiro, mas uma faia.

Naturalmente, nas refeições principais e também na hora do chá, Otto e Fritzi utilizavam a sala de jantar e o salão, como os outros membros da família, todavia a maior parte do tempo eles passavam no seu pequeno quarto. Apesar de todo o comedimento, devem ter levado uma vida muito harmônica, pois Buddy, pelo menos, não se recorda de nenhuma desavença. Afirma que, quando regressou na vez seguinte para a sua casa, tudo era tão óbvio, que parecia que Otto e Fritzi sempre tinham vivido na Herbstgasse.

No 87º aniversário de Alice, todos se reuniram: ela e seus quatro filhos. Robert, que, segundo relato de Buddy, só raras vezes vinha a Basileia, se deslocou de Londres para a ocasião. Buddy infelizmente não pôde ir, mas mandou uma carta muito carinhosa e um xale de seda como presente. Herbert e Stephan ajudaram Alice a descer as escadas para o jantar e sentaram-se todos na sala de jantar. Ela havia colocado o novo xale e, a seu lado, estava sentado Stephan, seu neto, que também comemorava o aniversário. Alice voltou a se sentir rodeada pelos seus entes queridos e encheu-se de vida, apesar de ter estado muito debilitada nesse tempo; todos notaram como sua voz soava trêmula, quando leu o poema que havia escrito para a ocasião.

> Nos meus 87 anos de idade
> Já experimentei muita felicidade;
> Dediquei toda força e poder
> Para todos a vida suportável fazer.
> O pai a quem tanto honramos
> Também muito reverenciamos!
> De muitas coisas foi poupado
> Ele e tantos outros por nós amados.
> Por tudo agradeço-lhes hoje com fervor
> E que nunca se abale vosso amor,
> Que de vossa mãe a bênção
> Guie sempre vossos caminhos de emoção.
> Muitas coisas não posso hoje escrever
> Pois quieta e sensata devo permanecer.
> Poder ter hoje "quatro" aqui ao meu lado
> É sem dúvida um presente muito apreciado.
> Se para Stephan também é um ganho
> E pela sua lisura sem tamanho
> Dirijo também minhas felicitações
> Pois nem sempre o acompanharei nestas ocasiões.
> Com beijos e abraços quero agradecer
> Antes que um mar de lágrimas possa haver.
>
> Vossa mãe

É claro que não houve um mar de lágrimas, mas com certeza um ou outro secou furtivamente uma lágrima, uma lágrima da despedida anunciada, que, como todos sabiam, viria mais cedo ou mais tarde.

Buddy estava na Antuérpia com o Holiday on Ice quando, no início de março de 1953, Leni lhe escreveu uma carta, contando que Alice estava enferma, de cama e possivelmente pegara uma pneumonia. Buddy assustou-se muito e respondeu: "Estou muito preocupado com I. Espero que esteja melhor. [...] Na sua idade, uma pneumonia é sem dúvida uma coisa grave. Estou cruzando os dedos por ela. Gostaria de ter mais notícias."

Otto, que se encontrava em Londres com Fritzi, visitando Eva, filha de sua esposa, tomou de imediato um voo de volta ao receber a mensagem de Leni. Passou uma semana junto de sua mãe e, quando lhe pareceu que ela tinha melhorado, ele prosseguiu sua visita em Londres.

Alice faleceu no dia 20 de março de 1953. Ao comunicar a Buddy a notícia, Leni chorava tanto ao telefone que ele mal conseguia entendê-la. "Um derrame cerebral... ela apagou... como uma vela... consumida..." Ela não conseguiu continuar falando. De todo modo, o que ela ainda poderia dizer? Já tinha acontecido.

Buddy também não teve palavras, não disse que a vida continua, não disse que o sofrimento acabara e, como talvez Otto tivesse falado, não disse que era necessário se ocupar dos vivos, pois pelos mortos já não se podia fazer mais nada. Ele foi ao seu quarto, deitou-se na cama e ficou olhando fixamente para o teto. Não conseguia imaginar a vida sem Alice, a sua querida I. A partir de agora tudo seria diferente. Nada seria mais como fora antes.

Todos os quatro filhos de Michael e Alice Frank se reuniram de novo para o enterro da mãe: Robert, Otto, Herbert e Leni. Seria a última vez.

Buddy não pôde comparecer. Em 24 de março, escreveu:

Meus queridos,

O quanto vou sentir a falta de I., com certeza não preciso dizer a vocês. Sua bondade, seu profundo senso de humor, sua sabedoria e inteligência, para citar apenas algumas de suas qualidades, fizeram dela uma das pessoas mais notáveis e importantes de minha vida. Sua perda é irreparável.

Nos últimos cinco dias, meus nervos me abandonaram, seguramente em razão da morte de I., e vomitei várias vezes sem o menor motivo. Como me saí no espetáculo, até hoje não sei. No entanto, agora já me sinto outra vez melhor.

Alice, a mulher que em sua vida tinha vivenciado tantos altos e baixos, que marcara sua família como nenhuma outra pessoa, estava morta. A mulher que nascera em Frankfurt, e cujo sotaque denunciava sua origem, foi enterrada no cemitério judaico de Basileia. Até hoje, a sala de estar em Basileia, o salão de Leni, é dominada pelo quadro da pequena Alice, e, quando um convidado se senta no sofá, toma chá e contempla o quadro, precisa se deparar talvez com a estranha sensação de que o seu espírito não abandonou a casa.

A vida continuou, como sempre prossegue, mesmo quando receberam em maio outra triste notícia: Robert falecera, pouco mais de dois meses após a morte de sua mãe. Quando Buddy soube de seu falecimento, pensou: Ao menos I. não teve de passar por isso.

Num prazo de dois meses, Leni, Otto e Herbert perderam a mãe e o irmão, e, apesar de não serem mais tão novos, tiveram a impressão de ter ficado órfãos. Leni, por sua vez, assumiu um legado difícil, pois antes de sua morte Alice lhe dissera: "Herbert sempre foi meu filho problemático e, quando eu não estiver mais aqui, você terá de ser responsável por ele; sozinho ele não dá conta disso."

Leni prometeu isso a ela. Com a mesma naturalidade que Alice havia assumido o cuidado de Cornelia, Leni aceitou então cuidar do seu irmão.

Agora, restava na casa somente uma mulher da velha geração, a avó Ida. Entretanto, embora ela já estivesse com 85 anos, não deixava de limpar e tirar o pó, em lugares onde não havia quaisquer vestígios de poeira.

# A peça teatral

Buddy concentrou-se novamente nos problemas do dia a dia, enviou dinheiro para casa e quis saber quanto deveria mandar para o enterro. No âmbito profissional também houve algumas mudanças em sua vida: Otti Rehorek, seu parceiro de patinação no gelo, abandonou a atividade; ele e Bimbo, sua esposa, acabaram de ter um segundo filho e retornaram a Basileia. Steve Pedley, o novo parceiro de Buddy, foi uma agradável surpresa. Tornou-se um amigo tão bom como Otti o fora, e a nova dupla Buddy e Baddy teve tanto êxito quanto a anterior. As turnês prosseguiram e, da Itália, Holiday on Ice partiu para o Japão. Buddy escreveu de lá, contando que visitara o sr. Washio, o editor do diário de Anne, e que a obra já se encontrava na 18ª edição.

De fato, o diário começava a aparecer com mais frequência em suas cartas. Assim, relatou que, em Kioto, de repente se deparara na vitrine de uma livraria com uma grande fotografia de Anne e isso o havia comovido profundamente. Em outra ocasião escreveu: "Há pouco tempo entrei em um dos quartos, onde um dos nossos lia o diário de Anne, sem saber que eu sou seu primo. Acredito que, quando a obra de teatro sair, o livro voltará a atrair muitos leitores." O quanto estava certo com sua suposição ainda seria demonstrado.

A turnê no Japão foi para Buddy muito importante e bem-
-sucedida, em especial porque ele iniciou um relacionamento com
Irene Braun, uma solista do espetáculo, que Buddy mencionou
muitas vezes nas cartas para a família. O espetáculo já tinha
se deslocado para Manila quando Leni, no rodapé de uma carta
de Erich para Buddy, na qual ele tratava fundamentalmente de
assuntos ligados à casa, de financiamento e impostos, escreveu
o seguinte:

> Somente uma palavrinha; nós estamos bem e eu me sinto
> imensamente feliz com nosso quarto de dormir recém-
> -instalado, camas entalhadas, tapete, cortinas, armário
> embutido! Vendi as cadeiras de couro da sala de jantar
> e, em seu lugar, coloquei a cadeira de I., recém-estofada.
> Estamos muito contentes com seu sucesso e parece que as
> coisas melhoram cada vez mais para nós. É "curioso" o tanto
> que você escreve sobre Irene. Será ela o seu grande amor?
> Esta é apenas uma pergunta indiscreta de sua mãe!! Não é
> necessário que a responda.

O que Buddy escreveu sobre Irene em suas cartas? Que era bonita,
inteligente, de bom coração e que os homens ficavam loucos por
ela. Todos os dias ela recebia dezenas de telefonemas, assim como
cartas e flores de "milionários e aldeões rudes".

Após a turnê pela Ásia, Irene Braun, a pedido de sua mãe,
teve de regressar a Munique. Buddy, que no momento se encontrava em turnê com o espetáculo nos Estados Unidos, chegou
inclusive a considerar a possibilidade de se casar com ela, mas
a mãe não queria se afastar da filha e Irene se resignou. Buddy
ficou decepcionado e deprimido. Mais tarde, ao responder a
uma pergunta de Leni sobre como iam as coisas com as garotas, disse: "Eu poderia escrever um livro sobre este assunto.
[...] Em nenhum lugar do mundo há garotas tão malcriadas,
pouco inteligentes, degeneradas e incultas como as que me

rodeiam. [...] Então prefiro permanecer tranquilamente no meu quarto e escutar meus discos. [...] A propósito de garotas, esse é o motivo pelo qual sinto tanto a falta de Irene. Ela é muito bonita, inteligente, culta e carinhosa, e tinha os mesmos interesses que eu."

Enquanto isso, a adaptação teatral avançava. Albert Hackett e Frances Goodrich-Hackett escreveram uma primeira versão da obra, que agradou tão pouco a Otto que ele chegou inclusive a lamentar ter concordado que se fizesse uma peça de teatro do diário de sua filha. Em sua opinião, a peça não transmitia nada dos ideais de Anne, nada daquilo que entendia como sua "mensagem". Das numerosas resenhas dos diários e das inúmeras cartas que recebia, sabia o que mais tocava os leitores: as dificuldades de Anne com a chegada da vida adulta, os conflitos com sua mãe, a história de amor com Peter. E, sobretudo, eles se impressionavam com a "maneira otimista perante a vida" de sua filha, como Otto Frank não deixava de ressaltar uma e outra vez.

Não queria, portanto, uma peça "judaica"; em seu ponto de vista, a obra tinha de ser "universal" para não remeter apenas ao público judeu. Contudo, as circunstâncias da Casa dos Fundos se baseavam claramente no fato de que eram judeus que tinham se escondido ali. Se, segundo a opinião geral, Meyer Levin tinha escrito uma obra excessivamente "judaica", a dos Hackett era, talvez, muito pouco judaica, muito superficial e muito agradável. Quanto a isso, a equipe de roteiristas recebeu ainda o apoio de Garson Kanin, o diretor da peça. Ele nunca considerou o diário como um texto triste e, como disse em uma entrevista, não queria deprimir o público. Segundo ele, era necessário deixar em segundo plano o que era especificamente judeu, "para alcançar uma identificação melhor com o tema e as personagens". Assim, por exemplo, alterou a afirmação de Anne: "Não somos os únicos judeus que padecem. Ao longo dos séculos, os judeus sofreram" por "Não somos os únicos seres humanos que padecem. Ao longo dos séculos houve seres humanos que sofreram. Ora uma raça, ora outra."

Joseph Schildkraut, um ator nascido em Viena, que começou sua carreira como menino prodígio e que, ao longo dos anos, se converteu em um ator respeitado, assumiu o papel de Otto, o pai. Edith, a mãe, seria interpretada por Gusti Huber, também de Viena, que, em 1946, havia se casado com um americano, acompanhando-o aos Estados Unidos. Esta escalação de papéis suscitou, desde o início, discussões acaloradas, porque se dizia que Gusti Huber, durante a guerra, havia tido uma relação demasiadamente estreita com o nacional-socialismo. O fato de que precisamente ela interpretaria Edith Frank causou irritação, particularmente nos círculos judeus. Apesar de todos os ataques, Garson Kanin, porém, não cedeu. Anne seria interpretada pela jovem atriz Susan Strasberg.

Para dar um toque mais dramático à ação, os Hackett, a pedido do diretor, haviam acrescentado uma cena em sua versão, na qual o sr. Van Daan — como se chamava o sr. Van Pels no diário e, por conseguinte, também na peça de teatro — roubava pão. Otto, como disse Buddy posteriormente, não achava aquilo correto, pois é claro que tal roubo nunca ocorrera. Quem somente assistisse à obra de teatro, sem ler o livro, pensaria que Anne havia relatado aquela cena, e várias vezes expressou seu desgosto pelo fato de tanto Dussel (Pfeffer) quanto Van Daan (Van Pels) serem apresentados como pessoas desagradáveis; segundo ele, fora dado um enfoque equivocado ao caráter dessas personagens. Apesar disso, Bloomgarden e Kanin sempre o convenciam a fazer concessões, argumentando que seria importante e útil para a peça.

A estreia de The Diary of Anne Frank deu-se em 5 de outubro de 1955, no New Yorker Cort Theatre, e foi um sucesso estrondoso.

Dois dias depois, Buddy mandou uma carta para a Herbstgasse, de Dayton, Ohio:

Acabo de ler as críticas absolutamente excelentes da peça de teatro e ainda estou muito atordoado, mas feliz. Estive a ponto de chorar. Todo esse assunto há meses me preocupava muito mais do que eu mesmo supunha. Quando uma obra recebe essas críticas nos jornais de Nova York é porque realmente deve ser, como se diz aqui, *"top quality"*. Quem sabe eu não possa lhe assistir? De todo modo, estou certo de que para mim será tudo menos diversão! Felicito Otto, Fritzi e, sobretudo, a querida Anne, que converteu sua obra em um testemunho humano permanente. Tal como tantas outras grandes personalidades, ela teve de morrer para que o mundo usufruísse de sua genialidade.

Como imagino que irão receber todas as críticas de Nova York através dos Hackett, gostaria de guardar para mim os jornais que comprei. De qualquer maneira, eu lhes enviarei a crítica do *Billboard*, que deverá sair na próxima semana. *Billboard*, assim como *Variety*, é uma revista do mundo de teatro.

Ottel, o que acha de traduzir a obra para o alemão? Talvez ela possa ser apresentada na Suíça, Áustria ou Alemanha. Adoraria tentar traduzi-la e me sinto perfeitamente em condições de fazer isso.

A proposta de Buddy aparentemente chegou muito tarde, ao menos não voltou a mencioná-la. A peça de teatro dos Hackett foi traduzida para o alemão por Robert Schnorr.

Em Basileia, naturalmente, todos acompanhavam também o sucesso inesperado da peça de teatro. O diário de Anne passou a ser um dos temas mais importantes das conversas na casa da Herbstgasse, onde agora, em 1955, viviam oito pessoas, depois de Herbert, após inúmeras tentativas frustradas, obter finalmente a permissão de residência em Basileia: Leni e Erich, a avó Ida, Otto e Fritzi, Stephan, Herbert e Imperia, a empregada. O sucesso do diário, que sua "pequena Anne" tinha escrito, surpreendia-os. Eles reagiam quase com incredulidade às críticas positivas que apareciam por toda parte, e ao interesse que o livro de Anne despertava pelo mundo afora. E escutavam surpresos e emocionados quando Otto lia as cartas que pessoas desconhecidas escreviam após a leitura do diário. Otto que, como ele mesmo dizia, facilmente chegava às lágrimas em relação a tudo que se referia ao diário de Anne, com frequência se emocionava, em especial se eram cartas de jovens e nas quais se liam frases do tipo "Anne Frank mudou minha vida". Vez ou outra comentava com certo abatimento: "Todos só falam de Anne, mas eu tive duas filhas. Ninguém menciona Margot." E como não havia muito a dizer a esse respeito, como forma de consolo, ele acrescentava a frase, que sempre pronunciava quando se referia à filha mais velha: "Margot era um anjo."

Todos na Herbstgasse, sem sombra de dúvida, liam as cartas que Buddy enviava para casa, ele sabia disso, de modo que não precisava dirigir-se a alguém em especial. A sua forma de tratamento "meus queridos" era para ser interpretada literalmente, pois se referia a todos. Nas inúmeras cartas que escreveu nas semanas e meses posteriores, fazia referência sobretudo à peça de teatro. Já em 10 de outubro de 1955, cinco dias depois da estreia em Nova York, escreveu de Illinois muito emocionado:

Hurra! Era o que eu estava esperando! Ainda vou enviar a vocês as críticas de *Time, Newsweek, New Yorker* e *Billboard* assim que alguma coisa seja publicada. Até o momento tenho as do *New York Times, Telegraph, Daily Mirror, Daily News* e *Journal-American*. Vocês têm todas estas?

Todos meus colegas acreditam que a peça permanecerá em cartaz por vários anos. Walter Winchell, o locutor de rádio mais famoso, que toda a América ouve aos domingos, disse hoje: "A melhor peça de teatro da Broadway é *The Diary of Anne Frank*, uma obra que ficará para sempre no coração de vocês! Nasce uma nova estrela: Susan Strasberg!" Estou muito feliz com todo esse sucesso.

Cinco dias depois, ele enviou a seguinte carta para "Meus queridos e, particularmente, querido Ottel":

Em anexo alguns recortes que talvez ainda não tenham. Especial é a fabulosa reportagem na *Life*. [...] Não quero ser indiscreto, mas me interessaria saber se Ottel se beneficia também do êxito financeiro da obra e do filme. Se tivesse ido à première, eu possivelmente teria conhecido Marilyn Monroe, o que não teria de modo algum me incomodado! Mal posso esperar para chegar a Nova York.

O êxito da peça de teatro superou de fato todas as expectativas, embora naquela época já se ouvisse a crítica de que a versão dos Hackett era consumida com muita facilidade; em alguns casos, chegou-se até mesmo a taxá-la de "kitsch".

Buddy aguardava para assistir à peça de teatro com uma mescla de emoções: por um lado, sentia-se alegre, mas, por outro, supunha que para ele não seria "um prazer". Certa ocasião, ele escreveu para Basileia, dizendo que entendia a escolha de Otto de não querer assistir à peça, embora não pudesse imaginar algo mais agradável do que encontrar Otto e Fritzi em Nova York. Dizia também que no verão, caso pudesse ir para casa, como esperava, gostaria de ler algumas cartas que Otto havia recebido.

Em 1955, finalmente, Buddy assistiu à peça de teatro. Em 26 de dezembro escreveu: "Essa noite inesquecível no Cort Theatre ainda continua a me inquietar e ainda ficará ocupando meus pensamentos. Naturalmente eu tive de contar tudo aqui."

Assim, ele começou a falar dele, quem era, qual sua relação com Anne Frank, cujo nome pouco a pouco todos conheciam, e, desse modo, lentamente, a notícia se espalhou. Hoje em dia, Buddy diz: "Francamente, preciso admitir que me sentia muito feliz com o sucesso, sentia orgulho por ser o primo de Anne Frank... Bem, eu estava um pouco convencido por causa de minha prima." E nas entrevistas que concedia por causa do

Holiday on Ice, quando lhe perguntavam, ele respondia: "Sim, eu sou o primo." O sucesso foi tão inesperado e tão arrebatador, que não podia deixar indiferente ninguém que tivesse tido algo a ver com Anne.

O quanto Buddy se ocupava da peça de teatro mostram também suas cartas posteriores. Em 4 de janeiro de 1956, ele escreveu:

Mais uma coisa sobre a peça: no que diz respeito à direção e à atuação, não há muito a ser alterado. Mas, segundo minha modesta opinião, o que deveria ser necessariamente alterado é o seguinte: depois que Van Daan rouba o pão, Edith tem um acesso de raiva beirando a histeria e ordena que os Van Daan abandonem de imediato o esconderijo. Por mais humanamente compreensível que seja esse acesso de raiva, a cena tem um efeito assustador e causa embaraço no público, convertendo Edith num monstro. Todos nós, e também o público, somente a conhecemos pelo seu lado bom. Esse acesso de raiva é improvável e incomoda. Além do mais, tem uma duração muito longa. Isso foi o que mais me incomodou em toda a apresentação. O roubo de Van Daan não está relacionado com o judaísmo. Em relação a isso, a questão judaica já havia sido tratada antes de modo maravilhoso. Ele se arrepende do roubo de maneira sincera, mas, de todo modo, é caracterizado como uma pessoa desagradável. É compreensível que a sra. Van Daan vista um vestido de lamê dourado. É uma mulher que cuida muito da sua aparência exterior e não quer se deixar abater externamente nem mesmo numa atmosfera triste, o que a cena do casaco de pele salienta. Na minha opinião, o dourado é apropriado. Que Anne se embeleze para ir ver Peter pode parecer um pouco exagerado, embora simpático, mas eu apenas eliminaria a questão do enchimento no sutiã. O riso do público não incomoda absolutamente. Não é um riso que um comediante provoca, mas um riso libertador, como o de uma criança a quem, depois de ter passado mal, se presenteia uma boneca. A emoção, concentração e compaixão não abandonam o espectador em nenhum momento, apesar das risadas. No primeiro ato, Susan está excessivamente impetuosa.

Nesta carta, nota-se com clareza que Buddy, apesar de sua carreira de patinador no gelo, permanecia um ator no fundo do coração. No período que se seguiu, ele naturalmente continuou escrevendo sobre suas vivências e se preocupava em especial com Stephan, aconselhando-o a se poupar mais. Continuou também enviando dinheiro para casa. Contudo, onde quer que estivesse, o diário de Anne e a peça de teatro tinham grande importância para ele. Cada vez mais se deixou levar pela atração que exercia e até hoje exerce o diário de Anne Frank.

Um motivo adicional para sua imersão no que sua prima havia escrito pode estar realmente no fato de ele com frequência se sentir só. Sua esposa, Gerti, afirma que ele sempre sofreu de solidão e saudades de casa e que, muitas vezes, contava o quanto lhe era difícil viver longe de sua família e ver seus entes queridos tão pouco. Buddy, sem dúvida, conheceu muitas pessoas, mas os contatos eram muito superficiais, o que era de se esperar em razão da vida instável e nômade que levava. Em qualquer lugar em que estivesse, aproveitava a oportunidade para se encontrar com parentes, ainda que distantes. Assim, em Los Angeles, visitou Dora e Emmchen, duas filhas de Alfred e Klärchen, a prima predileta de Alice. Eram senhoras de idade — já passando dos 80 anos — e sem filhos, que viviam juntas em um apartamento repleto de móveis antigos e muitos quadros, dois dos quais estão hoje pendurados na Herbstgasse.

A pedido de Otto, Buddy também visitava com frequência pessoas com as quais seu tio se correspondia, fossem leitores do diário ou atores, como Joseph Schildkraut. Foi assim que ele visitou os Hackett, os autores da adaptação teatral. Em uma carta de junho lia-se: "Espero que tenham recebido o cartão que lhes escrevi da casa dos Hackett. Foi muito agradável. O diário, como é natural, foi o tema principal. Além disso, o sr. Hackett me disse: 'Eu me apaixonei pelo seu pai, sua mãe e seu irmão.' Mostraram-me um recorte de jornal de um periódico de Hamburgo, segundo o qual Dorit Fischer (de Basileia) fará ali o papel de Anne."

Em abril, Buddy escreveu: "Eu me alegro com o fato de que a peça de teatro de Anne tenha ganhado o Tony. É um prêmio mais do que merecido. Só espero que as apresentações na Europa sejam tão boas quanto aqui. Vai ser difícil encontrar uma Susan Strasberg."

O México foi a última parada daquela turnê. Em 16 de maio, Buddy escreveu da Cidade do México, depois que *The Diary of Anne Frank* recebeu, em 1956, o prêmio Pulitzer na categoria Drama:

Antes de tudo, Ottel, meus parabéns pelo Prêmio Pulitzer! É realmente incrível e maravilhoso tudo que está ocorrendo. [...] A Cidade do México é fabulosa. Uma cidade ultramoderna. É uma mescla espanhola e americana. É realmente um alívio voltar a estar em uma cidade culta e com boa atmosfera e não ter de ver aquelas cidades estadunidenses, eternamente iguais, chatas e desinteressantes. [...] A première foi um sucesso, mas cheia de problemas. Como a Cidade do México se encontra a 2,5 mil metros acima do nível do mar e o ar é muito rarefeito, a maioria teve enormes problemas respiratórios. Alguns desmaiaram: o forte Ted Roman saiu hoje da pista de gelo com dores do lado e problemas respiratórios, e Steve e eu, após a apresentação, conseguimos ainda reunir as últimas forças até o aparelho de oxigênio.

O êxito da peça de teatro era ininterrupto e, no final de agosto de 1956, a estreia na Europa da adaptação teatral teve lugar na Suíça, em Göteborg. A partir de outubro, *The Diary of Anne Frank* foi então encenada na Alemanha, primeiro em Berlim Ocidental, Düsseldorf, Hamburgo, Karlsruhe e Konstanz, em seguida em outras cidades e, naturalmente, nos palcos de Viena e Zurique. A peça de teatro estreou também em muitos outros países da Europa.

A adaptação para o teatro teve um sucesso extraordinário, particularmente na Alemanha. Dizem que, algumas vezes, os espectadores permaneciam sentados em total silêncio durante alguns minutos, antes de abandonarem a sala sem nada dizer, ou os aplausos se prolongavam como nunca antes se vira em uma apresentação. O diário de Anne Frank ajudou a romper o silêncio que havia sobre o período do Terceiro Reich. Eram principalmente os jovens que acorriam aos teatros em grande número e, em todas as partes, a obra era encenada com as entradas esgotadas. Um motivo talvez possa ter sido o fato de não terem sido mostradas na peça quaisquer atrocidades, e, possivelmente, frases tão conciliadoras como "apesar de tudo continuo acreditando na bondade do ser humano" soaram tão pouco recriminatórias, que também aqueles que haviam simpatizado com a causa nacional-socialista se identificaram com a história, embora essa não tivesse sido a intenção de Anne. De fato, na Alemanha, como nos Estados Unidos, algumas vozes críticas se levantaram, como a de Hannah Arendt. A filósofa, nascida em Königsberg e vivendo desde 1933 no exílio, chamou a admiração geral por Anne Frank de uma forma de "sentimentalismo barato à custa de uma enorme catástrofe". Sem dúvida, era inteiramente lícito analisar de modo crítico um fenômeno de massas e questionar se havia uma compaixão autêntica na reação do público ou se era, por acaso, a idealização de uma menina, que permitia evitar com facilidade perguntas mais amplas sobre culpa, responsabilidade e má consciência. No entanto, tendo passado tão pouco tempo do fim da guerra, não se podia esperar que perguntas desse tipo fossem discutidas na opinião pública. Em todo caso, Hannah Arendt pertencia às exceções e o entusiasmo pela obra se impôs.

Todos os moradores da Herbstgasse se deslocaram até Konstanz, no Lago de Constança, para assistir à apresentação da peça — todos com exceção de Otto, que nunca assistiu à adaptação teatral de *O diário de Anne Frank*. Leni e Erich conversaram com Anja Römer, a atriz que fez o papel de Anne, e convidaram-na a ir para Basileia. Ali ela conheceu Otto e se tornou uma hóspede habitual da família.

Em outubro de 1956, Buddy escreveu:

Não sei se podem imaginar o quanto tudo isso me comove e ocupa. A reação do público na Alemanha deve ter sido incrível. É algo que quase me amedronta e eu gostaria muito de saber o que a maioria das pessoas dali realmente pensa. [...] O nome de Anne Frank, de qualquer maneira, tornou-se agora imortal e se as pessoas acatarem sinceramente sua mensagem com o coração, o que todos esperamos, então Ottel alcançou o que queria.

Em outra carta, disse:

As críticas arrebatadoras na Alemanha. Eu as li ontem à noite e ainda estou completamente fulminado. O que mais se pode dizer?! A pequena Anne realmente entrou para a história mundial. Levarei esses recortes comigo para Nova York e os mostrarei para Schildkraut. [...] Tenho tantas perguntas e gostaria de conversar algumas horas com Ottel. [...] Os planos do filme não parecem ser mais tão secretos. [...] Para o bom Ottel, tudo isso deve ser extremamente emocionante.

Na Alemanha, em pouco tempo, algumas escolas e centros juvenis receberiam o nome de Anne Frank. Assim, em junho de 1956, Buddy escreveu: "Mas que fabulosa essa coisa sobre a escola Anne Frank; eu gostaria muito que Herbert, que esteve presente na inauguração, me contasse como foram os festejos em Frankfurt."

Buddy disse também que, em sua opinião, todos os membros da família, com exceção de Otto, deveriam assistir à peça, embora esta, sem dúvida, pudesse comovê-los profundamente. Era algo que tinham de fazer por Anne; afinal, aquela era sua obra.

Em uma carta de 3 de dezembro de 1956, tratou de outra encenação em Nova York:

Na quinta-feira passada tivemos uma noite fabulosa e emocionante. Steve, Dolores Pallet e eu fomos ao teatro. Havia cinco atores novos. A pequena que agora faz o papel de Anne é incrível. Muito melhor que Susan. Esta era tecnicamente fantástica, mas a pequena Dina Doronne é tão natural e atua com tanto sentimento que, do meu ponto de vista, atinge mais fundo o espectador. O novo Peter também é melhor. Foi uma apresentação excelente e, pela primeira vez na minha vida, vi Steve chorar. [...] Eu, naturalmente, tampouco consegui me conter. [...] Após o espetáculo fomos à coxia. Todo o grupo estava lá reunido à minha espera. Propositalmente não quiseram dizer à pequena Dina que eu estava no teatro e, quando apareci, me apresentaram como primo de Anne, abracei-a e ela começou a chorar. Quando então lhe disse o quanto me pareceu fantástica, ela saiu do palco soluçando [...]. Fomos ao camarim de Schildkraut, onde um repórter fotográfico fez algumas fotos nossas, que amanhã serão encaminhadas à imprensa. Elas ficaram incríveis e as levarei comigo [...]. Após a apresentação, fomos comer alguma coisa com Schildkraut, sua esposa, Dina e alguns conhecidos dele. A pequena Dina é tão encantadora que, de imediato, me apaixonei por ela. Ela é tão natural e amável! Encantadora.

Uma semana mais tarde, ele escreveu: "Anteontem saí para comer com Dina [a nova Anne]. É encantadora. Muito religiosa e uma patriota entusiasta de Israel. Quando penso que essa coisinha tão delicada esteve no exército israelense carregando uma arma... é simplesmente inacreditável."

O enorme sucesso da peça de teatro aguçou de novo a raiva de Meyer Levin. Não havia quem conseguisse tirar de sua cabeça que, na verdade, a versão que merecia ser representada era a sua e não aquele "Broadway-Hit". No final de 1956, ele propôs uma ação contra Otto Frank e Kermit Bloomgarden no Tribunal Superior de Justiça do Estado de Nova York. Afirmava que ele, Levin, tinha sido encarregado de escrever a peça e que, por meio de logro e quebra de contrato, sofrera grandes prejuízos. Além disso, afirmava que o acordo de 1952 com Otto Frank havia sido firmado mediante coação, de modo que os acordos orais feitos anteriormente seriam válidos, porque de outra forma seus direitos de representação em Israel também estariam ameaçados. Afirmava ainda que os Hackett haviam utilizado suas ideias e, por isso, exigia uma compensação por danos e prejuízos.

Otto Frank contestou por escrito, dizendo que Levin não tinha razão em nenhum ponto e que, por isso, era necessário indeferir a ação. Acrescentava ainda que os direitos de Levin sobre uma representação em Israel, nesse meio-tempo, haviam expirado, já que não tinha feito nada para executar o seu plano. Desse modo, a questão com Meyer Levin estava longe de terminar. E, até que houvesse uma decisão judicial, os royalties de Otto sobre a obra de teatro permaneceriam bloqueados. Com um comitê de sábios da comunidade judaica, em 26 de outubro de 1959 chegou-se a um acordo: em troca de um montante de 15 mil dólares, Otto Frank recebeu de Meyer Levin todos os direitos autorais da sua versão para o palco.

Como Buddy havia previsto, o êxito da obra de teatro repercutiu na venda do livro. Em 1955, a editora Fischer publicou uma edição de bolso, que foi reeditada mais de uma dezena de vezes nos anos seguintes. O diário de Anne Frank cativou as pessoas, obrigando-as a se deterem e rememorarem a catástrofe, ainda recente, colocando as perguntas sobre culpa e responsabilidade, questões que depois da leitura do livro eram impossíveis de ser ignoradas, algo que a maioria das pessoas teria feito de bom grado. Nesse sentido, é certo que mudou realmente a vida de muitas pessoas. Este efeito se observa até os dias atuais.

Naturalmente, o diário, que tinha impressionado e modificado tantas pessoas desconhecidas, também teve efeito sobre Buddy, o que se comprova pela carta que escreveu da África do Sul, em fevereiro de 1957:

Acabo de ver também aqui a peça. Levando-se em conta que a Cidade do Cabo não é exatamente o centro teatral do mundo, a produção é muito boa. [...] O ponto alto da representação é, sem dúvida, o jovem que faz o papel de Peter. O rapaz é sensacional e deveria ir para a Broadway. É absolutamente fantástico. Um dos maiores talentos que vi em cena. É tão maduro e, por outro lado, comovente, infantil, tímido e torpe na medida certa que o papel exige. [...] Além disso, podia-se notar uma excelente direção. Por exemplo, quando Miep entra e Anne diz que consegue sentir o ar fresco no casaco dela. Nesse momento, ela enterra o rosto no casaco de Miep e permanece assim alguns segundos, enquanto a mulher dirige um olhar triste para Kraler [Kugler]. De acordo com o texto, era uma das cenas menos importantes, mas que, graças à direção, se converteu em uma das mais impressionantes. [...]

Nos bastidores tivemos um incidente muito incômodo, típico das circunstâncias deste país. Na nossa companhia há alguns negros que trabalham como ajudantes de palco e, no intervalo, sempre é servido chá quente. Ouvi recentemente um de nossos músicos africanos, branco, dizer para um outro: "Aquele negro estúpido queria tomar uma xícara de chá, mas já me encarreguei de colocá-lo em seu devido lugar: atirei o chá na cara dele!" Isto, é claro, me deixou indignado, mas eu não disse nada. Então outro negro apareceu ali. Se ia tomar chá ou simplesmente passar por ali, eu não sei. Em todo caso, aquele músico branco agarrou-o de repente pela lapela e jogou-o no chão. Eu me levantei de um salto e gritei com ele, dizendo para deixar de fazer isso, ao que recebi como resposta: "Temos de fazer isto neste país, são as leis e se não o fizéssemos você não estaria aqui."

Vocês podem imaginar o que eu tive vontade de dizer a ele, que não me importava com as suas *rules of the country* [leis do país], que me norteava pelas *rules of humanity* [leis da humanidade] e que não me agradava estar em um país nessas condições etc. E o que eu lhe disse? Nada! Pensei então que, se agisse de maneira impensada, isso poderia trazer problemas não somente a mim, mas também a Steve e a todo o espetáculo, mas me odiei pela minha covardia e disse a mim mesmo que, se algo assim voltasse a acontecer na minha presença, não me calaria mais, quaisquer que fossem as consequências. Nos últimos tempos, muitos colocaram antolhos e fecharam os olhos diante da perseguição a outras pessoas, e serei amaldiçoado se eu também fizer isso. Não conseguiria conviver com minha consciência. Para mim, *"brotherhood of man"* [fraternidade humana] não é uma expressão vazia.

Antes de sua turnê pelo Egito, Buddy escreveu que seria preferível, durante sua temporada no país árabe, que se fizesse passar por protestante, mas agora ele tomava uma postura inequívoca. E, apesar do fato de naquela época, em 1957, ainda se utilizar a palavra "negro" de forma preconceituosa, esta carta revela mais um efeito que o diário de Anne Frank desencadeava e que — é o que se espera — continua desencadeando, ou seja, perceber quais são as consequências quando nos ocupamos apenas com nosso próprio bem-estar, com o nosso próprio conforto. Sem os "antolhos" — como dizia Buddy — de tantas pessoas, os nazistas não teriam podido levar a cabo seu programa de extermínio.

# A razão de estarmos aqui


Otto e Fritzi viajaram em novembro de 1957 para Nova York, devido ao processo impetrado por Meyer Levin. Dessa vez foi Fritzi quem manteve a família informada, com cartas longas e detalhadas. Em 18 de novembro de 1957, ela escreveu para a Herbstgasse:

Meus queridos, o tempo voa, amanhã já serão catorze dias que estamos aqui e, embora tenhamos desfrutado de muitas coisas belas e interessantes, ainda não avançamos nem um passo em relação ao objetivo de nossa vinda. Esperemos então que na quarta-feira tudo realmente se ponha em marcha. De qualquer modo, a escolha dos jurados deve levar pelo menos um dia, se não forem dois. [...] Ontem de manhã estivemos novamente com o advogado e ele nos disse que não entendia por que o advogado de Levin não havia feito com Otto um *"pretrial hearing"*,* do que ele teria direito e que sempre se faz. Poderia igualmente ter solicitado vistas de toda a documentação de que dispomos e ele não, o que

---

* No original, em inglês. Significa pedir uma audiência preliminar ao juiz. [*N. dos T.*]

também não fez. Em sua opinião, ele irá tentar um acordo entre hoje e amanhã. Pessoalmente não acredito nisso, antes temo que amanhã ocorra mais um adiamento. Levin fará hoje uma conferência pública intitulada "Autores e produtores", onde seguramente vai tratar do nosso caso. [...] Hoje à tarde, às duas horas, voltaremos a nos reunir com nosso advogado, e o advogado de Crawford também estará lá. Otto receberá então as últimas instruções e, mais uma vez, responderá a todas as perguntas, que a parte contrária eventualmente poderá fazer. De qualquer maneira, agora ele já está muito bem preparado. Vocês sabem como ele tem tudo na cabeça. Espero que fiquem bem e com saúde e recebam os beijos e abraços mais carinhosos de sua Fritzi.

Fritzi escreveu cartas incrivelmente longas e abundantes, com muitas descrições detalhadas: quem tinham visitado, como eram os apartamentos dessas pessoas, como haviam se comportado as crianças e assim por diante. Tinha muito para contar, pois dispunham de bastante tempo, já que tudo avançava "em passo de tartaruga". Em 14 de dezembro, ela escreveu:

Na quarta-feira Levin começou a prestar o seu depoimento, continuou na quinta e na sexta-feira, chegando apenas até agosto de 1952. O procedimento se dá da seguinte maneira: seu advogado lhe faz perguntas, que só ele pode responder de modo concreto. Como não faz isso, nosso advogado protesta dizendo *"objection"* e, em geral, o juiz lhe dá razão. No meio disso, geralmente se leem cartas, que é um processo que exige muito tempo. Às vezes, os advogados não estão de acordo sobre um ponto, então discutem o assunto em voz baixa com o juiz, de modo que não se consegue avançar. O que ele conta é sempre a mesma velha história, que também temos por escrito, sobre o alegado encontro no outono de 1950, quando ocorreu o acordo verbal etc. Estamos ansiosos para desmascará-lo.

Em 30 de dezembro, ela enviou o seguinte telegrama libertador para Basileia: "Todos os pontos da demanda indeferidos pelo juiz como infundados. Queixa de plágio e contra-acusação ainda prosseguem durante uma semana. Abraços FritzOtt." Isso não significava, em absoluto, que a questão com Levin tivesse chegado a um final satisfatório para Otto Frank. No dia 4 de janeiro, respondendo às felicitações e às cartas, Fritzi escreveu o seguinte:

> A questão do plágio em si é muito delicada, pois, se Levin ganhar, ele poderia processar os Hackett e a Foxfilm, e o prejuízo seria incalculável. Os advogados e nós estamos bastante otimistas, pois sabemos perfeitamente que ninguém contou aos Hackett um mínimo detalhe do roteiro de Levin, mas vocês não fazem ideia dos meios de que se servem os adversários, é exatamente igual ao que estamos acostumados a ver nos filmes de gângster. De todo modo, o nosso advogado, que é excelente, intercepta a maioria das coisas e as anula; por outro lado, há por parte dos jurados um sentimento muito favorável a nós, o que também é extremamente importante.

A intervenção de Otto como testemunha durou somente meia hora, e Fritzi ficou se perguntando se tinha valido a pena viajar a Nova York apenas para aquilo; ele se saiu muito bem, esteve bem tranquilo e digno, mas quase não lhe perguntaram nada, só se havia mostrado o roteiro de Meyer Levin aos Hackett ou a Kanin. Na opinião de Fritzi, portanto, as perspectivas eram boas. Por isso, o veredito, por ser inesperado, afetou-os tanto. No dia 9 de janeiro de 1958, ela escreveu "A todos os nossos queridos":

> Com certeza vocês receberam o telegrama com a má notícia; estamos ainda totalmente abatidos com esta injustiça gritante e quero lhes relatar brevemente todo o procedimento.

Na terça-feira, desde a manhã até às três horas da tarde, o nosso advogado fez uma defesa fabulosa e todos estávamos convencidos de que qualquer pessoa entenderia que os Hackett, nem de forma direta nem indireta, não foram instruídos sobre o conteúdo do roteiro de Levin e que todas as semelhanças entre ambos procediam do livro. A partir das três ou quatro horas, o advogado de Levin começou e prosseguiu na manhã seguinte, com um estilo tão maldoso como só se vê nos filmes de gângster. Ele chamou os Hackett de ladrões habilidosos, que fizeram o que um ladrão de carros faz, quer dizer, ele pinta o carro de novo e coloca outra placa, para que não seja reconhecido. Em resumo, disse que eles mudaram as suas ideias de tal modo que elas não são mais idênticas, mas semelhantes. [...] O advogado afirmou que Otto, Bloomgarden, Kanin ou quem quer que seja lhes havia falado do roteiro. De todo modo, isso também não podia ser comprovado, mas era algo que se podia supor diante da semelhança dos roteiros. E foi o que bastou para outorgar a Levin, como pretenso colaborador, 50 mil dólares, que Otto, naturalmente, terá de pagar, além das custas do advogado.

Não só choraram nossos amigos, que nos acompanharam no julgamento até meia-noite e meia, esperando o veredito dos jurados, mas também nosso advogado, que não é mais nenhuma criança e já é bastante escaldado. Estava tão abatido quanto nós com aquela injustiça. Não sabemos o que mais vai acontecer. Os advogados analisam a possibilidade de apresentar uma apelação. Mas é possível que Levin também apele contra o veredito para ganhar ainda mais; não sabemos de nada até agora. Por outro lado, acreditamos que os Hackett deveriam fazer alguma coisa, pois a honra deles foi atingida. Até que ponto isso pode afetar o filme, não sabemos.

Naturalmente, como é de se supor, essa notícia caiu como uma bomba em Basileia. 50 mil dólares eram uma quantia que abalava qualquer um, já que ainda estavam presentes os tempos de escassez e necessidade, quando se precisava olhar cada centavo cinco vezes antes de gastá-lo.

Buddy também ficou abismado. Em 22 de janeiro de 1958, ele escreveu para "meus queridos":

> Acabo de receber a sua terrível carta, acompanhada da carta de Ottel e Fritzi. Eu já tinha tido notícia disso pelo *Time*, mas não fazia ideia de que era tão sério e que Ottel precisará pagar 50 mil dólares. Espero sinceramente que seja feita uma apelação. Tem que haver justiça! [...] Vocês não podem imaginar como isso me afeta. Pobres Ottel e Fritzi, que são completamente inocentes e querem fazer tantas coisas boas com o dinheiro. [...] O filme será afetado?

Otto e Fritzi permaneceram ainda algumas semanas nos Estados Unidos. George Stevens, o diretor da planejada adaptação fílmica do diário, tinha organizado tudo para a viagem deles até Los Angeles. "Viajaremos de trem e teremos uma cabine-leito e um compartimento particular, tudo por conta da Fox [20th Century Fox]." Conforme Fritzi escreveu, eles estavam mal financeiramente. A companhia cinematográfica, além disso, não havia pago a parcela, que já tinha vencido no começo de janeiro a que, segundo contrato, eles tinham direito. "Na verdade, isso não afeta a nossa vida, que é modesta, mas é grave para a Fundação, e Otto quer a todo custo angariar algum dinheiro aqui. Tudo isso é muito cansativo e gostaria de saber quando teremos de novo um pouco de tranquilidade", escreveu Fritzi.

A tranquilidade, contudo, não viria e os aborrecimentos prosseguiram. A observação de Buddy de que Ottel e Fritzi queriam fazer tantas coisas boas com o dinheiro referia-se à Fundação

Anne Frank, em Amsterdã, e também à afirmação de Fritzi de que Otto queria a todo custo tentar levantar algum dinheiro nos Estados Unidos.

Depois que as empresas Pectacon e Gies & Co. foram vendidas e se trasladaram para novas instalações, foi fundada em 3 de maio de 1957 a Fundação Anne Frank, que tinha como objetivo "a conservação do edifício situado na Prinsengracht, 263, em Amsterdã, e, em particular, da Casa dos Fundos a ele pertencente, bem como a difusão dos ideais que Anne Frank legara ao mundo".

Otto Frank não havia esquecido a ideia que Joseph Marks, da editora Doubleday, deu-lhe em 1952, qual seja, comprar a casa na Prinsengracht e instalar na Casa dos Fundos uma biblioteca para os jovens. Ele se empenhou na criação de uma fundação, que deveria administrar a casa. O prédio, no entanto, que fora comprado juntamente com as casas adjacentes por meio de numerosas doações, de auxílios do Estado e da ajuda da cidade, estava em ruínas e requeria, antes de mais nada, uma reforma completa.

De acordo com os planos de Otto, na casa da frente, quer dizer, nos antigos cômodos do escritório, deveriam ocorrer exposições sobre o nacional-socialismo e diversos aspectos do Holocausto e da ocupação alemã. A Casa dos Fundos deveria permanecer vazia, pois após a detenção, em 4 de agosto de 1944, a empresa de transportes Puls, por ordem de funcionários nazistas, havia esvaziado o esconderijo e levado as roupas, móveis e objetos pessoais para dividi-los entre as famílias alemãs que haviam perdido tudo nos bombardeios. Assim foi feito com todos os apartamentos de judeus aprisionados. Antes da chegada da empresa de transportes, Miep Gies e Bep Voskuijl felizmente salvaram os diários e as anotações de Anne.

Kleiman representou Otto Frank no conselho da recém-criada Fundação até sua morte, em 30 de janeiro de 1959; a partir daí, Otto Frank dedicaria muito do seu tempo e seu esforço à Fundação Anne Frank.

Três anos após a criação da Fundação, o museu na Casa de Anne Frank abriu suas portas. Nele organizam-se exposições itinerantes, desenvolve-se material didático e concebem-se atividades para o fomento da tolerância e respeito mútuo na sociedade, elabora-se material para o ensino, abriga-se um centro de documentação sobre a pedagogia do Holocausto, o racismo, a discriminação e o extremismo de direita, realizam-se seminários e workshops para instituições culturais, empresas e associações. E a Casa dos Fundos acolhe, ano após ano, incontáveis visitantes. No primeiro ano, em 1960, 9 mil pessoas visitaram a Casa de Anne Frank, dez anos depois já eram 180 mil e, em 2007, atingiu-se pela primeira vez mais de um milhão de pessoas, mais precisamente, 1.002.902. Desse modo, a Casa de Anne Frank é, juntamente com o Museu de Cera de Madame Tussaud de Londres, o Louvre e o Museu Britânico, dentre outros, um dos dez mais visitados museus da Europa.

Otto Frank foi guiado pela ideia de fazer algo pelo entendimento entre a juventude e pela tolerância entre as religiões, tal como teria desejado sua filha. Nunca quis nada diferente disso. A essa tarefa dedicou todas as suas forças e o tempo de vida que lhe restou.

"Otto nunca quis algo para si mesmo, ele sempre esteve à disposição dos outros", afirmam hoje Buddy e sua esposa Gerti. "Ele dedicou o resto de sua vida à obra de sua filha. Sem dúvida, o êxito do diário também foi um bom negócio, mas para Otto o dinheiro não tinha grande importância. Ele constantemente dizia: 'Este dinheiro não é meu, é de Anne', e ele não o guardou para si. Sempre levou uma vida muito simples. Para ele interessava apenas a difusão da mensagem de Anne."

# O filme

Na primavera de 1958 teve início a filmagem da adaptação cinematográfica do diário, e este acontecimento ocupou não só Otto e Fritzi, mas toda a família na Herbstgasse e, obviamente, também Buddy, que sempre estava informado de tudo. Mais uma vez os Hackett escreveram o roteiro e Bloomgarden havia conseguido convencer George Stevens a assumir a direção e a produção. Ele se tornara famoso através de vários filmes, sendo os mais recentes *Mein grosser Freund Shane* [Meu grande amigo Shane] e *Giganten* [Gigantes]. Da África do Sul, Buddy comentaria que era incrível tudo o que estava ocorrendo. "Estou também muito ansioso em relação ao encontro de Ottel com Stevens. Espero que esse homem tenha sensibilidade suficiente para não converter tudo isso em um filme de suspense. [...] Por favor, mantenham-me informado sobre todos os acontecimentos. Mal posso esperar pelas suas cartas. Não podem nem imaginar como tudo que tem a ver com Anne mexe comigo."

No princípio estava previsto que Audrey Hepburn faria o papel de Anne, fato que havia emocionado Buddy: "Alegra-me que Audrey Hepburn represente Anne. Estou convencido de que é adequada para o papel." Audrey Hepburn chegou inclusive a visitar Otto e Fritzi na Herbstgasse; existe um cartão-postal escrito por ela, dirigido a Leni, e outro de Mel Ferrer para Otto e Fritzi. No entanto, Audrey Hepburn voltou atrás, estava temerosa de que não pudesse suportar tamanha carga emocional; além disso, já com 20 e poucos anos — ela nasceu em 1929, no mesmo ano que Anne Frank —, não era mais tão jovem para o papel. Buddy lamentou muito isso. Escreveu: "Eu não sabia que Ottel e Fritzi conheceram Audrey e Mel Ferrer. Eu os invejo por isso. [...] Quem fará o papel de Anne, já que Audrey não pode aceitar?"

Em uma carta, escrita em inglês, para George Stevens, em 21 de outubro de 1957, sobre as cortinas da Casa dos Fundos, Otto Frank mostra a importância que dava a cada detalhe:

Caro sr. Stevens,

Por meio de nossos queridos amigos Frances e Albert [Hackett] ficamos sabendo que esteve muito ocupado, trabalhando com eles no roteiro e na preparação do filme.

Em sua última carta, eles me questionaram sobre as cortinas em nosso esconderijo e desejo lhe dar diretamente minha resposta. Por favor, não hesite em perguntar qualquer tipo de detalhe que queira saber. Terei muito prazer em ajudar na medida do possível.

1) As cortinas: assim como Anne escreveu, tínhamos cortinas de voal em todos os cômodos. Antes de nos escondermos, levamos todas as cortinas velhas ao esconderijo, mas, como seu tamanho não se ajustava às janelas, tivemos de ajustá-las e costurar algumas delas umas com as outras. Certamente essas cortinas permaneceram fechadas o tempo todo.

2) Antes de escurecer, colocávamos nossos blackouts em frente a todas as janelas. Isto consistia em uma simples moldura de madeira, com um papelão resistente preso a ela. Estas molduras se ajustavam em todas as janelas e, se observar a foto que mostra a janela do quarto de Anne, vai notar

de cada lado umas pequenas alças de madeira giratórias, que serviam para sustentar o blackout. Na parte inferior das janelas havia peças pequenas de madeira que impediam que o painel caísse. Naturalmente, os painéis eram retirados pela manhã. Para estarmos certos de que nenhuma luz pudesse passar pela parte de cima ou pelos lados, colocávamos umas tiras de papel preto, que também se veem na foto. Além disso, tínhamos cortinas de pano, não porque fossem necessárias para o blackout, já que era suficiente o que tínhamos, mas para tornar os quartos um pouco mais bonitos.

3) Nenhuma janela de nossos cômodos foi pintada. No entanto, havia algumas janelas pintadas de azul. Se olhar o mapa da casa, mostrado no livro, verá que as janelas do depósito nos fundos no segundo andar, quer dizer, aquelas em frente ao anexo secreto, estavam pintadas. Por outro lado, as janelas da entrada foram tratadas para evitar que as pessoas pudessem olhar através delas. Era um tipo de papel transparente com uma padronagem, que foi colado nos vidros, de modo que deixava a luz entrar, mas não permitia ver através dele.

Na frente, no escritório do primeiro andar, havia cortinas muito pesadas de lã, listradas, vermelho-escuras, que eram suficientes. Nos cômodos da frente eles paravam de trabalhar antes de escurecer e no escritório dos fundos eram usadas cortinas comuns de enrolar, em papel preto.

Espero que estas descrições lhe sejam úteis.

Suponho que já sabe que minha esposa e eu chegaremos a Nova York no dia 5 de novembro e esperamos ter a oportunidade de encontrá-lo. Temos pensado com frequência no senhor, lembrando as horas que passamos juntos.

Receba nossos melhores desejos e rogamos que transmita nossos cumprimentos a George.

Atenciosamente,

Otto Frank

Esta carta sobre as cortinas impressiona pela precisão com que Otto Frank descreveu as medidas de segurança que forçosamente tiveram de adotar na Casa dos Fundos para evitar que alguém do lado de fora se desse conta de que judeus haviam se escondido ali. Tais medidas de segurança, porém, são também uma prova do medo dos que estavam escondidos, um medo que, embora as medidas cotidianas tenham se tornado rotina, sempre esteve presente como pano de fundo.

Em 20 de fevereiro de 1958, Otto Frank registrou suas impressões sobre Millie Perkins, a atriz que faria no filme o papel de Anne Frank:

> Quando conheci Millie, estávamos ambos cientes da importância do encontro. Ela, muito tímida, falou pouco. Tive a impressão de uma menina muito reservada e sensível e consciente da importância de representar Anne em um filme.
>
> Primeiro me impressionaram seus olhos — olhos escuros — muito ternos, confiantes e sinceros. Embora pareçam escuros, na realidade são azuis. Os olhos de Anne eram bem parecidos e chamavam a atenção. Ela não tinha olhos castanhos, mas cinzentos.
>
> Mais tarde, Millie e eu tivemos uma conversa séria sobre Anne, as condições do esconderijo etc. Ela fez perguntas muito inteligentes e acertadas.
>
> Minha impressão geral de Millie: parece bastante jovem. É uma garota encantadora, natural, e não se comporta como uma "atriz". Penso que é muito adequada para o papel.
>
> Na segunda vez em que nos encontramos, ela teve um comportamento muito mais desenvolto, o que me pareceu ser, mais ou menos, um sinal de confiança. Creio que ambos sentimos uma confiança mútua e chamei sua atenção para o fato de nós dois termos nascido no dia 12 de maio. Assim, comparamos características: ambos somos muito habilidosos arrumando aparelhos elétricos ou mecânicos. Temos também uma certa espécie de nervosismo e sensibilidade.

Millie faz um movimento com as mãos como Anne fazia e tem o costume de dobrar os dedos para trás, exatamente como ela fazia. Cuida muito de sua aparência, tal como Anne. Ela era incapaz de ir a algum lugar sem antes se pentear e cuidar das unhas. Era muito meticulosa, muito limpa, tal como Millie parece ser.

Quando nos encontramos pela primeira vez, Millie me disse: "Quando li o roteiro e o livro, eu sabia que tudo era real. Mas, depois de falar com o senhor, senti como verdadeiramente real."

Estou confiante de que Millie irá representar Anne de uma forma muito natural, porque agora se identifica com a personagem. Ela está tentando viver o papel inteiramente. Ela me fez perguntas de todo tipo para entender como Anne se sentia diante de muitas situações: seus sentimentos íntimos e sua personalidade.

Penso que a escolha de Diane Baker para interpretar Margot é fabulosa. Ela se parece muito com Margot. Eu a vi de perfil outro dia e me impressionou a grande semelhança entre elas. Têm a mesma dignidade, doce e tranquila. Parece-me que a escolha de Millie e Diane para as irmãs é perfeita, já que entre elas existe a mesma diferença que havia entre Anne e Margot.

Otto Frank comparava as duas atrizes, Millie Perkins e Diane Baker, com suas filhas, Anne e Margot. Isso deve ter sido muito difícil para ele. Tanto mais admirável foi a amabilidade sincera com que as acolheu, sobretudo Millie Perkins. Mais uma vez mostrou sua simplicidade, sua vontade de tratar todos com consideração, sem dúvida um traço de sua personalidade.

Otto estava muito encantado com Millie Perkins e Diane Baker. Naturalmente, ele conheceu todos os outros envolvidos com o filme. Acompanhado por Fritzi, foi aos Estados Unidos para aconselhar George Stevens e os atores nos últimos detalhes. Como demonstram suas cartas, Buddy também era informado sobre todas as coisas. Assim, em fevereiro de 1958, ele escreveu: "Que Otto e Fritzi gostem de estar na casa dos Hackett é compreensível. É um lugar maravilhoso! Compreendo apenas em parte que Otto não tenha gostado de Schildkraut. É um ator típico, exatamente como se imagina que seja um ator. Muito cheio de si, arrogante, ambicioso e, como se diz em inglês: 'A big ham.' Comigo, porém, se mostrou muito amável e cordial."

Joseph Schildkraut fazia o papel do pai, como já havia feito na peça de teatro, e Gusti Huber voltou a assumir o papel de Edith Frank. A idade dos atores que representaram Anne, Margot e Peter não correspondia totalmente. Durante a filmagem, Millie Perkins tinha acabado de completar 20 anos, quer dizer, era entre cinco e sete anos mais velha que Anne, quando esta escreveu seu diário. Diane Baker, com 20 anos, era entre três e cinco anos mais velha que Margot, e Richard Beymer, também com 20 anos, era mais velho que Peter, que morreu no campo de concentração de Mauthausen aos 18 anos.

A cenografia tampouco correspondia ao diário. Embora as tomadas exteriores tenham sido rodadas por Stevens em Amsterdã, a Casa dos Fundos foi reconstruída nos estúdios da Fox e, além disso, como um espaço único, de modo que lembrava um armazém. Em outro ponto, o filme também se diferenciava claramente do diário: no filme, os clandestinos somente recebiam apoio e ajuda de Miep Gies e do sr. Kraler [Kugler]; Bep Voskuijl e Johannes Kleiman foram deixados de lado.

A estreia do filme se deu em 1959. Embora tenha conquistado três Oscars — Shelley Winters, de melhor atriz coadjuvante por seu papel de Auguste van Daan [Van Pels]; Lyle R. Wheeler, de melhor direção artística; e William C. Mellor, de melhor fotografia —, as críticas se mantiveram discretas e o filme tampouco foi um êxito de público. É possível que, tal como se argumentava repetidamente, as pessoas não quisessem ouvir nada mais sobre o Holocausto. De qualquer modo, o número de espectadores deixou a desejar. Um outro motivo pode ter sido o fato de que o filme era muito superficial. Um jornalista britânico escreveu no *Daily Mail*:

> *O diário de Anne Frank* é um exemplo extremo de como um tema pode ser trivializado em um filme. A menina, autora do diário, certamente tinha muito mais a oferecer do que o encanto coquete de uma rainha da beleza dos Estados Unidos. [...] A construção das personagens e a linguagem cinematográfica impedem que se crie uma autêntica atmosfera. Os Frank eram judeus europeus, em uma situação europeia. No filme, no entanto, sobretudo por Shelley Winters e Ed Wynn, eles são personificados de tal modo que agem como personagens com valores-padrão de qualquer tragicomédia sobre a vida dos judeus do Brooklyn. A única exceção é a maneira admirável com que Joseph Schildkraut interpreta o pai de Anne.*

Na *Enciclopédia do filme internacional*, lê-se: "Não obstante o estilo lacônico, objetivamente contido, do conhecido diário da menina sofrer uma adaptação cinematográfica em grande parte bastante convencional, os atores convincentes e a seriedade da encenação forçam a um debate com o modelo original, que é um dos testemunhos mais comoventes da época do nacional-socialismo."

Buddy assistiu ao filme em setembro de 1959, em Tours, durante a turnê pela Europa. Escreveu para a Herbstgasse:

> Em linhas gerais, o filme de Anne é excelente. A direção de Stevens é brilhante. O fato de parecer uma obra de teatro filmada deve ser creditado à minha opinião. [...] A pequena Perkins é, às vezes, encantadora, sobretudo nas cenas românticas, onde se sente a mão forte de Stevens. Mas em

---

* Citação de Carol Ann Lee: *Otto Franks Geheimnis. Der Vater von Anne Frank und sein verborgenes Leben*. Munique, 2002.

outras partes ela não consegue convencer. Além disso, devo dizer que ela me lembra demais uma típica adolescente norte-americana moderna, o que se nota especialmente em sua dicção, já que praticamente quase todos os outros atores empregam um sotaque ligeiramente estrangeiro, o que me parece bom. Shelley Winters, particularmente, está excelente com um acento levemente ídiche. Gusti Huber está melhor no filme do que no palco, ao passo que com Schildkraut se dá o oposto. O ator que representa Dussel estava melhor no palco do que no filme. Jakob, brilhante, Margot, também, e é a que mais se parece com nossa verdadeira Margot. Peter está bem, mas poderia ser melhor. Kraler e Miep, bem. Sigo acreditando que teria preferido ver Dina Doronne. A trilha sonora do filme é delicada e refinada. Tampouco há o que criticar no trabalho de câmera.

Ao fazer uma crítica, Buddy é, antes de tudo, um ator que avalia o trabalho de colegas. Sua reação mostra um distanciamento maior do que o demonstrado ao ler o diário. Sua avaliação foi surpreendentemente precisa, sobretudo se comparada com a do jornalista britânico, que atribuía a Millie Perkins "o encanto coquete de uma rainha da beleza dos Estados Unidos", e com a decisão do júri de conceder a Shelley Winters o Oscar de melhor atriz coadjuvante. Durante todos os anos em que passou patinando sobre o gelo, Buddy nunca perdeu seu amor pelo teatro e pela interpretação.

# Saudades da Herbstgasse

Na primavera de 1958, o Holiday on Ice seguiu para a América do Sul, numa turnê que, de acordo com as descrições de Buddy, deve ter sido linda e emocionante. Em Lima, assistiu a um ensaio para a apresentação do diário. Ele descreveu o diretor como talentoso e sério e, em sua opinião, o ponto fraco da apresentação lhe pareceu ser Anne. A atriz era mais velha, parecia mais velha, movia-se como tal e gritava tão alto que fazia a sala tremer. Também ali, em Lima, encontrou-se com uma parente distante, a sra. Holzer Holländer, uma prima de Edith. Acompanhado de sua colega e namorada da época, Denny, fez juntamente com o irmão da sra. Holzer, Richard Holländer, uma excursão para visitar o assentamento inca de Pachacamac. O lugar não ficava muito distante de Lima, por isso puderam voltar para almoçar na casa dos Holländer. Buddy jamais tinha visto uma casa igual, o que o levou à seguinte observação: "Ah, deve ser muito bom ser rico. Um palácio!" Além do motorista, havia um criado, uma cozinheira e uma camareira, um jardim coberto de rosas, que à noite era iluminado com diversas cores. E a cozinha era tão grande quanto todo o andar térreo da casa na Herbstgasse e, evidentemente, estava equipada com o que havia de mais moderno.

Não há dúvida de que foi uma turnê realmente bela e bem-sucedida. Contudo, o diário de Anne sempre voltava em suas cartas. Ainda em Lima, em 2 de maio de 1958, escreveu:

> Como uma de nossas apresentações foi suspensa, tive a oportunidade de assistir aqui à estreia do diário. [...] Sinto-me feliz por poder participar a vocês que a interpretação foi extraordinária por se tratar de um grupo de amadores. Pode-se dizer, com segurança, que foi absolutamente profissional. No conjunto, a representação foi melhor que a produção na Cidade do Cabo. Naturalmente, há pontos passíveis de crítica. [...] Contudo, o mais importante é que a mensagem da obra chega ao público e nele exerce efeito.

Ele tampouco perdia a oportunidade de se interessar pela venda do livro nas diferentes cidades por onde passou. Relatou que, em todas as cidades em que a obra de teatro era apresentada, o diário igualmente era muito vendido. "Em Santiago também é muito lido em alemão, pois ali existe uma grande colônia alemã. No Brasil, vi o livro exposto na versão espanhola."

Em junho comentou sobre seu temor de Bogotá, que se encontra a 2,6 mil metros acima do nível do mar. Recordava-se ainda bem da Cidade do México, onde tiveram grandes dificuldades decorrentes da altitude. Seguiu-se então uma frase, que descrevia quão grande era a saudade que sentia: "Embora goste muito da América do Sul, já estou cansado e sinto falta da pequena Herbstgasse e da Suíça. Não há nada igual!"

Ele estava cansado de viver em hotéis, das malas, das camas desconhecidas, da comida dos restaurantes. Em Bogotá, ele alugou um pequeno apartamento, o que fazia com frequência quando a trupe permanecia um período de tempo mais prolongado em um só lugar. Escreveu então à sua casa: "Faz bem sair de vez em quando dos hotéis e desfrutar da comida feita em casa. Divido aqui o apartamento com Denny (vivo em pecado!) e ela está adorando o apartamento."

Apenas dois meses mais tarde, porém, já se encontravam na Colômbia, em Medellín. Leni tinha escrito de Sils Maria uma carta para seu filho, e Buddy reagiu de tal maneira que, durante um ou dois dias, vagou abatido de um lado a outro. Ele lutava contra a nostalgia, contra as recordações. Via diante de si aquela casa maravilhosa, o parque com o balanço, e pensava como tinham sido boas e despreocupadas as semanas passadas com Anne. Eles tinham brincado de esconde-esconde, sem suspeitar de que o esconder acabaria tomando uma dimensão amargamente séria. Naquela época ainda acreditavam que o futuro se abria diante deles como um livro com desenhos coloridos, bastava apenas folheá-lo, apontar o dedo para algum ponto e dizer, este aqui — e aquilo imediatamente aconteceria. No entanto, tudo havia tomado um rumo completamente diferente. Buddy sentou-se à mesa em seu quarto de hotel, que era tão aborrecido e comum como qualquer outro quarto de hotel, sem comparação com os cômodos bem cuidados e distintos da Villa Laret, e escreveu: "Muito obrigado pela carta de Leni enviada de Sils. Eu teria gostado muito de estar aí com vocês todos em 1º de agosto. Volto a me sentir muito cansado de viajar e gostaria de passar novamente uns dias em casa. Como me alegro quando estou em casa."

No final do ano de 1958, o Holiday on Ice fez uma turnê pela Europa. Em 17 de dezembro, Buddy escreveu para a Herbstgasse, contando que estiveram em Amsterdã. "Com o coração pesado, visitei a Prinsengracht, guiado pela querida Miep. Não sabia que as reformas abrangiam tanta coisa. Para alcançar a Casa dos Fundos, tivemos de subir por uma escada. No quarto de Anne há duas coroas de organizações juvenis da Alemanha."

O que Buddy não relatou foi o quanto a visita o impressionara. Catorze ou quinze anos atrás, Anne tinha vivido naquele quarto, que Leni possivelmente chamaria de "cubículo". Contemplou as fotografias de atores de cinema que Anne tinha colado na parede, ali, onde ficava sua cama, e sentiu um aperto no coração. Entre eles estava Heinz Rühmann, que durante toda a guerra prosseguiu sua carreira incólume, considerado oficialmente um *star*, um astro apolítico. Em 1938, ele se divorciou de sua esposa judia e, durante todo o período do nazismo, atuou em muitos filmes, pois como ator do Estado não havia sido convocado pelo Exército. Depois da guerra, prosseguiu com sua carreira. Ao pensar nisso, Buddy sentiu raiva e amargura, principalmente ao observar aquela fotografia e imaginar a satisfação com que Anne a havia colado na parede, quando, em julho de 1942, se mudaram para a Casa dos Fundos, para embelezar um pouco aquele simples quarto.

Em janeiro de 1959 — o Holiday on Ice estava em Frankfurt —, Leni visitou seu filho. Já fazia muito tempo que eles não se viam e estavam muito felizes. Como é natural, Leni assistiu também ao espetáculo e constatou com satisfação o quanto Buddy e Baddy eram aplaudidos. Tal como Gerti Elias não deixava de reiterar, Leni sempre sentiu muito orgulho de seu filho e guardava os recortes de jornais com críticas e entrevistas que, a seu pedido, Buddy lhe enviava com regularidade, para mostrá-los a amigos e conhecidos. Quando Leni retornou para casa, Buddy escreveu: "Sua visita me alegrou muito e estou contente de que tenha gostado tanto." Na mesma carta, ele menciona o comentário de um jornal, que o havia irritado: "O artigo a meu respeito contém de novo coisas que me desagradam e que eu não disse. Particularmente, eu não disse que Ottel não quer saber de mais nada além da Fundação. Declarei que sua vida agora está totalmente dedicada à obra de Anne e, sobretudo, à Fundação em Amsterdã."

Em 4 de fevereiro, Buddy enviou uma carta de Frankfurt à sua família, na qual relata que havia conhecido Elvis Presley.

O encontro com Elvis Presley foi mesmo engraçado. A pequena Joyce perdeu completamente a cabeça. Ela o adora e lhe escrevera, perguntando se ele não gostaria de assistir ao espetáculo. Ela sempre nos dizia: "Se alguma vez eu o vir pessoalmente, morrerei!" E, quando ele apareceu nos bastidores e inclusive o fotografaram segurando a mãozinha de Joyce, a expressão do rosto dela era digna de ser vista. Estive a ponto de chorar de animação e alegria. Foi de fato tocante. Ele assistiu a todo o espetáculo de sábado — o último — detrás do palco e foi fantástico, conversando com todos. Mais tarde também esteve no hotel, onde ficou com uma de nossas garotas para dar vazão à sua virilidade. Infelizmente a escolhida não foi a pequena Joyce.

No final de 1959, Denny, a garota com quem Buddy "vivera em pecado" em Bogotá, decidiu abandonar o *show business*, "não porque ela achasse muito cansativo" — como Buddy escreveu de Munique — "mas porque não tolerava mais as mudanças constantes de clima e de alimentação". Por isso, não fazia sentido que ela voltasse a embarcar numa nova turnê. Isso não mudaria nada nos planos dele, que pretendia prosseguir ainda por dois ou três anos.

Em maio de 1960, Buddy encontrava-se em Casablanca. No aniversário de Otto, escreveu: "Antes de mais nada, Ottel, minhas felicitações pelo aniversário e meus mais sinceros votos de sucesso na Fundação Anne Frank. Rogo a Deus que esta obra fantástica atinja o objetivo pelo qual vivem você, Fritzi e tantas outras pessoas. [...] Já me alegro com a ida para casa para ouvir sobre as comemorações da inauguração e a viagem de vocês a Israel."

Gerti, a esposa de Buddy, afirma atualmente: "É lastimável que Buddy não tenha guardado nenhuma carta de Otto; ele lhe escrevia com muita frequência."

O ano de 1960, quando o Holiday on Ice voltou aos Estados Unidos, foi decisivo para Buddy. Foi quando ele começou então a planejar o fim de sua carreira como patinador no gelo. Em junho, estando em Miami, escreveu: "Esta é uma carta memorável. Será a última que escreverei de um lugar distante. [...] De qualquer modo, a última de minha carreira como patinador no gelo. Há catorze anos vivo como poucas pessoas podem fazê-lo e vocês podem ter uma ideia do que se passa pela minha cabeça nestes dias. Alegria, preocupações, esperança, confiança, pesar, recordações, medos e sonhos."

Essa decisão precisou ser tomada de modo muito maduro. Buddy havia tido muito êxito no Holiday on Ice. Embora este sucesso se tornasse cada vez menos importante para ele, a questão era saber se realmente lhe seria tão fácil renunciar a isso. No Holiday on Ice tinha levado uma vida que muitas pessoas sonhavam. Havia vivido muitas experiências: encontros que não desejaria ter perdido e acontecimentos que jamais esqueceria. Tinha visto paisagens maravilhosas, cidades que o fascinaram. Mas as mudanças também acabam se tornando rotina, e, quando uma mudança se encadeia às outras, ela acaba conduzindo à monotonia e à fadiga. Tempos mais tarde, em uma carta que enviou a Gerti, sua esposa, parabenizando-a pelo aniversário, explicaria isso da seguinte maneira: "Catorze anos patinando no gelo, catorze anos com quase nenhuma cultura, nenhum teatro, nenhum bom concerto, embora com muita cultura popular e vivências e impressões impagáveis em muitos países estrangeiros, certamente muitas coisas inesquecíveis, mas nenhum TEATRO. Era para onde eu gostaria de voltar."

Buddy tinha visto muitas coisas no mundo, talvez em excesso, diz ele hoje, porém em segredo sonhava com sua pequena Suíça, com Basileia, com a casa na Herbstgasse. E sobretudo sonhava em voltar a subir em um palco e fazer aquilo que havia desejado desde criança. Mas, depois de tantos anos, ainda encontraria uma oportunidade? Iria alguém contratá-lo, um desconhecido, um principiante com 36 anos? Quem começava a fazer teatro com aquela idade? Havia atores que com essa idade já paravam. Teria ele uma chance mínima de ser aceito por um teatro conhecido? A decisão de tentar isso só amadureceu aos poucos, principalmente porque em casa, com exceção de Leni, não encontrava apoio. Erich o desaconselhou e Otto achava que ele não deveria abrir mão de sua carreira de patinador sem pensar muito bem. Mas Buddy não era impulsivo; antes era medroso. Ele, porém, estava cansado. Agora sentia o esforço físico muito mais do que antigamente. Não eram apenas as viagens constantes que o deprimiam, mas a sensação de não ter uma pátria, bem como as quedas inevitáveis em seu trabalho. Cada vez lhe era mais difícil suportar as manchas-roxas, um dedo torcido aqui, uma contusão ali. Em alguns dias, sobretudo quando tinha três apresentações, ficava completamente quebrado, como afirma ele hoje.

No entanto, ainda foi necessário passar mais algum tempo para a realização de seus desejos. Em outubro, ele escreveu aos "meus queridos": "Sobre minha volta para casa: eu preferiria estar aí hoje a ir amanhã. E para sempre. Estou realmente farto, mas não sei o que devo fazer. Tenho de pensar bem. [...] Quero dar tempo suficiente para que Steve busque alguma coisa para si. Desse modo, eu decidi que 1961/62 será a minha última temporada no espetáculo sobre gelo. Esta decisão não tem volta."

De Portland, Oregon, escreveu em 4 de novembro de 1960: "Rogo a Deus que me ajude a voltar para o teatro. Assim que souber do meu regresso, farei contato com Breitner para saber se tem algum lugar para mim em seu grupo. Não será fácil me readaptar depois de catorze anos de viagens. Minha principal preocupação é poder retomar minha carreira de ator. Creio que não perdi o talento, mas preciso de pessoas que me ajudem a tomar pé outra vez."

Em sua carta de Ano-Novo, escrita em dezembro, disse que seu desejo mais pulsante para 1961 era voltar a ver todos os seus entes queridos e poder considerar sua casa como seu lugar.

Para ele bastava. Além disso, estava com 36 anos e, em poucos anos, teria de encerrar a sua carreira de qualquer modo, pois a patinação era um esporte de grande exigência física. Por que não encerrá-la então agora, quando ainda era relativamente jovem? "Tenho entusiasmo e sei que ainda posso fazer teatro", escreveu ele para casa. "Estou cansado de viajar. Quero fincar raízes."

No dia 6 de janeiro de 1961, enviou uma carta de Lansing, Michigan:

Meus queridos,

Escrevi para vocês ainda ontem e, à tardinha, recebi a carta de Leni e de papai do dia 2 do [mês] corrente. Muito obrigado. Sinto-me desanimado ao perceber que, com exceção de Leni, ninguém crê em mim. Ou vocês veem a situação do teatro suíço tão ruim, que não acreditam sequer na possibilidade de que eu tenha uma chance de ter sucesso? Embora não sirva de exemplo, se [...] tantos outros que tenho visto fazem teatro, eu — raios! — também posso oferecer alguma coisa. Não tenho delírios de me converter em um astro, mas ao menos ainda me restam confiança e esperança. Querida Lenizinha, muito obrigado pelo seu apoio moral.

Eu não sou tão materialista assim. Não me importo se tenho um filé ou um pão com salsicha para comer. Embora soe presunçoso, é a pura verdade. Preciso me sentir feliz com meu trabalho e estar com saúde, isto é para mim o mais importante.

Já não se sentia mais feliz patinando no gelo, garantiu ele. E, enfim, chegou o momento crucial. O bilhete da passagem de navio estava no bolso. No dia 8 de julho de 1961 zarparia de Nova York a bordo do *Flandre* e chegaria a Paris em 15 de julho. Enviou uma notícia emocionada para Basileia, na Herbstgasse.

Eu me alegro

Eu me alegro com vocês,
Eu me alegro com os mares no verão e as montanhas
                                        [no inverno.
Eu me alegro com uma Bratwurst com Rösti*
                            [e os sinos do país,
com MINHA cama e MEU quarto, sem número na porta.
Eu me alegro com a Agência de Notícias Suíça,
com marrom-glacê e um caneco de chope.
Eu me alegro com as pessoas do Rueche e Dalbe**
                            [e com o Cassino Trottoir
no primeiro sábado quente da primavera.
Eu me alegro com o café da manhã
com o jornal e a boa geleia do papai,
com a primeira audição no teatro, o Carnaval
e chá na varanda.
Eu me alegro com a "cerveja matinal" aos domingos,
com aspargos da Alsácia e as "batatas amarelas,
três libras, um franco!"
Eu me alegro com a Freiestrasse e
Ovomaltine gelado.
Eu me alegro com o meu carro e
um passeio com vocês no Leimental,
com os fogos de artifício no primeiro de agosto,***
com Lindor e a carne da sopa.
Eu me alegro em não ter mais de cair
sobre mim mesmo para ganhar meu pão.
Eu me alegro com os meus discos e,

---

* "Bratwurst com Rösti" é um prato típico da Suíça e consiste em uma
linguiça grelhada com batatas laminadas assadas. [N. dos T.]
** Referência a dois bairros, onde se concentram as pessoas mais pobres
e mais ricas da cidade. [N. dos T.]
*** Dia nacional da Suíça. [N. dos T.]

no canto, a poltrona azul.
Eu me alegro com um concerto sinfônico,
                            uma bela ópera ou
uma exposição na galeria de arte.
Eu me alegro em não ter mais de
falar sobre patinação no gelo,
em não ter de arrumar e desarrumar as malas
Eu me alegro com a cantoria de Herbi!
Eu me alegro...

... com a cara de Stephan depois de um dia de negociação
                                    [bem-sucedida,
com a energia de Leni e a calma de papai,
com a alegria e o otimismo de Fritzi e Ottel
com o espaguete de Imperia e
até mesmo com a cantoria de Herbi.

# Finalmente em casa

Buddy estava em casa, na Herbstgasse. Depois de catorze anos vivendo em hotéis, despertava toda manhã em sua própria cama, no quarto que, como em outra época, dividia com seu irmão Stephan. Aquilo não o incomodava; ao contrário, tinha algo de aconchego do lar. Já não precisava mais se perguntar, entre o sono e a vigília, onde estava, em que cidade ou em que hotel. Estava em casa, rodeado das pessoas que lhe eram queridas e em relação às quais se sentia confiante. Apesar disso, sem Alice e sem Ida, a casa lhe pareceu estranhamente vazia.

Ida Elias havia falecido no dia 15 de janeiro de 1957. A mulher que nasceu em Homburg e tinha passado sua vida como esposa e mãe em Zweibrücken, tal como Alice quatro anos antes, foi enterrada no cemitério judaico em Basileia. Embora tenha morrido tão silenciosa e discretamente quanto viveu, como lhe escreveu Leni naquela época, deixou estranhamente um grande vazio. Buddy também notou isso. Somente agora que a avó Ida já não estava mais ali, deu-se conta de que sua presença natural e atenta havia exercido um papel muito mais importante em sua infância e juventude do que lhe parecera então. Ela lhe fazia falta, assim como Alice. Tinha de se acostumar agora com a casa, que pareceu ter perdido algo de seu calor sem as duas anciãs.

De resto, tudo permanecia igual. Imperia cuidava da casa, Leni trabalhava em sua loja, Erich visitava-a com frequência — em demasia, como se queixava ela às vezes —, Stephan cuidava de seu negócio de importação e representação de diversos artigos de primeira necessidade, e Herbert — o que ele fazia realmente? Trabalhava ora aqui, ora ali, e, ocasionalmente, ajudava Leni. Fora isso, toda manhã, às 10h30, dirigia-se com sua bicicleta a Kleinbasel, para tomar um chope matinal no Leuen, e regressava pontualmente na hora do almoço. Saía também com certa frequência à noite com seus amigos para ir à taberna. Gostava de beber, e às vezes tomava um copo a mais. Otto costumava passar o dia em seu quarto, respondendo, com a ajuda de Fritzi, às numerosas cartas que lhe eram enviadas do mundo todo.

Buddy enviou cartas candidatando-se para trabalhar em diferentes teatros e teve alguns testes em Basileia e Zurique, mas sem êxito. Certamente tinha consciência de que não seria fácil voltar a atuar no palco depois de tanto tempo. Ele não era megalomaníaco, nem pensava que os teatros de língua alemã estivessem o tempo todo à espera dele, à espera de Buddy Elias. Apreciava o fato de não ter mais de patinar constantemente no gelo e não estar mais submetido a uma dura disciplina e, às vezes, ao esforço físico quase insuportável, mas, depois de um tempo, começou a se aborrecer. Por sorte, conseguiu alguns contratos no rádio, e, quando Harald Kreutzberg, o famoso bailarino e coreógrafo, estava à procura de um ator para uma apresentação de sua companhia em Berna, Buddy se candidatou e foi contratado. "De Harald Kreutzberg", relata ele ainda hoje cheio de orgulho, "recebi o maior elogio de minha vida. Quando dancei, ele disse: 'Não há o que melhorar.'" Em seguida, dirigido por Egon Karter, Buddy representou o pequeno monge na obra *Becket ou a honra de Deus*, de Jean Anouilh, no Teatro de Câmara de Comédia de Basileia e, com esse papel, chamou a atenção de dr. Herterich, diretor do Teatro Nacional de Tübingen.

Esta foi a abertura para o sucesso. Ofereceram-lhe para interpretar o papel de Mefisto em *Fausto*. Ele viajou a Tübingen para procurar um apartamento e encontrou uma pensão econômica de solteiro com calefação a carvão; quando se aproximava o dia do início dos ensaios, alugou um pequeno furgão e, em agosto de 1962, acompanhado por Erich, levou alguns poucos móveis para Tübingen, assim como um contrato de dois anos no bolso.

Em 17 de agosto enviou sua primeira carta aos "meus queridos".

> Já estou novamente a escrever! Parece ser a história da minha vida. Depois de deixar papai com pesar (estou muito feliz que tenha me acompanhado), voltei-me para meu novo lar. [...] Logo após minha chegada, desempacotei primeiro as roupas. Em seguida, eu fui ao teatro para me apresentar e conheci alguns colegas. [...] Na manhã seguinte me levantei cedo, fiz um desjejum maravilhoso lendo o jornal que recebi, e aproveitei o dia livre para visitar Stuttgart e fazer algumas compras. Comprei algumas coisas para a casa e dei uma olhada em alguns móveis e geladeira. [...] Esta manhã fizemos o primeiro ensaio para *Fausto*. Meu enfoque coincide 100% com o do diretor, ao passo que, com o ator que faz o papel de Fausto, ele teve discussões pesadas.

Apenas dois dias depois, Buddy, que parecia ter uma necessidade inexplicável de dizer a alguém o quanto se sentia contente e orgulhoso, voltou a escrever para Basileia para contar-lhes que haviam ensaiado a cena dos alunos de *Fausto* e que Loges, o diretor, o interrompera várias vezes dizendo "excelente". Sem dúvida, sentia certa satisfação em demonstrar para os membros de sua família, que — com exceção de Leni — haviam expressado abertamente seus receios sobre suas possibilidades como ator, que ele estava certo ao dar esse passo.

Em 22 de setembro enviou para a Itália, onde Leni e Erich se encontravam no momento, as críticas publicadas até aquela data, comentando que não podia se queixar, pois era quem mais recebia aplausos. Ainda acrescentou: "Por favor, levem as críticas para casa e mostrem para Steph, Ottel, Herbi etc. As críticas mais importantes de Stuttgart também são excelentes. Elas são lidas! Além disso, na segunda apresentação havia pessoas de rádio e televisão. E exatamente nesta apresentação, ao sair de cena, houve pessoas que começaram a aplaudir meu solo. Pena que foi um pouco tarde demais."

Tübingen não distava muito de Basileia, então todos se deslocaram para ver Buddy atuando no palco: seus pais, Herbert, Otto e Fritzi. Estes tinham acabado de se mudar para Birsfelden; há muito tempo já buscavam uma casa própria. Embora hoje em dia Buddy já não se recorde, é possível que seu regresso tenha precipitado um pouco a decisão, mas também pode ser que quisessem ter mais comodidade, se bem que os motivos não têm nenhuma importância. Em todo caso, é surpreendente que tenham aguentado tanto tempo naquele espaço tão apertado. Eles viviam de uma maneira muito simples; a única coisa que se permitiam, às vezes, eram algumas viagens, e nas semanas mais quentes do verão, quando o calor se condensava em seu cômodo sob o telhado, costumavam ir a Beckenried, um pequeno povoado situado junto ao Lago de Lucerna. Fosse como fosse, nessa época eles compraram uma casa em Birsfelden, localidade que, embora já pertencesse ao cantão de Basileia, de bonde ficava a apenas um quarto de hora da Herbstgasse. Otto e Fritzi ocupavam o térreo e alugaram o apartamento no primeiro andar. Birsfelden seria mais tarde o primeiro município da Suíça a batizar, em 2009, uma praça com o nome de Anne Frank.

Todos visitaram Buddy em Tübingen, mas não ao mesmo tempo. Erich e Leni foram os primeiros; em seguida, em outubro, Otto e Fritzi, que o felicitaram pelo sucesso. Buddy fazia tanto sucesso que lhe ofereceram o papel principal em *Der Mustergatte*.*

---

* O título da obra de Avery Hopwood (1882-1928) em alemão significa literalmente "marido exemplar". O título original em inglês é *Fair and warmer*. [N. dos T.]

Em 13 de novembro de 1962, exultante de felicidade, escreveu para casa: "Vejam só! Estou muito satisfeito e, naturalmente, feliz com o marido exemplar. Como vocês sabem, este é um papel bombástico! Fazer Mefisto e o marido exemplar em uma única temporada! Mal consigo acreditar."

Sem dúvida, as coisas não podiam ser melhores, pois *Der Mustergatte* foi igualmente um grande sucesso e Buddy obteve críticas excelentes. Em janeiro de 1963, escreveu assim:

> Tudo saiu inesperadamente bem. Em especial para mim. As pessoas gritavam e urravam. Houve aplausos em algumas cenas e um grande aplauso no final. [...] Encontrei-me com um senhor que é diretor em Berlim, recentemente contratado pela televisão do sul da Alemanha. Ele tem nove filmes produzidos para a televisão e, no momento, está buscando talentos em todos os teatros próximos de Stuttgart. Eu me senti realmente lisonjeado quando me disse que somente havia escolhido um ator do Teatro Federal de Mannheim e a mim. [...] Naturalmente não podia me prometer ainda nenhum papel na televisão, mas em março tenho de ir a Stuttgart para fazer uns testes de gravação.

Além disso, Egon Karter, do Teatro de Câmara de Comédia de Basileia, o vira em uma apresentação e contratou-o para a temporada 1964/65 em Basileia. Buddy havia se firmado, conquistado um lugar como ator e comprovado que sua decisão de abandonar o Holiday on Ice fora acertada. Em Basileia, todos se sentiam muito orgulhosos dele, principalmente Leni.

Em janeiro de 1963, Otto e Fritzi fundaram o Anne Frank-Fonds, como fundação de direito suíço, com sede social em Basileia. Otto Frank havia discutido seus planos de forma exaustiva e em detalhes com sua família e seus amigos. Tratava-se da gestão dos direitos autorais do legado literário de Anne Frank e, portanto, da receita obtida com a venda do diário, assim como dos royalties gerados pela obra de teatro e pelo filme.

Certamente já existia a Fundação Anne Frank em Amsterdã, mas Otto não queria enviar o dinheiro para lá, pois, em sua opinião, ninguém poderia saber como seria seu desenvolvimento posterior. Ali, em Basileia, ele tinha sua família, seus amigos, e era ali que queria ter o dinheiro e, além disso, sob o controle do Estado. Sempre defendera o ponto de vista de que não se tratava do seu dinheiro, mas do dinheiro de Anne, e seu desejo era que fosse empregado em conformidade com o espírito de sua filha.

A nova Fundação deveria atender tarefas sociais e culturais de acordo com a mensagem de Anne Frank. Otto declarou expressamente: "A Fundação deve contribuir para a melhor compreensão entre as religiões, trabalhar para a paz entre os povos e incentivar os contatos internacionais entre os jovens."

Desde o início, Stephan e Buddy foram membros do Conselho da Fundação. Porém, Stephan não era muito ativo e Buddy, como sempre estava atuando em algum teatro da Alemanha, demorou até 1986 para que pudesse se dedicar de forma mais atuante à Fundação.

Na temporada de 1963/64, uma nova atriz foi incorporada ao Teatro Nacional de Tübingen: Gerti Wiedner. Buddy conta hoje em dia que se apaixonou por ela de imediato, logo no primeiro olhar, mas Gerti não se deu conta disso. Atuaram juntos no palco em três ocasiões: primeiro no *Bockerer*, uma peça de Ulrich Becher e Peter Preses; em seguida, durante uma *Noitada* de Chekov, na qual foram representadas três peças de um só ato e, por fim, na peça *Meine Schwester und ich* [Minha irmã e eu], de Ralf Benatzky. Contudo, houve uma demora de meses até que surgisse algo entre os dois. Em fevereiro de 1964, Buddy mencionou-a pela primeira vez em uma de suas cartas para a Herbstgasse e, em março, ele a

convidou para assistir ao famoso Carnaval de Basileia, aparentemente para lhe fazer um favor, mas, na verdade, para apresentá-la
a sua família.

Gerti ainda não tinha nenhuma ideia do que ele realmente
sentia por ela; Buddy era um colega de trabalho, ao qual ela
inclusive ainda tratava formalmente de "senhor". Ela, contudo,
estava muito curiosa por conhecer a família de Buddy, pois no
teatro todos sabiam que ele era o primo de Anne Frank. Gerti
havia lido o diário, logo que fora publicado em alemão — na época
tinha por volta dos 17 ou 18 anos — e, mais tarde, havia assistido
à apresentação da peça teatral em Graz. Nessa época já era atriz,
mas não havia atuado em *The Diary of Anne Frank*.

Eles se deslocaram de Tübingen para Basileia no carro de
Buddy, um lindo Panhard, em uma viagem que durou cerca de
quatro horas. Gerti conta que Buddy estava ensimesmado e que
mal lhe dirigiu algumas palavras. Quando chegaram à Herbstgasse, Gerti ficou impressionada com a casa e, sobretudo, com
as pessoas.

Gerti fora criada em Oberhaag, um pequeno povoado austríaco localizado no sul da Estíria, não muito distante da fronteira
iugoslava, no seio de uma família numerosa. Seu pai tocava uma
loja de miscelâneas. Gerti explica que, apesar das dificuldades
na época da guerra e do pós-guerra, tivera uma infância feliz.
"Nós tínhamos uma bela casa, com belos móveis, mas certamente
nenhum era antigo, e tínhamos tapetes, mas eram do tipo kilim,
típicos da Iugoslávia. Muito bonitos e coloridos." Quando Gerti
tinha 15 anos, sua mãe faleceu ao dar à luz o sexto filho, depois
de sofrer uma insuficiência cardíaca decorrente de uma angina
severa em sua infância. O pai enviou Gerti, a terceira na sequên-
cia dos irmãos, para a casa de uma tia em Graz, a fim de que ela
pudesse frequentar ali a escola de teatro. Esse era o desejo mais
fervoroso de Gerti, e sua mãe falecida sempre a havia apoiado.
Hoje ainda se maravilha com o fato de que tudo saíra tão bem e
que ela, com pouco mais de 15 anos, não tivesse se perdido.

Na Herbstgasse, Leni, uma senhora extraordinariamente bem-cuidada, e Erich, um cavalheiro muito elegante, acolheram Gerti com uma cordialidade que a surpreendeu. Apesar de não se conhecerem, Leni abraçou-a e disse: "Que bela mulher é a senhorita", e Erich beijou sua mão e disse: "Um prazer conhecê-la." Herbert e Stephan também se mostraram mais do que complacentes, "foram encantadores", diz Gerti. Ela levou sua maleta para o pequeno quarto no sótão renovado, situado junto à escada: o quarto que antes fora ocupado pela avó Ida, como soube mais tarde. Em seguida, desceu para admirar a sala de jantar e o salão adjacente.

Para ela tudo era novo e fascinante. Nunca havia visto uma família como aquela, nem tampouco tinha estado em uma casa decorada com móveis tão bonitos e antigos e com tantos quadros na parede. Um em especial chamou sua atenção, uma menina extremamente séria e bem-vestida, de 4 ou 5 anos. "Esta era Alice, minha mãe, quando pequena", disse Leni e acrescentou: "A avó de Buddy." E a avó de Anne Frank, pensou Gerti. "E esta era Cornelia, a mãe de minha mãe", prosseguiu Leni. Gerti não parava de se surpreender, em sua casa não havia nenhum retrato pintado, somente fotografias. "E estes dois", disse Leni e apontou para um pequeno quadro oval, "eram os pais de minha avó Cornelia, Elkan Juda Cahn e sua esposa, Betty." Em seguida, Leni conduziu sua hóspede até outro quadro com moldura dourada e esculpida, que mostrava o retrato de uma linda garota com as orelhas um pouco em abano e vestida em uma nuvem de tule e fitas. "E esta aqui sou eu. Meus pais se sentiam muito orgulhosos de mim. Fui a única menina depois de três meninos."

Sentaram-se no salão, que era menor que a sala de estar da casa dos pais de Gerti. Todos pareciam ter uma poltrona fixa, das quais havia várias e que chamavam aqui de *fauteuils*. Gerti sentou-se no sofá e respondia às inúmeras perguntas que lhe eram feitas de todos os lados: se gostava de Tübingen, que papéis interpretava, em que teatros havia atuado antes, se algumas vezes sentia saudades de casa.

E então Mariuccia, a criada italiana, uma mulher pequena e rechonchuda, de cabelos grisalhos e com permanente, com quem toda a família falava em italiano, entrou e disse: *"A tavola!"* Imediatamente todos se levantaram e lavaram as mãos, um após o outro, antes de entrarem na sala de jantar e se sentarem à grande mesa que Mariuccia havia arrumado com peças de porcelana antigas, com talheres e porta-guardanapos de prata e velas acesas. Todos desdobraram seus guardanapos e colocaram-nos sobre o colo, com exceção de Erich, que o enfiou por baixo da jaqueta, e Mariuccia trouxe a sopa. Quando Stephan, o último, deitou sua colher sobre o prato, Leni soou a campainha que pendia do lustre sobre o centro da mesa. Mariuccia se apresentou e Leni disse *"abbiamo finito"*. A criada rodeou a mesa recolhendo os pratos um atrás do outro e levou-os para a cozinha. Em seguida, trouxe diferentes travessas com carne, batatas e verduras. Erich colocou-se de pé, dividiu a carne e ofereceu-a, antes que cada um se servisse das batatas e das verduras.

Na mesa falou-se muito, a conversa não cessou em momento algum. Buddy contou sobre o teatro e imitou diversos colegas atores; Leni relatou sobre sua loja e mostrou-lhes, levantando a sobrancelha e com biquinho nos lábios, como e com que palavras uma cliente rica havia comprado para seu marido um presente, um alfinete de gravata, mas que tinha de ser algo especial, que combinasse com sua posição. Stephan, em seguida, contou uma piada um pouco picante, e Erich comentou que os botões das forsítias estavam a ponto de abrir e que já se podiam ver as pontas amarelas das flores. Herbert, o irmão de Leni, tamborilava sem parar seu porta-guardanapos sobre a mesa, até que Leni, em determinado momento, disse: "Herbert, por favor!" Herbert disse: "Sim, sim", e parou com aquele barulho irritante, para recomeçar ao cabo de dois minutos.

Gerti observava todos e pensava: Que família! Não há dúvida de que o talento de Buddy para a comédia foi herdado de sua mãe.

Quando terminaram o prato principal, Leni voltou a soar a campainha, Mariuccia recolheu os pratos e trouxe a sobremesa, alguns *petit-fours* e café *espresso* em pequenas xícaras asiáticas finíssimas. Após a sobremesa, todos se levantaram e se dividiram nos diferentes quartos para descansar, somente Erich afundou na sua poltrona da sala de estar e adormeceu em seguida. Gerti saiu com Buddy, porque ele queria lhe mostrar a cidade, que ela já conhecia, pois havia atuado ali no teatro, embora por pouco tempo.

Eles permaneceram em Basileia apenas dois dias, pois tinham de regressar a Tübingen. A despedida também foi incrível. Leni disse a Gerti: "A senhorita é realmente bem bonita." Gerti se sentiu muito perturbada, não sabia como reagir. Teria se sentido muito mais perturbada se tivesse escutado o que Leni sussurrara para seu filho, em seu alegre dialeto de Frankfurt: "Com esta você pode se casar, ela tem belas narinas."

Depois da visita à Herbstgasse, as coisas se precipitaram. Gerti rompeu sua relação com seu noivo de Graz, aproximando--se de Buddy cada vez mais. Segundo ele escreveu certa vez em uma carta, ela era "encantadora" e ia frequentemente fazer as refeições em sua casa; em outro trecho, lia-se:

Muito obrigado pelas cartas amáveis de vocês. Gerti já lhes escreveu. Estamos muito felizes. Com exceção da minha Mischpoche,\* nunca conheci alguém com quem harmonizasse tão bem. É realmente incrível. Temos o mesmo modo de ver a vida, gostamos das mesmas coisas e também concordamos com aquilo que não nos interessa. Para começar, ambos necessitamos de silêncio e do jornal no café da manhã (se acham que eu sou um diletante, é porque vocês ainda não a conhecem!) e coincidimos no teatro, na arte, música, passeios etc. Quanto ao seu caráter, é a criatura mais amável,

---

\* Buddy emprega aqui uma palavra ídiche, que se refere ao clã, à família. [*N. dos T.*]

mais solidária e mais decente, criada de modo irretocável, uma perfeita *lady*. Embora não seja uma puritana, odeia obscenidades. (Assim, nada de piadas indecentes. Piadas de mau gosto não são permitidas.) Todos gostam muito dela. Por outro lado, é sensível e se adapta com facilidade. [...] Não poderemos nos casar nos próximos meses porque Gerti ainda tem seus compromissos em Tübingen. Ela porém vai tentar se desvencilhar de tudo o mais rápido possível.

No verão de 1964 decidiram se casar e, em 1º de fevereiro de 1965, teve lugar a cerimônia no Cartório de Registro Civil de Basileia. Grosser, um "diretor fabuloso" de Tübingen, mostrou-se muito compreensivo e rescindiu o contrato de Gerti antes do tempo, para que ela pudesse acompanhar Buddy a Basileia, onde ele, nesse ínterim, conseguira trabalho. O casamento, ao qual compareceram o pai de Gerti e as suas duas irmãs, Ado e Thesy, foi muito bonito e emocionante. Obviamente, Otto e Fritzi também estiveram presentes.

Mariuccia e a sra. Baumann, que havia trabalhado como empregada um tempo na casa da Herbstgasse antes da partida de Imperia e até a chegada de Mariuccia, se encarregaram do banquete. Elas desdobraram a mesa, de tal modo que todos tivessem ali um lugar confortável, e cobriram-na de forma esplêndida, com a porcelana antiga, os talheres de Elkan Juda Cahn, os preciosos candelabros de prata com as velas acesas e as taças do século XIX. Stephan e seu amigo, René Steinbach, apresentaram alguns números musicais que haviam gravado anteriormente, pois René tocava muito bem piano, e Leni e seu irmão Herbert vestiram a fantasia de palhaço de Buddy e, acompanhados de René no piano, dançaram e cantaram "Kiss me, Kate", uma canção que Stephan havia reescrito com os nomes de Buddy e Gerti.

Gerti foi acolhida com braços abertos e se lançou feliz nesta vida familiar. Buddy também estava muito bem no teatro. Primeiro fez o papel de Grumio, em *A fera domada*, de Shakespeare, com Barbara Rütting; depois o Truffaldino, em *Servindo a dois senhores*, de Goldoni, um papel com o qual conquistou o coração dos cidadãos de Basileia. Em *A resistível ascensão de Arturo Ui*, de Bertold Brecht, imitou Hitler de um modo tão assustadoramente parecido que até hoje há pessoas que comentam isso. Gerti e Buddy ocuparam o quarto que pertencera a Alice. Eles compraram outras camas, porque não queriam dormir nas antigas em estilo Biedermeier, e conseguiram um armário embutido.

É possível que o casamento de seu filho mais jovem tenha levado Erich a querer colocar em ordem sua situação patrimonial. Seja como for, em 20 de maio de 1964, apresentou aos seus filhos para assinatura o seguinte documento:

Ao sr. Stephan Elias
Ao sr. Buddy Elias

Querido Stephan, querido Buddy,

Como é do conhecimento de vocês, movido por temores que logo se mostraram infundados, vendi para Buddy nossa casa situada à Herbstgasse, 11. A ata no cartório foi registrada no dia 01/12/1952 e entrou em vigor a partir de 01/01/1953. O fato de que a venda se realizou em favor de Buddy não pressupõe predileção alguma e tem outras razões.

Considerando que estamos de acordo e que é igualmente a minha vontade e a da mãe de vocês que cada um tenha a mesma participação na casa da Herbstgasse, é nosso desejo que administrem a casa de forma conjunta assim como a usufruam juntos. Devem, portanto, ser proprietários da casa em partes iguais.

Uma vez que, durante algum tempo, com seus próprios meios Buddy destinou até hoje para amortizações, juros hipotecários e obras de manutenção um total de 45 mil francos, essa quantia lhe deverá ser paga no caso de venda da casa. Também poderá, se assim o desejar ou considerar conveniente, assegurar-se da importância de forma hipotecária.

Peço que me confirmem com suas assinaturas na cópia desta carta que estão cientes do que foi exposto.

Seus pais

Ambos os filhos, Stephan e Buddy, assinaram o documento e Erich deu-se por satisfeito.

Aos poucos, Gerti já estava integrada à família. Para seu assombro, ela constatou que a cerimônia das refeições sempre transcorria da forma que ela vivenciara em sua primeira visita no Carnaval.

A mesa sempre estava muito bem-posta, sempre havia as velas acesas e a sopa, e Erich sempre se encarregava de dividir a carne, sobretudo a carne da sopa, aos sábados, e sempre havia sobremesa, frutas com talheres próprios para frutas ou compotas ou, ao menos, um bolo, e, para terminar, um café *espresso*. Depois do almoço, todos se distribuíam pelos diversos cômodos para descansar e Erich dormia em sua poltrona no salão. Leni também fazia sua sesta; contudo, pontualmente às 14h30 voltava para a loja. À noite havia sempre pão com presunto, linguiça e queijo, mas mesmo isso era servido em uma linda mesa com velas acesas.

Em 1964, Stephan mudou-se da Herbstgasse e foi viver em uma casa própria, embora isso não o impedisse de continuar participando da maioria das refeições. Ele costumava buscar Leni na loja ao meio-dia e seguia com ela para a Herbstgasse. Ali todos se sentavam no salão, cada qual com um livro ou um jornal na mão, e ninguém falava até que Mariuccia os chamava à mesa com sua "A tavola".

As tarefas domésticas eram realizadas por Mariuccia, que rejeitava toda ajuda, por isso Gerti tinha pouco para fazer e começou a ajudar Leni na loja. Além disso, ela acompanhava Leni quando esta recebia o encargo de desmontar uma casa. Ainda hoje explica admirada o quanto Leni conhecia seu trabalho, como era capaz de classificar por época cada móvel, candelabro, açucareiro, cada toalha de mesa, bordado, tapete, e estipular convenientemente o preço. Gerti ajudava a colocar os objetos nas mesas, com as respectivas informações e o preço correspondente.

"Eram casas enormes", explica Gerti, ainda hoje assombrada. "Às vezes eram mais de quatro andares repletos de objetos valiosos. Aqui na Suíça não havia guerra há séculos, e isso é algo necessário de se levar em conta! Estava tudo ali. Ao que haviam herdado, as pessoas somaram objetos que adquiriram. Eu me assombrei bastante quando vi como muitos aqui eram ricos e o tipo de coisas que possuíam!" Ela estava fascinada com esse trabalho e admirava sua sogra que, sem pestanejar, era capaz de avaliar e taxar tudo. "Na data indicada, as pessoas vinham para comprar e tudo tinha que ser muito bem vigiado para que nada fosse roubado. Embaixo, no caixa, em geral ficava Herbert e uma dupla para fazer os pacotes."

Gerti só parou de trabalhar com Leni em 9 de abril de 1966, com o nascimento de Patrick, o primeiro filho. Além dos pais orgulhosos, os avós estavam totalmente loucos pela criança. Leni o abraçava e beijava, e muitas vezes expressou seu pesar: "Pena que I. não tenha vivenciado isso." Otto e Fritzi também vinham com frequência para ver a criança, e Gerti sempre se alegrava quando via os dois. Ainda se lembrava muito bem do quanto ficara ansiosa e um pouco apreensiva durante o primeiro encontro com aquele homem, que tinha de suportar um destino tão cruel, e do titubeio que sentira. E como tudo transcorrera de modo diferente. Fora uma tarde muito bonita em Birsfelden, e Otto havia se divertido muito.

No caminho de volta, Gerti expressou sua surpresa, e Buddy lhe disse: "O que você esperava? Otto tem sua vida nas rédeas, ele ama Fritzi e Fritzi o ama. E ela faz tudo para ajudá-lo a divulgar os ideais de Anne. Otto considera como seu dever empenhar-se, segundo a vontade de Anne, em favor de uma convivência pacífica das religiões e dos povos. Uma ajuda melhor que Fritzi, ele não poderia encontrar."

"Ele nunca fez outra coisa?", perguntou Gerti. "Ele saiu do campo de concentração e se ocupou unicamente do diário de sua filha?"

"Não de imediato", respondeu Buddy. "A importância do diário surgiu mais adiante. No princípio, me parece que o que Otto queria era consertar alguma coisa; talvez tivesse a consciência pesada por não ter conhecido Anne tão profundamente e por pensar que poderia tê-la tratado de outra maneira. Para dizer isso de modo simples, eles haviam dividido as filhas: Anne era filha de Otto, e Margot, de Edith, isso já se notava desde quando Anne ainda era muito pequena. Margot era uma garota maravilhosa, mas calada e introvertida. Sempre a vejo diante de mim com um livro na mão. Anne, ao contrário, era agitada e descarada e divertida, isso se percebe também em seu diário. O que esse diário se tornaria, o próprio Otto não poderia antever; ele se firmou por meio do sucesso internacional. Agora ocorre que Otto, todos os dias, tem coisas para fazer relacionadas com isso, seja porque as pessoas lhe escrevem ou o visitam, seja porque é convidado a inaugurar uma escola ou a fazer um discurso. Mas isso não significa em absoluto que ele não tenha prazer na vida. Naturalmente não esquecerá jamais a perda de sua família, mas acredito que o sucesso do diário de Anne lhe cause prazer, assim como tudo que está, de alguma forma, vinculado a isso, como viajar, mesmo que seja exaustivo. Os contatos com os jovens são muito importantes para ele; não quero dizer com isso que desfrute deles, mas lhe proporcionam muita satisfação. Creio que Otto simplesmente precisa de pessoas, com as quais possa falar sobre Anne."

Repetidas vezes, Gerti pôde comprovar o juízo acertado de Buddy sobre o tio e testemunhou o quanto Otto podia se alegrar. Às vezes, parecia ter uma sombra em seu rosto, quando ele segurava Patrick nos braços e, de repente, estava totalmente abatido. Com certeza deveria estar pensando agora em Margot e Anne, pensava ela, que poderia estar segurando nos braços o próprio neto. Estes pensamentos, ela nunca formulou em voz alta; temia abrir velhas feridas.

O nascimento de Patrick despertou muitas lembranças na casa. Numa ocasião, quando passava por uma porta entreaberta, ouviu Leni e Erich falando da criança. "Agora eu me lembro sempre de I. e da avó Ida", disse Leni, e Gerti parou para escutar. "I. teve quatro filhos, a avó Ida, três. Sem Hitler e sem a catástrofe elas poderiam ter vinte bisnetos ou mais, mas agora só têm o pequeno Pat, só um único bisnetinho."

"Você tem razão", respondeu Erich. "É realmente triste. Mas Gerti e Buddy ainda poderão ter outros filhos. E talvez até mesmo Stephan se case algum dia. Ele ainda não está muito velho para ser pai."

"Isto seria realmente um milagre", disse Leni em um tom amargo na voz. "Steph tem azar com suas namoradas. Sempre se interessa pelas mulheres erradas."

Erich suspirou profundamente. E Gerti, desconcertada, como se tivesse feito algo errado, subiu lentamente as escadas.

# Inverno na Herbstgasse

A vida dos atores é instável, mas ao menos não tanto quanto a vida de um astro da patinação no gelo. Após seu contrato em Basileia, Buddy ainda representou alguns papéis em Zurique, em seguida aceitou uma oferta para trabalhar em Bremen e se mudou com sua mulher e o filho para o norte da Alemanha. Encontraram um apartamento, nem muito grande, nem muito pequeno. Buddy trabalhou no Teatro da Praça Goethe e interpretou vários grandes papéis; Gerti também esteve com certa frequência no palco. Foi assim que, sob a direção de Kurt Hübner, atuaram juntos em *Nathan, o Sábio*: Buddy como Derwisch, Gerti como Sittah, a irmã de Saladino. Gerti cantou e atuou no papel de Metella na opereta *A vida parisiense*, de Jacques Offenbach. Em 1969, Buddy escreveu de Bremen, contando que Gerti atingira as pessoas como uma bomba na peça de Offenbach: todos ficaram muito entusiasmados e a companhia gostaria de que ela fizesse parte do elenco, mas isso era impossível por causa de Patrick — se bem que eventualmente poderia talvez assumir um ou outro papel. E foi isso que ela fez, porém sua carreira estava claramente limitada, sobretudo quando voltou a engravidar.

Oliver nasceu no dia 5 de dezembro de 1971, após uma gravidez difícil. Gerti teve de ficar quatro meses de repouso, devido a uma ameaça de parto prematuro. Por isso, depois de todos os temores, todos, e especialmente os pais, é claro, ficaram bem felizes com o fato de a criança ter nascido saudável. Oliver, que havia suscitado tantas preocupações, tornou-se uma criança muito simpática e adorável. Para todos, Patrick e Oliver representavam a esperança de que a família não iria se extinguir. Todos estavam felizes. Leni e Erich viajaram imediatamente para Bremen; Otto e Fritzi escreveram uma carta:

Vocês mal podem imaginar com que alegria e alívio recebemos a notícia da chegada feliz do pequeno Oliver, e desejamos-lhes que tenham com ele tanta alegria quanto tiveram com seu irmão mais velho e que os dois irmãos venham a se querer tanto quanto Buddy e Steph.

Foi muito bom falar com vocês dois ao telefone e saber que está tudo na mais perfeita ordem. É apenas uma pena que não possamos acompanhar o crescimento do pequeno, como ocorreu com Pat. Mas, se na temporada seguinte vocês estiverem em Mannheim, teremos muito mais oportunidades de visitá-los.

Nós estamos bem e enviamos a vocês e ao Pat abraços e muitos beijos carinhosos.

Sua Fritzi

O que Fritzi escreveu é exatamente o que eu sinto, de modo que não tenho muito a acrescentar. Assim como fiz no nascimento de Pat, também presentearei Oliver com uma quantia em dinheiro.

Dei ao papai Erich um cheque no valor de 1.054,71 francos para a caderneta de poupança do segundo filho de vocês. Vocês terão que adivinhar como cheguei a esse valor.

Com todo carinho e abraços afetuosos,

Seu Otto

Buddy e Gerti não sabem o significado do montante, nem ao menos lembram se na época sabiam.

Eles estavam exultantes: tinham dois filhos, e Buddy conseguia bons papéis. Ele fez sucesso especialmente no musical *Os contos de Canterbury*, de Chaucer, onde interpretava vários papéis, dentre eles o Velho Janeiro, o papel de um ancião decidido a se casar com a garota mais nova da vila. Conforme a data do enlace se aproxima, ele é assaltado por temores em relação à noite de núpcias. Para tranquilizá-lo, alguém lhe fornece um afrodisíaco. A música então muda para jazz e Velho Janeiro começa a dançar. Era um papel que parecia escrito para Buddy. O ancião, evidentemente, tem que pagar um preço por esta nova primavera e logo sua jovem esposa lhe será infiel. Buddy seria contratado posteriormente para atuar em *Os contos de Canterbury* em Londres e Stuttgart. Depois de Bremen, seguiu-se um contrato para trabalhar em Mannheim, onde vivia mais no teatro do que em casa, conforme Gerti conta, pois ele encadeou um papel de protagonista depois do outro. De Mannheim, Kurt Hübner levou-o para Berlim. Lá atuou na Freie Volksbühne e em outros teatros, como, por exemplo, o Teatro Renaissance. Seguiram-se doze anos em Berlim, interrompidos por uma atuação de alguns meses em Londres, em 1979, com *Os contos de Canterbury*, onde foi visitado por Gerti e as crianças. Buddy também trabalhou durante vários meses em Stuttgart, retornando em seguida a Berlim, onde Gerti permanecera. Ela se esforçava para proporcionar aos seus filhos um "ninho acolhedor", estando sempre ao lado deles. Estava ciente de que Buddy, devido aos ensaios e apresentações, não dispunha de tanto tempo para os seus filhos, por isso ela só aceitava contratos para atuar de vez em quando.

Ao longo dos anos, Buddy esteve nos palcos com muitos atores famosos, por exemplo, com Will Quadflieg, em *Nathan, o sábio*; com Horst Buchholz, em *Os doze jurados*; com Maximilian Schell, em *Pobre asssassino,* e com Harald Juhnke, sob a direção de Helmut Käutner, como Motel, em *Dreyfuss*.

Além disso, Buddy atuou em diversos filmes, tais como *David*, sob a direção de Peter Lilienthal; *A montanha mágica*, dirigido por Hans W. Geissendörfer, e *Mãe coragem*, por Michael Verhoeven.

Naturalmente, Buddy e Gerti iam com frequência a Basileia, porém também visitavam a família de Gerti em Oberhaag, um lugar que agradava especialmente ao pequeno Patrick, segundo Buddy escreveu em certa ocasião: "Para Pat, isto aqui é o paraíso." No entanto, mais frequente que as visitas de Buddy e Gerti para Basileia, era a presença dos Frank nas *premières* de Buddy em Bremen, Mannheim, Berlim e Stuttgart. Gerti diz: "Otto esteve sempre muito perto de Buddy, dos seus sucessos. Era incrível. Até o fim, quando já estava bastante enfermo, ele ia com Fritzi assistir às apresentações de Buddy, muitas vezes nas estreias. E eles sempre se escreviam."

Otto também mantinha Buddy informado sobre os três processos que movia na Alemanha contra pessoas que acusaram o diário da sua filha de ser uma falsificação. A primeira vez, em 1959, contra um professor de inglês, de Lübeck, membro do partido de extrema direita *Deutsche Reichspartei*, assim como outro seu correligionário, por maledicência, calúnia, ofensa, difamação da memória de uma pessoa morta e declarações antissemitas. Ambos se retrataram e Otto Frank concordou com um acordo amigável. Mais tarde, porém, ele lamentaria isso e diria: "Se eu soubesse que há pessoas para as quais um acordo neste assunto não serve como prova, teria prosseguido com o processo."

Em 1976, Otto Frank moveu um segundo processo contra um arquiteto de Odenhausen. Ele havia publicado, na sua própria editora, inúmeros folhetos e panfletos neonazistas, como "O diário de Anne Frank — uma falsificação" e "O diário de Anne Frank — o grande embuste". Sob pena de multa no valor de até 500 mil marcos alemães, o arquiteto foi proibido de publicar ou divulgar aquela e outras afirmações similares. Ele recorreu, mas não se chegou a uma nova decisão judicial, pois o homem faleceu antes disso.

Um terceiro processo, no qual Otto Frank consta como coautor, correu na Alemanha, de 1976 até 1993, quando Otto já havia falecido há treze anos. Tudo começou quando um militante da direita distribuiu, após uma apresentação da peça teatral *O diário de Anne Frank*, panfletos com o título "Best-seller — uma farsa". Em 1977, o homem foi condenado pelo Juizado de Primeira Instância de Hamburgo a pagar uma multa pecuniária no valor de 1,5 mil marcos alemães, por difamação. Ele recorreu. Durante este processo, um correligionário distribuiu os mesmos panfletos na sala do tribunal. O recurso estendeu-se por um período interminável, já que, para se pronunciar, o tribunal teve de esperar a tradução para o alemão da edição crítica do diário, sendo por fim extinto por decurso de prazo. Buddy e Gerti contam como estes incidentes deprimiam Otto, como as acusações de falsificação o ofendiam e o quanto era desagradável para ele ter de se apresentar diante de um tribunal e mostrar a todas as pessoas o seu número tatuado no braço.

Mas eles também conservam lembranças muito alegres de Otto Frank. Buddy relata: "Há uma coisa que é inesquecível para mim. Otto estava com Fritzi em Sedrun, durante as férias de inverno, e nós fomos visitá-los. Ele já era um homem de certa idade e uma noite, quando saímos, ouvimos jazz e as pessoas começaram a dançar. Então Otto pôs-se de pé e dançou com Fritzi; ambos tinham muita ginga. Todos ficaram olhando e Otto foi o grande astro da pista de dança. Foi incrível, realmente fabuloso."

No verão de 1980, Buddy e Gerti viviam em Berlim, quando receberam a notícia de que Stephan adoecera. Primeiro disseram se tratar de uma icterícia, em seguida falou-se de uma septicemia. Gerti seguiu para Basileia — Buddy não podia sair em razão do grande número de ensaios e representações — e providenciou a transferência de Stephan de uma clínica para o hospital universitário de Basileia. Ali diagnosticaram uma inflamação na vesícula e Stephan foi operado com urgência. Gerti retornou a Berlim. Buddy não trabalharia em agosto, e eles então pretendiam ir à

Suíça, primeiro para Basileia, depois para Oberhaag, para visitar a família de Gerti e passar as férias por lá.

Pouco antes de partirem, porém, receberam a notícia de que Otto Frank havia falecido no dia 19 de agosto de 1980. Esta notícia pegou-os de surpresa, apesar de Otto estar doente já há algum tempo. Na verdade, deveriam ter contado com essa possibilidade. Chegaram a tempo para o enterro, que se deu no dia 22 de agosto, em Birsfelden, com um grande número de pessoas acompanhando o cortejo fúnebre. Eva, a filha de Fritzi, e seu marido Zvi Schloss também vieram de Londres com as três filhas.

À noite, após o enterro, Erich, Leni, Herbert, Buddy e Gerti ainda se reuniram na Herbstgasse. Fritzi ficara em Birsfelden com sua filha e a família dela. Leni manteve-se calada, parecia petrificada, muito diferente de Herbert, que estava completamente arrasado e não parava de repetir: "O que faremos sem ele? Como seguiremos em frente?"

"Otto era um homem generoso", disse Erich. "Um bom homem. Ele gostava de compartilhar."

Buddy segurou a mão de Gerti. Ambos recordaram uma ocasião, há muitos anos, quando quiseram ir até Israel. Fritzi e Otto vieram para lhes dar alguns conselhos e alguns endereços antes da viagem. Estavam sentados na sala de jantar e Mariuccia arrumava a mesa, quando Otto fez um sinal para que Buddy e Gerti o seguissem ao salão. Com cuidado, fechou as portas duplas antes de tirar um maço de notas de dinheiro do bolso e colocá-lo nas mãos de Buddy. "Aqui, esconda isso logo", disse ele, fazendo um movimento significativo com a cabeça, na direção da porta. Buddy enfiou o dinheiro no bolso interno do seu paletó. Ambos entenderam o que Otto quis dizer. Fritzi não precisava saber nada sobre aquilo. Ela era um pouco econômica e, com a idade, esse traço se acentuara. Otto lhes dera 2 mil francos; era muito dinheiro, bem mais do que eles próprios haviam separado para a viagem.

"Sim", disse Buddy, "ele era uma pessoa boa. Nós nunca o esqueceremos."

Eles visitaram Stephan, que permanecia em más condições de saúde. Ele respirava com o auxílio de aparelhos, mas o médico disse que seu estado se mantinha estável, considerando as circunstâncias. Por isso, Gerti e Buddy partiram com Patrick e Oliver para Oberhaag. Três dias mais tarde chegou a notícia de que Stephan havia falecido. Patrick, que tinha uma relação muito especial com Stephan, quando soube da morte do seu tio preferido, saiu correndo para o campo, voltando somente depois de muitas horas.

Retornaram para a Herbstgasse. Eles haviam perdido dois entes queridos em um curto espaço de tempo.

François Fricker, um bom amigo de Stephan, fez o seguinte discurso no seu enterro:

Minha querida família Elias, queridos amigos,

Na noite do dia 19 para o dia 20 de agosto — portanto, há uma semana — faleceu Otto Frank, o pai de Anne Frank. Quatro dias depois, no domingo, dia 24 de agosto, às 15h15, ele foi seguido por seu sobrinho, nosso querido Stephan Elias.

É fácil sucumbir à tentação de avaliar de maneira distinta estes dois eventos, não obstante ambos sejam igualmente tristes. Otto Frank faleceu aos 91 anos. Nosso Stephan, a quem homenageamos hoje, no entanto, aos 59 anos. Em uma idade, portanto, que tradicionalmente se considera muito cedo. Em outras palavras: aqui, ao que parece, o destino inevitável de cada uma das pessoas tomou um rumo muito pouco usual — e isso torna esta morte tão trágica para nós.

E, apesar disso, devo dizer que este pensamento não está muito correto. Como amigo muito, muito próximo de Stephan, sei que ele desejava tudo, menos ficar velho. Stephan expressava este desejo com frequência, quaisquer que possam ter sido seus motivos. E agora, de uma forma inesperada, seu desejo se realizou.

Após uma operação de rotina, no dia 15 de junho, motivada por uma icterícia, surgiram complicações inesperadas. Doze dias mais tarde a situação já se tornara extremamente crítica e o tempo todo Stephan tinha consciência disso.

Segundo informações confiáveis, pacientes sem conhecimentos específicos de medicina são capazes de avaliar, muitas vezes de maneira bastante realista (e, de certa forma, instintivamente), a situação grave em que se encontram. Então, é possível que com o tempo Stephan tenha se dado conta de que, caso sobrevivesse, ele teria certas limitações na sua qualidade de vida e, mesmo que temporariamente, iria depender de ajuda no seu dia a dia. Um pensamento certamente insuportável para Stephan.

A questão é que, embora ele fosse uma pessoa extremamente solícita para com todos, não estava disposto, por sua vez, a molestar ninguém.

Assim, com o tempo, para todos aqueles que acompanharam de perto a oscilação de Stephan entre a vida e a morte (desde o dia 27 de junho ele esteve constantemente na unidade de terapia intensiva), isso ficou bem claro.

A afirmação generalizada de que existe esperança enquanto ainda houver vida no moribundo e que, por conseguinte, devemos prolongar a vida, a despeito da sua natureza qualitativa, pode ter consequências degradantes e moralmente adversas.

[...] Minha querida família Elias, pode lhes parecer inesperado que eu faça aqui tais considerações. Por outro lado, são pensamentos que eu simplesmente não posso reprimir, pois derivam das visitas diárias a Stephan, quando enfermo e agonizando. [...] E considero uma grande dádiva poder acompanhar Stephan, junto com os seus pais, nas últimas cinco horas de vida. [...]

Certamente é conhecido por todos que Stephan tinha um incrível senso para jogos de palavras espontâneos em determinadas situações. [...] Desejo citar um pequeno exemplo, que mostra como Stephan fazia malabarismos com as palavras. Por ocasião de uma das suas frequentes visitas a seu muito amado e admirado irmão Buddy, à sua cunhada Gerti, de quem sentia tanto orgulho, e aos seus sobrinhos Patrick e Oliver, sobre quem ele sempre contava tantas coisas, por ocasião desta visita em Berlim, apresentaram-lhe uma amiga da família que morava no prédio, a sra. Saile. Stephan percebeu de imediato o que ninguém havia percebido até então: o nome Saile corresponde à leitura inversa do nome Elias. [...]

Se antes mencionei os sobrinhos de Stephan, Patrick e Oliver, não posso de maneira nenhuma esquecer a sua afilhada Claudia, hoje com 9 anos. [...] Ao ser informada sobre a morte do seu padrinho, chorou copiosamente. Sua irmã Arianne, de 8 anos, que era implicitamente considerada por Stephan como segunda afilhada, contudo, não chorou.

Arianne disse: "O bom Deus teve razão em levar Stephan consigo, pois ele proporcionou muita alegria a muitas pessoas. E agora o bom Deus terá também muita alegria com Stephan."

Depois deste discurso, Ferdinand Afflerbach, outro amigo de Stephan, tocou a "Alvorada"* no tambor. Quando ele interrompeu subitamente a melodia, Gerti sentiu um calafrio percorrendo sua espinha.

No dia 5 de outubro, à noite, celebrou-se uma homenagem póstuma para Otto Frank em Basileia. Buddy e Gerti não puderam comparecer, pois Buddy não fora liberado pelo teatro. No entanto,

---

* No Carnaval de Basileia, a "Alvorada" (*Tagwacht*) é uma composição tradicional que se toca para finalizar os festejos da última noite. [*N. dos T.*]

376 ABSTRACT A HISTÓRIA DA FAMÍLIA DE ANNE FRANK

posteriormente, encontraram no meio dos documentos um relato comovente de Fritzi sobre seu casamento com Otto Frank, de quem cuidou com abnegação até o fim. O relato não está datado e não se sabe se foi lido nessa ocasião ou em outra homenagem póstuma. Ele tem o título: "Minha vida com Otto Frank":

O início foi em Auschwitz. Naquele fevereiro de 1945, quando os russos tomaram o campo após a retirada dos alemães, os ex-prisioneiros sobreviventes foram instados a participar de uma comemoração da Revolução. Chamou-me atenção um homem com uma cabeça pequena, que acompanhava alguns camaradas doentes e debilitados, cuidando deles carinhosamente.

Na viagem de volta para a Holanda, fiquei conhecendo este homem. Era Otto Frank, que assumira a tarefa de visitar, em Amsterdã, e apoiar com conselhos e ações os judeus que estavam na clandestinidade e que agora retornavam. Foi assim que ele também nos visitou, a mim e à minha filha. E tive a oportunidade de conhecer, durante sete anos, suas qualidades extraordinárias, sua grande humanidade. Em 1953 nos casamos e os 27 anos que se seguiram foram os mais felizes da minha vida.

Otto Frank era uma pessoa muito especial. Era carismático. Todos que tiveram a sorte de conhecê-lo, atestarão isso. Cada um dos nossos inúmeros visitantes mencionou, por escrito ou verbalmente, sua amabilidade e hospitalidade.

Embora nunca tenha escrito um livro, as miríades de cartas que escreveu para os amigos e os leitores do diário de Anne, dos quais muitos com o tempo se tornaram seus amigos, constituem um memorial próprio, uma vez que revelam sua grande compreensão para o jovem e o velho, bem como seu amor pelo próximo. Sua imensa bondade também se expressa nelas. Os destinatários quase sempre escreviam dizendo que guardavam as suas cartas como um tesouro. Esta correspondência tão abrangente muitas vezes lhe tomava um grande tempo e exigia muito esforço, mas ele sabia da importância de uma palavra amiga num mundo onde não se tem mais tempo para a humanidade. A obra da sua vida foi divulgar as ideias e os ideais que Anne expressa no seu diário. Com isso, ele ajudou muitas pessoas, especialmente jovens, a criarem coragem em momentos de infelicidade. Não são poucos aqueles cujas vidas ele influenciou de modo positivo.

A Fundação Anne Frank em Amsterdã, da qual foi fundador, juntamente com alguns cidadãos proeminentes da cidade, assumiu nos seus estatutos, entre outras coisas, esse mesmo objetivo. Otto Frank participou intensivamente durante muitos anos dos seus trabalhos. Por isso, foi uma satisfação para ele saber que nos Estados Unidos foi criada uma fundação de amigos desta instituição.

Ele levava as pessoas a sério, independentemente da classe social a que pertenciam. Tinha sempre uma palavra pessoal para cada camareira ou cada balconista. Certa vez ele passou o braço sobre o ombro de um carregador de malas italiano, como se fosse um amigo pessoal. Honrarias e riqueza não lhe interessavam. Para ele existiam apenas "pessoas", a quem queria ajudar, na medida do possível.

Sentia um carinho especial pelos jovens e, aos poucos, adotou o papel de pai e, depois, o de avô dos inúmeros jovens que depositavam sua confiança nele e com quem manteve correspondência durante longos anos.

Otto tinha um senso notável de família. Por isso, fiquei muito feliz que, além dos seus irmãos, ele também considerasse minha filha como uma parente consanguínea, tendo encontrado nela novamente uma outra filha. Do mesmo modo, amava de todo o coração as três netas, afeto que elas lhe retribuíram.

Era otimista e não conhecia o ódio. Em 1946, retornou a Frankfurt, sua cidade natal, para procurar dois velhos amigos alemães, que sabia não terem sido nazistas. Com isso, quis mostrar que, em sua opinião, não existia culpa coletiva. Ele bem sabia que os crimes de Hitler e dos seus seguidores contra os judeus não deveriam ser esquecidos, mas com ódio não seria possível avançar. Era favorável a estender a mão para a juventude alemã, em sinal de reconciliação.

Aprendi muito com ele, e o trabalho pela paz e entendimento dos povos, no qual estive ao seu lado por todos esses anos, foi para mim causa de um tremendo enriquecimento. Otto Frank era uma personalidade estimulante. Ele se inteirou, até quase o fim, de todos os acontecimentos do mundo e tinha interesse especial por Israel, que visitamos várias vezes. As crianças nos kibutzes e nas vilas corriam atrás dele como se fosse o flautista de Hamelin, uma vez que Otto irradiava, mesmo sem palavras, um calor e uma bondade que encantavam jovens e velhos. Ele preocupava-se muito com Israel e defendia com veemência o seu direito de existência. No entanto, nem sempre esteve de acordo com a sua política, embora, em função da ameaça letal sofrida por este país, conseguisse entender algumas posições. Oriundo de um meio burguês liberal, ele não era uma pessoa especialmente religiosa, mas, devido aos acontecimentos do seu tempo, converteu-se em um judeu consciente. Estava profundamente interessado na cooperação entre as grandes religiões do mundo, sobretudo entre cristãos e judeus. Foi membro de diversas associações que tinham como objetivo o ecumenismo e a conciliação.

Guardava orações de diversas religiões na sua pasta, e era seu desejo que elas fossem lidas no seu enterro, o que foi feito. Quero encerrar com uma destas orações. Seu bom amigo, o rabino Soettendorp, a leu durante o Sabá:

"Permita-nos lembrar daqueles a quem amamos, que nos foram arrebatados e entraram no descanso eterno.

Que tudo de bom que fizeram, que tudo de verdadeiro e bom que disseram seja reconhecido por seu inteiro valor e possa nos guiar de modo a orientar nossas vidas nesse sentido. Pois é assim que os vivos honram os mortos e permanecem unidos a eles no espírito.

Que os aflitos encontrem aqui consolo e possam se erguer com o poder da confiança em um Ser todo-poderoso que anima o mundo, assim como na natureza indestrutível da vida."

Naquela época, Fritzi já contava 75 anos de vida; Leni, 87; Herbert, 89, e Erich, 90. Nas palavras de Leni, o inverno definitivamente se mudara para a Herbstgasse.

# Um novo propósito na vida

Leni havia parado de trabalhar e uma gerente administrava agora o Epoque. "Mas isto não vai dar certo", disse Leni várias vezes a Gerti. "Uma empregada nunca vai deixar de ser uma empregada; a proprietária é que deve sempre estar na loja. Os clientes esperam, com razão, que nos empenhemos pessoalmente. Já está na hora de você vir, Gerti, e assumir o negócio. Quem mais poderá fazê-lo?"

Leni envelhecera. Com a mesma expressão petrificada com que recebera quatro anos antes a morte do seu irmão e do seu filho mais velho, ela assistiu à morte do marido, que faleceu no dia 2 de outubro de 1984. Erich teve de ser internado no hospital em razão de um ataque de asma. Ele estava sentado numa cadeira, usando o seu robe de seda e conversando animadamente, quando desmoronou de repente. A mulher que o visitava tocou a campainha para chamar a enfermeira, e Erich foi reanimado — com sucesso, mas não a contento. Ele ainda permaneceu na cama, em casa, durante algumas semanas e demandava cuidados contínuos, até que expirou.

"Reanimar um homem com 94 anos", disse Buddy com amargura, "é uma irresponsabilidade, beira quase a lesão corporal.

Ironicamente, meu pai, sempre tão elegante e distinto, foi exposto ao vexame das fraldas." E Gerti repetiu o que François Fricker dissera há quatro anos no enterro de Stephan: "A afirmação generalizada de que existe esperança enquanto ainda houver vida no moribundo e que, por conseguinte, devemos prolongar a vida, a despeito da sua natureza qualitativa, pode ter consequências degradantes e moralmente adversas."

Leni não reagiu, não chorou. Ela se limitou a ser amparada por Buddy e Patrick a caminho do cemitério e presenciou, com o rosto imóvel, baixar à sepultura o caixão com o homem com quem esteve casada durante 63 anos. Erich Elias, que passara a infância e juventude em Zweibrücken, foi enterrado no cemitério judaico em Basileia, o mesmo onde foram enterradas sua sogra, Alice Frank, nascida Stern, e sua mãe, Ida Elias, nascida Neu.

Gerti realmente estava disposta a assumir o negócio, isso já havia sido combinado há muito tempo, pois ela e Buddy, após longos anos de vida itinerante e de mudanças frequentes de uma cidade para a outra, ansiavam por um verdadeiro lar. Mas eles não podiam retornar à Suíça tão rapidamente quanto Leni desejava. Para se preparar para sua vida futura, Gerti fez em Berlim um curso a distância sobre antiguidades. Ela aprendeu as características de cada época, a distinguir estilos, técnicas de pintura e materiais. Memorizou o nome de ourives de ouro e prata, de artesãos e marceneiros, e amontoou listas de preço de catálogos. Ela foi aprovada no exame, que não foi de modo algum fácil, e começou lentamente a preparar a mudança para a Suíça.

Patrick, seu filho mais velho, foi o primeiro a se mudar para Basileia, em 1985, logo após a conclusão do ensino médio. Na verdade, ele queria estudar teatro, mas seus pais, ambos atores, convenceram-no de que seria melhor aprender um ofício sério, já que a vida como ator dependia muito do acaso: às vezes se tinha um contrato, outras não. A vida de um empregado de banco era bem mais segura. Patrick se deixou convencer, mas no final das contas tudo isso de nada adiantaria, pois ele acabou se matriculando numa escola de atores e se tornou ator, assim como Oliver, seu irmão mais novo. Entretanto, Patrick começou um estágio num banco em Basileia e foi morar junto com a sua velha avó. Uma noite, Leni sofreu uma queda no banheiro. Patrick ouviu um barulho, correu para o andar de baixo e encontrou a sua avó caída no chão com o rosto desfigurado pela dor. Ele chamou uma ambulância. Leni quebrara a cabeça do fêmur; foi levada para o hospital municipal e operada. A operação transcorreu bem e ela se recuperou, mas nunca mais retornaria à Herbstgasse. Todos, inclusive dr. Schlumpf, o médico da família, aconselharam-na a se mudar para um lar de idosos. Ela escolheu o La Charmille, um lar judaico de idosos em Riehen, próximo de Basileia, para onde seu irmão Herbert, que nesse meio-tempo já contava 93 anos, foi pouco depois. A mudança não causou nenhum problema do ponto de vista financeiro, nem a Leni nem a Herbert, já que Otto lhes deixara um legado em testamento. "Até mesmo após sua morte, segue cuidando dos seus irmãos", disse Erich, profundamente agradecido, na ocasião em que ficaram sabendo. Apesar de serem proprietários de uma casa, eles nunca haviam conseguido juntar um montante digno de nota na conta bancária.

Patrick, o neto solícito, seguia de bonde, todas as tardes, após o trabalho, até o La Charmille, que ficava aproximadamente meia hora distante de Basileia, para visitar Leni. Era certamente um encargo pesado para um jovem de 18, 19 anos, mas ele assumia de bom grado, por amor à avó.

Em Berlim, Gerti já estava empacotando os livros quando recebeu um telefonema de Basileia, de uma amiga, dizendo que o antiquário Epoque de Leni estava bastante desvalorizado e que ela dificilmente conseguiria ganhar algum dinheiro ali. "Aquilo foi um grande susto para mim", disse Gerti. "Mas nós já estávamos num ponto em que não dava mais para recuar."

Eles chegaram a Basileia no dia 10 de março de 1986 e no dia 11 chegou o grande caminhão de mudança com suas coisas. Um dia depois, no dia 12, Buddy teve que ir até Stuttgart, onde atuou em *Os contos de Canterbury*. Gerti ficou sozinha com as caixas de papelão da mudança; com Patrick, que ia para o banco cada vez mais contrariado; com Oliver, de 15 anos, enfrentando uma mudança de escola; com Leni que, na época, já estava imobilizada na cama; e com um antiquário, que realmente se encontrava num estado desolador. A gerente, que havia concordado em ficar até o fim do ano para colocar Gerti a par dos assuntos comerciais, telefonou dois dias depois comunicando que encontrara um outro trabalho e que não voltaria.

"Então eu fiquei ali", conta Gerti, "e não sabia como daria conta de tudo aquilo. Eu me deslocava constantemente da casa à loja e ao lar de idosos. Havia Oliver, que precisava de mim, Leni com suas necessidades e Fritzi em Birsfelden, de quem eu também tinha de me ocupar. E, além disso tudo, havia a loja, onde me sentia completamente perdida. Tudo estava sujo, faltavam os dados sobre a época de cada objeto e não havia informações sobre os preços. Fiquei desesperada. É certo que eu havia concluído o curso a distância sobre antiguidades, mas não tinha nenhuma experiência prática. Os estilos Barroco ou Biedermeier, por exemplo, se apresentam de forma distinta, dependendo se o objeto é proveniente da Alemanha, Itália ou França. O início foi realmente terrível e eu sofri com úlceras no estômago".

Por sorte, existia a Zita, uma vizinha, que lhe ofereceu a sua ajuda. As duas mulheres fecharam a loja e começaram primeiramente a limpar tudo. Os tapetes estavam empilhados e as dobras estavam marcadas com tanta sujeira que não lhes restou outra coisa a fazer senão cortá-los e jogá-los fora. Elas limparam a prataria, poliram os móveis, espanaram a poeira e procuraram arrumar tudo de forma a poder atrair possíveis compradores.

De fato, na reinauguração vieram muitas pessoas, antes por curiosidade, sobretudo porque queriam ver como era a aparência do "novo" antiquário. No entanto, aos poucos, começaram a comprar. No primeiro ano, o antiquário trouxe mais custos que benefícios, afinal Zita tinha de ser remunerada. Gerti se lançou no trabalho, cuidou dos seus filhos, das duas velhas senhoras, de Herbert e do negócio. E a tudo isso se somou, é claro, a administração da casa. Gerti não dispunha de nenhuma Mariuccia, sra. Baumann ou Imperia. Tinha que fazer tudo sozinha, pois Buddy não estava lá a maior parte do tempo. Como não pertencia mais a nenhum elenco fixo, ele era sempre obrigado a aceitar convites para papéis de ator convidado em diversos palcos. Às vezes, ele também atuava na televisão, mas esses papéis não eram tão bem remunerados assim.

Às preocupações financeiras somou-se a preocupação com a saúde de Leni, que ia de mal a pior. Ela faleceu no dia 2 de outubro de 1986, exatamente dois anos depois da morte do seu marido Erich. Patrick, que casualmente estava visitando a avó, foi quem segurou a mão de Leni até ela expirar. Uma bênção para ela, mas difícil para Patrick, que quase desabou. Assim como Erich, Leni Elias, nascida Frank, foi enterrada no cemitério judaico de Basileia. Da velha geração, agora só estavam vivos Herbert e Fritzi, em relação aos quais Gerti assumiu a responsabilidade. Herbert faleceu no dia 20 de março de 1987, aos 96 anos, no asilo La Charmille.

Não foi assim que eles haviam imaginado o seu primeiro ano em casa. A mudança da metrópole Berlim para a contemplativa Basileia, onde as pessoas falavam o *Schwyzerdütsch*, aquele estranho dialeto suíço-alemão, afetou Oliver de uma maneira muito mais profunda do que seus pais previam. Ele, porém, insistiu com o *Hochdeutsch*, o alemão padrão, e deve ter parecido arrogante para os seus professores. De todo modo, ele se dava maravilhosamente bem com seus colegas. Eles o encorajaram a seguir falando o alemão padrão, e algumas amizades daquela época perduram até os dias de hoje. Patrick, por sua vez, não se sentia satisfeito com o seu aprendizado no banco. Certo dia, foram visitar Otti

Rehorek — o Baddy, antigo parceiro de patinação de Buddy — e sua segunda esposa. Quando Otti perguntou como Patrick ia no banco, ele desabafou, dizendo o quanto achava a instituição bancária horrível, que não queria ter nada a ver com aquilo, que cada dia era uma tortura para ele.

"Mas então o que você quer?", perguntou Otti, e Patrick respondeu: "Quero ser ator. Eu sempre quis ser ator."

Nesse momento, todos se voltaram para Buddy e Gerti, e questionaram por que não permitiam que o filho fizesse aquilo que tanto desejava. A discussão que se seguiu ali deixou claro para Buddy e Gerti que estavam equivocados. Eles deram o seu consentimento a Patrick para interromper seus estudos e ir para Bochum, assistir às aulas na escola de atores de lá. Oliver também deixaria Basileia logo após o término do ensino médio e retornaria a Berlim para ter aulas de atuação com Maria Körber.

No segundo ano em Basileia, as coisas melhoraram e Gerti conseguiu reerguer o negócio com a ajuda de Zita. Para Buddy, foi um grande alívio que ela pudesse lhe dar cobertura. A vida ficou mais tranquila para ambos. Eles foram se acostumando a Basileia e a casa da Herbstgasse passou a ser seu lar, exatamente como haviam sonhado. Durante quinze anos Gerti permaneceu à frente do negócio, financiou a formação dos seus filhos e ganhou o suficiente para o sustento básico da sua família, tal como Leni o fizera em sua época.

Buddy atuava em diversos teatros, mas trabalhou principalmente para a televisão, por exemplo, na série *Mit Leib und Seele* [De Corpo e Alma], com Günther Strack, com quem firmou uma amizade duradoura. Gerti trabalhava no antiquário, ocupava-se dos assuntos domésticos e, sobretudo, de Fritzi. Nisso ajudavam-na Oliver e Patrick, pois a queriam muito. Após o falecimento de Leni, Fritzi assumiu o papel de avó substituta. Ela ia quase todos os domingos almoçar com eles e, às vezes, acompanhava a família nas férias em Nax. Sem dúvida, logo chegou um ponto em que Fritzi foi se tornando cada vez mais frágil e confusa, de modo que não pôde mais continuar a viver sozinha. Eva Schloss, sua filha, levou-a em 1997 para Londres, onde veio a falecer em 1998, aos 93 anos. Sua urna com seus restos mortais foi sepultada em Birsfelden.

Gerti fechou a loja depois de quinze anos, pois nesse meio--tempo já estava com 68 anos. Ela organizou uma liquidação, sobre a qual diz: "Foi como em Hollywood. As pessoas abriram as portas quase aos empurrões. Duas das minhas irmãs estavam me ajudando, além de uma amiga de Berlim e outra de Basileia. Nós cinco fizemos as vendas. Eu fiquei o tempo todo em cima de uma escada descendo lustres. Foi incrível. Aqueles dias foram realmente um fecho de ouro para a loja de Leni."

Atualmente, Gerti também faz parte do Conselho do Anne Frank-Fonds em Basileia, assim como Buddy que, desde 1986, passou a se ocupar mais da instituição, participando de todas as reuniões. Desde 1996, ele preside o Anne Frank-Fonds. Desta maneira, o desejo de Otto Frank, de que um membro da família sempre fizesse parte do Conselho da Fundação, foi satisfeito. Buddy se empenha com todos os meios à sua disposição ao que denomina hoje a sua missão de vida. Do mesmo modo que o diário se tornara o centro da existência de Otto e de Fritzi, ele agora se tornou o ponto central para Buddy e Gerti. O livro exerce sobre eles a atração que exerceu na época sobre Otto. Certa vez, alguém disse que, embora Anne Frank estivesse morta, Otto seguia vivendo por ela.

A tarefa mais importante da Fundação consiste em distribuir donativos às numerosas organizações que se dirigem a ela com pedidos de ajuda. Projetos em prol da paz e união entre os povos em todo o mundo podem contar com o apoio da Fundação, assim como projetos contra a xenofobia e o racismo, principalmente quando se trata de crianças e jovens. A Fundação tem um papel especial em relação aos "justos", aos "*the righteous*", ou seja, àquelas pessoas não judias que salvaram judeus durante o Holocausto. Nesse sentido, o Anne Frank-Fonds se ocupa acima de tudo com as pessoas do leste europeu. Embora também haja naturalmente essas pessoas no oeste europeu, elas em geral já estão bem amparadas. No entanto, o mesmo não ocorre com as que vivem na Europa Oriental, na Polônia, na Romênia ou nos países bálticos. São pessoas que agora já estão com idade, muitas vezes estão enfermas e não recebem os medicamentos de que necessitam, seja porque não se pode consegui-los no país seja porque lhes falta dinheiro. A Fundação assume os custos dos seus medicamentos, bem como de aparelhos auditivos e outros tipos de ajuda. Para evitar abusos, é necessário que elas apresentem um certificado, emitido pelo Yad Vashem, o memorial e centro de pesquisa em Jerusalém em memória às vítimas do Holocausto, de que realmente salvaram judeus. No ano 2000, o Anne Frank-Fonds empenhou-se em um novo projeto: a criação de uma cátedra de Ética na Universidade de Basileia, sob a direção da professora dra. Stella Reiter-Theil, da Alemanha. Na primavera foi inaugurado, na Faculdade de Medicina, o Instituto de Ética Aplicada e Ética na Medicina. Um dos pontos altos foi uma conferência internacional sobre o aconselhamento ético em questões complexas referentes ao tratamento de pacientes, que contou com a participação de mais de duzentos convidados de diversas áreas de atuação, procedentes de vários países.

Buddy Elias mantém viva a lembrança de sua prima Anne Frank. Ele responde a cartas, dá conferências e se ocupa de pessoas que necessitam de ajuda. As muitas viagens que realiza para a Fundação são por vezes cansativas, mas proporcionam a satisfação de ver que Anne segue desempenhando um papel importante para inúmeras pessoas, sobretudo para os jovens, e que os seus ideais não foram esquecidos. Ele sabe que é o único ainda vivo na família que conviveu com Anne, a verdadeira

Anne, a menina mercurial, rebelde, cheia de fantasias que ela foi um dia. Essa lembrança, ele levará um dia para o túmulo. E, quando também estiverem mortos aqueles que um dia conheceram Anne como colega de escola e amiga, restará tão somente sua figura simbólica representativa de 1,5 milhão de crianças judias que perderam suas vidas no Holocausto.

# Epílogo

Basileia, numa manhã nublada de janeiro de 1946. Um homem alto com um sobretudo comprido e surrado, pendendo com grande folga em volta do seu corpo franzino, sai de uma casa na Herbstgasse. Sob o seu chapéu um pouco largo, aparecem protetores de orelha tricotados à mão. Em uma das mãos carrega uma pasta de papelão marrom, na outra uma sacola de compras onde estão, além de um casaco de tricô, alguns livros, uma garrafa térmica com café e também sanduíches embrulhados em papel-jornal. Ao seu lado, segue uma pequena e graciosa mulher que, comparada a ele, tem um aspecto elegante com o seu casaco de peles que, embora não fosse novo, era bem talhado, com chapéu branco, luvas brancas e sapatos de salto alto. Junto ao portão do jardim, o homem se volta uma última vez para os dois homens que se encontram na parte de cima da escada de entrada e acenam — um homem distinto de meia-idade e um homem muito jovem. Em seguida, dá meia-volta e segue rua abaixo, atrás da mulher.

O homem é Otto Frank, que passara três semanas com a sua família em Basileia, com sua mãe, sua irmã, seu cunhado, a mãe deste e com seus sobrinhos Stephan e Buddy. Foram três semanas difíceis para todos, pois pela primeira vez ele viera sozinho, sem ter a seu lado, como antes da guerra, uma ou as duas filhas. A mulher que caminha a seu lado é Leni Elias, que acompanha seu irmão até a estação de trem, depois que ele se despediu de todos e prometeu voltar em breve. Leni se agarra a este "breve", assim como Alice, sua mãe, também o faz. Após os longos anos de separação, um "breve" é uma promessa que traz consolo e esperança.

Eles caminham lado a lado através das ruas frias até o ponto de parada do bonde. A luz diurna ainda está muito tênue e naquele dia Basileia ficará acinzentada. O céu invernal está bem baixo e a camada de nuvens é bastante cinza. Otto observa as velhas casas burguesas da cidade que foram preservadas da guerra, casas que se mantêm ali sólidas, como se por toda a Europa não houvesse apenas destroços e escombros. Elas irradiam uma segurança, na qual Otto não consegue mais acreditar.

Eles se sentam um ao lado do outro no bonde e olham para a manhã cinzenta e nublada. "Vai nevar em breve", diz Leni só para falar alguma coisa, e Otto afirma que em Amsterdã neva mais raramente do que na Suíça e que a neve permanece pouco tempo no chão. Logo ambos se calam novamente. Os demais passageiros, homens e mulheres com xales ou colarinhos levantados, inclusive as crianças, com sacolas nas costas e capuzes de lã cobrindo bem as orelhas, a caminho da escola, permanecem estranhamente calados. É como se a camada de nuvens também oprimisse o humor das pessoas.

"Erich talvez possa viajar dentro em breve para Amsterdã", disse Leni a seu lado. "A empresa fez uma encomenda, por isso é bem possível que ele obtenha permissão para sair do país. Escreva-nos; caso precise de alguma coisa, ele poderá levar para você."

Otto acaricia o cachecol que sua mãe tricotara para ele naquelas três semanas. As luvas e as meias novas são presentes da avó Ida. "Vocês já me deram tanta coisa", diz ele.

E Leni continua: "Gostaria que tivéssemos mais coisas que pudéssemos lhe dar."

O bonde para na praça da estação, eles saltam, se espremem entre os demais passageiros em direção à plataforma de embarque.

O trem, porém, ainda não chegou. Eles ficam um em frente ao outro e se olham. "Eu lamento tanto", diz Leni.

Otto assente com a cabeça, depois conclui, de repente: "Ela tinha olhos cinza. Eles pareciam escuros, mas não eram castanhos, eles eram cinza."

"Quem?", pergunta Leni.

"Anne."

Leni o abraça, deita a cabeça em seu ombro e ouve a voz dele perto do seu ouvido: "Se algum dia eu me esquecer disso, você deve me lembrar, prometa-me. Eles eram cinza."

Leni começa a chorar. Otto tira a luva direita, retira um lenço do bolso do seu casaco e seca as lágrimas dela, como fazia antigamente, quando ela ainda era uma criança.

"Ah, Leni", diz ele, "nós imaginamos a vida de uma maneira muito diferente."

"Muito, muito diferente", diz Leni.

Então o trem chega. Otto pega sua passagem, que Erich lhe havia comprado há três dias, e, antes de pegar a sua mala e valise para embarcar, beija sua irmã com a mesma ternura de outros tempos. Ele sobe no trem e, após encontrar um assento, abre a janela e se inclina para fora. Eles ficam se olhando. Não dizem mais nada, mas isso não é necessário. Eles estão novamente tão próximos como antigamente, quando a vida ainda estava à sua frente, quando eles ainda não sabiam que ela não iria lhes trazer apenas alegrias, mas muita dor também. Quando eles ainda não sabiam que a lição mais importante da vida é aguentar e resistir.

Seu rosto envelhecera, a pele está pálida e rugas profundas se estendem do nariz até os cantos da boca. Apesar disso, ela ainda é capaz de distinguir em seu rosto os traços do homem jovem, até mesmo do menino que foi. E ela se pergunta se ele também ainda vê em seu rosto a menina, a criança de antes. "Não devemos nos deixar abater", diz ela.

Otto quer responder alguma coisa, mas naquele momento o condutor aciona o apito. O apito é estridente e definitivo, o trem se move, o vapor sobe chiando através da chaminé da locomotiva, que se põe em marcha, arrastando os vagões para fora da estação.

Otto se inclina para fora da janela e acena. Ele grita alguma coisa, Leni o vê movendo os lábios mas não consegue entender as palavras. Ela pega o lenço e o agita. Ela segue acenando mesmo depois de o trem deixar a estação e desaparecer no cinza daquele dia.

Não, não foi assim que ela imaginara sua vida. Stephan ficará curado, agora já se pode contar com isso, que é o mais importante, mas ainda levará algum tempo. Buddy deixará a casa dentro de poucos dias, ele assinou um contrato em Berna. Os jovens se vão, é assim que o mundo avança. São os velhos que ficam para trás: avó Ida e Alice. E Erich e ela. Leni está com 52 anos, a juventude já ficou para trás. O que mais ela poderia esperar? É indiferente, ela continuará em frente, como sempre fez. Além disso, 52 anos não significam já ser tão velha assim. Quem sabe quantos anos de vida ainda tem pela frente? Quais são os votos que os judeus fazem por ocasião de um aniversário? Que alcancem 120?* Decidida, ela se vira. Ao sair da estação, vê alguns flocos de neve isolados flutuando no ar. Sente frio e ajeita o sobretudo, em seguida põe-se a caminho de casa.

---

* Segundo a tradição judaica, o homem não pode viver mais do que 120 anos, pois Moisés morreu nesta idade. [*N. dos T.*]

# Posfácio
## *de Gerti Elias*

Este livro só pôde ser escrito porque encontrei no sótão de nossa casa uma grande quantidade de cartas, documentos e fotos das famílias Frank e Elias, que remontam a alguns séculos e que ficaram guardados durante décadas. No total devem ser em torno de 6 mil.

Quando nós, meu marido Buddy, meus filhos Patrick e Oliver, e eu, nos mudamos em 1986 de Berlim para a Herbstgasse, assumi a loja de antiguidades de minha sogra Leni Elias-Frank, que naquela época já vivia no lar de idosos La Charmille, assim como seu irmão Herbert. Os primeiros anos foram muito difíceis. Além do meu trabalho na loja e do cuidado com a família, fiquei responsável pela casa. Dentre as tarefas que me impus, constava cuidar da organização do sótão. Estava entulhado de móveis, caixotes, caixas e malas que, é natural, aguçaram minha curiosidade, particularmente dois armários brancos, onde encontrei coisas fabulosas: vestidos de paetês, um *chapeau claque*, um fraque, vestidos de noite, peles, chapéus Descobri também uma caixa de papelão revestida com um tecido de florezinhas. Dentro dela havia cartas, muitas cartas, algumas desordenadas, outras, por sua vez, amarradas cuidadosamente com fitas de seda. Levou algum tempo até que eu me atrevesse a ler todas elas, e mais algum tempo até que eu entendesse que se tratava de cartas da família, pois em parte os nomes me eram estranhos e algumas estavam escritas em Sütterlin.* Em razão disso, e embora a maioria dessas cartas fosse legível, algumas apresentavam dificuldades para decifrar. Meu marido tampouco podia me ajudar, pois ele naturalmente conhecia o nome dos seus tios Robert, Herbert e Otto, mas em outros casos não sabia de quem se tratava.

Continuei a remexer no sótão nos anos seguintes, mas só tive realmente tempo para olhar tudo com calma em 2001, depois que fechei o antiquário. Nesse meio-tempo, todos os membros da família da geração mais antiga já haviam falecido. No entanto, eu ainda encontrei outras caixas com mais cartas, algumas escritas por Otto Frank, por Margot e Anne. Algumas estavam em malas, outras em caixas de madeira. Em algum momento me dei conta de que eram cartas que foram guardadas por Leni e Erich, meus sogros, e por Alice, a mãe de Leni, durante todos estes anos. E, ao tirar o pó de uma estante do salão, encontrei um livrinho, mais parecido com um caderno escolar de capa dura, contendo as lembranças escritas por Alice por ocasião do seu septuagésimo aniversário. Encontrei também um outro livrinho intitulado *Klärchen*. Foi escrito por Alfred Stern, um primo de Alice, nascida Stern, historiador e catedrático. Ele presenteou sua esposa Klärchen com este livrinho por ocasião das bodas de prata, no qual conta a história da sua família. Alfred e Klärchen eram primos-irmãos, haviam se casado dentro da própria família, portanto. As coisas eram assim no século XIX.

Fiquei muito surpresa, certo dia, ao descobrir novamente dentro de uma grande mala de couro centenas de cartas que Buddy, meu marido, escrevera de todos os países do mundo para sua família. Considerei isso uma grande sorte, pois me permitiram conhecer ainda melhor o meu marido através delas.

---

* Sütterlin é um sistema de escrita criado por Ludwig Sütterlin e popularizado a partir de 1911, quando se tornou obrigatório nas escolas alemãs. [*N. dos T.*]

E fiquei particularmente abalada quando encontrei as cartas de Otto, que ele escrevera após a guerra, de Auschwitz, de Kattowitz e depois de Amsterdã para a Herbstgasse.

Para meu marido e para mim ficou claro que não se podia deixar aqueles tesouros largados no sótão. Tratava-se de uma crônica familiar excepcional, como raramente se encontra.

Relatei minha descoberta durante uma reunião do Anne Frank-Fonds e decidiu-se que tudo deveria ser catalogado. O vasto material deveria ser trabalhado com metodologia de arquivamento. A tarefa foi encomendada a um conhecido e experiente historiador, dr. Peter Toebak, que passou quase dois anos, duas vezes por semana, no nosso sótão. Ele instalou seu computador no quarto que fora ampliado sob o telhado, onde Otto Frank viveu durante quase oito anos com a sua segunda mulher, Fritzi, e onde respondeu às cartas que recebia do mundo inteiro, escritas por pessoas que haviam lido o diário da sua filha.

Quando a classificação dos documentos estava finalizada, o arquivo foi enviado para a Fundação Anne Frank, em Amsterdã, para que lá cada uma das páginas fosse digitalizada ou microfilmada. Os documentos se encontram depositados lá, cedidos por tempo determinado.

No Anne Frank-Fonds decidiu-se então que o material das cartas deveria ser convertido em livro e me encarregaram de tratar dessa questão. Isso significava que eu deveria começar a selecionar, entre as muitas cartas e documentos, os mais reveladores e interessantes, que fossem características da vida da família nos séculos XIX e XX. Durante os dois anos e meio que dediquei a inspecionar e ordenar o material, o dr. Toebak foi um companheiro solícito e competente. Sou muito grata por isso.

Agora faltava apenas um autor experiente, preferencialmente um escritor literário, capaz de converter aquela documentação em um livro que fizesse jus à história das famílias Stern, Frank e Elias. Afinal, tratava-se, em certo sentido, de uma correspondência unidirecional, de cartas endereçadas à família. Não havia respostas.

Eva Koralnik, da agência literária Liepman de Zurique, foi quem recomendou Mirjam Pressler, uma autora que já havia traduzido uma edição crítica dos diários de Anne Frank e compilado a nova edição de leitura. Foi uma decisão afortunada, pois o trabalho em conjunto com Mirjam Pressler revelou-se não apenas agradável e amigável, mas também interessante e estimulante. Entreguei a ela cerca de quinhentas cartas que eu tinha escolhido, além de muitos documentos e fotografias. Passamos muitos finais de semanas juntas, quando ela não parava de nos fazer perguntas. A partir dessa base surgiu o presente livro.

Para mim é uma grande satisfação ter cumprido essa tarefa. Graças a ela, a família maravilhosa com a qual me casei tornou-se muito, muito mais próxima a mim.

Gerti Elias

Abril de 2009

# Árvore genealógica das famílias Stern, Frank e Elias

Esta árvore genealógica não pretende ser completa. Na realidade, ela se concentra nas pessoas mencionadas no livro. As autoras e a editora expressam seu agradecimento especial a Alice Frank-Schulman, de Paris, Edith Oppenheimer (falecida em 2008), Lotti Thyes e Wolf von Wolzogen pelos trabalhos preliminares, que foram de grande utilidade.

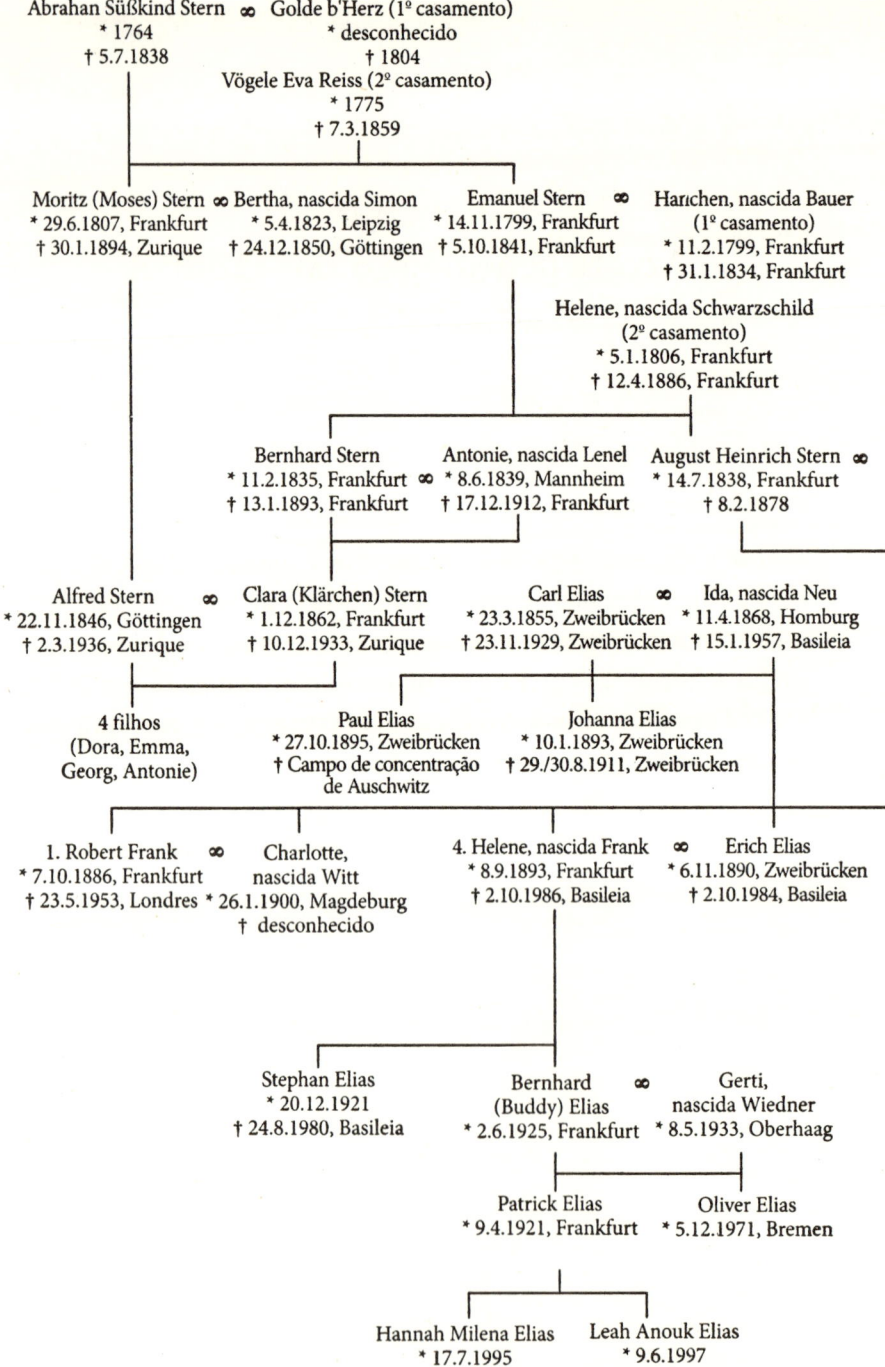

Abrahan Süßkind Stern ∞ Golde b'Herz (1º casamento)
* 1764                                    * desconhecido
† 5.7.1838                                † 1804
                          Vögele Eva Reiss (2º casamento)
                                          * 1775
                                          † 7.3.1859

Moritz (Moses) Stern ∞ Bertha, nascida Simon    Emanuel Stern ∞ Harıchen, nascida Bauer
* 29.6.1807, Frankfurt    * 5.4.1823, Leipzig    * 14.11.1799, Frankfurt    (1º casamento)
† 30.1.1894, Zurique    † 24.12.1850, Göttingen    † 5.10.1841, Frankfurt    * 11.2.1799, Frankfurt
                                                                            † 31.1.1834, Frankfurt

                                        Helene, nascida Schwarzschild
                                              (2º casamento)
                                              * 5.1.1806, Frankfurt
                                              † 12.4.1886, Frankfurt

              Bernhard Stern              Antonie, nascida Lenel    August Heinrich Stern ∞
              * 11.2.1835, Frankfurt ∞    * 8.6.1839, Mannheim    * 14.7.1838, Frankfurt
              † 13.1.1893, Frankfurt    † 17.12.1912, Frankfurt    † 8.2.1878

Alfred Stern ∞ Clara (Klärchen) Stern    Carl Elias ∞ Ida, nascida Neu
* 22.11.1846, Göttingen    * 1.12.1862, Frankfurt    * 23.3.1855, Zweibrücken    * 11.4.1868, Homburg
† 2.3.1936, Zurique    † 10.12.1933, Zurique    † 23.11.1929, Zweibrücken    † 15.1.1957, Basileia

        4 filhos              Paul Elias              Johanna Elias
        (Dora, Emma,    * 27.10.1895, Zweibrücken    * 10.1.1893, Zweibrücken
        Georg, Antonie)    † Campo de concentração    † 29./30.8.1911, Zweibrücken
                              de Auschwitz

1. Robert Frank ∞ Charlotte,              4. Helene, nascida Frank ∞ Erich Elias
* 7.10.1886, Frankfurt    nascida Witt    * 8.9.1893, Frankfurt    * 6.11.1890, Zweibrücken
† 23.5.1953, Londres * 26.1.1900, Magdeburg    † 2.10.1986, Basileia    † 2.10.1984, Basileia
                          † desconhecido

              Stephan Elias              Bernhard ∞ Gerti,
              * 20.12.1921              (Buddy) Elias    nascida Wiedner
              † 24.8.1980, Basileia    * 2.6.1925, Frankfurt    * 8.5.1933, Oberhaag

                          Patrick Elias              Oliver Elias
                          * 9.4.1921, Frankfurt    * 5.12.1971, Bremen

              Hannah Milena Elias    Leah Anouk Elias
              * 17.7.1995              * 9.6.1997

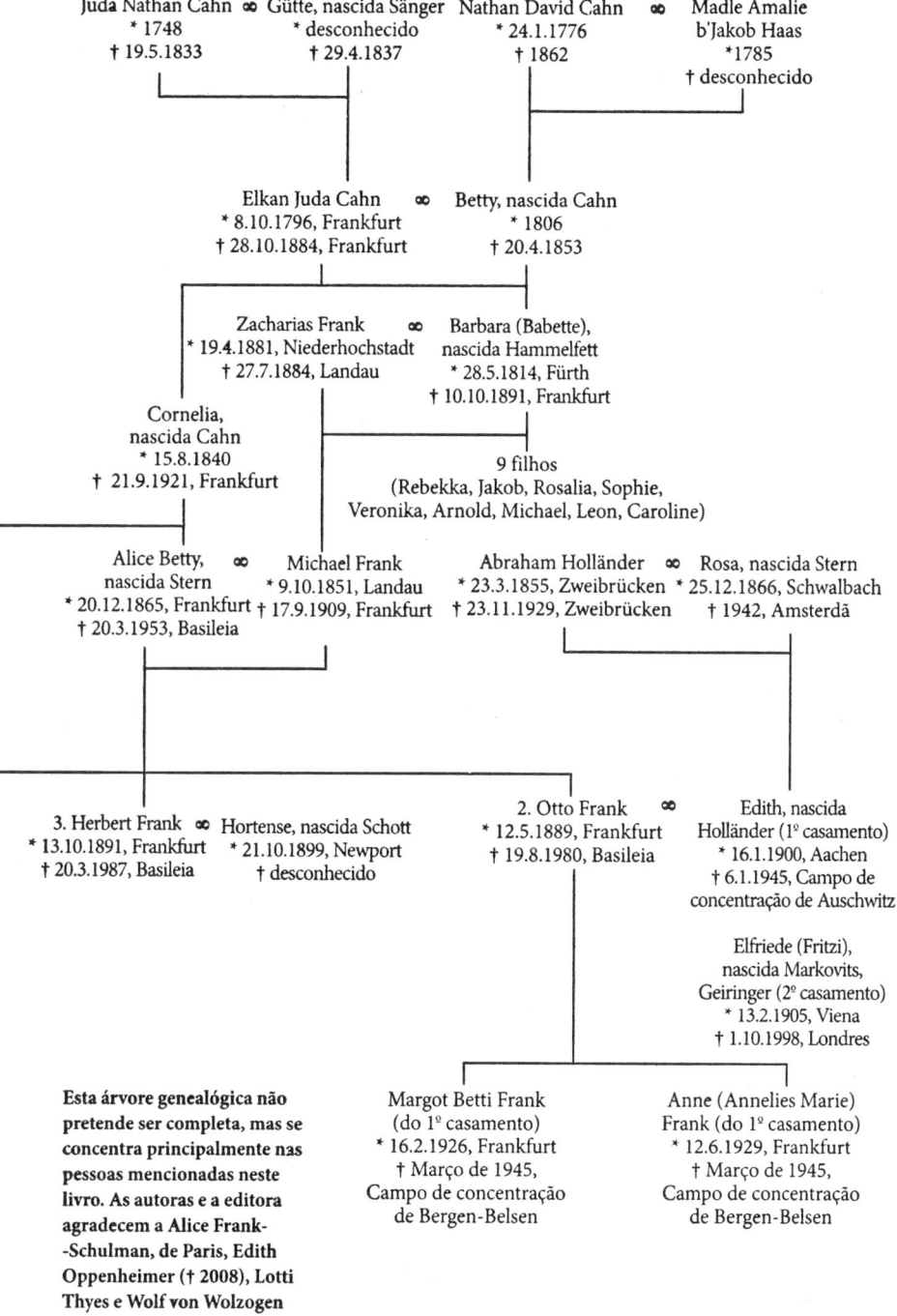

Juda Nathan Cahn ∞ Gütte, nascida Sänger  Nathan David Cahn ∞ Madle Amalie
    * 1748              * desconhecido        * 24.1.1776          b'Jakob Haas
    † 19.5.1833         † 29.4.1837           † 1862               *1785
                                                                   † desconhecido

Elkan Juda Cahn ∞ Betty, nascida Cahn
  * 8.10.1796, Frankfurt   * 1806
  † 28.10.1884, Frankfurt  † 20.4.1853

Zacharias Frank ∞ Barbara (Babette),
* 19.4.1881, Niederhochstadt   nascida Hammelfett
  † 27.7.1884, Landau          * 28.5.1814, Fürth
                               † 10.10.1891, Frankfurt
Cornelia,
nascida Cahn
  * 15.8.1840
  † 21.9.1921, Frankfurt        9 filhos
                         (Rebekka, Jakob, Rosalia, Sophie,
                         Veronika, Arnold, Michael, Leon, Caroline)

Alice Betty,  ∞  Michael Frank      Abraham Holländer ∞ Rosa, nascida Stern
nascida Stern   * 9.10.1851, Landau  * 23.3.1855, Zweibrücken * 25.12.1866, Schwalbach
* 20.12.1865, Frankfurt † 17.9.1909, Frankfurt  † 23.11.1929, Zweibrücken   † 1942, Amsterdã
† 20.3.1953, Basileia

                                        2. Otto Frank   ∞        Edith, nascida
3. Herbert Frank ∞ Hortense, nascida Schott   * 12.5.1889, Frankfurt   Holländer (1º casamento)
* 13.10.1891, Frankfurt   * 21.10.1899, Newport   † 19.8.1980, Basileia    * 16.1.1900, Aachen
† 20.3.1987, Basileia     † desconhecido                                  † 6.1.1945, Campo de
                                                                          concentração de Auschwitz

                                                                          Elfriede (Fritzi),
                                                                          nascida Markovits,
                                                                          Geiringer (2º casamento)
                                                                          * 13.2.1905, Viena
                                                                          † 1.10.1998, Londres

**Esta árvore genealógica não**      Margot Betti Frank          Anne (Annelies Marie)
**pretende ser completa, mas se**    (do 1º casamento)           Frank (do 1º casamento)
**concentra principalmente nas**     * 16.2.1926, Frankfurt      * 12.6.1929, Frankfurt
**pessoas mencionadas neste**        † Março de 1945,            † Março de 1945,
**livro. As autoras e a editora**    Campo de concentração       Campo de concentração
**agradecem a Alice Frank-**         de Bergen-Belsen            de Bergen-Belsen
**-Schulman, de Paris, Edith**
**Oppenheimer († 2008), Lotti**
**Thyes e Wolf von Wolzogen**
**pela ajuda.**

# Bibliografia

*Tagebücher der Anne Frank (Historisch-kritische Ausgabe)* [Diários de Anne Frank (edição histórico-crítica)], editado por Rijksinstituut voor Oorlogsdocumentatie, S. Fischer, Frankfurt am Main, 1988.

*Anne Frank Tagebuch (Leseausgabe)* [Diário de Anne Frank (edição de leitura)], editado por Otto H. Frank e Mirjam Pressler, S. Fischer, Frankfurt am Main, 1991.

Walter Grab. *Der deutsche Weg der Judenemanzipation 1789–1938* [O caminho alemão da emancipação dos judeus], Piper, Munique, 1991.

Ulrich Herbert, Karin Orth e Christoph Dieckmann: *Die national-sozialistischen Konzentrationslager* [Os campos de concentração nacional-socialistas], Fischer Taschenbuch, Frankfurt am Main, 2002.

Rachel Heuberger e Helga Krohn. *Hinaus aus dem Ghetto... Juden in Frankfurt am Main 1800–1950* [Saindo dos guetos... Judeus em Frankfurt sobre o Meno], S. Fischer, Frankfurt am Main, 1988.

Eberhard Kolb. *Bergen-Belsen 1943–1945. Vom "Aufenthaltslager" zum Konzentrationslager* [Do "campo de internação" para o campo de concentração], Vandenhoeck & Ruprecht, Göttingen, 2002.

Carol Ann Lee. *Otto Franks Geheimnis* [O Segredo de Otto Frank], Piper, Munique, 2005.

Claudia Seifert: *Das Leben war bescheiden schön* [A vida era maravilhosamente modesta], Deutscher Taschenbuch, Munique, 2008.

Alfred Stern. *Zur Familiengeschichte. Klärchen zum 22. März 1906 gewidmet* [Sobre a história da família. Dedicado a Klärchen pelo dia 22 de março de 1906] (Impresso na forma de manuscrito), Buchdruckerei Berichthaus (anteriormente Ulrich & Co), Zurique, 1906.

*Anne aus Frankfurt. Leben und Lebenswelt Anne Franks* [Anne de Frankfurt. Vida e mundo de Anne Frank], editado pelo Historisches Museum der Stadt Frankfurt am Main [Museu Histórico da Cidade de Frankfurt sobre o Meno], Frankfurt am Main, 1990.

*Anne Frank und wir* [Anne Frank e nós], editado por Stapferhaus Lenzburg, Chronos, Zurique, 1995.

*Dimension des Völkermords. Die Zahl der jüdischen Opfer des Nationalsozialismus* [Dimensão do genocídio. O número das vítimas judias do nacional-socialismo], editado por Wolfgang Benz, R. Oldenbourg, Munique, 1991.

*Die Ermordung der europäischen Juden* [O assassinato dos judeus europeus], editado por Peter Longerich, Piper, Munique, 1980.

*Die Frankfurter Judengasse. Jüdisches Leben in der Neuzeit* [A Viela dos Judeus em Frankfurt. Vida judaica nos tempos modernos], editado por Fritz Backhaus, Gisela Engel, Robert Liberles e Margarete Schlüter. Societäts-Verlag, Frankfurt am Main, 2006.

*"Früher wohnten wir in Frankfurt..."* ["Antigamente nós morávamos em Frankfurt..."], editado por Amt für Wissenschaft und Kunst der Stadt Frankfurt am Main [Secretaria de Ciências e Arte da Cidade de Frankfurt sobre o Meno], Frankfurt am Main, 1985.

*Jüdisches Lexikon* [Enciclopédia judaica], editado por Georg Herlitz e Bruno Kirschner, Athenäum, Frankfurt am Main, 1987 (2ª. edição).

*Die Welt der Anne Frank* [O mundo de Anne Frank], editado por Anne Frank Stichting, Amsterdã, 1985.

Este livro foi composto na tipologia Times
Europa LT Std, em corpo 10/15, e impresso
em papel off-white no Sistema Cameron da
Divisão Gráfica da Distribuidora Record.